Beckert/Butenschön/Kielbassa
Unternehmen in der Krise

Unternehmen in der Krise

Pflichten, Risiken und Handlungsmöglichkeiten für Unternehmer und Berater

Steuerrecht
Strafrecht
Ordnungswidrigkeiten

von
Manuela Beckert, Rechtsanwältin, München
Martina Butenschön, Rechtsanwältin, München
Leonard Kielbassa, Rechtsanwalt, München

2023

C.H.BECK

Zitiervorschlag: Beckert/Butenschön/Kielbassa Krise Rn. xy
BBK Krise Rn. xy

ISBN 978 3406 79856 6

Wilhelmstr. 9, 80801 München
Druck und Bindung: Beltz Grafische Betriebe GmbH
Am Fliegerhorst 8, 99947 Bad Langensalza

Satz: Fotosatz Buck
Zweikirchener Str. 7, 84036 Kumhausen
Umschlaggestaltung: Druckerei C.H.Beck Nördlingen

CO_2 neutral
chbeck.de/nachhaltig

Gedruckt auf säurefreiem, alterungsbeständigem Papier
(hergestellt aus chlorfrei gebleichtem Zellstoff)

Vorwort

Es gibt aktuell genügend Gründe, sich mit dem „Unternehmer in der Krise des Unternehmens" zu beschäftigen. Der Krieg in der Ukraine und die damit einhergehenden Folgen; die Energiekrise; Inflation; der spürbare weltweite Klimawandel; die wirtschaftlichen Folgen der Corona-Pandemie; die Digitalisierung; die Zinswende; der Mangel an Fachkräften und Personal im Allgemeinen – die Wirtschaft steht vor enormen wirtschaftlichen Herausforderungen und Umbrüchen. Nicht nur die Produktion gestaltet sich in vielen Bereichen schwierig, auch der Absatz wird zunehmend komplizierter. Es sind strukturelle Herausforderungen globaler Art, die den Unternehmen zu schaffen machen. Die von vielen Experten prognostizierte große Welle an Unternehmenskrisen und -insolvenzen spiegelt sich zwar aktuell (noch) nicht in steigenden Insolvenzantragszahlen wider. Allerdings sind mittlerweile die Sonderregeln zur Verhinderung von Insolvenzen in der Corona-Pandemie aufgehoben. Auch die Finanzämter und Krankenkassen stellen nach dem Ende der Pandemie bei rückständigen Zahlungen von Unternehmen wieder Antrag auf Insolvenz. Experten sind sich einig, dass es zahlreiche Unternehmen am Markt gibt, die eigentlich nicht mehr in der Lage sind, ihren steigenden Zinsverpflichtungen nachzukommen und notorisch unterkapitalisiert sind.

Die zahlreichen staatlichen Hilfsprogramme der letzten Jahre, wie zuletzt das von der Bundesregierung beschlossene 200 Milliarden schwere Hilfspaket („Doppel-Wumms"), um ua Unternehmen zu entlasten, die von den hohen Energiepreisen besonders betroffen sind, haben nur für eine kurzfristige Stabilität gesorgt. Durch die steigenden Zinsen verschärft sich die Lage vieler Unternehmer weiter. Es ist die Summe der Herausforderungen, die für Unternehmer und die gesamte Wirtschaft ein schlechtes Konsumklima schaffen. Es besteht eine enorme Planungsunsicherheit, was bei Unternehmen regelmäßig zu einem Stillstand von Investitionen führt.

Weiteren Anlass, sich mit dem „Unternehmer in der Krise des Unternehmens" zu befassen, gibt das zum 1.1.2021 in Kraft getretene Gesetz zur Fortentwicklung des Sanierungs- und Insolvenzrecht („SanInsFoG"). Neben der Einführung eines Restrukturierungsverfahrens wurden auch die Pflichten der Unternehmer sowie deren Berater in Krisenzeiten weitreichend geändert.

In diesem Praxisleitfaden werden die „alten" und „neuen" Pflichten des Unternehmers bzw. der Leitungsorgane in der Krise dargestellt und die mit der Pflichtverletzung möglicherweise verbundenen Haftungsrisiken und strafrechtlichen Verantwortlichkeiten aufgezeigt. Das Buch will eine praktische Anleitung geben, um die Haftung zu vermeiden. Ein Fokus liegt dabei auf der Pflicht zur Krisenfrüherkennung und der damit verbundenen Chance, eine Zahlungsunfähigkeit oder Überschuldung, dh eine Insolvenz, zu vermeiden. Mit einer ausführlichen Darstellung der verschiedenen Möglichkeiten im Insolvenzverfahren will dieses Buch aber auch zeigen, dass eine Insolvenz für Unternehmen nicht zwingend das Ende bedeutet, sondern gleichsam die Chance zur Überwindung der Krise beinhalten kann. Abgerundet wird die Darstellung durch den Blick auf den Berater des Unternehmens. Das Buch richtet sich schwerpunktmäßig an kleine und mittelständische Unternehmen und deren Leitungsorgane sowie die steuerlichen und rechtlichen Berater dieser Unternehmen. Gemeint sind Personen jeder Geschlechtsidentität. Um der leichteren Lesbarkeit willen wird im Beitrag die grammatikalisch männliche Form verwendet.

Unser Dank gilt unseren Mitarbeitern Lihem Bracke, Daniela Laus, Nicole Stamm, Nicholas Foltin, Daniela Taube sowie Stefanie Szillat, die sich um das Entstehen dieses Buches verdient gemacht haben. Danken möchten wir den Mitarbeitern des Verlags C.H.Beck für die Unterstützung und die Geduld.

München, im Mai 2023 Manuela Beckert, Martina Butenschön, Leonard Kielbassa

Inhaltsübersicht

Inhaltsverzeichnis

C. Die fortschreitende Krise – Pflichten im Vorfeld der Insolvenz

F. Steuerliche und strafrechtliche Risiken

G. Sonstige Risiken für den Unternehmer

Zweiter Teil
Pflichten des Beraters in der Krise

A. Die Pflichten des Beraters in der Krise des Unternehmens

C. Steuerliche Haftungsrisiken und strafrechtliche Risiken des Beraters

D. Berufsrechtliche Risiken

Literatur- und Abkürzungsverzeichnis

aA	anderer Ansicht
ABl.	Amtsblatt der Europäischen Union
Abs.	Absatz; Absätze
AEAO	Anwendungserlass zur Abgabenordnung
AEUV	Vertrag über die Arbeitsweise der Europäischen Union
aF	alte(r) Fassung
AfA	Absetzung(en) für Abnutzung
AK	Anschaffungskosten
AktG	Aktiengesetz
aM	anderer Meinung
Anh.	Anhang
Anl.	Anlage
Anm..	Anmerkung(en)
AO	Abgabenordnung
Art.	Artikel
BaFin	Bundesanstalt für Finanzdienstleistungsaufsicht
BAnz.	Bundesanzeiger
Baumbach/Hueck. ...	Baumbach/Hueck, Beck'scher Kurz-Kommentar GmbHG, 22. Aufl. 2019
BB	Der Betriebsberater (Zeitschrift)
BBF Unternehmens-sanierung.	Bieg/Borchardt/Frind, Unternehmens-sanierung und Betriebsfortführung
BeBiKo	Grottel/Schubert/Justenhoven/Störk, Beck'scher Bilanz-Kommentar
BeckOGK	Gsell/Krüger/Lorenz/Reymann, beck-online.GROSSKOMMENTAR
BeckOK BGB	Hau/Poseck, Beck'scher Online-Kommentar BGB
BeckOK GmbHG	Ziemons/Jaeger/Pöschke, Beck'scher Online-Kommentar GmbHG

BeckOK InsR	Fridgen/Geiwitz/Göpfert, Beck'scher Online-Kommentar Insolvenzrecht
BeckOK StaRUG	Skauradszun/Fridgen, Beck'scher Online-Kommentar StaRUG
BeckOK StGB	von Heintschel-Heinegg, Beck'scher Online-Kommentar StGB
BeckOK Vergaberecht	Gabriel/Mertens/Prieß/Stein, BeckOK Vergaberecht
BeckRS	Rechtsprechung in beck-online
BeckStB-HdB 2021/2022	Pelka/Petersen, Beck'sches Steuerberater-Handbuch 2021/2022
Begr.	Begründung
BFH	Bundesfinanzhof
BFHE	Sammlung der Entscheidungen des Bundesfinanzhofs
BFH/NV	Sammlung nicht veröffentlichter Entscheidungen des Bundesfinanzhofs (Zeitschrift)
BGB	Bürgerliches Gesetzbuch
BGBl.	Bundesgesetzblatt
BGH	Bundesgerichtshof
Bitter	Bitter, Haftung von Geschäftsführern und Gesellschaftern in der Insolvenz ihrer GmbH – Teil 2
Bitter/Barschnagel	Bitter/Barschnagel, Haftung von Geschäftsführern und Gesellschaftern in der Insolvenz ihrer GmbH – Teil 1
BMF	Bundesminister(ium) der Finanzen
Bork/Hölzle InsR-HdB	Bork/Hölzle, Handbuch Insolvenzrecht, 2. Aufl. 2019
BR	Bundesrat
Brandis/Heuermann	Brandis/Heuermann, Ertragsteuerrecht, Loseblatt
Braun	Braun, Insolvenzordnung, 9. Aufl. 2022
BR-Drs.	Bundesrats-Drucksache
BReg.	Bundesregierung
BStBl. I–III	Bundessteuerblatt (Teile I–III)
BT	Bundestag
BT-Drs.	Bundestags-Drucksache
Buchst.	Buchstabe(n)
Burgi/Dreher/Opitz	Burgi/Dreher/Opitz, Beck'scher Vergaberechtskommentar, 4. Aufl. 2022

Literatur- und Abkürzungsverzeichnis

Buth/Hermanns Restrukturierung.	Buth/Hermanns, Restrukturierung, Sanierung, Insolvenz, 5. Aufl. München 2022
BVerfG	Bundesverfassungsgericht
BVerfGE	Amtliche Sammlung von Entscheidungen des Bundesverfassungsgerichts
bzgl.	bezüglich
BZSt	Bundeszentralamt für Steuern
bzw.	beziehungsweise
COVInsAG	Gesetz zur vorübergehenden Aussetzung der Insolvenzantragspflicht und zur Begrenzung der Organhaftung bei einer durch die COVID-19-Pandemie bedingten Insolvenz (COVID-19-Insolvenzaussetzungsgesetz)
COVuR	COVID-19 und Recht (Zeitschrift)
Crone/Werner Sanierungsmanagement-HdB	Crone/Werner, Handbuch modernes Sanierungsmanagement, 6. Aufl. 2021
DB	Der Betrieb (Zeitschrift)
DBA	Doppelbesteuerungsabkommen
dh	das heißt
Drs.	Drucksache
DStR	Deutsches Steuerrecht (Zeitschrift)
DStRE	Entscheidungsdienst (Zeitschrift)
DZWiR	Deutsche Zeitschrift für Wirtschafts- und Insolvenzrecht
EFG	Entscheidungen der Finanzgerichte (Zeitschrift)
EGInsO	Einführungsgesetz zur Insolvenzordnung
Einl.	Einleitung
entspr.	entsprechen(d); entspricht
EStDV	Einkommensteuer-Durchführungsverordnung
EStG	Einkommensteuergesetz
EStH	Einkommensteuer-Hinweise
EStR	Einkommensteuer-Richtlinien
ESUG	Gesetz zur weiteren Erleichterung der Sanierung von Unternehmen
ET	European Taxation (Zeitschrift)
etc.	et cetera

EU	Europäische Union
EUBeitrG	Gesetz über die Durchführung der Amtshilfe bei der Beitreibung von Forderungen in Bezug auf bestimmte Steuern, Abgaben und sonstige Maßnahmen zwischen den Mitgliedstaaten der Europäischen Union
EUBeitrRL	Richtlinie 2010/24/EU des Rates vom 16.3.2010 über die Amtshilfe bei der Beitreibung von Forderungen in Bezug auf bestimmte Steuern, Abgaben und sonstige Maßnahmen
EuGH	Gerichtshof der Europäischen Union
EuInsVO	Verordnung (EU) Nr. 2015/848 des Europäischen Parlaments und des Rates vom 20.5.2015 über Insolvenzverfahren
EuZW	Europäische Zeitschrift für Wirtschaftsrecht
Evertz/Krystek	Evertz/Krystek, Unternehmen erfolgreich restrukturieren und sanieren, 2014
EWiR	Entscheidungen zum Wirtschaftsrecht (Zeitschrift)
EWIV	Europäische Wirtschaftliche Interessenvereinigung
f., ff.	folgende, fortfolgende
FA	Finanzamt
F & A zu IDW	Fragen und Antworten: Zur Erstellung und Beurteilung von Sanierungskonzepten nach IDW S 6
FG	Finanzgericht
FGO	Finanzgerichtsordnung
Fischer	Fischer, Strafgesetzbuch: StGB, 70. Aufl. 2023
FKR	Frege/Keller/Riedel, Handbuch Insolvenzrecht, 9. Aufl. 2022
Fleischer	Fleischer, Handbuch des Vorstandsrechts, 2006
Flöther	Flöther, Unternehmensstabilisierungs- und -restrukturierungsgesetz (StaRUG), 2021
FM	Finanzminister(ium)
Fn.	Fußnote
FR	Finanzrundschau (Zeitschrift)
Frotscher, Besteuerung Insolvenz	Frotscher, Besteuerung bei Insolvenz, 9. Aufl. 2021

FS	Festschrift (für)
FVerw	Finanzverwaltung
GbR	Gesellschaft bürgerlichen Rechts
gem.	gemäß
GewStG	Gewerbesteuergesetz
GG	Grundgesetz
ggf.	gegebenenfalls
ggü.	gegenüber
GJW	Graf/Jäger/Wittig, Wirtschafts- und Steuerstrafrecht, 2. Aufl. 2017
glA	gleicher Ansicht
GLE	Gleichlautende Ländererlasse
GmbH	Gesellschaft mit beschränkter Haftung
GmbHG	Gesetz betreffend die Gesellschaften mit beschränkter Haftung
GmbHR	GmbH-Rundschau (Zeitschrift)
GoB	Grundsätze ordnungsgemäßer Buchführung
Gosch KStG	Gosch, Körperschaftsteuergesetz: KStG, 4. Aufl. 2020
Gottwald/Haas InsR-HdB	Gottwald/Haas, Insolvenzrechts-Handbuch, 6. Aufl. 2020
grds.	grundsätzlich
GrS	Großer Senat des Bundesfinanzhofs
GVBl.	Gesetz- und Verordnungsblatt
hA	herrschende(r) Ansicht
Haghani	Haghani, Krisenfrüherkennung im Unternehmen mittels Frühwarnsystem, NZI-Beilage 2021, 15
HCL	Habersack/Casper/Löbbe, GmbHG Großkommentar, 3. Aufl. 2020
HdB	Handbuch
HFR	Höchstrichterliche Finanzrechtsprechung (Zeitschrift)
HGB	Handelsgesetzbuch
hM	herrschende(r) Meinung
Hopt	Hopt, Handelsgesetzbuch, 41. Aufl. 2022
Hrsg.; hrsg.	Herausgeber; herausgegeben
Hs.	Halbsatz

idF	in der Fassung
idR	in der Regel
IDW Anforderungen Sanierungskonzepte	IDW, Anforderungen an Sanierungskonzepte (IDW S 6)
IDW Sanierung und Insolvenz (WPH Edition)	Institut der Wirtschaftsprüfer in Deutschland e.V.(Hrsg.), Sanierung und Insolvenz (WPH Edition), 2. Aufl. 2022
iE	im Einzelnen
iHd	in Höhe der; in Höhe des
iHv	in Höhe von
InsO	Insolvenzordnung
iSd	im Sinne der/des
IStR	Internationales Steuerrecht (Zeitschrift)
iÜ	im Übrigen
iVm	iVm
K. Schmidt InsO	K. Schmidt, Insolvenzordnung, 20. Aufl. 2023 und 19. Aufl. 2016
K. Schmidt/Uhlenbruck Die GmbH in Krise	K. Schmidt/Uhlenbruck, Die GmbH in Krise, Sanierung und Insolvenz, 6. Aufl. 2023
Kahlert RestrukturierungsStR	Kahlert, Restrukturierungssteuerrecht – Steuerliche Aspekte einer Restrukturierung nach StaRUG und InsO
Keller InsR	Keller, Insolvenzrecht, 2. Aufl. 2020
KG	Kommanditgesellschaft
KGaA	Kommanditgesellschaft auf Aktien
KK-StPO	Hannich, Karlsruher Kommentar zur Strafprozessordnung: StPO, 9. Aufl. 2023
Klein	Klein, Abgabenordnung, 16. Aufl. 2022
KNP	Kindhäuser/Neumann/Paeffgen (Hrsg.), Strafgesetzbuch, 5. Aufl. 2017
Koenig	Koenig, Abgabenordnung, 4. Aufl. 2021
Komm.	Kommentar
krit.	kritisch
KPB	Kübler/Prütting/Bork, Kommentar zur Insolvenzordnung, Loseblatt
KSI	Krisen-, Sanierungs- und Insolvenzberatung (Zeitschrift)

KStDV	Körperschaftsteuer-Durchführungsverordnung
KStG	Körperschaftsteuergesetz
KStH	Körperschaftsteuer-Hinweise
KStR	Körperschaftsteuer-Richtlinien
KTS	Zeitschrift für Insolvenzrecht
KVV Insolvenz-HdB	Kraemer/Vallender/Vogelsang, Handbuch zur Insolvenz, Loseblatt
KWG	Kreditwesengesetz
lfd.	laufend(e; en; er)
Lit.	Literatur
lt.	laut
Lutter	Lutter, Die Business Judgment Rule und ihre praktische Anwendung, ZIP 2007, 841
Lutter/Hommelhoff	Lutter/Hommelhoff, GmbH-Gesetz, 20. Aufl. 2020
MAH Insolvenz	Nerlich/Kreplin, Münchener Anwaltshandbuch Insolvenz und Sanierung, 3. Aufl. 2019
MAH WirtschaftsStrafR	Volk/Beukelmann, Münchener Anwaltshandbuch Verteidigung in Wirtschafts- und Steuerstrafsachen, 3. Aufl. 2022
MüKoAktG	Goette/Habersack, Münchner Kommentar zum Aktiengesetz, 5. Aufl. 2019
MüKoBGB	Säcker/Rixecker/Oetker/Limperg, Münchener Kommentar zum Bürgerlichen Gesetzbuch, 9. Aufl. 2021
MüKoGmbHG	Fleischer/Goette, Münchener Kommentar zum GmbHG – Band 2, 3. Aufl. 2019
MüKoHGB	Drescher/Fleischer/Schmidt, Münchener Kommentar zum Handelsgesetzbuch, 5. Aufl. 2021
MüKoInsO	Stürner/Eidenmüller/Schoppmeyer, Münchener Kommentar zur Insolvenzordnung, Band 1, 4. Aufl. 2019
MüKoStaRUG	Stürner/Eidenmüller/Schoppmeyer/Madaus, Münchener Kommentar zum StaRUG, 2023
MüKoStGB	Erb/Schäfer, Münchener Kommentar zum StGB, Band 5, 4. Aufl. 2022; Band 7, 3. Aufl. 2019
Müller	Müller, Die Selbstanzeige im Steuerstrafverfahren, 2. Aufl. 2015

Müller Krisenmanagement	Müller/Rainer, Krisenmanagement in der Unternehmung, 1986
mwN	mit weiteren Nachweisen
Nerlich/Römermann	Nerlich/Römermann, Insolvenzordnung, (Loseblatt)
nF	neue(r) Fassung
Nickert	Nickert, Früherkennungssystem als Instrument zur Krisenfrüherkennung nach dem StaRUG, GmbHR 2021, 401
Niesert/Hohler	Niesert/Hohler, Übertragende Sanierung vor Insolvenzantragstellung unter besonderer Berücksichtigung strafrechtlicher Aspekte, NZI 2010, 127
NJW	Neue Juristische Wochenschrift (Zeitschrift)
NK-BGB	Dauner-Lieb/Langen, BGB Schuldrecht, 4. Aufl. 2021
NK-StGB	Kindhäuser/Neumann/Paeffgen, Strafgesetzbuch, 5. Aufl. 2017
Nr.	Nummer
nrkr	nicht rechtskräftig
NSH	Noack/Servatius/Haas, GmbH-Gesetz, 23. Aufl. 2022
nv	nicht veröffentlicht
NWB	Neue Wirtschafts-Briefe für Steuer und Wirtschaftsrecht (Zeitschrift)
NZI	Neue Zeitschrift für Insolvenz- und Sanierungsrecht
NZM	Neue Zeitschrift für Miet- und Wohnungsrecht
NZWiSt	Neue Zeitschrift für Wirtschafts-, Steuer- und Unternehmensstrafrecht
OFD	Oberfinanzdirektion
OHG	Offene Handelsgesellschaft(en)
OLG	Oberlandesgericht
Oppenländer/Trölitzsch	Oppenländer/Trölitzsch, Praxishandbuch der GmbH-Geschäftsführung, 3. Aufl. 2020
Pelz/Grotebrune StrafR	Pelz/Grotebrune Strafrecht in Krise und Insolvenz, 3. Aufl. 2022

PRS.	Pannen/Riedemann/Smid, StaRUG, 2021
RA	Rechtsanwalt
rd.	rund
RefE	Referentenentwurf
RegE.	Regierungsentwurf
Rev.	Revision anhängig
RIW	Recht der internationalen Wirtschaft (Zeitschrift)
rkr.	rechtskräftig
RL	Richtlinie
Rn.	Randnummer
Rspr.	Rechtsprechung
s.	siehe
S.	Seite, Satz
SanInsFoG	Gesetz zur Fortentwicklung des Sanierungs- und Insolvenzrechts (Sanierungs- und Insolvenzrechtsfortentwicklungsgesetz)
Schmidt, Wörterbuch Politik	Schmidt, Manfred G., Wörterbuch zur Politik, 3. Aufl., Stuttgart 2010
Schönke/Schröder StGB	Schönke/Schröder, Strafgesetzbuch, 30. Aufl. 2019
Seefelder	Seefelder, Unternehmenssanierung, 3. Aufl. 2012
Sen.	Senat
Sonnleitner/Witfeld InsSteuerR	Insolvenz- und Sanierungssteuerrecht, 2. Aufl. 2022
StaRUG	Gesetz über den Stabilisierungs- und Restrukturierungsrahmen für Unternehmen (Unternehmensstabilisierungs- und restrukturierungsgesetz)
str.	streitig, strittig
Thierhoff/Müller Unternehmenssanierung	Thierhoff/Müller, Unternehmenssanierung, 3. Aufl. 2021
Tipke/Kruse	Tipke/Kruse, Kommentar zur AO und FGO, Loseblatt

ua	und andere; unter anderem
Uhlenbruck Gläubigerberatung-HdB	Uhlenbruck, Gläubigerberatung in der Insolvenz – Ein Handbuch für die Praxis, 1. Aufl. 1983
Uhlenbruck InsO.	Hirte/Vallender, Insolvenzordnung Kommentar, 15. Aufl. 2019
umstr.	umstritten
UStG	Umsatzsteuergesetz
UStR	Umsatzsteuer-Richtlinien
uU	unter Umständen
v.	vom
Vfg.	Verfügung
vGA	verdeckte Gewinnausschüttungen
vgl.	vergleiche
vH	vom Hundert
VZ	Veranlagungszeitraum
Wistra	Zeitschrift für Wirtschafts- und Steuerstrafrecht
Wj.	Wirtschaftsjahr
WJS WirtschaftsStrafR-HdB	Wabnitz/Janovsky/Schmitt, Handbuch Wirtschafts- und Steuerstrafrecht, 5. Aufl. 2020
WP	Wirtschaftsprüfer
WPg	Die Wirtschaftsprüfung (Zeitschrift)
zB	zum Beispiel
ZInsO	Zeitschrift für das gesamte Insolvenz- und Sanierungsrecht
ZIP	Zeitschrift für Wirtschaftsrecht
zT	zum Teil
zust.	zustimmend
zutr.	zutreffend
zzgl.	zuzüglich

Einleitung

Bereits in Zeiten des üblichen Geschäftsbetriebs ist das Geflecht an rechtlichen Regelungen, die von Unternehmen und deren verantwortlich handelnden Personen (Geschäftsleiter) zu beachten sind, äußerst komplex und fordernd. In Krisenzeiten bzw. Zeiten, die von großer Unsicherheit und Umbruch geprägt sind, wie aktuell angesichts der anhaltenden Folgen der Pandemie und der weltweiten Energiekrise, ist der Unternehmer darüber hinaus mit neuen, ungeplanten und unplanbaren Herausforderungen konfrontiert: In ökonomischer Hinsicht besteht für den Unternehmer häufig eine sofortige Handlungspflicht. Arbeitsplätze und die Existenz des Unternehmens stehen auf dem Spiel. Zugleich müssen in juristischer Hinsicht weitere, teils sehr schnell eingeführte neue Regelungen beachtet werden.

Denn nicht nur die globalen Krisenentwicklungen geben Anlass, die Rolle des Unternehmers in der Krise näher zu beleuchten. Für aktuelle Brisanz des Themas sorgt, dass der Gesetzgeber zum **1.1.2021** durch Einführung des Gesetzes zur Fortentwicklung des Sanierungs- und Insolvenzrechts **(SanInsFoG)** zahlreiche Neuerungen beschlossen hat, welche den Unternehmer in der Krise tangieren. Das „Herzstück“ des SanInsFoG ist die Einführung des Gesetzes über den Stabilisierungs- und Restrukturierungsrahmen für Unternehmen **(StaRUG)**. Das StaRUG soll den Unternehmen vor allem effiziente Werkzeuge zur Bewältigung von Krisen bereitstellen. Zudem wurde die – bereits allgemein anerkannte – Pflicht des Unternehmers zur Krisenfrüherkennung und Krisenmanagement durch Einführung des § 1 StaRUG kodifiziert. Relevanz für den Berater birgt die Neuschaffung des § 102 StaRUG, welcher die Hinweis- und Warnpflicht des Beraters in Bezug auf die Insolvenzantragspflicht bei Erstellung des Jahresabschlusses regelt. Darüber hinaus hat der Gesetzgeber mit dem SanInsFoG die in den gesellschaftsrechtlichen Gesetzestexten verteilten Regelungen (zB §64 S. 1 GmbHG aF, §92 Abs. 2 S. 1 AktG aF) zu den insolvenzrechtlichen Vorschriften in §15b InsO gebündelt. Mit der Bündelung einher ging nun auch die gesetzliche Privilegierung für bestimmte Zahlungen.

Bemerkenswert ist vor allem das gesetzgeberische Tempo des Gesetzgebungsverfahrens:

- 19.9.2020 Referentenentwurf
- 14.10.2020 Regierungsentwurf
- 15.12.2020 Beschlussempfehlung des Ausschusses für Recht und Verbraucherschutz
- 17.12.2020 Beschluss des Deutschen Bundestages
- 18.12.2020 Beschluss des Bundesrats, keinen Antrag nach Art. 77 Abs. 2 GG zu stellen
- 29.12.2020 Veröffentlichung des SanInsFoG
- 1.1.2021 Inkrafttreten

Das Eiltempo war vorwiegend der COVID-19-Pandemie geschuldet, da den Unternehmen schnellstmöglich weitere Werkzeuge zur Krisenbewältigung zur Verfügung gestellt werden sollten.[1]

Widmet man sich den Pflichten der Geschäftsleiter von kriselnden Unternehmen, liegt der Fokus häufig auf der Insolvenzantragspflicht nach §15a InsO. Dies ist unter dem Gesichtspunkt einer möglichen Haftung oder gar strafrechtlichen Verantwortlichkeit der Geschäftsleiter zwar nachvollziehbar, greift aber zu kurz. Denn stellt sich die Frage nach der Insolvenzantragspflicht, befindet sich das Unternehmen bereits tief in einer Krise bzw. in der letzten Phase der Krise. Das Unternehmen wird im Zweifel schon zahlungsunfähig oder überschuldet sein. Unternehmenskrisen entstehen im Normalfall nicht „plötzlich“, sondern entwickeln sich häufig schleichend über einen längeren Zeitraum und in „Phasen“. Mit Fortschreiten der Krise nimmt der Handlungsspielraum für das Unternehmen ab und der Druck auf die Geschäftsleiter wächst. Durch zu spätes Erkennen einer fortschreitenden Krise und (falsches) Zuwarten oder (ebenso möglicherweise falsches) Handeln können eine akute Existenzgefährdung für das Unter-

[1] Kahlert Rn. 2, 3.

nehmen, damit verbundene Nachteile für die Gläubiger sowie umfangreiche Haftungsgefahren für die Geschäftsleiter drohen.

Nur der Geschäftsleiter, der seine Pflichten kennt und wahrnimmt, kann im Falle der Krise des Unternehmens angemessen handeln und auch die eigene Haftung verhindern.

Der erste Teil des Buches befasst sich mit dem Pflichten- und Sanktionskatalog des „Unternehmers“. Der Aufbau orientiert sich an der zeitlichen Entwicklung einer (Unternehmens-)Krise. Vorangestellt ist zunächst die Definition des Unternehmers, also die Frage wer grundsätzlich vom gesetzlichen Pflichtenkatalog betroffen und umfasst ist. Im Anschluss wird der Begriff der „Krise“ näher erläutert. Demfolgend werden die in dem jeweiligen Krisenstadium relevanten gesetzlichen Pflichten der Geschäftsleiter beschrieben. Beginnend mit der Pflicht zur Krisenfrüherkennung, den Pflichten in der voranschreitenden Krise und der Pflicht zur Sanierung des Unternehmens bis hin zur existenzgefährdenden Krise des Unternehmens – Insolvenz -, werden die unterschiedlichen gesetzlichen Anforderungen dargestellt und beschrieben. Der relevante Pflichtenkatalog verteilt sich über das Gesellschafts-, Handels- und Insolvenzrecht mit seinen durch das SanInsFoG zum 1.1.2021 neu eingeführten Regelungen.

Im Anschluss an die Darstellung des Pflichtenkatalogs werden die rechtlichen Folgen aufgezeigt, die das Unternehmen bzw. die Geschäftsleiter treffen können. Hierbei wird zunächst die zivilrechtliche Haftung der Geschäftsleiter gegenüber dem Unternehmen selbst dargestellt. Ferner werden die Haftungsrisiken der Geschäftsleiter gegenüber Dritten – idR Gläubiger des Unternehmens – aufgezeigt.

Weiter werden im Buch die steuerlichen Haftungsrisiken und das Risiko einer strafrechtlichen Sanktionierung dargelegt. Die klassischen (Insolvenz-)Straftaten, wie Bankrott und Insolvenzverschleppung, aber auch die damit häufig verbundenen Begleitdelikte wie das Nichtabführen von Sozialversicherungsbeiträgen oder Steuerhinterziehung werden näher beleuchtet. **Teil 1** zeigt abschließend berufsrechtliche Sanktionen auf, die insb. Geschäftsführer und Vorstände treffen können.

Häufig wird die Insolvenz eines Unternehmens als „Schreckensszenario“ dargestellt, das es unter allen Umständen zu vermeiden gilt. Eine Insolvenz bedeutet jedoch nicht automatisch das Ende eines Unternehmens. Vielmehr kann sie eine Chance sein, um das Unternehmen neu zu organisieren und zu sanieren. Denn im Gegensatz zu anderen Ländern ist es in Deutschland möglich, dass das insolvente Unternehmen weitergeführt wird. Nicht zuletzt durch das im Rahmen des StaRUG eingeführte Restrukturierungsverfahren wird der Handlungsrahmen für kriselnde Unternehmen erweitert. Grund genug, um im Rahmen dieses Buches einen kleinen Überblick über die Möglichkeiten und die Verfahren der Insolvenzordnung zu geben.

Der **zweite Teil** des Buches richtet sich an die Berater von Unternehmen und Unternehmern in der Krise. Insbesondere der laufende steuerliche und rechtliche Berater, der häufig gerade in kleineren und mittelständischen Unternehmen erster Ansprechpartner des Unternehmens sein kann, befindet sich häufig in einer ambivalenten Situation, wenn das von ihm betreute Unternehmen in eine wirtschaftliche Krise steuert. Einerseits wird er einer der ersten sein, der erkennt, dass das Unternehmen sich in einer wirtschaftlich schwierigen Situation befindet oder gar vor der Insolvenzreife steht. Andererseits tut er sich aufgrund des jahrelangen Mandatsverhältnisses häufig schwer, den Unternehmer auf die Krise hinzuweisen und konkrete Maßnahmen ggf. gar die Eröffnung eines Insolvenzverfahrens einzufordern. Nicht zuletzt verstellen dem Berater eigenwirtschaftliche Interessen am Erhalt des lukrativen Mandats nicht selten den Blick auf eine objektive Sichtweise. Insolvenzverwalter, aber auch Gläubiger nehmen vermehrt Steuerberater, Rechtsanwälte und Wirtschaftsprüfer ins Visier der Haftung. Dieser Tendenz wird nun durch die in § 102 StaRUG normierten **Hinweis- und Warnpflichten** des Beraters weiter Vorschub geleistet. Damit wurde die bisherige Rechtsprechung des Bundesgerichtshofs zu den Hinweis- und Warnpflichten des steuerlichen Beraters ausdrücklich gesetzlich normiert. Neben dem StaRUG ergibt sich der Pflichtenkreis des Beraters im Wesentlichen aus den jeweiligen berufsrechtlichen Regelungen iVm dem konkreten Auftragsverhältnis.

Abgerundet wird die Darstellung des Pflichtenkatalogs – auch beim Berater – mit der möglichen Sanktionierung von Pflichtverstößen. Neben der Haftung gegenüber seinem Mandanten, soll vor allem auch aufgezeigt werden, in welchen Konstellationen eine Haftung gegenüber Dritten, vor allem Gläubigern von insolventen Unternehmen, denkbar und möglich ist. Unter bestimmten Umständen begründet die Pflichtverletzung des Beraters auch eine strafrechtliche Verantwortung, idR in Form der Beihilfe. Explizit wird auch die Rolle des Sanierungsberaters beleuchtet, der zumeist ein Unternehmen in einem weit fortgeschrittenen Krisenstadium berät. Er unterliegt nicht nur einer hohen Verantwortung gegenüber seinem Mandanten, sondern auch den Beschränkungen des Insolvenzrechts. Insbesondere für den Sanierungsberater ist das Haftungsrisiko gegenüber Gläubigern der Gesellschaft hoch. Darüber hinaus kann unter bestimmten Umständen das Honorar des Beraters der Insolvenzanfechtung unterliegen. Abgeschlossen wird das Bild durch die Darstellung der berufsrechtlichen Folgen, die den Berater treffen können, wenn er gegen gesetzliche Pflichten verstößt.

Erster Teil
Die Pflichten des Unternehmers in der Krise

A. Begriff des Unternehmers, Krise, Krisenstadien und Ursachen

I. Der Unternehmer

Der nachfolgende Teil widmet sich dem „Unternehmer" in der Krise. Doch wer ist überhaupt „Unternehmer" im juristischen Sinne? 1

1. Gesetzliche Definition des Unternehmers

Die Rechtsordnung verwendet den Begriff „Unternehmer" an vielen Stellen. Eine allgemeinverbindliche Definition des „Unternehmers" im globaljuristischen Sinne gibt es nicht. 2

So grenzt das BGB in § 14 Abs. 1 den Unternehmer vom Verbraucher ab. *„Unternehmer ist eine natürliche oder juristische Person oder eine rechtsfähige Personengesellschaft, die bei Abschluss eines Rechtsgeschäfts in Ausübung ihrer gewerblichen oder selbständigen beruflichen Tätigkeit handelt."* Der Unternehmerbegriff in § 84 Abs. 1 HGB ist weitgehend der Definition des § 14 Abs. 1 BGB angenähert. Unternehmer ist hiernach jede natürliche oder juristische Person oder rechtsfähige Personengesellschaft, die in Ausübung ihrer gewerblichen oder (haupt- oder neben-)beruflichen Tätigkeit handelt. Es genügt die wirtschaftliche Tätigkeit am Markt.[2] Eine andere Definition findet sich noch im Werkvertragsrecht: Unternehmer ist danach *„jede natürliche oder juristische Person, die sich zur Herstellung eines Werkes gem. § 631 Abs. 2 BGB verpflichtet, auch wenn* 3

[2] Hopt/Hopt HGB § 84 Rn. 27.

sie nicht in Ausübung einer gewerblichen oder selbständigen beruflichen Tätigkeit handelt“.[3]

4 Das Umsatzsteuerrecht definiert in §2 Abs.1 S.1 UStG den Unternehmer wie folgt: *„Unternehmer ist, wer eine gewerbliche oder berufliche Tätigkeit selbständig ausübt“.* In §2 Abs.1 S.2 UStG wird sodann der Begriff des Unternehmens beschrieben: *„Das Unternehmen umfasst die gesamte gewerbliche oder berufliche Tätigkeit des Unternehmers“.* Eine synonyme Verwendung des Begriffs Unternehmer und Unternehmen kommt also gerade nicht in Betracht.

5 Da nachfolgend auch die strafrechtlichen Risiken des „Unternehmers“ in der Krise behandelt werden, bietet sich auf der Suche nach einer Begriffsbestimmung auch das StGB an. Im Jahr 2021 ist weiterhin der Versuch der Einführung eines Unternehmensstrafrechts gescheitert, sodass ausschließlich die Organe und Mitarbeiter des Unternehmens für die im Rahmen ihrer beruflichen Tätigkeit begangenen Verfehlungen zur Verantwortung gezogen werden können. Die strafrechtliche Verantwortung eines Unternehmens trifft also nicht die Rechtspersönlichkeit als solche, sondern die für die Rechtspersönlichkeit Handelnden.

2. Unternehmensverantwortung als maßgebliches Kriterium

6 Die Rechtsordnung weist den für die juristische Person handelnden Organen an unterschiedlichsten Stellen besondere Handlungs- und Sorgfaltspflichten zu. Bei einem Verstoß drohen (teils erhebliche) Konsequenzen. Mithin tragen im Endeffekt die Organe und Vertreter der Unternehmen die zivilrechtliche, steuerliche und strafrechtliche Verantwortung für das Unternehmen.

7 Die nachfolgenden Ausführungen richten sich idS an die für das Unternehmen verantwortlichen Personen. Das kann der Geschäftsführer einer GmbH oder der Vorstand einer AG sein. Nur der Einzelunternehmer kann als „der Unternehmer“ allein für sein Unternehmen sowohl strafrechtlich wie auch zivil- und steuerrechtlich

---

[3] NK-BGB/Lederer/Raab BGB §631 Rn.3.

zur Verantwortung gezogen werden. Bei natürlichen Personen sieht das neue Restrukturierungsrecht allerdings keine besonderen Regelungen vor. So findet bspw. § 1 StaRUG oder § 15b InsO nicht auf natürliche Personen oder Einzelunternehmen Anwendung.[4] Insoweit treffen nachfolgend beschriebene Handlungspflichten häufig „nur" Organe von (haftungsbeschränkten) Gesellschaften.

Im Nachfolgenden wird der Begriff des Geschäftsleiters ver- 8
wendet. Der Gesetzgeber hat durch Schaffung des § 15b InsO verdeutlicht, dass der Begriff Geschäftsleiter als Oberbegriff für die verantwortlichen Organe verwendbar ist. **Geschäftsleiter** sind diejenigen natürlichen Personen, die nach Gesetz, Satzung oder Gesellschaftsvertrag zur Führung der Geschäfte und zur Vertretung eines Instituts in der Rechtsform einer juristischen Person oder einer Personenhandelsgesellschaft berufen sind.[5]

3. Sonderfall – Der faktische Geschäftsleiter

Als Sonderfall ist der sog. faktische Geschäftsleiter zu nennen. 9
Wenngleich der faktische Geschäftsführer einer GmbH den wichtigsten Anwendungsfall betrifft, lassen sich die Grundsätze für alle entsprechenden Organstellungen (also zB auch auf den „faktischen Vorstand") verallgemeinern. Als Geschäftsleiter ist hiernach nicht nur der formal hierzu Berufene anzusehen, sondern auch derjenige, der die Geschäftsleitung mit Einverständnis der Gesellschafter (oder der Gesellschaftsorgane) **ohne förmliche Bestellung faktisch übernommen hat und tatsächlich ausübt.** Der Bundesgerichtshof spricht beim faktischen Geschäftsleiter auch von der „Seele des Geschäfts."[6]

Faktischer Geschäftsleiter ist, wer sowohl betriebsintern als auch 10
nach außen anstelle des rechtlichen Geschäftsleiters mit Einverständnis der Gesellschafter das Sagen hat und eine gegenüber dem formellen Geschäftsleiter überragende Stellung einnimmt.[7]

---

[4] BeckOK StaRUG/Mock StaRUG § 1 Rn. 6.

[5] BeckOK StaRUG/Mock StaRUG § 1 Rn. 25.

[6] BGH 20.9.1999 – 5 StR 729/98, BeckRS 1999, 30073486.

[7] BGH 10.5.2000 – 3 StR 101/00, NJW 2000, 2285 (2285 f.).

11 Zur Erleichterung der Abgrenzung hat die Rechtsprechung acht Merkmale des „Kernbereichs der Geschäftsleitung" herausgearbeitet:[8]

12
- Steuerung der Buchhaltung,
- Entscheidung der Steuerangelegenheiten,
- Bestimmung der Gehaltshöhe,
- Verhandlung mit Kreditgebern,
- Gestaltung der Geschäftsbeziehungen zu Vertragspartnern,
- Einstellung von Mitarbeitern,
- Unternehmensorganisation,
- Bestimmung der Unternehmenspolitik.

Verbindliche Festlegungen, wie viele Kriterien erfüllt sein müssen, um eine Einordnung als faktischer Geschäftsleiter vorzunehmen, gibt es nicht. Von einer entsprechenden Stellung ist aber jedenfalls dann auszugehen, wenn von den benannten klassischen Merkmalen im Kernbereich der Unternehmensleitung mindestens sechs erfüllt werden.[9] Im Übrigen verbietet sich eine rein schematische Prüfung. Nicht notwendig ist, dass der faktische Geschäftsleiter die gesetzliche Unternehmensführung völlig verdrängt.[10] Erforderlich ist jedoch, dass der faktische Geschäftsführer im Außenverhältnis als solcher grundsätzlich auftritt.

13 Die nachfolgend aufgezeigten Verpflichtungen und Risiken treffen neben dem formell verantwortlichen Organ auch den faktischen Geschäftsleiter.

4. Sonderfall – Der Strohmann

14 In der entgegengesetzten Position des faktischen Geschäftsleiters findet sich der lediglich auf dem Papier eingesetzte Vertreter, der sog. Strohmann oder Strohmanngeschäftsleiter.[11] Nicht selten handelt es sich um Familienmitglieder oder Bekannte, die einen

---

[8] BayObLG 20.2.1997 – 5 St RR 159/96, NJW 1997, 1936 (1936).
[9] BayObLG 20.2.1997 – 5 St RR 159/96, NJW 1997, 1936 (1936).
[10] OLG München 17.7.2019 – 7 U 2463/18, NZG 2019, 1189.
[11] Heinrich NZWiSt 2020, 346.

„Freundschaftsdienst" leisten, faktisch keine bzw. zumindest keine wesentlichen Tätigkeiten für die Gesellschaft ausüben und bei ihrem Handeln den Weisungen eines Dritten (regelmäßig des faktischen Unternehmensleiters) unterliegen, der tatsächlich die Geschäfte lenkt und leitet. Die Stellung als formeller Geschäftsleiter begründet – wie dargelegt – grundsätzlich die Verantwortlichkeit als Organ der Gesellschaft nach außen.[12]

(einstweilen frei) 15–19

II. Begriff der Krise

Bevor man die für den Fall einer Unternehmenskrise notwendigen und obligatorischen Handlungsschritte überhaupt beschreiben kann – dazu gehören die rechtsformunabhängigen Pflichten für den Geschäftsleiter, die Mechanismen und Prozesse zur Krisenfrüherkennung und Krisenbewältigung sowie die Formulierung von Anforderungen an ein effektives Krisenmanagement – muss zunächst der Befund einer Krise vorausgehen. Dabei ist das Erkennen einer Unternehmenskrise und das Verständnis für ihre Entstehungsursachen essenziell, wenn es darum geht, Handlungsmöglichkeiten zu identifizieren und Maßnahmen zur Überwindung der Krise umzusetzen.[13] 20

Wann spricht man von einer Unternehmenskrise? 21

Eine „Krise" (lateinisch Crisis) ist im Allgemeinen ein Höhepunkt oder Wendepunkt einer gefährlichen Konfliktentwicklung in einem natürlichen oder sozialen System, dem eine massive und problematische Funktionsstörung über einen gewissen Zeitraum vorausging und der eher kürzer als länger andauert.[14] Übertragen auf den Unternehmensbereich stellt eine Krise also eine existenzgefährdende Situation dar, deren Ausgang man nicht kennt. Am 22

---

[12] BGH 13.10.2016 – 3 StR352/16, NStZ 2017, 149.

[13] IDW Sanierung-WHP, Kap. A Rn. 4.

[14] https://de.wikipedia.org/wiki/Krise unter Verweis auf Manfred G. Schmidt: Wörterbuch zur Politik. 3., überarbeitete und aktualisierte Auflage, Stuttgart 2010.

Ende der Krise kann sowohl der Untergang des Systems, also die Zerschlagung des Unternehmens, stehen, oder das Unternehmen kann, bei rechtzeitig eingeleiteter und erfolgreicher Umsetzung geeigneter Korrekturmaßnahmen, die Krise überwinden und sogar gestärkt daraus hervorgehen.[15]

23 Im alltäglichen Sprachgebrauch wird der Begriff „Krise" für verschiedene Sachverhalte mit unterschiedlichen (Rechts-)Folgen verwendet. In der Ökonomie und in der Wirtschaftspresse wird häufig mit dem Begriff „Krise" eine unregelmäßige und fehlerhafte Entwicklung bezeichnet („Energiekrise", „Bankenkrise", „Flüchtlingskrise").

24 Im Zusammenhang mit der Krise des Unternehmens, wird regelmäßig zwischen dem **betriebswirtschaftlichen Begriff der Krise,** dem **rechtlichen Krisenbegriff** und der **insolvenzrechtlichen Krise,** als Sonderfall der rechtlichen Krise, unterschieden. Die Begriffe sind nicht deckungsgleich und stellen auf unterschiedliche Ereignisse und Zeitpunkte ab, um Krisen(-stadien) des Unternehmens zu beschreiben und damit verbundene Handlungspflichten des Geschäftsleiters zu bestimmen. Dabei deckt sich die rechtliche Begriffsbestimmung nicht immer mit dem Verständnis der Unternehmenskrise in der Betriebswirtschaftslehre und wird je nach Rechtsgebiet enger oder weiter bestimmt.[16]

1. Krisenbegriff im betriebswirtschaftlichen Sinne

25 Im rein **betriebswirtschaftlichen Sinne** spricht man von einer Krise, wenn eine kritische Entwicklung vorliegt, die den Fortbestand des Unternehmens bedroht[17] und wesentliche Ziele und Werte des Unternehmens unmittelbar gefährdet sind.[18] Am Ende der Krise kann der Untergang des Unternehmens stehen.

[15] Gottwald/Haas InsR-HdB § 2 Rn. 2
[16] Oppenländer/Trölitzsch GmbH-GF-HdB/Steffan § 37 Rn. 2.
[17] MAH Insolvenz/Gras § 2 Rn. 1.
[18] Uhlenbruck Gläubigerberatung-HdB Rn. 1 mwN.

Das Unternehmen kann aber auch, bei rechtzeitig eingeleiteter und erfolgreicher Umsetzung geeigneter Korrekturmaßnahmen, die Krise überwinden.[19] Das Krisenunternehmen durchläuft regelmäßig verschiedene Stadien, die singulär, überlappend oder hintereinander auftreten können.[20] Der Übergang zur Insolvenz als Endstadium der wirtschaftlichen Krise des Unternehmens ist zumeist fließend.[21]

2. Krisenbegriff im rechtlichen Sinne

Die **rechtliche Krise** liegt vor, wenn die betriebswirtschaftliche Krise so weit fortgeschritten ist, dass Rechtsfolgen ausgelöst werden. Nach der Rechtsprechung des Bundesgerichtshofs[22] ist die Gesellschaft in der „rechtlichen" Krise, wenn sie kreditunwürdig ist, dh wenn sie von dritter Seite keinen Kredit zu marktüblichen Bedingungen mehr erhält und die Gesellschaft ohne weitere Kapitalzufuhr liquidiert werden müsste.[23] Der Bundesgerichtshof sieht hierbei die Unternehmenskrise als Vorstadium der Insolvenz.[24] 26

Eine Legaldefinition der Krise im rechtlichen Sinne fehlt jedoch bzw. gibt es keinen übergeordneten Begriff der Krise, der in allen Rechtsbereichen gilt.[25] So löst bspw. der Verlust des hälftigen Stammkapitals nach §49 Abs. 3 GmbHG eine Rechtspflicht des Geschäftsleiters einer GmbH zum Handeln aus. Er ist verpflichtet, die Gesellschafterversammlung zu informieren. Andere Gesetze als das GmbHG knüpfen Rechtsfolgen bzw. Handlungspflichten an eigene Tatbestände mit jeweils eigenen Krisenmerkmalen an.[26] Das HGB spricht nicht von „Krise", sondern von „Risiken" (§§289 Abs. 1, 315 Abs. 1, 317 Abs. 2 HGB). §91 Abs. 2 AktG stellt 27

---

[19] Gottwald/Haas InsR-HdB/Drukarczyk/Schöntag §2 Rn. 2.
[20] IDW Anforderungen Sanierungskonzepte (IDW S 6) Rn. 3.
[21] Oppenländer/Trölitzsch GmbH-GF-HdB/Steffan §37 Rn. 3.
[22] BGH 18.7.2013 – IX ZR 219/11, ZIP 2013, 1579 Rn. 28.
[23] Oppenländer/Trölitzsch GmbH-GF-HdB/Steffan §37 Rn. 4.
[24] BGH 18.7.2013 – IX ZR 219/11, ZIP 2013, 1579 Rn. 28.
[25] So auch MAH Insolvenz/Gras §2 Nr. 2.
[26] Reuter BB 2003, 1797.

auf *„den Fortbestand der Gesellschaft gefährdende Entwicklungen“* ab, um die Krisensituation zu beschreiben.[27]

28 Das am 1.1.2021 in Kraft getretene Unternehmensstabilisierungs- und Restrukturierungsgesetz **(„StaRUG“)** übernimmt diesen – im Ansatz – weiteren Krisenbegriff.[28] Mit dem StaRUG wird rechtsformübergreifend eine Pflicht für Geschäftsleiter von haftungsbeschränkten Unternehmensträgern zur Krisenfrüherkennung und zum Krisenmanagement eingeführt. § 1 Abs. 1 S. 1 StaRUG führt die Verpflichtung ein, *„fortlaufend über Entwicklungen zu wachen, welche den Fortbestand der juristischen Person gefährden können.“* Krise iSd StaRUG ist somit eine *„Entwicklung, welche den Fortbestand der juristischen Person gefährden kann.“*

29 Die Intention des Gesetzes ist es, die Insolvenz eines Unternehmens zu vermeiden. Bereits in einem möglichst **frühen** Krisenstadium sollen vorhandene **Krisensignale** erkannt und **Krisenursachen** festgestellt werden, um dann entsprechend frühzeitig geeignete Gegenmaßnahmen einleiten zu können, um eine spätere Ergebnis- bzw. Liquiditätskrise oder sogar eine Insolvenz abwenden zu können.[29]

30 Zu den **bestandsgefährdenden Entwicklungen** werden Ereignisse und Entwicklungen gezählt, die sich auf die Vermögens-, Finanz- und Ertragslage des Unternehmens wesentlich auswirken[30] und die die Gefahr einer Insolvenz bergen.[31]

3. Krisenbegriff im insolvenz- und insolvenzstrafrechtlichen Sinne

31 **Insolvenz- bzw. Insolvenzstrafrecht** gehen demgegenüber zwangsläufig von einem engeren – statischen – Krisenbegriff aus. Tatsächlich hat die Insolvenzordnung selbst in ihrer bis zum 31.12.2020 gültigen Fassung das Wort „Krise“ an keiner einzi-

---

[27] K. Schmidt/Uhlenbruck Die GmbH in Krise/Sinz § 1 Rn. 1.10.
[28] K. Schmidt/Uhlenbruck Die GmbH in Krise/Sinz § 1 Rn. 1.12.
[29] D'Avoine/Michels NZI 2022, 1.
[30] RegEKonTraG, BT-Drs. 13/9712, 15.
[31] MüKoAktG/Spindler AktG § 91 Rn. 21.

gen Stelle erwähnt. Mit der Reform der Insolvenzordnung zum 1.1.2021 durch das Gesetz zur Fortentwicklung des Sanierungs- und Insolvenzrecht **(„SanInsFoG")** änderte sich dies. So wurde mit der Regelung des §270a Abs. 1 Nr. 2 InsO nunmehr eine Verpflichtung eingeführt, dass einem Eigenverwaltungsantrag „ein Konzept für die Durchführung des Insolvenzverfahrens" beizufügen ist, **„welches auf Grundlage einer Darstellung von Art, Ausmaß und Ursachen der Krise"** das Ziel der Eigenverwaltung und die Maßnahmen beschreibt, welche zur Erreichung des Ziels in Aussicht genommen werden.

Krise im insolvenzrechtlichen Sinne liegt vor, wenn die Insol- **32**
venztatbestände Zahlungsunfähigkeit (§ 17 InsO), drohende Zahlungsunfähigkeit (§ 18 InsO) und/oder Überschuldung (§ 19 InsO) erfüllt sind.[32] Das Endstadium der wirtschaftlichen und rechtlichen Krise ist erreicht. An diesen Befund sind für den Geschäftsleiter – wie nachfolgend noch aufgezeigt werden wird – erhebliche rechtliche und strafrechtliche Verantwortlichkeiten geknüpft. Insbesondere die Insolvenzverschleppungshaftung des Geschäftsleiters (vgl. → Rn. 333 ff.) und die Zahlungsverbote stellen auf die Insolvenzreife des Unternehmens ab (vgl. hierzu unter → Rn. 289 ff.).

(einstweilen frei) **33–37**

III. Zeitlicher Verlauf der Krise – verschiedene Krisenstadien

In der Regel tritt die Krise eines Unternehmens nicht „plötzlich **38**
aus dem Nichts" auf, sondern ist meist die Folge einer langfristigen Entwicklung. Das Ergebnis eines schleichenden Prozesses mit vielen verschiedenen Ursachen.[33]

Krystek[34] unterscheidet die Phasen einer Krise danach, ob sie po- **39**
tenziell, latent, akut beherrschbar oder akut nicht beherrschbar ist.

---

[32] Buth/Hermanns Restrukturierung/Hermanns §27 Rn. 16.
[33] K. Schmidt/Uhlenbruck Die GmbH in Krise/Sinz §1 Rn. 1.31.
[34] Evertz/Krystek in Evertz/Krystek, 6 ff.

40 Das Institut der Wirtschaftsprüfer in Deutschland e.V. (IDW) wiederum beschreibt im IDW Standard S6 „Anforderungen an Sanierungskonzepte“ in Übereinstimmung mit der Betriebswirtschaftslehre **sechs verschiedene Krisenstadien:**[35]

41
- Stakeholderkrise,
- Strategiekrise,
- Produkt- und Absatzkrise,
- Erfolgskrise,
- Liquiditätskrise
  und schließlich,
- die existenzielle Krise/Feststellung der Insolvenzreife.

Stakeholderkrise

42 Unter **„Stakeholder“** werden die unterschiedlichen **Interessengruppen an einem Unternehmen** verstanden. Dazu zählen zB die Mitglieder der Unternehmensleitung und der Überwachungsorgane, Anteilseigner, Arbeitnehmer und ihre Vertretungen, Kreditinstitute, aber auch Lieferanten und Kunden. In der Stakeholderkrise wirken sich Konflikte zwischen einzelnen oder mehreren dieser Interessensgruppen auf das Unternehmen aus und führen zu Blockaden und verhindern notwendige Entscheidungen. Das „Leitbild des Unternehmens“ wird häufig von der Unternehmensführung nicht mehr gelebt und die Leistungsbereitschaft der Mitarbeiter sinkt.[36]

43 Die Stakeholderkrise geht in der Praxis regelmäßig einher mit einer Vertrauenskrise zwischen den am Unternehmen interessierten Parteien.[37]

Praxishinweis: Klassisches Beispiel in der Praxis ist der Generationenkonflikt in einem Familienunternehmen, der eine Neuausrichtung des Unternehmens behindert. Typisch ist auch der Streik im Unternehmen, also der Konflikt zwischen Mitarbeitern und Unternehmensführung.

[35] IDW Anforderungen an Sanierungskonzepte (IDW S 6) Rn. 31.
[36] Oppenländer/Trölitzsch GmbH-GF-HdB/Steffan § 37 Rn. 35.
[37] IDW Anforderungen an Sanierungskonzepte (IDW S 6) Rn. 32.

Strategiekrise

Von einer **Strategiekrise** spricht man, wenn schon die Grundlage der unternehmerischen Tätigkeit, die den Erfolg des Unternehmens in der Zukunft ausmacht, gestört wird.[38] In dieser Phase sind Aufbau und/oder Verfügbarkeit von Erfolgspotentialen gefährdet.[39] Es kommt zu strategischen Lücken und strukturellen Defiziten in einem Unternehmen. Das Unternehmen hat sein Erfolgspotential aufgebraucht, ohne rechtzeitig neues zu schaffen. 44

Erkennbar wird die Strategiekrise insb. an rückläufigen Marktanteilen und damit an einem Rückgang der Wettbewerbsfähigkeit.[40] Eine strategische Neuorientierung wäre erforderlich, um weiter am Markt bestehen zu können. Mögliche Ursachen einer Strategiekrise können bspw. eine fehlende strategische Ausrichtung im Hinblick auf die angestrebte Wettbewerbsposition oder eine nachhaltige Fehleinschätzung der Marktentwicklung sein. Aus solchen strategischen Fehlentscheidungen resultieren häufig eine falsche Innovationspolitik und Fehlinvestitionen.[41] 45

Strategiekrisen sind von grundlegender Bedeutung und betreffen die Basis des Unternehmens. Daher sind Krisenursachen im Regelfall nicht nur punktuell und auch nicht leicht zu ändern. Dies gilt umso mehr, je später die Strategiekrise festgestellt wurde und die Entwicklung bereits zu Fehlentscheidungen geführt haben.[42] 46

Produkt- und Absatzkrise

Der Strategiekrise folgt regelmäßig die **Produkt- und Absatzkrise.** Diese liegt vor, wenn die Nachfrage nach den Hauptumsatz- und -erfolgsträgern/-produkten eines Unternehmens stark zurückgeht.[43] Ursächlich hierfür ist häufig ein unzureichendes Marketing- und Vertriebskonzept sowie eine fehlerhafte Preispolitik und Vertriebssteuerung. Sortimentsschwächen treten zutage; 47

---

[38] Seefelder Unternehmenssanierung, 86.

[39] Bork/Hölzle/Niemann InsR-HdB Kap. 26 Rn. 28.

[40] Crone/Werner Sanierungsmanagement-HdB/Crone S. 4.

[41] Bork/Hölzle/Niemann InsR-HdB Kap. 26 Rn. 22; IDW Sanierung-WPH Kap. A Rn. 18-19.

[42] F & A zu IDW S 6, 4.1.

[43] Bork/Hölzle/InsR-HdB/Niemann Kap. 28 Rn. 23.

auch nehmen Qualitätsprobleme zu. Da idR die Produktion nicht kurzfristig an die sinkende Nachfrage angepasst werden kann, bauen sich Vorratsbestände auf. Diese führen zu einer Erhöhung der Kapitalbindung und Verschlechterung der Liquidität. Als Folge kommt es zu Unterauslastungen der Produktionskapazitäten und zu Ergebnisrückgängen.[44]

Erfolgskrise

48 Eine **Erfolgskrise** liegt vor, wenn ein Unternehmen Verluste erwirtschaftet und diese zum Verbrauch des Eigenkapitals führen. Erfolgskrisen können singulär auftreten; oftmals sind sie aber auch Folge von Strategie-, Produktions- und Absatzkrisen, für die keine ausreichenden Gegensteuerungsmaßnahmen zur Verfügung standen bzw. umgesetzt wurden.[45] In der Folge kann das Unternehmen aus den laufenden Erträgen keine Investitionen mehr tätigen. Es kann kein Ausschüttungsvolumen generiert werden, sodass das Unternehmen aus Eigenkapitalgebersicht an Attraktivität verliert. Eine solche wäre jedoch erforderlich, um Gesellschaftereinlagen zur Verbesserung der Eigenkapitalquote zu erhalten. Eine sinkende Eigenkapitalquote, die häufig zentrale Kennziffer in Kreditverträgen ist, birgt die Gefahr in sich, dass kreditvertraglich vereinbarte Bedingungen nicht mehr erfüllt werden können. Dies führt zu Kündigungsmöglichkeiten der Kreditgeber.[46]

49 Insofern können Erfolgskrisen eine Liquiditätskrise wegen abnehmender Kreditwürdigkeit nach sich ziehen. Zwar lässt sich häufig noch die Zahlungsfähigkeit aufrechterhalten, jedoch fehlen die zur nachhaltigen Sanierung erforderlichen Mittel, zB um wichtige Investitionen zu tätigen.[47]

Liquiditätskrise

50 Der Eintritt einer **Liquiditätskrise** geht im Regelfall einher mit einer zunehmenden Existenzgefährdung des Unternehmens. Im ersten Schritt können Liquiditätsengpässe zutage treten, die sich in einem Abschmelzen verfügbarer liquider Mittel bemerkbar

---

[44] IDW Sanierung-WPH/Wieland/Blöse/Oberle Kap. A 1.3.3. Rn. 20.
[45] IDW Sanierung-WPH/Wieland/Blöse/Oberle Kap. A 1.3.3. Rn. 21.
[46] IDW Sanierung-WPH/Wieland/Blöse/Oberle Kap. A 1.3.3. Rn. 21.
[47] F & A zu IDW S 6, 4.1.

machen. Dies führt dazu, dass Verbindlichkeiten nicht zum Fälligkeitszeitpunkt, sondern nur gestreckt im Zeitablauf beglichen werden. Der Handlungsspielraum des Unternehmens ist in diesem Stadium weitgehend erschöpft. Das Unternehmen ist kaum noch in der Lage, die Krise aus eigener Kraft zu meistern.[48]

Insolvenzreife 51

52 Eine Liquiditätskrise kann sich derart zuspitzen, dass Zahlungsunfähigkeit vorliegt und damit ein allgemeiner Eröffnungsgrund für die Insolvenz gegeben ist.[49] In der Regel ist mit der Erfolgskrise auch eine **negative Fortbestehensprognose** (vgl. → Rn. 200 ff.) verbunden, die im Rahmen der Überschuldungsprüfung eine Bewertung des Vermögens zu Liquidationswerten erforderlich macht (§ 19 Abs. 2 InsO).[50] Sofern diese Form der Insolvenzreife festgestellt wird, steht ihre Überwindung mit geeigneten und schnell umsetzbaren Maßnahmen im Vordergrund, um wieder zu einer **positiven Fortbestehensprognose** zu gelangen.[51] Dass eine solche möglich ist, ist aber keineswegs zwingend. Vielmehr muss auch in Betracht gezogen werden, dass eine Überwindung der Zahlungsunfähigkeit nicht in der zur Verfügung stehenden Zeit realisiert werden kann und daher ein Insolvenzantrag zu stellen ist (§ 15a InsO). Sollte die Liquiditätskrise dergestalt vorliegen, dass noch keine Zahlungsunfähigkeit besteht, aber absehbar eintreten wird bzw. zusätzlich ein negativer Überschuldungsstatus vorliegt, liegt die Insolvenzreife wegen drohender Zahlungsunfähigkeit (§ 18 InsO) und/oder Überschuldung (§ 19 InsO) vor.[52] (vgl. im Detail → Rn. 228 f.).

53 Die ersten beiden Krisenstufen – die Stakeholderkrise und die Strategiekrise – wirken sich häufig erst zeitversetzt im Unternehmen aus. Sie haben noch keinen so wesentlichen Einfluss auf die Vermögens-, Finanz- und Ertragslage des Unternehmens. Von einer unmittelbaren Insolvenzgefährdung ist (noch) nicht auszu-

---

[48] Steffan WPg Themenheft 5/2009, 274 ff.
[49] Oppenländer/Trölitzsch GmbH-GF-HdB/Steffan § 37 Rn. 39.
[50] K. Schmidt/Uhlenbruck Die GmbH in Krise/Sinz § 1 Rn. 1.9.
[51] Bork/Hölzle/InsR-HdB/Niemann Kap. 28 Rn. 30.
[52] IDW Sanierungs-WPH Kap. A. 1.3.3. Rn. 24.

gehen. Hinzu kommt, dass sowohl die Stakeholder- als auch die Strategiekrise für Außenstehende zunächst nicht offensichtlich sind. Die Ursachen einer Stakeholderkrise, beispielsweise wenn Meinungsverschiedenheiten unter den Gesellschaftern notwendige Entscheidungen verzögern oder gänzlich blockieren, betreffen häufig den Aufgabenbereich des Geschäftsleiters nicht unmittelbar, sondern sind zunächst auf Gesellschafterebene zu klären. Das Gleiche dürfte wohl zumindest bei der GmbH auch für die Abwehr einer etwaigen Strategiekrise gelten, da die Strategie in der GmbH nach dem Leitbild des Gesetzgebers eher in die Kompetenz der Gesellschafter als der Geschäftsleiter fällt.[53] Anders wird dies für die Symptome der Produkt- und Absatzkrise zu beurteilen sein, die von außen zu erkennen sind. So sind durch eine fundierte Bilanzanalyse anhand von Kennzahlen und insb. Zeitreihenanalysen diese Entwicklungen bspw. für Kreditgeber zu erkennen. Die letzten beiden Krisenstufen, Liquiditätskrise und Feststellung der Insolvenzreife stellen unmittelbar den Übergang von der betriebswirtschaftlichen Krise zur Krise im insolvenzrechtlichen Sinne dar.

54 Für den Geschäftsleiter lassen sich aus dem Vorgenannten in der Praxis wichtige Erkenntnisse für ein erfolgreiches Krisenmanagement ziehen. So ist es idR nicht ausreichend, allein die aktuell vorliegende Krisensituation zu analysieren und zu behandeln. Der Geschäftsleiter hat sich vielmehr auch mit der Frage, wie sich diese Krise entwickelt hat, auseinanderzusetzen.[54] Wichtig ist auch zu erkennen, dass mit zunehmendem Fortschreiten der Krise der Handlungsspielraum für den Geschäftsleiter abnimmt und der wirtschaftliche und rechtliche Druck auf ihn zunimmt. Durch zu spätes Erkennen einer fortschreitenden Krise und (falsches) Zuwarten oder (ebenso möglicherweise falsches) Handeln können eine akute Existenzgefährdung für das Unternehmen, damit verbundene Nachteile für die Gläubiger sowie umfangreiche Haftungsgefahren für die Geschäftsleiter drohen. **Je früher die**

---

[53] Brandes/Rabenau ZIP 2021, 2374 (2376 mwN).

[54] IDW Sanierung-WHP Kap. A 1.3. Rn. 9; Gottwald/Haas InsR-HdB § 2 Rn. 10.

Unternehmenskrise erkannt wird, desto effektiver kann das Krisenmanagement sein.

Zur Verdeutlichung der häufig ineinandergreifenden Krisenphasen dient die nachfolgende Grafik: 55

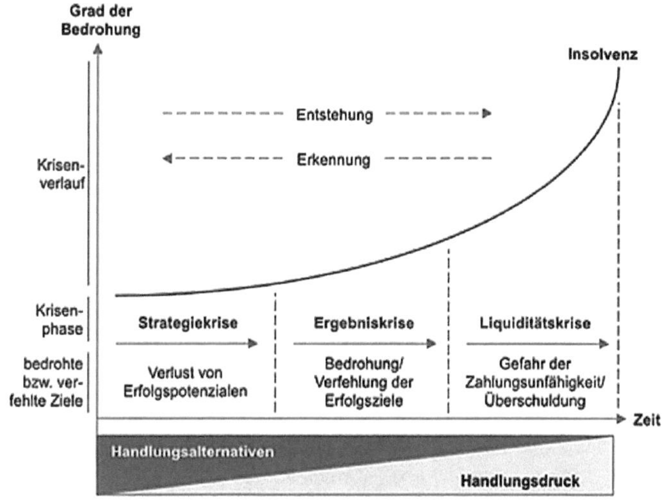

Abb. 1: Krisenprozess[55]

(einstweilen frei) 56–60

IV. Krisenursachen

Die Erscheinungsformen krisenhafter Entwicklungen in einem Unternehmen sind ebenso wie ihre Ursachen vielfältig.[56] Ohne zu wissen, was die Krise ausgelöst hat, kann nur schwer das passende „Set" an Maßnahmen definiert und umgesetzt werden.[57] 61

---

[55] Inhaltlich übernommen aus Buth/Hermanns Restrukturierung/Kraus § 4 Rn. 8.

[56] IDW Sanierung-WPH Kap. A Rn. 4.

[57] BGH 12.5.2016 – IX ZR 65/14, NZI 2016, 636 Rn. 40; Bea/Dressler, NZI 2021, 67.

62 **Restrukturierungsstudien** der letzten Jahre zeigen, dass insb. die fortschreitende Digitalisierung und ein steigender Konsolidierungsdruck branchenübergreifend den Handlungsbedarf für Unternehmen bestimmen:[58]

Abb 2: Gründe für erhöhten Anpassungsbedarf (Quelle: Roland Berger Restrukturierungsstudien 2015–2020)

63 Covid-19 hat das Spektrum der Krisenszenarien um einen weiteren Typus erweitert: die Pandemie. Hingegen besteht Einigkeit, dass der Ukraine-Krieg keinen eigenständigen Grund für einen Restrukturierungsbedarf begründet. Er ist stattdessen vielmehr im Bereich „Starke Konjunkturabhängigkeit" und vor allem „Rohstoffpreisentwicklung" einzuordnen. Fakt ist, dass das Krisenspektrum dadurch erheblich erweitert wurde und wie kaum ein anderer Faktor die wirtschaftliche Entwicklung weitgehend aller Branchen betrifft und beeinflusst.

64 Das Institut der Wirtschaftsprüfer in Deutschland e. V. (IDW) sortiert unter Verweis auf die einschlägige Sanierungsliteratur zwischen **endogenen** und **exogenen** Krisenursachen.[59]

[58] Buth/Hermanns Restrukturierung/Herbst/Haghani/Sievers § 1 Rn. 12.
[59] IDW Sanierung-WPH, Kap. A 1.2 Rn. 8.

Endogene Krisenursachen

Unter **endogenen** Krisenursachen versteht man Ursachen, deren Wurzeln im Unternehmen selbst angelegt sind. Solche Krisenursachen können etwa aus 65

- einer nicht zielfokussierten Unternehmensführung, 66
- Konflikten zwischen Gesellschaftern bzw. Gesellschaftergruppen über die weitere strategische Ausrichtung,
- nicht marktgerechten Geschäftsmodellen,
- fehlenden oder falsch qualifizierten Mitarbeitern oder
- ineffizienten Produktionsprozessen

resultieren.[60]

Die vorgenannten Krisenursachen können grundsätzlich von dem Geschäftsleiter beeinflusst werden. Jedoch ist die Wirksamkeit ihrer Bekämpfung von der Reaktionsfähigkeit des Unternehmens abhängig. Die unternehmerischen Handlungsspielräume sind aber eingeschränkt und häufig fehlen auch die finanziellen Mittel zur Umsetzung. 67

Exogene Krisenursachen

Unter **exogenen** Krisenursachen werden solche verstanden, die sich aus dem Umfeld des Unternehmens ergeben. Dazu zählen:[61] 68

- Branche,
- neue Wettbewerber,
- Zuliefer-/Absatzmarkt,
- Markt für menschliche Produktionsfaktoren,
- Marktposition Einkauf und Absatz,
- Technologie,
- Abnehmer,
- Zins- und Währungsraum,
- weltweite Bedrohungen, Pandemien etc.

Zusätzlich wird das Unternehmensumfeld durch die gesamtwirtschaftliche Lage, rechtliche, politische, gesellschaftliche bzw. 69

---

[60] IDW Sanierung-WPH, Kap. A 1.2.1. Rn. 6.

[61] IDW Sanierung-WPH Kap. A 1.2.1. Rn. 7.

demografische sowie technische Gegebenheiten und Entwicklungen geprägt.[62]

70 Exogene Krisenursachen zeichnen sich dadurch aus, dass sie dem Einflussbereich des Unternehmens weitgehend entzogen sind. Das Unternehmen muss auf – häufig überraschende – Umstände von außen reagieren. Insofern hängt die Überwindung einer Krise, die auf exogenen Ursachen beruht, in besonderer Weise von der Flexibilität eines Unternehmens ab, auf Veränderungen reagieren zu können. Dies gilt sowohl im Hinblick auf Führung, Geschäftsmodell und eingesetzte Produktionsfaktoren. Erfolgen keine oder nur zeitverzögerte Veränderungen auf exogene Krisenursachen, können in der Folge endogene Krisenursachen entstehen. Überhaupt ist die Identifizierung von Krisenursachen in der Praxis häufig deshalb schwierig, weil die exogenen und endogenen Krisenursachen zumeist in Abhängigkeit voneinander stehen.[63]

71 **Praxishinweis:** Der Zusammenhang von exogenen und endogenen Faktoren wurde für viele Unternehmen in der Corona-Krise deutlich: Für einige Branchen ergaben sich zeitlich begrenzte negative Folgewirkungen, die kurzfristig überbrückt werden konnten. In anderen Branchen, wie zB der Automobilindustrie beschleunigte sich der Eintritt sowieso bekannter oder erwarteter Veränderung, sodass hier aus der zeitlichen Beschleunigung besonders hoher Druck auf die Anpassungsfähigkeit von Geschäftsmodellen wahrgenommen werden konnte.[64]

72 Zahlreiche Strukturierungsstudien[65] haben gezeigt, dass ein mangelhaftes Controlling (79%), Finanzierungslücken (76%), un-

---

62 IDW Sanierung-WPH Kap. A 1.2.1. Rn. 7.

63 F&A zu IDW S. 6 Rn. 4.6.

64 Beispiel nach IDW Sanierung-WPH Rn. 8.

65 K. Schmidt/Uhlenbruck Die GmbH in Krise/Sinz § 1 Rn. 1.36 unter Verweis auf gemeinsame Studie der ZIS (Zentrum für Insolvenz und Sanierung an der Universität Mannheim) und der Euler Hermes Kreditversicherungs-AG, „Ursachen von Insolvenzen – Gründe für Unternehmensinsolvenzen aus der Sicht von Insolvenzverwaltern", Wirtschaft Konkret Nr. 414/2006, S. 7 (20, 23, 32f.) (im Internet abrufbar unter: https://www.uni-mannheim.de/media/Einrichtungen/zis/Studien/414_wiko.pdf; vgl. auch Gemeinsame Studie der ZIS (Zentrum für Insolvenz und Sanierung an der Universität Mannheim) und der Euler Hermes Kreditversicherungs-AG, „Rettung aus der Insolvenz", Wirt-

zureichendes Debitorenmanagement (64%) und ein autoritärer Führungsstil (57%) häufige interne Krisenauslöser sind. Als externe Ursachen werden eine schlechte Zahlungsmoral der Kunden (82%), Arbeits- und Sozialrecht (81%) und Erschwernisse durch Arbeitsgerichte (61%) genannt. Interessant hierbei ist, dass in Bezug auf die Krisenauslöser unter den Beteiligten erhebliche Wahrnehmungsunterschiede bestehen. Während die Geschäftsleiter meistens externe Faktoren als Hauptursache einer Krise ansehen, stehen für Banken und andere Geschäftspartner primär die Defizite im Unternehmen selbst und in der Unternehmensführung im Vordergrund.[66]

Von den **Krisenursachen** sind die **Krisensymptome** (wie zB eine Unterbilanz oder negative Umsatzentwicklung) zu unterscheiden. Krisensymptome sind lediglich Anzeichen für bereits eingetretene Krisensituationen, jedoch nicht ursächlich für deren Eintritt.[67] Anhand der Krisensymptome lassen sich allerdings häufig Rückschlüsse auf das jeweilige Krisenstadium, in dem sich das Unternehmen befindet, ziehen.[68] 73

Zusammenfassung des Begriffs der Krise, Krisenstadien und Ursachen: „Die Unternehmenskrise" im Sinne einer einheitlichen Definition gibt es nicht. Vielmehr handelt es sich bei der Unternehmenskrise um einen voranschreitenden Prozess, der schlimmstenfalls den Bestand des Unternehmens gefährdet, wenn die Krisenursachen zu spät erkannt und behandelt werden. Handlungspflichten des Geschäftsleiters, ergeben sich in jedem Stadium der Krise. Haftungs- und strafbewehrte Pflichten verdichten sich, je weiter die (wirtschaftliche) Krise voranschreitet. 74

---

schaft Konkret Nr. 418/2007, S. 7; Bitter/Röder ZInsO 2009, 1283 ff.; http://www.rolandberger.de/media/pdf/Roland_Berger_Insolvenzstudie_20110323.pdf, S. 11; zu „Unternehmensinsolvenzen in Europa" s. auch die Studie der Creditreform vom 20.5.2021: https://www.creditreform.de/fileadmin/user_upload/central_files/News/News_Wirtschaftsforschung/2021/Insolvenzen_in_Europa/2021-05-20_AY_OE_Analyse_EU-2020.pdf.

[66] Crone/Werner Sanierungsmanagement-HdB/Crone 3.1 S. 29.

[67] Crone/Werner Sanierungsmanagement-HdB/Crone/Werner 2.3.3 S. 18.

[68] Vgl. hierzu K. Schmidt/Uhlenbruck Die GmbH in Krise /Sinz § 1 Rn. 1.3.8 mwN.

75 **Fünf Merkmale** kennzeichnen eine Unternehmenskrise:[69]

- sie ist bestandsgefährdend, wenn keine angemessenen Gegenmaßnahmen eingeleitet werden,
- sie tritt idR unbeabsichtigt und unerwartet auf,
- die Ursachen sind meist nicht eindeutig,
- ihre Bewältigung ist meist nur innerhalb einer begrenzten Zeitspanne möglich,
- die Eingriffsmöglichkeiten der Geschäftsleitung nehmen im Krisenverlauf ab.

76–80 *(einstweilen frei)*

[69] Thierhoff/Müller Unternehmenssanierung/Baetge/Hater/Schmidt Kap. 2 Rn. 17.

B. Krisenvermeidung und Krisenfrüherkennung

I. Pflichten im Frühstadium der Krise

1. Krisenvermeidung und Krisenfrüherkennung

Die **Krisenvermeidung und Krisenfrüherkennung** gehört zum grundlegenden Pflichtenprogramm eines jeden Geschäftsleiters.[70] Sie ergibt sich aus dem Umstand, dass der Geschäftseiter in Angelegenheiten der Gesellschaft die Sorgfalt eines ordentlichen Geschäftsmannes anzuwenden hat. Für den Geschäftsführer einer GmbH ist dies in § 43 Abs. 1 GmbH und für den Vorstand einer AG in § 91 Abs. 1 S. AktG und der Genossenschaft in § 34 GenG ausdrücklich verankert.[71] Daraus leitet sich eine ordnungsgemäße Unternehmensleitung und -führung ab.[72] Dazu gehört nach gefestigter Rechtsprechung[73] die Verpflichtung des Geschäftsleiters, im Unternehmen organisatorische Vorkehrungen dafür zu treffen, dass der Geschäftsleitung eine laufende Überwachung der wirtschaftlichen und finanziellen Situation des Unternehmens möglich ist. Dies beinhaltet die **kontinuierliche Kontrolle der finanziellen Lage** der Gesellschaft und verpflichtet auch zur Beobachtung der Stellung des Unternehmens am Markt.[74] Hierzu gehört weiter die Verpflichtung, Vorkehrungen zu treffen, um eine drohende Gefahr für das Unternehmen, insb. eine Insolvenz, 81

---

[70] Grundlegend Bork ZIP 2011, 105.

[71] Oppenländer/Trölitzsch GmbH-GF-HdB/Autor § 18 Rn. 92.

[72] Bork ZIP 2011, 101 mwN.

[73] BGH 20.2.1995 – II ZR 9/94, NJW-RR 1995, 669 f.; 19.6.2012 – II ZR 243/11, NZI 2012, 812.

[74] Bork ZIP 2011, 101 Ziff. II mwN.

abzuwenden. Es handelt sich hierbei um die allgemeine Pflicht des Geschäftsleiters zur Selbstprüfung, die nicht erst mit dem Auftreten erster Anzeichen einer Krise beginnt, sich aber mit den zunehmenden Anzeichen für eine Krise verschärft.[75]

82 Für den Vorstand einer AG besteht weiter die gesetzliche Verpflichtung, ein **Risikofrüherkennungs- und -überwachungssystem** für bestandgefährdende Entwicklungen einzurichten (§ 91 Abs. 2 AktG). Die gesetzliche Vorschrift wurde bereits im Jahr 1998 im Rahmen des KonTraG[76] eingeführt. Für andere haftungsbeschränkte Rechtsformen, zB die GmbH, fehlte es zwar an einer entsprechenden Regelung. Überwiegend wurde jedoch von einer „Ausstrahlwirkung" des § 91 Abs. 2 AktG ausgegangen. Umfang und Reichweite eines solchen Überwachungssystems auf diese Gesellschaften waren allerdings umstritten.[77] Dass die Pflicht zur Krisenerkennung und Überwachung des Bestands des Unternehmens auch in der GmbH besteht, zeigt sich bereits daran, dass schon in mittleren GmbHs für die Erstellung und Prüfung des Lageberichts nach §§ 264, 289 Abs. 1 und 317 Abs. 2 HGB eine Nennung bestehender Risiken der künftigen Entwicklung zu erfolgen hat.

83 Das am 1.1.2021 in Kraft getretene Unternehmensstabilisierungs- und Restrukturierungsgesetz **(„StaRUG")** hat in § 1 Abs. 1 StaRUG diese bereits bestehenden Pflichten für Geschäftsleiter von GmbHs, AGs, UGs, einschließlich Personengesellschaften ohne natürliche Person als persönlich haftenden Gesellschafter (also zB GmbH & Co. KG) gesetzlich normiert. Danach **müssen** die Geschäftsleiter von haftungsbeschränkten Unternehmen fortlaufend über Entwicklungen wachen, die den Fortbestand des Unternehmens gefährden können **(Pflicht zur systematischen Krisenfrüherkennung).** Das Gesetz verpflichtet die betreffenden Unternehmen zur Krisenfrüherkennung unabhängig von Ihrer Größe.[78]

---

[75] K. Schmidt/Uhlenbruck Die GmbH in Krise/Sinz § 3 Rn. 3.2.

[76] BGBl. 1998 I 786.

[77] Schülke DStR 2021, 621; Bork ZIP 2011, 101.

[78] RegESanInsFOG, BT-Drs. 19/24181.

Zu den **bestandsgefährdenden Entwicklungen** werden Ereignisse und Entwicklungen gezählt, die sich auf die Vermögens-, Finanz- und Ertragslage des Unternehmens wesentlich auswirken.[79] Hierzu gehören insb. solche Entwicklungen, die eine Insolvenz zur Folge haben können (Überschuldung, § 19 InsO und (drohende) Zahlungsunfähigkeit, §§ 17, 18 InsO).[80] 84

Der Gesetzgeber reagiert mit der Regelung ua darauf, dass viele Geschäftsleiter trotz der bislang schon bestehenden Verpflichtung zur Früherkennung von Krisen viel zu spät auf unternehmerische Fehlentwicklungen reagieren. Bereits in einem möglichst **frühen Krisenstadium** sollen Krisensignale erkannt und Krisenursachen festgestellt werden, um dann entsprechend rechtzeitig geeignete Gegenmaßnahmen einleiten zu können, um idealerweise bereits eine Ergebnis- bzw. Liquiditätskrise, in jedem Fall aber eine Insolvenz, abwenden zu können.[81] 85

Praxishinweis: Ausdrücklicher Normadressat der Neuregelung sind nur die Geschäftsleiter der im Gesetz benannten Gesellschaften. Nur für diese wird ausdrücklich eine gesetzliche Verpflichtung zur Krisenfrüherkennung begründet. Es ist aber zu wünschen, dass durch die Regelung in § 1 Abs. 1 StaRUG auch Einzelunternehmer erkennen, dass ihnen eine systematische und frühzeitige Krisenerkennung helfen kann, eine betriebswirtschaftliche Krise bereits in ihren Anfängen zu erkennen und damit effektiver überwinden zu können.[82] 86

2. Pflicht zur Schaffung eines Krisenfrüherkennungssystems

Das StaRUG verpflichtet die Geschäftsleiter nunmehr auch zu einer **fortlaufenden Überwachung** des Unternehmens, dh zur Schaffung **eines Krisenfrüherkennungssystems (KFS)** für haftungsbeschränkte Unternehmen. 87

79 RegEKonTraG, BT-Drs. 13/9712, 15.
80 IDW Die Prüfung des Risikoerkennungssystems PS 340 nF. A4.
81 D'Avoine/Michels NZI 2022, 1.
82 PRS/Weitzmann StaRUG § 1 Rn. 35–37.

88 Ein solches Krisenfrüherkennungssystem muss dabei so ausgelegt sein, dass **bestandgefährdende Entwicklungen** so frühzeitig erkannt werden, dass einer nachteiligen Entwicklung noch rechtzeitig entgegengewirkt werden kann. Die Verpflichtung zur Überwachung betrifft daher nicht erst eine rechtlich relevante Krise (Verlust der Hälfte des Stammkapitals, drohende Zahlungsunfähigkeit), sondern den Eintritt einer Krise im betriebswirtschaftlichen Sinne (idealerweise schon die Strategie- oder spätestens die Ergebniskrise).[83]

89 Das StaRUG verzichtet auf eine vordefinierte Ausgestaltung eines Frühwarnsystems. Auch die EU-Richtlinie über präventive Restrukturierungsrahmen, die durch das StaRUG umgesetzt wird, gibt nicht vor, wie ein solches Frühwarnsystem konkret auszusehen hat. § 101 StaRUG verweist lediglich auf die Webseite[84] des Bundesministeriums der Justiz und Verbraucherschutz und die durch öffentliche Stellen dort bereitgestellten Instrumentarien zur frühzeitigen Identifizierung von Krisen. Aus dem RegE zum StaRUG ergibt sich zudem der Verweis auf das **Existenzgründungsportal des Bundesministeriums für Wirtschaft und Klimaschutz.**[85] Das Portal enthält Checklisten zur Erkennung von Krisenanzeichen uä.[86] Die fehlende Vorgabe für ein KFS beruht auf einer bewussten Entscheidung des Gesetzgebers, der davon ausgeht, dass die konkret zu ergreifenden Maßnahmen von der Größe, den Tätigkeiten und der konkreten Situation des einzelnen Unternehmens abhängen und sich nicht abschließend verallgemeinern lassen.[87] Die Ausgestaltung der Überwachung liegt im **Ermessen** der Geschäftsleiter. Die Ausübung des Ermessens muss sich daran messen lassen, inwieweit die Überwachung dazu geeignet ist, bestandsgefährdende Entwicklungen so frühzeitig zu identifizieren, dass rechtzeitig Gegenmaßnahmen ergriffen werden können.

---

[83] Flöther/Goetker StaRUG § 1 Rn. 35 unter Verweis auf Bork ZIP 2011, 101.

[84] S. www.bmj.bund.de.

[85] S. www.existenzgruender.de/DE/Unternehmen-fuehren/Herausforderungen-meistern/Frueherkennung.

[86] S. d'Avoine/Michels NZI 2022, 1 (3).

[87] Brandes/Rabenau ZIP 2021, 2374.

Eine ordnungsgemäße Überwachung des Unternehmens im Sinne einer **effektiven Krisenfrüherkennung** erfordert mindestens die **laufende Prüfung der Vermögens-, Ertrags- und Finanzlage sowie der Liquidität des Unternehmens.**[88] Die Geschäftsleitung und die Gesellschaft müssen zudem **den laufenden handelsrechtlichen Buchführungs- und Rechnungslegungspflichten nachkommen** (vgl. §§ 238 ff. HGB) und die **gesetzlichen Offenlegungspflichten** beachten (vgl. §§ 325 ff. HGB).[89] Hierbei handelt es sich um **Mindeststandards** für jedes Unternehmen, egal welche Größe ein Unternehmen hat.[90] 90

In der Praxis muss jeder Geschäftsleiter individuell für sein Unternehmen anhand des Regelungsziels des § 1 StaRUG – frühzeitig bestandsgefährdende Risiken identifizieren – ein für das jeweilige Unternehmen geeignetes Früherkennungssystem entwickeln. Der vom Gesetzgeber eingeräumte **Ermessenspielraum** betrifft nur das **„Wie"**, nicht aber das **„Ob"**: 91

Praxishinweis: Für den Fall, dass ein Mehrheitsgesellschafter den Geschäftsleiter anweist, auf die Errichtung eines Früherkennungssystems zu verzichten, weil es zu „teuer" oder „unnötig" sei, darf der Geschäftsleiter dieser Weisung nicht folgen, weil sie gegen seine gesetzliche Verpflichtung aus § 1 Abs. 1 StaRUG verstößt. Notfalls muss er das Amt des Geschäftsführers niederlegen, um sich nicht selbst haftbar zu machen. 92

Bei der konkreten Ausgestaltung des Früherkennungssystems kann es für den jeweiligen Geschäftsleiter hilfreich sein, sich an bereits vorhandene Vorgaben und Leitlinien zum Aufbau von **Risikomanagementsystemen** zu orientieren. Hinweise zur Ausgestaltung finden sich insb. im Prüfungsstandard des **IDW PS 340 nF „Die Prüfung des Risikoerkennungssystems"** sowie im Prüfungsstandard **IDW PS 981 „Grundsätze ordnungsgemäßer Prüfung von Risikomanagementsystemen."** Die beiden Standards des IDW e.V. decken allerdings Anforderungen ab, welche an sehr komplexe Geschäftsmodelle bzw. Unterneh- 93

[88] Flöther/Goetker StaRUG § 1 Rn. 39.

[89] Flöther/Goetker StaRUG § 1 Rn. 35; BeckOK StaRUG/Mock/Skauradzin/Fridgen StaRUG § 1 Nr. 30.

[90] Nickert GmbHR 2021, 401 Rn. 95.

mensstrukturen, zB börsennotierte Konzerne, zu stellen sind. Damit sind sie für eine Vielzahl kleiner und mittelständischer Unternehmen unpassend bzw. überdimensioniert.[91] Allerdings können die beiden Standards bei einer Reduzierung auf die Kernanforderungen wichtige Hinweise für den Umgang mit Risiken und Chancen auch für diese Unternehmen liefern.[92]

94 *Haghani*[93] fasst die Mindestvoraussetzungen an die Ausgestaltung eines Krisenfrüherkennungssystems wie folgt zusammen:

95 1. Das KFS muss bestandsgefährdende Entwicklungen, nachteilige Veränderungen sowie potenzielle Risiken und Krisensignale für das Unternehmen frühzeitig erkennen können.
2. Die wirtschaftliche und finanzielle Situation des Unternehmens muss mit einem Prognosezeitraum von 24 Monaten (vgl. § 18 Abs. 2 S. 2 InsO) laufend überwacht werden.
3. Es sind eindeutige Zuständigkeiten in die Organisationsstruktur des Unternehmens zu implementieren, um ein regelmäßiges und engmaschiges Reporting in Bezug auf Krisensignale aus den einzelnen Unternehmensbereichen an die Geschäftsleitung gewährleiten zu können.
4. Sämtliche Maßnahmen sind zu dokumentieren.

96 **Praxishinweis:** Generell sollte ein KFS in der Praxis schnell umsetzbar, praktikabel und in die Unternehmensorganisation integriert sein.[94] Entscheidend ist es für kleine und mittlere Unternehmen, überhaupt mit dem Aufbau eines KFS zu beginnen. Neben der grundsätzlichen gesetzlichen Verpflichtung kann dabei ein weiterer Anreiz sein, dass ein wirksames KFS das Vertrauen in Geschäftspartnerbeziehungen, zB mit Kapital- und Kreditgebern so wie Kunden und Lieferanten, stärken wird. Gerade größere Unternehmen werden als Konsequenz aus den aktuellen Krisen künftig mehr Wert auf stabile Partner legen und über ihre **Compliance-Anforderungen** (=Überwachung der Einhaltung von Gesetzen und Vorschriften) KFS bei ihren eigenen Geschäftspartnern einfordern.[95]

---

[91] Schülke DStR 2021, 621.
[92] Steffan/Poppe/Roller KSI 2022, 53 (55).
[93] Haghani NZI-Beil. 2021, 15.
[94] S. d'Avoine/Michels NZI 2022, 1.
[95] Nickert GmbHR 2021, 401 Rn. 95.

3. Exkurs: Umsetzung eines Krisenfrüherkennungssystems in der Praxis

Nachfolgend wird aufgezeigt, wie ein Krisenfrüherkennungs- 97
system **in der Praxis implementiert** werden kann. Wichtig ist, dass ein Früherkennungssystem in der Praxis „gelebt" wird. Hierbei ist entscheidend – egal für welche Form von Früherkennungssystem man sich entscheidet – dass die Geschäftsleitung ein solches System nicht nur einführt, weil es gesetzlich vorgeschrieben wird, sondern weil man **den Nutzen für das eigene Unternehmen erkennt und akzeptiert.** Nur wenn die Geschäftsleitung diese Einstellung im Unternehmen vorlebt, werden die Mitarbeiter ein solches System auch mit der nötigen Sorgfalt und Ernsthaftigkeit umsetzen **(„Schaffung einer sog. Risikokultur")**.[96] Einmal einen Fragenkatalog zur Risikoermittlung auszufüllen, begründet noch kein „System". Vielmehr müssen eine gewisse Regelmäßigkeit und Routine damit verbunden sein. Dabei muss der Umfang des Krisenfrüherkennungssystem zur Unternehmensgröße passen.[97]

a) Risiken im eigenen Unternehmen definieren

Für den Aufbau eines KFS hat der Geschäftsleiter im ersten 98
Schritt die unternehmerischen Risiken zu identifizieren, denen sich das Unternehmen ausgesetzt sieht. Hierbei geht es um die Erfassung der für das Unternehmen wesentlichen (endogenen und exogenen) Risiken.[98] Es ist zu beachten, dass auch Risiken, die, für sich betrachtet, noch keine Bestandgefährdung darstellen, eine solche auslösen können, wenn sie kumuliert auftreten.[99] So definiert der IDW im Standard PS 340 nF bestandsgefährdende Risiken als Risiken, **die einzeln oder im Zusammenwirken mit anderen Risiken** den Zielen der Unternehmensfortführung entgegenstehen können.[100]

[96] IDW Die Prüfung des Risikoerkennungssystems PS 340 nF Rn. 13.
[97] Ua Nickert GmbHR 2021, 401 Rn. 95.
[98] Ballof/Prühs GmbH-Stpr. 2021, 257 ff.
[99] IDW Die Prüfung des Risikoerkennungssystems PS 340 nF Rn. 17.
[100] IDW Die Prüfung des Risikoerkennungssystems PS 340 nF, Rd. 9.

Beispiel[101]: Der Umsatz ist leicht rückläufig und gleichzeitig kommt es zu einer vermehrten Überschreitung der Zahlungsziele durch Kunden. Erst beides zusammen führt zu einem Liquiditätsengpass beim Unternehmen.

99 Für die Ermittlung der Risiken gibt es in der Praxis bspw. **Checklisten,** die die Abklärung von Risiken im Unternehmen vorsehen. Ein solche Checkliste kann hilfreich sein, um dem Geschäftsleiter vorhandene Risiken in seinem Unternehmen überhaupt erst bewusst zu machen. Auch **Branchenreports** können unterstützend herangezogen werden.[102] Eine **Checkliste** möglicher Unternehmensrisiken ist nachfolgend unter 3g) dargestellt.

b) Festgestellte Risiken im Unternehmen bewerten

100 In einem weiteren Schritt ist zu bewerten, wie hoch das tatsächliche Gefährdungspotential der erkannten Unternehmensrisiken ist. Konkret geht es um die **Einschätzung wie groß die Wahrscheinlichkeit ist,** dass das Risiko tatsächlich eintritt und welche Auswirkungen für das Unternehmen damit verbunden sind.[103] Durch die Multiplikation von Schadenshöhe und Eintrittswahrscheinlichkeit kann so das Risiko quantitativ bewertet werden.

c) Risikosteuerung

101 Auf der Grundlage, der im Unternehmen identifizierten und bewerteten Risiken bestimmt der Geschäftsleiter die Maßnahmen, mit denen die Eintrittswahrscheinlichkeiten oder Auswirkungen bestandsgefährdender Risiken gesteuert werden können. Die sog. **Risikosteuerung** umfasst dabei die aktive Beeinflussung und passive Akzeptanz der identifizierten und bewerteten Risiken im Unternehmen unter Berücksichtigung der individuellen Risikotragfähigkeit und der vom Unternehmen verfolgten Risikostrategie. Grundsätzlich stehen die nachfolgenden Strategien zur Verfügung:[104]

---

[101] Nach Ballof/Prühs GmbH-Stpr. 2021, 257 ff.

[102] Steffan/Poppe/Roller KSI 2/22, 53 (57).

[103] IDW Die Prüfung des Risikoerkennungssystems PS 340 nF Rn. 18.

[104] IDW Die Prüfung des Risikoerkennungssystems PS 340 nF Rn. 19.

- **Risikovermeidung,** zB durch Austritt aus dem kritischen Geschäftsbereich,
- **Risikoverminderung/Risikostreuung,** zB Einführung eines neuen Produkts oder Herstellung eines Produkts in verschiedenen Betriebsstätten,
- **Risikotransfer,** zB durch Abschluss einer Versicherung oder Überwälzung des Risikos auf den Geschäftspartner durch entsprechende AGBs, oder
- **Übernahme/Selbsttragung des Risikos.**

d) Längerfristige Liquiditätsplanung im Unternehmen erforderlich

Grundvoraussetzung für ein funktionierendes Früherkennungssystem ist eine integrierte Unternehmensplanung.[105] Ziel einer solchen Liquiditätsplanung muss es sein, die zum Zeitpunkt der Planungserstellung wahrscheinlichste (Liquiditäts-)Entwicklung des Unternehmens abzubilden.[106] Die der Planung zugrunde gelegten Annahmen müssen dabei nachvollziehbar, konsistent und frei von Widersprüchen sein.[107] Darüber hinaus sind alle relevanten und wesentlichen künftigen Entwicklungen miteinzubeziehen. Das bedeutet, dass die Erkenntnisse, die der Geschäftsleiter aus der Erfassung und der Bewertung von Unternehmensrisiken gewonnen hat, in diese Planung miteinfließen müssen. Der Zeitraum der integrierten Unternehmensplanung sollte im Hinblick auf § 18 Abs. 2 InsO idealerweise **einen Zeitraum von 24 Monaten,** in jedem Fall eine **Jahresplanung** umfassen.[108] Um die vom Gesetz verlangte Überwachung der Unternehmensentwicklung zu gewährleisten, muss regelmäßig ein **Soll-Ist-Abgleich** (unterjährige Forecast-Rechnung) stattfinden, da es ansonsten kaum möglich sein wird, zeitnah negative Abweichungen vom „normalen Geschäftsbetrieb“ zu erkennen.[109] 102

[105] Haghani NZI-Beil. 2021, 15 (16).
[106] IDW Life 12/2021 (IDW Praxishinweis 2/2017) Rn. 6.
[107] IDW Life 12/2021 (IDW Praxishinweis 2/2017) Rn. 5.
[108] Haghani NZI-Beil. 2021, 15 (16) mwN.
[109] Vgl. Haghani NZI-Beil. 2021, 15.

e) Schwellenwerte festlegen/To-Do-Listen erstellen

103 Nicht jede Abweichung vom Plan-Soll führt gleich zu einer Bestandgefährdung des Unternehmens. Deshalb muss ein Früherkennungssystem geeignete **Schwellenwerte** definieren. Werden diese überschritten, muss die Geschäftsleitung aktiv werden. Das Gesetz selbst definiert bspw. einen solchen Schwellenwert bei Kapitalgesellschaften: Ergibt sich bei Aufstellung der Jahresbilanz oder einer unterjährig aufgestellten Zwischenbilanz, dass ein Verlust in Höhe der Hälfte des Kapitals (Grundkapital bzw. Stammkapital) besteht, sind die Geschäftsführungsorgane verpflichtet, die Hauptversammlung bzw. Gesellschafterversammlung einzuberufen und den Verlust anzuzeigen (§ 92 Abs. 1 AktG bzw. § 49 Abs. 3 GmbH). Der hälftige Verlust des Kapitals ist ein eindeutiges Indiz für das Vorliegen einer Ertragskrise des Unternehmens. Die Geschäftsführung und die dann informierten Gesellschafter müssen mit geeigneten Maßnahmen darauf reagieren.

104 **Praxishinweis:** Der Geschäftsleiter hat bei der Festlegung der Schwellenwerte einen Ermessenspielraum. Je frühzeitiger aber eine Fehlentwicklung erkannt wird, desto größer sind die Handlungsmöglichkeiten des Geschäftsleiters. Die Schwellenwerte sollten deshalb nicht so hoch angesetzt werden.

105 Nicht jedes definierte Risiko lässt sich anhand von Kennzahlen darstellen. In einem solchen Fall muss es konkrete Handlungsanweisungen („To-dos") geben.

106 **Beispiel:**[110] Definiertes Risiko: Abhängigkeit von wenigen großen Lieferanten
Denkbare Messgröße: Festlegung von Maximalbezügen in Euro oder prozentualer Anteil, Datenquelle: zB „TOP 10-Lieferanten" aus dem Controlling-Report der DATEV
To-do: Erschließung neuer Bezugsquellen

- konkrete Aufgabenstellung formulieren,
- konkrete Beauftragung einer Person im Unternehmen mit Aufgabenwahrnehmung,
- konkrete zeitliche Vorgabe für die Erfüllung der Aufgabe,
- konkrete Verpflichtung zum regelmäßigen Reporting/Aufgabenüberwachung.

---

[110] Nach Sander GmbH-Stpr. 2022, 12.

f) Dokumentation

Das Krisenfrüherkennungssystem muss **schriftlich** dokumentiert sein.[111] Nicht nur das „Ergebnis“ ist schriftlich festzuhalten, sondern auch die einzelnen Schritte bis dahin. Die Dokumentation muss deshalb die Identifizierung der konkreten Risiken im Unternehmen, die Bewertung dieser Risiken für den Bestand des Unternehmens und deren Eintrittswahrscheinlichkeit umfassen. Weiter muss sie auch die Festlegung der Schwellenwerte für die Risiken und ggf. die Zuordnung zu den einzelnen Geschäftsbereichen im Unternehmen enthalten. Wichtig ist die Dokumentation der **Meldepflichten an die Geschäftsleitung** und die **Bestimmung der hierfür verantwortlichen Personen** im Unternehmen. 107

Die Dokumentation muss weiter eine **„fortlaufende“** Überwachung der Risiken im Unternehmen belegen. Dies bedingt, dass die einmal für das eigene Unternehmen festgelegte Systematik der Krisenfrüherkennung immer wieder überprüft und an sich verändernde Situationen im Unternehmen angepasst werden muss. „To-dos“ müssen nach ihrer Erledigung „abgehakt werden.“ Ggf. müssen aufgrund neuer Umstände/Erkenntnisse neue Aufgaben auf die „To-do-Liste“ gesetzt werden. Die Dokumentation dient nicht in erster Linie dazu, Haftungsrisiken des Geschäftsleiters zu minimieren. Vielmehr kann ein Krisenfrüherkennungssystem nur funktionieren, wenn alle Beteiligten des Unternehmens es kennen und wissen, was zu tun ist. 108

g) Checkliste der möglichen Unternehmensrisiken

Für die praktische Umsetzung eines Früherkennungssystems kann die nachfolgende Aufstellung von Unternehmensrisiken hilfreich sein.[112] Diese ist sicherlich nicht abschließend und nicht für alle Geschäftsmodelle und Unternehmensgrößen gleich geeignet, zeigt aber, dass die Errichtung eines KFS im Unternehmen für 109

[111] IDW Die Prüfung des Risikoerkennungssystems PS 340 nF Rn. 22 behandelt einen Verstoß gegen Dokumentationspflichten als wesentlichen Gesetzesverstoß.

[112] Vgl. hierzu ausführlich Sander GmbH-Stpr. 2022, 12ff.

den Geschäftsleiter zum einen keine unlösbare Aufgabe darstellt. Zum anderen zwingt es die Verantwortlichen eines Unternehmens, sich ernsthaft mit den Risiken im eigenen Unternehmen auseinanderzusetzen.

Risikofaktor Kunden:
- Abhängigkeit im Umsatz von wenigen großen Kunden bzw. Kunden gleicher Branche,
- geringe Deckungsbeiträge wichtiger Kunden,
- hohe/wachsende Forderungsbestände gegenüber einzelnen Kunden,
- Kundenbonität.

Risikofaktor Produkte/Dienstleistungen:
- Umsatzanteil nicht mehr dauerhaft zukunftsträchtiger Produkte/Dienstleistungen ist hoch, wenige oder keine Produktweiter-/-neuentwicklungen,
- hohe Umsatzanteile mit margenschwachen Produkten, technische Risiken in Produkten (Produkthaftung).

Risikofaktor Lieferanten:
- Abhängigkeit von wenigen großen Lieferanten,
- keine Streuung der Lieferanten gerade bei „strategischen“ Bezügen,
- keine Preisabsicherungen bei Vorleistungen mit hohen Preisschwankungen.

Risikofaktor Geschäftsführung:
- Geschäftsführung entspricht in der Zusammensetzung nicht den künftigen Anforderungen,
- kein Notfallplan für den Ausfall der Geschäftsführung,
- keine aktive Begleitung durch Gesellschafterversammlung und/oder Beirat, keine rechtzeitige Nachfolgeregelung.

Risikofaktor Mitarbeiter:
- Fehlende zweite Ebene unterhalb der Geschäftsführung, speziell in stark wachsenden Unternehmen,
- Belegschaft entspricht in (vielen) Teilen qualitativ nicht mehr den künftigen Anforderungen,

- Belegschaft mit demografischer Schieflage und keine klare Rekrutierungsstrategie.

Risikofaktor Finanzierung:
- Keine angemessene Eigenkapitalausstattung im Vergleich mit den Risiken, die im Bestand sind oder laufend eingegangen werden,
- keine Finanzierungs- und Sicherheitenstrategie,
- unzureichende Kenntnis der eigenen Verhandlungsposition gegenüber den Finanzierungspartnern (Rating, Kapitaldienstfähigkeit, Sicherheitenbewertung).

Risikofaktor Liquidität:
- Nicht ausreichende Kontokorrentkreditlinien für die Umsatzfinanzierung – gerade in Wachstumsphasen und in Zeiten von Umsatzrückgängen,
- keine klare Liquiditätssteuerung mit Blick auf die vereinbarten Kreditlinien – damit Senden von Warnsignalen in die Ratingsysteme der Banken und weiterer Kreditgeber,
- keine Liquiditätsplanung.

Risikofaktor Rechnungswesen:
- Jahresabschluss wird nicht innerhalb der vom HGB gesetzten Fristen erstellt,
- Betriebswirtschaftliche Auswertung (BWA) wird zu spät erstellt,
- BWA ist nicht aussagefähig („qualifiziert“) und damit zur Steuerung des Unternehmens und seiner Risiken nur bedingt geeignet oder gar ungeeignet,
- kein aussagefähiges Kalkulationssystem für Vor-, projektbegleitende und Nach-Kalkulation,
- Rechnungen werden nicht zeitnah erstellt,
- kein funktionierendes Mahnsystem.

Risikofaktor Compliance:
- Unzulängliche Beachtung behördlicher Regelungen und gesetzlicher Vorgaben (Sicherheit, Emissionen, Arbeitsschutz usw.),

- nicht konsequente Umsetzung der Datenschutzgrundverordnung,
- nicht konsequente Umsetzung der Anforderungen der „Grundsätze zur ordnungsmäßigen Führung und Aufbewahrung von Büchern, Aufzeichnungen und Unterlagen in elektronischer Form sowie zum Datenzugriff" der Finanzverwaltung (GoBD).

Risikofaktor Digitale Transformation:

Kein oder nicht ausreichender Blick auf

- die entsprechenden Veränderungen im Markt und im Kundenverhalten von heute und morgen,
- die Nutzung digitaler Möglichkeiten in den Prozessen im Unternehmen,
- das Nutzen digitaler Verknüpfungen mit Kunden, Lieferanten und sonstigen Partnern,
- die Daten- und Cyber-Sicherheit.

Risikofaktor Nachhaltigkeit:

Kein oder nicht ausreichender Blick auf

- die entsprechenden Erwartungen der Kunden von heute und morgen,
- die Möglichkeiten, den CO2-Fußabdruck des Unternehmens zu erfassen und zu reduzieren,
- die künftigen Anforderungen der Finanzierungspartner mit Blick auf die ESG-Kriterien (Environment/Umwelt – Social/Sozial – Governance/Unternehmensführung).

Abb. 3: Krisenspirale (Quelle: Darstellung durch KPMG)

4. Pflicht des Geschäftsleiters zum Krisenmanagement

§1 Abs.1 S.2 Alt.1 StaRUG verpflichtet den Geschäftsleiter nunmehr auch gesetzlich zum **Krisenmanagement.** Erkennt er bestandsgefährdende Entwicklungen im Unternehmen, muss er geeignete Gegenmaßnahmen ergreifen, um den Bestand des Unternehmens zu sichern. 110

Die Pflicht, unverzüglich Schaden vom Unternehmen abzuwenden, also Krisenmanagement zu betreiben, ist Teil der allgemeinen Leitungs- und Überwachungspflicht (§43 Abs.1 GmbHG, §93 Abs.1 AktG).[113] Durch die ausdrückliche Benennung der Pflicht in §1 Abs.1 S.2 StaRUG rückt das Krisenmanagement stärker in den Fokus und in das Bewusstsein der Verantwortlichen. 111

[113] PRS/Smid StaRUG §1 Rn.81, 82.

112 Auch im Falle des Krisenmanagements regelt das StaRUG nur das „Ob", nicht aber das „Wie".[114] In Bezug auf die Auswahl und Durchführung der zu treffenden Gegenmaßnahmen steht dem Geschäftsleiter ein **Ermessenspielraum** für den jeweiligen Einzelfall zu. Der Geschäftsleiter muss bei seiner unternehmerischen Entscheidung zum Wohle der Gesellschaft handeln und die Sorgfalt eines ordentlichen und gewissenhaften Geschäftsleiters anwenden.[115] Dazu gehört es auch, Maßnahmen zu unterlassen, die den Bestand des Unternehmens gefährden. Rein spekulative Maßnahmen, bei denen die Risiken für den Bestand des Unternehmens die Chancen auf die Bestandserhaltung erheblich übersteigen, sind hiervon nicht mehr umfasst.[116]

113 **Praxishinweis:** Krisen werden oft zu spät wahrgenommen, Gegenmaßnahmen zu spät eingeleitet. *Kraus*[117] verweist auf die Untersuchung einer großen Unternehmensberatung, wonach wesentliche Gegenmaßnahmen nur bei einem Drittel der Krisenunternehmen innerhalb der strategischen Krise und zu 50% erst in der Ergebniskrise eingeleitet werden. Ca. 20% der Unternehmen reagierten erst beim Auftreten von Liquiditätsproblemen mit ernsthaften Restrukturierungsaktivitäten. Gesetzgeberisches Ziel ist es, dass in einem möglichst frühen Krisenstadium präventive und geeignete Sanierungsmaßnahmen eingeleitet und umgesetzt werden und nicht erst in der Liquiditätskrise – meist erfolglos – versucht wird das Unternehmen zu retten.[118] Die Verpflichtung zum Krisenmanagement ist die zwingende Fortführung der Krisenfrüherkennung.[119]

5. Exkurs: Anforderungen an ein effektives Krisenmanagement

114 Ein effektives Krisenmanagement verlangt idR ein schlüssiges **Sanierungskonzept.**[120] Dabei ist es für die Verantwortlichen

[114] Vgl. BT-Drs. 13/9712, 15.

[115] D'Avoine/Michels NZI 2022, 1 (5 mwN).

[116] Flöther/Goetker StaRUG § 1 Rn. 43.

[117] Buth/Hermans/Kraus Restrukturierung § 4 Rn. 8; Haghani NZI 2019, 20.

[118] Vgl. dazu BT-Drs. 13/9712, 15.

[119] Szauradzin/Amort DB 2021, 1371 (1318).

[120] BGH 16.10.2008 – IX ZR 183/06, NZI 2009, 171; Gogger/Fuhst Insolvenzgläubiger-HdB/Fuhst § 6 Rn. 141.

eines Unternehmens wichtig, **die Ursache(n) einer Unternehmenskrise zu identifizieren,** um überhaupt geeignete Maßnahmen zur Überwindung der Krise ergreifen und umsetzen zu können. Nur wer die Ursachen der Krise kennt, kann sie „behandeln."[121]

Ein solches Sanierungskonzept erfordert daher die Darstellung und Analyse der Krisenursachen und die Maßnahmen zu deren Beseitigung.[122] Der IDW hat im IDW-Standard: **„Anforderungen eines Sanierungskonzepts" (IDW S 6)** unter Einbeziehung der einschlägigen Rechtsprechung des Bundesgerichtshofs[123] folgende Kernbestandteile eines Sanierungskonzepts aufgestellt:[124] **115**

- Basisinformationen über die wirtschaftliche und rechtliche Ausgangslage des Unternehmens in seinem Umfeld, einschließlich der Vermögens-, Finanz- und Ertragslage, **116**
- die Analyse von Krisenstadium und -ursachen sowie Analyse, ob eine Insolvenzgefährdung vorliegt,
- die Darstellung des Leitbilds mit dem Geschäftsmodell des sanierten Unternehmens,
- die Darstellung der Maßnahmen zur Abwendung einer Insolvenzgefahr und Bewältigung der Unternehmenskrise sowie zur Herstellung des Leitbilds des sanierten Unternehmens,
- ein integrierter Unternehmensplan,
- die zusammenfassende Einschätzung der Sanierungsfähigkeit.

Häufig verlangen Banken ein Sanierungskonzept nach dem Standard IDW S6.[125] Nach der Rechtsprechung des BGH muss ein Sanierungsplan nicht zwingend allen formalen Erfordernissen des IDW S6 entsprechen.[126] Gerade bei kleinen und mittleren Unternehmen erscheint dies auch nicht immer praktikabel und sinnvoll. Aber auch der Bundesgerichtshof verlangt in diesem Fall ein Sanierungskonzept, dass die vorstehend genannten Kernbestandteile **117**

---

[121] IDW-WPH/Wieland/Blöse/Oberle Kap A 1,3, Rn. 4; IDW S 6, Rn. 49.

[122] BGH 12.5.2016 – IX ZR 65/14, NZI 2016, 636.

[123] Vgl. die Darstellung der Rspr. des BGH in F&A zu IDW S 6, 2.6.

[124] IDW S 6, Rn. 11 f.

[125] IDW-WPH/Hermanns Kap B 1.3.2. Rn. 16 mwN.

[126] BGH 12.5.2016 – IX ZR 65/14, NZI 2016, 636.

enthält. Lediglich das Ausmaß der Prüfung kann eingeschränkt werden.[127] Zwingend ist in jedem Falle eine **schriftliche Dokumentation.** Zum einen muss der Geschäftsleiter die Organe des Unternehmens über seine Sanierungsmaßnahmen informieren. Dies wird er schon aus Informationszwecken schriftlich tun. Aber auch zum Beleg seiner eigenen Pflichterfüllung ist ein schriftliches Sanierungskonzept vorzuhalten. Auch ist eine schriftliche Dokumentation in Bezug auf die tatsächliche Umsetzung der im Konzept vorgeschlagenen Sanierungsmaßnahmen opportun. Das schönste Sanierungskonzept nutzt im Falle der Haftungsinanspruchnahme des Geschäftsleiters nichts, wenn es nur in der Schublade lag und eine Umsetzung nicht einmal „im Ansatz" versucht wurde.[128]

118 **Praxishinweis:** Die Erstellung eines Sanierungskonzeptes gehört zu den anspruchsvollsten und schwierigsten Aufgaben eines Geschäftsleiters.[129] Neben komplexen wirtschaftlichen Fragestellungen, sind idR auch zahlreiche rechtliche Rahmenbedingungen zu berücksichtigen (Arbeits-, Steuer- und Insolvenzrecht in einem späteren Krisenstadium). Die haftungsrechtlichen Fallstricke für den Geschäftsleiter sind groß. Es ist dem Geschäftsleiter deshalb dringend anzuraten, ein Sanierungskonzept von einem spezialisierten Bwerater erstellen zu lassen.[130]

6. Berichts- und Befassungspflicht anderer Organe

119 Der Geschäftsleiter ist gem. § 1 Abs. 1 S. 2 Hs. 2 StaRUG weiter verpflichtet, den zur Überwachung der Gesellschaft berufenen Organen (Überwachungsorgane) unverzüglich Bericht zu erstatten, sofern er Entwicklungen erkennt, die den Bestand des Unternehmens gefährden. Die Details der Berichtspflicht richten sich nach den allgemeinen, für den betreffenden Rechtsträger geltenden gesellschaftsrechtlichen Regelungen. Mangels gegenteiliger

---

127 BGH 4.12.1997 – IX ZR 47/97, ZIP 1998, 251 (Tz. 25 mwN).
128 BGH 12.11.1992 – IX ZR 236/91, ZIP 1993, 276 (280).
129 PRS/Smid StaRUG § 1 Rn. 112, 113.
130 So auch F&A zu IDW S6, 3.3.

Angaben im Wortlaut und der Gesetzesbegründung ist ein Hinwirken auf die unverzügliche Befassung dann gegeben, wenn die Geschäftsleiter das Überwachungsorgan ohne schuldhaftes Zögern (vgl. § 121 Abs. 1 BGB) informieren.[131] Die Berichtspflicht dient dazu, Gesellschafter und Überwachungsorgane des Unternehmens in die Lage zu versetzen, Beschlüsse zu fassen, um einer bestandgefährdenden Entwicklung effektiv entgegenwirken zu können.

Berühren die zu ergreifenden Maßnahmen die Zuständigkei- **120**
ten anderer Organe, hat der Geschäftsleiter konkret dafür Sorge zu tragen, dass die Organe der Gesellschaft sich mit den zu ergreifenden Maßnahmen befassen (§ 1 Abs. 1 S. 3 StaRUG). Der Geschäftsleiter muss aber vor allem dafür sorgen, dass die Gesellschafter und die Überwachungsorgane über geeignete Maßnahmen zur Überwindung der bestandsgefährdenden Entwicklung beschließen. Dies folgt aus der ihm obliegenden Sanierungspflicht. Aber auch, um ihn selbst davor zu schützen, später von den Gesellschaftern (zB nach § 43 GmbH, § 93 AktG etc.) in Anspruch genommen zu werden.[132]

Zusammenfassung der Pflichten des Geschäftsleiters im Frühsta- **121**
dium der Krise: Die Pflicht zur Krisenvermeidung und zum Krisenmanagement gehören zum grundlegenden Pflichtenprogramm eines Geschäftsleiters. Dies wird nun ausdrücklich in § 1 Abs. 1 StaRUG gesetzlich normiert. Je früher Krisensignale in einem Unternehmen erkannt werden, desto effektiver kann das Krisenmanagement erfolgen. Durch § 1 Abs. 1 StaRUG werden die Geschäftsleiter von haftungsbeschränkten Unternehmen zur Schaffung eines Krisenfrüherkennungssystems verpflichtet, mit dem bestandsgefährdende Entwicklungen in einem Unternehmen möglichst frühzeitig erkannt werden. Die Ausgestaltung eines solchen Systems steht im Ermessen des jeweiligen Geschäftsleiters. Mindestvoraussetzung für eine effektive Krisenfrüherkennung ist das Vorliegen einer ordnungsgemäßen Buchhaltung und die laufende Überwachung der Vermögens-, Ertrags- und Finanzlage sowie eine Liquiditätsplanung des Unternehmens. Ein effektives Krisenmanagement setzt voraus, dass die Krisenursachen analysiert werden, um geeignete Maßnahmen zur Überwindung der Krise zu definieren.

(einstweilen frei) **122–126**

[131] Flöther/Goetker StaRUG § 1 Rn. 63.

[132] PRS/Weitzmann StaRUG § 1 Rn. 112, 113 unter Verweis auf Brinkmann ZIP 2020, Rn. 2361 (2365).

II. Zivilrechtliche Haftungsrisiken im Frühstadium der Krise

127 Im Rahmen der Geschäftsleiterhaftung ist zunächst zwischen der zivilrechtlichen Innen- und Außenhaftung zu unterscheiden. Die Unterscheidung dient der Feststellung, wer Anspruchsinhaber ist. Innenhaftung bedeutet die Haftung des Geschäftsleiters gegenüber der Gesellschaft, beispielsweise die Haftung des Geschäftsführers gegenüber der von ihm vertretenen GmbH selbst. Die Außenhaftung umfasst die Haftung des Geschäftsleiters gegenüber Dritten. Die Ausführungen zur zivilrechtlichen Haftung befassen sich nachfolgend zunächst mit der Innenhaftung und widmen sich anschließend der Außenhaftung.

1. Verstoß gegen Pflicht zur Krisenfrüherkennung und Krisenmanagement, §1 Abs.1 StaRUG

128 Kommt der Geschäftsleiter seinen Pflichten zur Krisenfrüherkennung bzw. Krisenmanagement nicht nach, liegt eine Pflichtverletzung nach §1 Abs.1 StaRUG vor. Das StaRUG selbst hat keine eigene Haftungsnorm. Die Pflichtverletzung wird von dem allgemeinen Haftungsregime sanktioniert. Dem Geschäftsführer einer GmbH droht beispielsweise die Haftung nach §43 Abs.2 GmbHG.[133] Um die Haftung zu begründen, muss die **Gesellschaft/Insolvenzverwalter** folgendes **darlegen und ggf. beweisen:**

- Eintritt eines Schadens,
- Lebenssachverhalt, aus welchem sich die Pflichtverletzung ergibt,
- Kausalzusammenhang zwischen Pflichtverletzung und Schadenseintritt.

---

[133] BeckOK StaRUG/Mock StaRUG §1 Rn.43.

Gelingt der Gesellschaft dieser Nachweis, so obliegt dem Geschäftsleiter der Entlastungsbeweis, indem er darlegt, dass 129

- er seine Pflichten nicht verletzt hat,
- er weder fahrlässig noch schuldhaft gehandelt hat,
- die Pflichtverletzung nicht kausal für den Schaden war,
- der Schaden auch bei ordnungsgemäßer Pflichterfüllung eingetreten wäre.[134]

a) Pflichtverletzung

Eine Pflichtverletzung nach § 1 Abs. 1 S. 1 StaRUG liegt zweifelsfrei vor, wenn dem Geschäftsleiter nachgewiesen werden kann, überhaupt keine Maßnahmen zur Krisenfrüherkennung ergriffen zu haben. Ebenso, wenn keine Maßnahmen zur Bewältigung der Krise eingeleitet worden sind und/oder der Geschäftsleiter das Überwachungsorgan nicht von der Krise unterrichtet hat. 130

Die Haftung droht auch, wenn der Geschäftsleiter zwar ein Krisenfrüherkennungssystem eingerichtet hat, die Ausgestaltung des Systems jedoch unzureichend war bzw. er in der Krise unzureichende Maßnahmen ergriffen hat, um die Krise zu bewältigen. Der Nachweis der unzureichenden Krisenfrüherkennung/Krisenmanagement wird für den Insolvenzverwalter nicht einfach zu führen sein. Der Insolvenzverwalter muss zunächst – ohne Berücksichtigung der vom Geschäftsleiter getroffenen Maßnahmen – ermitteln, welche Maßnahmen bei der Gesellschaft hätten umgesetzt werden müssen und anschließend mit den tatsächlich umgesetzten Maßnahmen vergleichen. Stellen sich die vom Geschäftsleiter getroffenen Maßnahmen als unzureichend heraus, liegt eine Pflichtverletzung vor. Allein aus der Tatsache, dass über das Vermögen der Gesellschaft das Insolvenzverfahren eröffnet worden ist, kann nicht auf ein unzureichendes Krisenfrüherkennungssystem/Krisenmanagement geschlossen werden.[135] 131

---

[134] Oppenländer/Trölitzsch GmbH-GF-HdB/Ziemons § 21 Rn. 12.
[135] BeckOK StaRUG/Mock StaRUG § 1 Rn. 38.

b) Business Judgement Rule

aa) Grundsätze der Business Judgement Rule

132 Es liegt keine Pflichtverletzung vor, wenn der Geschäftsleiter die Entscheidung zu einer Maßnahme innerhalb des ihm eingeräumten unternehmerischen Ermessens (Business Judgement Rule) getroffen hat.[136] Dem Geschäftsleiter können nicht sämtliche unternehmerischen Fehlentscheidungen zur Last gelegt werden. Es bedarf eines gewissen Freiraums, in welchem der Geschäftsleiter auch „falsche" Entscheidungen treffen darf, wenn sie mit der Sorgfalt eines ordentlichen Geschäftsmannes getroffen worden sind. Um dieser Problematik Rechnung zu tragen, besteht ein unternehmerisches Ermessen des Unternehmers, die sog. **Business Judgment Rule.**[137]

133 Der Tatbestandsausschluss der „Business Judgement Rule" hat fünf Voraussetzungen:

- Unternehmerische Entscheidung,
- Handeln auf Grundlage angemessener Information,
- Handeln ohne Sonderinteressen und sachfremde Einflüsse,
- Handeln zum Wohle der Gesellschaft,
- Handeln in guten Glauben.[138]

134 **Unternehmerische Entscheidung.** Eine unternehmerische Entscheidung ist eine Entscheidung des Geschäftsleiters in Angelegenheiten der Geschäftsführung. Die Entscheidung darf nicht durch Gesetz, Satzung oder Weisungsbeschlüsse der Gesellschafterversammlung vorgezeichnet sein. Im Rahmen einer unternehmerischen Entscheidung wählt der Geschäftsleiter in der gegebenen Situation unter verschiedenen tatsächlich möglichen und rechtlich zulässigen Handlungsalternativen. Hierbei wird von dem Geschäftsleiter eine Prognose erwartetet. Schließlich lässt sich im Zeitpunkt der Entscheidung noch nicht absehen, ob die gewählte Alternative die (wirtschaftlich) sinnvollste sein wird.[139]

---

[136] MüKoGmbH/Fleischer GmbHG § 43 Rn. 79.
[137] BeckOK GmbHG/Pöschke GmbHG § 43 Rn. 101.
[138] MüKoGmbHG/Fleischer GmbHG § 43 Rn. 80.
[139] BeckOK GmbHG/Pöschke GmbHG § 43 Rn. 107 f.

Handeln auf Grundlage angemessener Information. Der Geschäftsleiter muss auf der Grundlage angemessener Informationen handeln. Er muss die Entscheidungsgrundlagen sorgfältig ermitteln. Wichtig ist dabei vor allem die Informationsbeschaffung. Der Bundesgerichtshof fordert in neuerer Rechtsprechung, dass der Geschäftsleiter *„in der konkreten Entscheidungssituation alle verfügbaren Informationsquellen tatsächlicher und rechtlicher Art ausschöpft, auf dieser Grundlage die Vor- und Nachteile der bestehenden Handlungsoptionen sorgfältig abschätzt und den erkennbaren Risiken Rechnung trägt.*"[140] Das erforderliche Ausmaß der gebotenen Information hängt von diversen Umständen ab: 135

- Zeitlicher Vorlauf,
- Art und Bedeutung der zu treffenden Entscheidung,
- tatsächliche und rechtliche Möglichkeiten des Informationszugangs,
- Verhältnis von Informationsbeschaffungskosten und voraussichtlichen Informationsnutzen,
- Erheblichkeit der Entscheidung für Bestand und Erfolg des Unternehmens.[141]

Der Geschäftsleiter ist nicht per se dazu verpflichtet, alle nur denkbaren Informationen zu beschaffen. Es bedarf also keiner „größtmöglichen Absicherung." Insofern besteht keine Notwendigkeit vor jeder unternehmerischen Entscheidung – routinemäßig – ein externes Gutachten oder ähnliches einzuholen. Die Frage, ob im Einzelfall ein externes Gutachten erforderlich ist, ist stets von den Umständen des Einzelfalles abhängig. Maßgeblich sind insb. die betriebswirtschaftliche Notwendigkeit und die eigenen Möglichkeiten des Geschäftsleiters/Unternehmens.[142] 136

Handeln ohne Sonderinteressen und sachfremde Einflüsse. Bei seiner Entscheidungsfindung hat der Geschäftsleiter frei von Fremdeinflüssen und Interessenkonflikten und ohne mittelbaren Eigennutz zu handeln. Jedoch fehlt eine gesetzliche 137

[140] BGH 18.6.2013 – II ZR 86/11, NZG 2013, 1021 (1023).
[141] MüKoGmbHG/Fleischer GmbHG § 43 Rn. 86.
[142] Fleischer Teil 3 § 7 Rn. 58.

Bestimmung des „Interessenkonflikts“. Auch gibt die Rechtsprechung keine klaren Leitlinien vor. Ein rechtlich relevanter Interessenkonflikt besteht dann, wenn der Geschäftsleiter zum Vorteil einer ihm nahestehenden Person oder Gesellschaft agiert.[143]

Beispiel: *Der Geschäftsführer der A-GmbH trifft die Entscheidung, eine große Bestellung bei der B-GmbH aufzugeben, deren Alleingesellschafterin seine Ehefrau ist. In diesem Fall kann man nicht davon ausgehen, dass der Geschäftsführer in voller Unabhängigkeit und zum Wohl der Gesellschaft gehandelt hat, und ihn unbesehen vom Risiko dieses Geschäfts freistellen.*

138 **Handeln zum Wohl der Gesellschaft.** Der Geschäftsleiter muss im guten Glauben zum Wohle der Gesellschaft gehandelt haben. Dies liegt dann nicht vor, wenn die Maßnahme den Bestand der Gesellschaft gefährdet oder sie zur dauernden Unrentabilität führt.[144]

bb) Anwendbarkeit der Business Judgement Rule bei Verstoß gegen Krisenfrüherkennungspflicht?

139 In der Literatur ist umstritten, ob die Business Judgement Rule bei einer Verletzung der Krisenfrüherkennungspflicht Anwendung findet. *Mock* und *Hölzle* sprechen sich gegen eine Anwendung aus, weil die Krisenfrüherkennungspflicht eine Rechtspflicht darstellt; mithin kein Raum für ein unternehmerisches „Ermessen“ besteht.[145] Nach *Goetker* steht dem Geschäftsleiter jedoch bei Ausgestaltung der Risikoüberwachung ein Ermessensspielraum zu.[146] Wie die Rechtsprechung die Frage beantworten wird, ist ungewiss. Nach der hier vertretenen Auffassung hat der Geschäftsleiter betreffend des „Obs“ der grundsätzlichen Einrichtung eines Krisenfrüherkennungssystems kein Ermessen. Es handelt sich hierbei um einen klaren Auftrag des Gesetzgebers, den der Geschäftsleiter zu erfüllen hat. Ein Ermessen ist dem Ge-

---

[143] MüKoGmbHG/Fleischer GmbHG § 43 Rn. 86.

[144] Lutter ZIP 2007, 841 (844).

[145] BeckOK StaRUG/Mock StaRUG § 1 Rn. 38; Hölzle FS Gehrlein 2022, 261 (266 f.).

[146] Flöther/Goetker StaRUG § 1 Rn. 36.

schäftsleiter hingegen bei der konkreten Ausgestaltung also dem „Wie" der Krisenfrüherkennung einzuräumen.

Der Geschäftsleiter haftet also nicht, wenn er nachweisen kann, 140
dass er die Maßnahmen zur Einrichtung des Krisenfrüherkennungssystems innerhalb des ihm eingeräumten Ermessensspielraums getroffen hat. Hierfür muss er darlegen und ggf. beweisen, dass bei konkreter Ausgestaltung des Krisenfrüherkennungssystems folgende Punkte hinreichend Berücksichtigung gefunden haben:[147]

- Konkrete Eignung für Gesellschaft,
- Frühzeitige Identifizierbarkeit bestandsgefährdender Entwicklungen,
- Möglichkeit der Einleitung von Gegenmaßnahmen (Krisenmanagement), § 1 Abs. 1 S. 2 StaRUG,
- Erhöhung von Intensität und Prüfungstiefe bei Anhaltspunkten für Bestandskrisen; abhängig vom Grad der Krise,
- Beobachtung von Frühindikatoren einer Strategiekrise (Stellung des Unternehmens am Markt).[148]

cc) Anwendbarkeit der Business Judgement Rule im Rahmen des Krisenmanagements

Betreffend die grundsätzliche Anwendbarkeit der Business Jud- 141
gement Rule im Rahmen des Krisenmanagements gelten dieselben Grundsätze wie vorstehend. Das „Ob" steht nicht im Ermessen des Geschäftsleiters.[149] Dem Geschäftsleiter wird aber hinsichtlich der Auswahl der Maßnahmen anlässlich des Krisenmanagements und deren Durchführung ein eigener Beurteilungsspielraum einzuräumen sein. Die konkrete Ausgestaltung des Krisenmanagements zur Bestandssicherung ist mit einem unternehmerischen Prognoseelement verknüpft. Der Geschäftsleiter haftet nicht für unzureichendes Krisenmanagement, soweit die konkrete Entscheidung auf Grundlage einer angemessenen Information, ohne

[147] Flöther/Goetker StaRUG § 1 Rn. 36.
[148] Flöther/Goetker StaRUG § 1 Rn. 36.
[149] Hölzle FS Gehrlein 2022, 261 (267).

sachfremde Erwägungen/Sondereinflüsse und im guten Glauben getroffen wird, im Unternehmensinteresse zu handeln. Er bewegt sich hierbei im zulässigen Ermessensspielraum, wenn die Entscheidung unter Beachtung aller externer und interner Pflichten getroffen wird.[150]

142 Im Vordergrund der Ermessensentscheidung stehen die Interessen der Gesellschaft. Vor Einführung des StaRUG musste der Geschäftsleiter im Rahmen seiner Entscheidungsfindung die Interessen der Gläubiger nicht besonders berücksichtigen. Eine grundsätzliche Änderung an diesem Grundsatz ist auch mit Einführung der StaRUG nicht erfolgt. Der zunächst erwartete sog. „shift of fiduciary duties" hin zu einer vorrangigen Berücksichtigung von Gläubigerinteressen ist bislang ausgeblieben.[151]

143 **Praxishinweis:** Eine verstärkte Berücksichtigung von Gläubigerinteressen ist jedoch ab Eintritt der Überschuldung denkbar. In diesem Fall ist dem Geschäftsleiter dazu zu raten, im Rahmen des Auswahlermessens bei Sanierungsmaßnahmen die Gläubigerinteressen ausdrücklich zu berücksichtigen. Sollten die Gläubigerinteressen von den Interessen der Gesellschafter abweichen, kann sich der Geschäftsleiter über die Zustimmungs- und Mitwirkungspflichten der Überwachungsorgane im Rahmen seiner Entscheidung leiten lassen.[152]

c) Verschulden

144 Die Haftung wegen eines Pflichtverstoßes setzt Verschulden des Geschäftsleiters voraus. Entsprechend der allgemeinen Definition des § 276 Abs. 1 S. 1 BGB umfasst Verschulden, Vorsatz und jede Art der Fahrlässigkeit.[153] Der Sorgfaltsmaßstab ist abhängig vom jeweiligen Krisenstadium.[154] Je weiter fortgeschritten die wirtschaftliche Krise ist, desto sorgfältiger hat sich der Geschäftsleiter zu verhalten. Ein Geschäftsleiter handelt dann schuldhaft, wenn er die Sorgfalt, die ein ordentlicher Geschäftsmann in leitender Position bei selbständiger treuhänderischer Wahrnehmung frem-

[150] Flöther/Goetker StaRUG § 1 Rn. 106 ff.
[151] Flöther/Goetker StaRUG § 1 Rn. 59 f.
[152] Flöther/Goetker StaRUG § 1 Rn. 61.
[153] HCL/Paefgen GmbHG § 43 Rn. 167.
[154] PRS/Weitzmann StaRUG § 1 Rn. 132.

der Personen einzuhalten hat, verletzt. Die Sorgfaltsanforderungen sind unabhängig von den individuellen Fähigkeiten des Geschäftsleiters. Jeder Geschäftsleiter muss über die für seine Amtsausführung erforderlichen Fähigkeiten und Kenntnisse verfügen.[155]

Der Geschäftsleiter hat prinzipiell nur sein eigenes Verschulden 145
zu verantworten. Eine Zurechnung des Verschuldens anderer Geschäftsleiter bzw. Angestellter der Gesellschaft findet im Grundsatz nicht statt. Jedoch haftet der Geschäftsleiter aus eigenem Verschulden, wenn die Pflichtverletzung auf eine **mangelnde Organisation** oder **unzureichende Beaufsichtigung** zurückzuführen ist. Darüber hinaus ist festzuhalten, dass es ist die originäre Aufgabe des Geschäftsleiters ist, die wirtschaftliche Lage der Gesellschaft zu beobachten. Hat er die Aufgabe im Unternehmen delegiert, muss der Geschäftsleiter sich regelmäßig informieren und ihn trifft eine Überwachungspflicht. Sorgt er nicht für eine entsprechende Organisation, die dies gewährleistet, handelt er grob fahrlässig.[156]

Praxishinweis: Ist der Geschäftsleiter im Einzelfall überfordert, ist er ver- 146
pflichtet, sich externen Rat einzuholen (vgl. hierzu auch → Rn. 335 f.).[157]

Die Haftung entfällt, wenn der Geschäftsleiter zu Recht auf 147
Informationen Dritter vertraut hat. Es wird nicht verlangt, dass der Geschäftsleiter über alle Fähigkeiten, die zum Betrieb des Unternehmens erforderlich sind, selbst verfügt. Er darf sich zur Führung seines Unternehmens selbstverständlich sorgfältig ausgewählter und überwachter Mitarbeiter oder externer Berater bedienen. Der Geschäftsleiter kann sich exkulpieren, wenn er sich unter umfassender Darstellung der Verhältnisse der Gesellschaft und Offenlegung der erforderlichen Unterlagen von einer unabhängigen, für die Fragestellung fachlich qualifizierten Person beraten ließ. Die Sorgfalt eines ordentlichen und gewissenhaften Geschäftsleiters verlangt es allerdings, dass der Geschäftsleiter das Beratungsergebnis einer eigenen Plausibilitätskontrolle unterzieht.[158]

155 Oppenländer/Trölitzsch GmbH-GF-HdB/Ziemons § 21 Rn. 7.
156 PRS/Weitzmann StaRUG § 1 Rn. 133.
157 Oppenländer/Tröitzsch GmbH-GF-HdB/Ziemons § 21 Rn. 6 f.
158 Römermann/Terlau Teil C § 10 Rn. 76.

148 Der Geschäftseiter kann sich im Übrigen nicht aufgrund Mitverschuldens anderer Geschäftsleiter exkulpieren.[159]

d) Kausalität

149 Das Unterlassen bzw. die unzureichende Krisenfrüherkennung oder das mangelnde Krisenmanagement muss ursächlich für den Schadenseintritt sein. Der Kausalitätsnachweis ist in der Praxis häufig nur schwer zu führen. Die bloße Durchführung der Krisenfrüherkennung bedeutet im Regelfall nicht zwangsläufig, dass die Bestandsgefährdung für die Gesellschaft nicht eingetreten wäre. Die Inanspruchnahme des Geschäftsleiters wird demnach oftmals an den unterlassenen bzw. unzureichenden Maßnahmen des Krisenmanagements anknüpfen.[160] Die Gesellschaft bzw. der Insolvenzverwalter muss nachweisen, dass der Gesellschaft aufgrund des unterlassenen bzw. unzureichenden Krisenmanagements ein kausaler Schaden entstanden ist. Dies wird die Praxis vor Schwierigkeiten stellen, denn es dürfte bereits der Nachweis bzw. die Bezifferung eines kausalen Schadens erhebliche Probleme bereiten (vgl. → Rn. 151 f.).[161] Die haftungsbegründende Kausalität entfällt, wenn die gleiche oder gar eine höhere Vermögenseinbuße bei unterstelltem pflichtgemäßen Alternativverhalten eingetreten wäre.[162] Voraussetzung dafür ist, dass der Geschäftsleiter den sicheren Nachweis dafür erbringt, dass der Schaden auf jeden Fall eingetreten wäre. Die bloße Möglichkeit eines Schadenseintritts reicht nicht aus.[163]

e) Weisung oder Einverständnis der Gesellschafter

150 Die Haftung kann uU ausscheiden, wenn der Geschäftsleiter bei der in Rede stehenden Maßnahme auf Weisung oder mit Einverständnis der Gesellschafter handelt. Dies gilt nicht bei einer Anweisung zur vollkommenen Missachtung der Pflicht zur Kri-

---

[159] PRS/Weitzmann StaRUG § 1 Rn. 135.
[160] BeckOK StaRUG/Mock StaRUG § 1 Rn. 46.
[161] S. d'Avoine/Michels NZI 2022, 1 (6).
[162] NSH/Beurskens GmbHG § 43 Rn. 56.
[163] MüKoGmbHG/Fleischer GmbHG § 43 Rn. 266.

senfrüherkennung. Die Pflicht zur Krisenfrüherkennung dient dem Gläubigerschutz, demnach kann das Einverständnis bzw. die Weisung der Gesellschafter nicht haftungsausschließend wirken. Eine Weisung der Gesellschafter ist immer unbeachtlich, wenn sie den Geschäftsleiter zu einem rechtswidrigen Verhalten veranlassen würde.

Praxishinweis: Sofern der Geschäftsleiter Zweifel an der Rechtmäßigkeit der Weisung hat, sollte er sich externen Rat einholen, um zumindest ein haftungsbegründendes Verschulden auszuschließen.[164]

f) Schadensersatz

151 Verletzt der Geschäftsleiter die Pflicht zur Krisenfrüherkennung, haftet er der Gesellschaft auf den hierdurch entstandenen Schaden. Gleiches gilt, wenn er im weiteren Verlauf der Krise die notwendigen Sanierungsbemühungen nicht oder unzureichend umsetzt. Der Pflichtenkatalog des § 1 StaRUG ist noch jung, sodass auf keine höchstrichterliche Rechtsprechung zum Umfang des Schadensersatzanspruches zurückgegriffen werden kann. Jedoch war der Geschäftsleiter auch schon vor Inkrafttreten des StaRUG zur Krisenfrüherkennung und dem Krisenmanagement verpflichtet.[165] Entsprechend dieser Rechtsprechung ist bei einer schuldhaften Pflichtverletzung der Schaden zu ersetzen, der vermieden worden wäre, wenn rechtzeitig die notwendigen Sanierungsmaßnahmen eingeleitet worden wären.[166] Der Geschäftsleiter haftet also im Grundsatz, wenn er keine bzw. verspätet Sanierungsmaßnahmen ergriffen hat und die Insolvenz auf seinem Missmanagement beruht.[167] In der Praxis war der Nachweis für einen entstandenen Schaden der Gesellschaft vom Insolvenzverwalter jedoch nur schwer zu führen.[168]

---

164 Flöther/Goetker StaRUG § 1 Rn. 110.

165 BGH 20.2.1995 – II ZR 9/94, NJW-RR 1995, 669.

166 Uhlenbruck GmbHR 1999, 313 (317); Gottwald/Haas InsR-HdB/Haas/Kolmann/Kurz Kap. VII § 90 Rn. 40.

167 MAH Insolvenz/Nerlich/Rhode Teil A § 4 Rn. 470.

168 MüKoGmbHG/Liebscher GmbHG § 49 Rn. 65.

152 An dieser Schwierigkeit hat sich auch nach Einführung von § 1 StaRUG nichts geändert. Verletzt der Geschäftsleiter seine Dauerpflicht zur Krisenfrüherkennung bzw. Folgepflicht zur Ergreifung geeigneter Gegenmaßnahmen, wird eine Haftung in vielen Fällen am nicht vorhandenen oder nicht bezifferbaren Schaden scheitern. Vorliegend müsste das vorhandene Gesellschaftsvermögen mit jenem verglichen werden, dass die Gesellschaft bei Vornahme der pflichtgemäßen Handlung gehabt hätte. Ob die Gesellschaft jedoch beweisen kann, dass bei entsprechenden Sanierungsmaßnahmen eine Vermögensdifferenz zur tatsächlichen Situation entstanden wäre, dürfte prozessual sehr mühsam nachzuweisen sein.[169] Stimmen in der Literatur erwägen diese Nachweisproblematik über Beweislasterleichterungen zu lösen.[170]

2. Vertragliche Vereinbarung zwischen Geschäftsleiter und Gläubiger – Außenhaftung

153 Unter bestimmten Umständen ist auch eine Haftung des Geschäftsleiters im Außenverhältnis gegenüber Gläubigern der Gesellschaft gegeben. Ein solcher Fall kann vorliegen, wenn ein Gläubiger unmittelbare vertragliche Ansprüche gegen den Geschäftsleiter hat.[171]

154 In der Praxis wollen sich Banken und Lieferanten regelmäßig vor Vermögensverschiebungen und Misswirtschaft der Gesellschaft absichern. Als „Sicherungsmittel" kommt häufig der (vor allem Gesellschafter-) Geschäftsleiter persönlich in Betracht. Durch die vertragliche Vereinbarung von **Bürgschaft, Schuldbeitritt oder Garantie** kann der Geschäftsleiter persönlich für Verbindlichkeiten der Gesellschaft in Anspruch genommen werden.[172] Im Hinblick auf die GmbH als häufigste bei mittelständischen Unternehmen auftretende Rechtsform ist die Bestellung von

169 Skauradszun/Amort DB 2021, 1317 (1325).
170 Hölzle FS Gehrlein, 2022, 261 (278).
171 BeckOK GmbHG/Pöschke GmbHG § 43 Rn. 412.
172 Bitter ZinsO 2018, 625 (632).

Personalsicherheiten üblich, da grundsätzlich nur das Vermögen der GmbH haftet. Wegen der oftmals unzureichenden Kapitalausstattung erscheint die GmbH besonders insolvenzgefährdet, was die Bestellung von Sicherheiten durch dritte Personen notwendig macht, um überhaupt Kredite zu erhalten.[173]

Beispiel: Die in wirtschaftliche Schieflage geratene Bauträgergesellschaft C-GmbH hat ein Bürogebäude errichtet. Der Verkauf gestaltet sich schwierig. Gesellschafter-Geschäftsführer A ist auf einen zeitnahen Verkauf angewiesen, da er andererseits das Fortbestehen der Gesellschaft nicht mehr gewährleistet sieht. Obwohl die Marktlage ungewiss ist, verspricht er einem Kaufinteressenten B, dass eine Mietauslastung von 95% zu erwarten ist. A und B schließen einen Garantievertrag. Aufgrund dessen erwirbt B die Immobilie der C-GmbH. In der Tat ist der Markt schwierig und die Immobilie kann nur mit einer Auslastung von 70% vermietet werden. Aus dem Garantievertrag kann C den A nun persönlich auf Zahlung der fehlenden versprochenen 25% persönlich in Anspruch nehmen.

Praxishinweis: Ein Schuldbeitritt kann bereits dann vorliegen, wenn der Geschäftsleiter bei einem „Krisengespräch" den Gesellschaftsgläubigern mitteilt, er werde die Rechnungen der Gesellschaft bezahlen und ihm hierbei klar ist, dass die Gesellschaft nicht in der Lage ist die offenen und künftigen Rechnungen des Gläubigers aus dem Gesellschaftsvermögen zu bezahlen.[174] **155**

Zusammenfassung der zivilrechtlichen Haftungsrisiken im Frühstadium der Krise: Im Frühstadium der Krise droht dem Geschäftsleiter vor allem die Haftung für unterlassene bzw. unzureichende Krisenfrüherkennung bzw. -management. Haftungsansprüche sind zwar nach §43 Abs. 2 GmbHG grundsätzlich denkbar. In der Praxis wird es jedoch schwer fallen einen konkreten Schaden der Gesellschaft nachzuweisen bzw. beziffern zu können. Auch der Kausalitätsnachweis wird nur schwer zu führen sein. **156**

(einstweilen frei) **157–161**

---

[173] MAH Insolvenz/Bornheimer/Westkamp Teil B §29 Rn. 261.

[174] BGH 3.9.2020 – III ZR 56/19, NZG 2021, 302 Rn. 23.

C. Die fortschreitende Krise – Pflichten im Vorfeld der Insolvenz

I. Pflichten des Geschäftsleiters bei fortschreitender Krise

1. Anzeigepflicht des Geschäftsleiters bei hälftigem Kapitalverlust

Ergibt sich bei der Erstellung der Jahresbilanz oder einer Zwischenbilanz, dass ein Verlust in Höhe der Hälfte des Kapitals (Grundkapital bei der AG, Stammkapital bei der GmbH) besteht, ist der Geschäftsleiter verpflichtet, die Hauptversammlung bzw. Gesellschafterversammlung einzuberufen, um den Verlust anzuzeigen (§ 49 Abs. 3 GmbHG bzw. § 92 Abs. 1 AktG). Die Anteilseigner müssen informiert werden, um im eigenen Interesse über Maßnahmen zur Überwindung der Krise entscheiden zu können.[175] Bei der haftungsbeschränkten Unternehmergesellschaft gilt dieselbe Verpflichtung im Falle drohender Zahlungsunfähigkeit (§ 5a Abs. 4 GmbHG). Für den geschäftsführenden Gesellschafter einer Personenhandelsgesellschaft, der gem. § 105 Abs. 3 HGB iVm §§ 713, 666 BGB in Abhängigkeit vom Einzelfall auch zu unaufgeforderter Benachrichtigung seiner Mitgesellschafter verpflichtet sein kann, ist eine entsprechende Verpflichtung unter dem Gesichtspunkt der gesellschaftsrechtlichen Treuepflicht zumindest denkbar.[176] 162

175 IDW Sanierung-WPH/Wieland-Blöse/Oberle Kap. A Rn. 53.
176 IDW Sanierung-WPH/Wieland-Blöse/Oberle Kap. A Rn. 53.

2. Pflicht zu Erhaltung des Stammkapitals und des Aktivvermögens der Gesellschaft

163 § 30 GmbHG verbietet es dem Geschäftsleiter einer GmbH, Zahlungen aus dem Stammkapital zu leisten, wenn und soweit dadurch eine Unterbilanz herbeigeführt oder weiter vertieft wird. Er darf in diesem Fall auch nach § 33 GmbHG keine eigenen Anteile erwerben. Vor allem die erstgenannte Vorschrift kann bei der fortschreitenden Krise von Bedeutung sein (zu den Einzelheiten → Rn. 249 ff.).

3. Pflicht zur (fortlaufenden) Überprüfung von Überschuldung und Zahlungsunfähigkeit bei Krisenzeichen

164 Mit Fortschreiten der Krise treffen den Geschäftsleiter unterschiedliche Pflichten, die verschiedene Zielrichtungen haben.[177] Der Geschäftsleiter hat die grundlegende Pflicht zur Sanierung des Unternehmens,[178] dh er hat alles dafür zu tun, die Gesellschaft aus der Krise zu führen. Auf der anderen Seite muss er unverzüglich einen **Antrag** auf Eröffnung eines Insolvenzverfahrens stellen, wenn **Insolvenzreife** vorliegt.

165 Der Geschäftsleiter hat sich deshalb bei fortschreitender Krise durch die Aufstellung einer **Zwischen- bzw. Liquiditätsbilanz** einen Überblick über den Vermögensstand des Unternehmens zu verschaffen. Es ist eine **insolvenzrechtliche Fortbestehensprognose** zu erstellen, um das Vorliegen von **Insolvenzeröffnungsgründen** zu prüfen.[179] Dies folgt – wie bereits dargelegt – zum einen aus der Sorgfaltspflicht eines ordentlichen und gewissenhaften Geschäftsleiters, der verpflichtet ist, die wirtschaftliche Lage des Unternehmens fortwährend zu beobachten. Anderseits aus § 15a InsO, wenn es um den Nachweis geht, dass

177 Frege NZI 2006, 545.

178 Ausführlich zur Sanierungspflicht Bork ZIP 2011, 101 (107).

179 BGH 20.2.1995 – II ZR 9/94, NJW-RR 1995, 669.

der Geschäftsleiter einer der in § 15a InsO genannten Gesellschaften ohne schuldhaftes Zögern Insolvenzantrag gestellt hat.[180]

Typische Krisenmerkmale, die Anlass zu einer Prüfung der Insolvenzreife geben können, sind ua:[181] 166

- Umsatzeinbrüche und steigende Vorräte,
- erhebliche Forderungsausfälle,
- absehbare Verluste und/oder negative operative Cashflows,
- ausgeschöpfte und/oder gekündigte Kreditlinien,
- Liquiditätsengpässe etc.

Eindeutige Signale für die Krise eines Unternehmens sind der Eintritt der Unterkapitalisierung, also eine ungenügende Ausstattung der Gesellschaft mit Eigenkapital, und der Verlust der Hälfte des Stammkapitals. Beides sind **sichere Anzeichen für eine fortgeschrittene Krise** des Unternehmens.[182] In diesem Fall ist **handelsbilanziell** bereits eine **Überschuldung** verwirklicht, sodass sich die Frage nach dem zeitgleichen Vorliegen einer **insolvenzrechtlich relevanten Überschuldung** geradezu aufdrängt.[183] Auch der Bundesgerichtshof geht in ständiger Rechtsprechung davon aus, dass einer handelsbilanziellen Überschuldung eine Indizfunktion im Hinblick auf das Vorliegen einer insolvenzrechtlich relevanten Überschuldung zukommt.[184] 167

Die Beurteilung des Vorliegens von Insolvenzgründen ist für einen Geschäftsleiter nicht einfach. Sie erfordert ausreichende Kenntnisse des deutschen Insolvenzrechts.[185] Auch die damit einhergehende Frage, nach der in diesem Stadium der Krise überhaupt noch möglichen **Sanierungsfähigkeit** des Unternehmens, ist schwierig zu beantworten. Nicht zuletzt, weil für den Ge- 168

---

[180] IDW Sanierung-WPH/Steffan/Poppe Kapitel C Rn. 9.

[181] BGH 20.2.1995 – II ZR 9/94, NJW-RR 1995, 669; 19.6.2012 – II ZR 243/11, NZI 2012, 812 (813); Uhlenbrock/Mock InsO § 19 Rn. 48.

[182] Römermann MAH GmbH-Recht/Schluck-Amend § 23 Rn. 3 f.

[183] Sikora Fortbestehensprognose im Insolvenz- und Bilanzrecht BKK 2022, 1 (5).

[184] BGH 3.3.2022 – IX ZR 53/19, NJW 2022, 1457.

[185] Oppenländer/Trölitzsch GmbH-GF-HdB/Steffan § 37 Rn. 41; IDW S11 Rn. 11.

schäftsleiter idR zeitlicher Druck besteht. Hinzu kommt, dass dem Geschäftsleiter – abhängig vom jeweiligen Krisenstadium – vom Gesetzgeber unterschiedliche Möglichkeiten zur Sanierung zur Verfügung gestellt werden, die an unterschiedliche Voraussetzungen geknüpft sind. So wurde bspw. mit dem StaRUG ein neues **Restrukturierungsverfahren** eingeführt. Es findet aber ausschließlich im Stadium der drohenden Zahlungsunfähigkeit (§ 18 InsO) Anwendung.[186] Die Vor- und Nachteile solcher Verfahren sind gegeneinander abzuwägen. Dem Geschäftsleiter ist in dieser Situation nicht nur dringend zu empfehlen, den Rat eines unabhängigen, fachlich qualifizierten Berufsträgers einzuholen.[187] Sofern der Geschäftsleiter im Einzelfall selbst nicht über die ausreichende Expertise zur Überprüfung der Insolvenzvoraussetzungen verfügt, ist er sogar ausdrücklich verpflichtet, fachkundige Berater hinzuzuziehen.[188]

169 Der Geschäftsleiter muss dabei dem Berater die Verhältnisse der Gesellschaft umfassend erläutern und ihm alle zur Beurteilung erforderlichen Informationen zur Verfügung stellen.[189] Die für die Beurteilung der Insolvenzreife verwendeten Informationen müssen **vollständig, aktuell, verlässlich und schlüssig sein.**[190] Wenn der Geschäftsleiter unter umfassender Darstellung der Verhältnisse der Gesellschaft und Offenlegung der erforderlichen Unterlagen einen unabhängigen und sachverständigen Berufsträger hinzuzieht, darf er das Ergebnis der Beurteilung abwarten.[191] Dies setzt allerdings voraus, dass der Geschäftsleiter sich nicht mit einer unverzüglichen Auftragserteilung begnügt, sondern auch auf eine unverzügliche Auftragsdurchführung und Vorlage des Ergebnisses der Beurteilung hinwirkt.[192]

---

[186] K. Schmidt/Uhlenbruck Die GmbH in Krise/Schluck-Amend § 5 Nr. 5.5 f.

[187] BGH 14.5.2007 – II ZR 48/06, NJW 2007, 2118; IDW S 11 Rn. 11.

[188] BGH 6.6.1994 – II ZR 292/91, NJW 1994, 222.

[189] BGH 14.5.2007 – II ZR 48 /06, NJW 2007, 2118 Rn. 16; 27.3.2012 – II ZR 171/10, NZG 2012, 672 Rn. 18.

[190] IDW Beurteilung des Vorliegens von Insolvenzgründen S 11 Rn. 9 mit Verweis auf IDW S 6 Rn. 44 ff.

[191] BGH 14.5.2007 – II ZR 48/06, NJW 2007, 2118 und 27.3.2012 – II ZR 171/10, NZI 2012, 567.

[192] BGH 27.3.2012 – II ZR 171/10, NZI 2012, 567 und IDW S 11 Rn. 6.

Praxishinweis: Der Geschäftsleiter kann sich durch die Einholung eines Rechtsrats im Fall einer späteren Haftungsinanspruchnahme oder bei Verdacht der Insolvenzverschleppung erfolgreich exkulpieren, wenn er bei eigener fehlender Sachkunde zur Klärung des Bestehens der Insolvenzreife der Gesellschaft den Rat eines unabhängigen, fachlich qualifizierten Berufsträgers einholt und dann – nach eigener Plausibilitätskontrolle – den ihm daraufhin erteilten Rechtsrat auch befolgt.[193] 170

Insolvenzeröffnungsgründe liegen vor, wenn die in der Insolvenzordnung (InsO) genannten drei Insolvenzgründe vorliegen: Diese sind – wie bereits erwähnt – Zahlungsunfähigkeit (§ 17 InsO), drohende Zahlungsunfähigkeit (§ 18 InsO) sowie Überschuldung (§ 19 InsO). Während bei Zahlungsunfähigkeit und Überschuldung zwingend Antrag auf Insolvenz zu stellen ist, begründet der Insolvenzgrund der drohenden Zahlungsunfähigkeit „nur" das Recht des Geschäftsleiters zur Antragstellung.

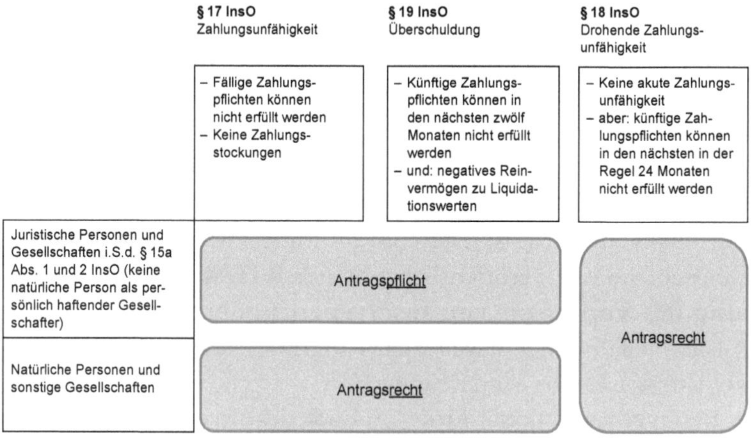

Abb. 4: Insolvenzgründe

[193] BGH 27.3.2012 – II ZR 171/10, NZI 2012, 567.

a) Zahlungsunfähigkeit, § 17 InsO

aa) Prüfung der Zahlungsunfähigkeit

171 Die **Zahlungsunfähigkeit** ist in § 17 Abs. 2 InsO legal definiert. Danach ist der Schuldner zahlungsunfähig, *„wenn er nicht in der Lage ist, die fälligen Zahlungspflichten zu erfüllen."*[194]

172 Von der Zahlungsunfähigkeit ist die bloße **Zahlungsstockung** abzugrenzen. Bei einer Zahlungsstockung ist das Unternehmen lediglich **vorübergehend** unfähig, die fälligen Verbindlichkeiten vollständig zu begleichen.[195]

173 Der Bundesgerichtshof billigt dem Unternehmen einen **Dreiwochenzeitraum,** um eine bestehende Liquiditätslücke zu beseitigen. Er geht dabei davon aus, dass ein kreditwürdiges Unternehmen nicht mehr als drei Wochen für die Liquiditätsbeschaffung benötigt. Beträgt die Liquiditätslücke am Ende der drei Wochen 10 % der fälligen Gesamtverbindlichkeiten oder mehr, liegt regelmäßig Zahlungsunfähigkeit vor.[196] Von diesem Grundsatz kann nach ständiger Rechtsprechung des Bundesgerichtshofs abgewichen werden, **wenn mit an Sicherheit grenzender Wahrscheinlichkeit** zu erwarten ist, dass die Liquiditätslücke demnächst vollständig oder fast vollständig geschlossen wird und den Gläubigern ein Zuwarten nach den besonderen Umständen des Einzelfalls zumutbar ist. Der vom Institut der Wirtschaftsprüfer in Deutschland e. V. veröffentlichte Standard **IDW S 11 „Beurteilung des Vorliegens von Insolvenzgründen"** sieht für diesen Ausnahmefall einen erweiterten Prognosezeitraum, von drei bis uU längstens sechs Monaten vor.[197]

174 Beträgt die Liquiditätslücke am Ende des Dreiwochenzeitraums dagegen weniger als 10 %, ist nach Ansicht des Bundesgerichtshofs regelmäßig zunächst von **Zahlungsstockung** auszugehen. Für diesen Fall ist dann ein **Liquiditätsplan** aufzustellen, aus dem

---

194 IDW Beurteilung des Vorliegens von Insolvenzgründen S 11 Rn. 13.

195 BGH 24.5.2005 – IX ZR 123/04, NZI 2005, 547 Ziff. II.1.b); IDW Beurteilung des Vorliegens von Insolvenzgründen S 11 Rn. 14.

196 BGH 24.5.2005 – IX ZR 123/04, NZI 2005, 547 Ziff. II.4.b).

197 IDW Beurteilung des Vorliegens von Insolvenzgründen S 11 Rn. 16; Fischer ZGR 2006, 403.

sich die Weiterentwicklung der Liquiditätslücke ergibt. Zeigt sich daraus, dass die Lücke demnächst mehr als 10% betragen wird, liegt Zahlungsunfähigkeit vor.[198]

175 Ergibt sich am Ende des Dreiwochenzeitraums aus dieser Liquiditätsplanung, dass die Lücke kleiner als 10% ist, lässt der Bundesgerichtshof mehrere Interpretationen hinsichtlich der Frage zu, ob eine Liquiditätslücke von unter 10% auf Dauer akzeptiert werden kann.[199] Der BGH betont unter Verweis auf die Gesetzesbegründung zur Insolvenzordnung, dass sich jede schematische Beurteilung verbiete und nicht jede geringfügige Liquiditätslücke die Annahme von Zahlungsunfähigkeit rechtfertige. Es ist – so der BGH – in jedem Einzelfall die konkrete wirtschaftliche Situation des Unternehmens zu beurteilen. Der BGH spricht in diesem Zusammenhang von *„Rückschlägen"*[200], die sich im üblichen Geschäftsleben regelmäßig mit *„Phasen guter Umsatz- und Ertragslage"* abwechseln können. Als Beispiel führt er dabei mittelständische Unternehmen mit geringer Eigenkapitalausstattung auf, etwa Handwerksbetriebe, die darauf angewiesen seien, dass Kundenzahlungen vollständig und zeitnah erfolgen. Wird dann ein größerer Auftrag nicht oder nicht zeitnah bezahlt, könne dies eine (vorübergehende) Liquiditätskrise auslösen.[201] Das gleich gelte für typische Saisonbetriebe, die erheblichen Umsatz- und Ertragsschwankungen unterliegen. Bei einer im Übrigen guten Auftrags-[202], Umsatz- und Ertragslage[203] mit entsprechenden Geldeingängen bestünde zu Recht die begründete Erwartung, dass es dem Schuldner gelingen wird, die Liquiditätslücke in absehbarer Zeit zu beseitigen und somit die Zahlungsfähigkeit wieder zu erlangen.[204]

---

[198] BGH 12.10.2006 – IX ZR 228/03, NZI 2007, 36 Rn. 27 unter Hinweis auf BGH 24.5.2005 – IX ZR 123/04, NZI 2005, 547.

[199] IDW Beurteilung des Vorliegens von Insolvenzgründen S 11 Rn. 17.

[200] BGH 24.5.2005 – IX ZR 123/04, NZI 2005, 547 Ziff. II.3.b) bb).

[201] BT-Drs. 12/2443 RegE InsO, Begr. zu §§ 20, 21 InsO-E, 114; BGH 24.5.2005 – IX ZR 123/04, NZI 2005, 547 Ziff. II.3.b) bb).

[202] BGH 24.5.2005 – IX ZR 123/04, NZI 2005, 547 Ziff. II.3.b) cc).

[203] BGH 24.5.2005 – IX ZR 123/04, NZI 2005, 547 Ziff. II.3.b) bb).

[204] BGH 24.5.2005 – IX ZR 123/04, NZI 2005, 547 Ziff. II.3.b) bb).

176 Der IDW Standard S 11 sieht allerdings strukturell bedingte Liquiditätsunterdeckungen bei Unternehmen (mangelnde Innen- oder Außenfinanzierungskraft) kritisch.[205] Bei einem Unternehmen, das dauerhaft mit einer – wenngleich geringfügigen – Liquiditätslücke plant, setze sich der wirtschaftliche Niedergang fort, der das Vorliegen einer Zahlungsunfähigkeit begründen könne.[206] Ein solches Unternehmen ist auch nach Ansicht des Bundesgerichtshof weder erhaltungsfähig noch -würdig.[207] Auch im Interesse des Gläubigerschutzes ist eine dauerhafte Unterdeckung bedenklich. Daher liegt nach IDW S 11 Zahlungsunfähigkeit und keine Zahlungsstockung vor, wenn eine Liquiditätslücke – unabhängig von ihrer Höhe – voraussichtlich und in Ausnahmefällen nicht längstens innerhalb von drei bis maximal sechs Monaten vollständig geschlossen werden kann.[208]

177 **Praxishinweis:** Es handelt sich hierbei um eine Prognoseentscheidung des Geschäftsleiters, für die im Streitfall (zB bei Inanspruchnahme durch Insolvenzverwalter oder Gläubiger) der Geschäftsleiter **beweispflichtig** ist. Bei prognostischen Angaben müssen die der Entscheidung zu Grunde liegenden Annahmen nachvollziehbar und schlüssig sein; zudem sind die besonderen Unternehmensverhältnisse, die Krisensituation sowie bei über wenige Monate hinausgehenden Prognosen, auch die erwartete Branchenentwicklung in die Entscheidung einzubeziehen.[209] Sie dürfen insb. nicht im Widerspruch zu sonstigen Erkenntnissen über das Unternehmen stehen. Ein solcher Nachweis kann von einem Geschäftsleiter ex ante nur geführt werden, wenn eine **entsprechende Dokumentation** vorgehalten wird, was Grundlage für die Prognoseentscheidung war.[210]

bb) Zahlungseinstellung

178 Auf die Feststellung einer Liquiditätslücke von mindestens 10% kommt es nicht an, wenn der Schuldner seine **Zahlungen ein-**

---

205 IDW Beurteilung des Vorliegens von Insolvenzgründen S 11 Rn. 17.

206 IDW Sanierung-WPH Kap. C Rn. 27 mwN in Fn. 53.

207 BGH 24.5.2005 – IX ZR 123/04, NZI 2005, 547 Ziff. II.3.a).

208 IDW Beurteilung des Vorliegens von Insolvenzgründen S 11 Rn. 17; Uhlenbruck/Mock InsO § 17 Rn. 25.

209 IDW Beurteilung des Vorliegens von Insolvenzgründen S 11 Rn. 10.

210 so auch ausdrücklich IDW Beurteilung des Vorliegens von Insolvenzgründen S 11 Rn. 11.

stellt. In diesem Fall begründet § 17 Abs. 2 S. 2 InsO die widerlegbare Vermutung der Zahlungsunfähigkeit des Schuldners.[211] **Zahlungseinstellung** liegt vor, wenn der Schuldner wegen eines Mangels an Zahlungsmitteln aufhört, seine fälligen Verbindlichkeiten zu erfüllen, wobei dies aus einer Einzelbetrachtung oder einer Gesamtschau von Beweiszeichen gefolgert werden kann.[212]

Zahlungseinstellung liegt bereits dann vor, wenn der Schuldner **179**
den wesentlichen Teil seiner fälligen Zahlungsverpflichtungen nicht bedient.[213] Weitere Beweisanzeichen für das Vorliegen einer Zahlungseinstellung können zB sein:[214]

- Nichtbegleichung von Sozialversicherungsbeiträgen,[215]
- eine dauerhaft schleppende Zahlungsweise,[216]
- zurückgegebene Lastschriften,[217]
- nicht eingehaltene Zahlungszusagen,[218]
- Mahnungen,[219]
- Nichtzahlung von Stromrechnungen,[220]
- Pfändungen oder Vollstreckungen durch den Gerichtsvollzieher.[221]

---

[211] BGH 30.6.2011 – IX ZR 134/10, NZI 2011, 589 Rn. 20 mwN; IDW S 11 Rn. 19.

[212] BGH 17.5.2001 – IX ZR 188/98, NZI 2001, 417 Ziff. II.2; 30.6.2011 – IX ZR 134/10, NZI 2011, 589 Rn. 13 mwN; BGH 18.7.2013 – IX ZR 143/12, NZI 2013, 932 Rn. 10; weitere Beweisanzeichen für das Vorliegen von Zahlungseinstellung in: IDW Beurteilung des Vorliegens von Insolvenzgründen S 11 Rn. 20.

[213] BGH 21.6.2007 – IX ZR 231/04, NZI 2007, 517 Rn. 29.

[214] Weiteres Beispiel IDW Beurteilung des Vorliegens von Insolvenzgründen 11 Rn. 20.

[215] BGH 20.11.2001 – IX ZR 48/01, NZI 2002, 515 Ziff. II.2.; 10.7.2003 – IX ZR 89/02, NZI 2003, 542 Ziff. III.3.a); 12.10.2006 – IX ZR 228/03, NZI 2007, 36 Rn. 24; 30.6.2011 – IX ZR 134/10, NZI 2011, 589 Rn. 15.

[216] BGH 18.7.2013 – IX ZR 143/12, NZI 2013, 932 Rn. 12; 9.1.2003 – IX ZR 175/02, NZI 2003, 322 Ziff. III. 1.c).

[217] BGH 18.7.2013 – IX ZR 143/12, NZI 2013, 932 Rn. 18.

[218] BGH 18.7.2013 – IX ZR 143/12, NZI 2013, 932 Rn. 12.

[219] BGH 18.7.2013 – IX ZR 143/12, NZI 2013, 932 Rn. 18.

[220] BGH 18.7.2013 – IX ZR 143/12, NZI 2013, 932 Rn. 18.

[221] BGH 18.7.2013 – IX ZR 143/12, NZI 2013, 932 Rn. 13.

Die Zahlungseinstellung ist erst dann beseitigt, wenn der Schuldner nicht nur einzelne Zahlungen leistet, sondern seine Zahlungen an die Gesamtheit der Gläubiger **wieder aufnimmt,**[222] und zwar auch an solche Gläubiger, deren Forderungen nach der Zahlungseinstellung fällig geworden sind.[223]

180 **Praxishinweis:** Der Zahlungseinstellung kommt in der Praxis für Insolvenz- und Anfechtungsprozesse eine nicht unerhebliche Beweiskraft zu. Der Nachweis der Zahlungseinstellung macht aus der ex-post Betrachtung die Aufstellung einer Liquiditätsbilanz entbehrlich, wenn zum fraglichen Zeitpunkt erhebliche Verbindlichkeiten bestanden **haben**, die bis zum Zeitpunkt der Verfahrenseröffnung nicht beglichen sind.[224]

cc) Erstellung einer Liquiditätsbilanz

181 Ob Zahlungsfähigkeit oder -unfähigkeit vorliegt, ist in der Praxis anhand einer **Liquiditätsbilanz** zu prüfen. Darin werden die am Stichtag verfügbaren liquiden Finanzmittel des Unternehmens sowie dessen fällige und fällig werdende Verbindlichkeiten erfasst und gegenübergestellt.[225]

182 **Praxishinweis:** Der BGH spricht von einer Liquiditätsbilanz und legt Wert auf eine insolvenzrechtlich autonome Prüfung. Aus der Handelsbilanz können nach der BGH-Rechtsprechung keine Rückschlüsse auf die Liquiditätsbilanz gezogen werden. Allein schon deshalb nicht, weil die Handelsbilanz eine Vermögensbilanz ist.[226] Der BGH entscheidet immer im Einzelfall und anhand von Beweiszeichen. Unter Umständen verzichtet der Bundesgerichtshof auch auf eine Liquiditätsbilanz, wenn sich die Zahlungsunfähigkeit mit anderen Mittel (wie zB Zahlungseinstellung) darlegen lässt.[227]

183 In der Praxis sollte sich der Geschäftsleiter für die Prüfung der Zahlungsunfähigkeit am Standard IDW S 11 orientieren. Zum einen sind darin die wesentlichen Entscheidungen des Bundes-

---

222 BGH 21.6.2007 – IX ZR 231/04, NZI 2007, 517 Rn. 32; 12.10.2006 – IX ZR 228/03, NZI 2007, 36 Rn. 23.

223 IDW Beurteilung des Vorliegens von Insolvenzgründen S 11 Rn. 21.

224 K. Schmidt/Uhlenbruck Die GmbH in Krise/Schluck-Amend § 14 Rn. 14.37 f.

225 BGH 12.10.2006 – IX ZR 228/03, NZI 2007, 36 Rn. 28.

226 BGH 5.2.2015 – IX ZR 211/13, BeckRS 2015, 6445 Rn. 12.

227 BGH 28.6.2022 – II ZR 112/21, NJW-RR 2022, 1131 Rn. 13.

gerichtshofs berücksichtigt. Zum anderen ist er insgesamt sehr konservativ aufgestellt. Der von IDW S 11 geforderte „Finanzstatus" mit „Finanzplanung" ist im Ergebnis nichts anderes als die Liquiditätsbilanz des Bundesgerichtshofs.[228] Während der IDW allerdings den Finanzstatus rein stichtagsbezogen aufstellt, um dann im Finanzplan zeitraumbezogen zu prüfen, handelt es sich bei der Liquiditätsbilanz laut Bundesgerichtshof um eine stichtagbezogene und zeitraumbezogene Prüfung, sog. „dynamische Bilanz".[229] Vorliegend wird einheitlich von „Liquiditätsbilanz" gesprochen.

dd) Im Rahmen der Liquiditätsbilanz anzusetzende Verbindlichkeiten

Für die Bestimmung der Zahlungsfähigkeit sind der Liquiditätsbilanz zunächst alle Verbindlichkeiten zu berücksichtigen, die im Zeitpunkt der Erstellung **einwendungsfrei und fällig** sind. **Fällig** ist eine Forderung, wenn der Gläubiger Zahlung verlangen kann (§ 271 BGB). Auf das Vorliegen oder den Zugang einer Rechnung beim Schuldner kommt es daher nicht an. Auch der Rechtsgrund der Verbindlichkeiten ist nicht relevant.[230] 184

Weiter sind auch die nach dem **gewöhnlichen Geschäftsverlauf** zu erwartenden Verbindlichkeiten aus bestehenden Dauerschuldverhältnissen, etwa Miet- und Leasingverträgen oder Lohnzahlungen zu erfassen. Darüber hinaus sind alle zu erwartenden Ausgaben anzusetzen, die voraussichtlich aus dem Geschäftsbetrieb des Schuldners resultieren, auch wenn der Rechtsgrund hierfür noch nicht besteht: Hiervon umfasst sind bspw. Material- und Rohstofflieferungen, die für die Geschäftstätigkeit des Unternehmens unerlässlich sind.[231] 185

Weiter müssen auch Verbindlichkeiten angesetzt werden, die im Prognosezeitraum fällig werden. Soweit in der Vergangenheit Unsicherheit herrschte, ob in der Liquiditätsbilanz auch die Ver- 186

---

[228] IDW Sanierung-WPH Kap. C Rn. 39 und die Anmerkung in Fn. 85.

[229] Zur Abgrenzung der Begrifflichkeiten anschaulich Oppenländer/Trölitzsch GmbH-GF-HdB/Steffan § 38 Rn. 43.

[230] BGH 10.7.2018 – 1 StR 605/16, NZI 2018, 764.

[231] Uhlenbruck/Mock InsO, 15. Aufl. 2019, § 18 Rn. 48.

bindlichkeiten anzusetzen sind, die innerhalb des Dreiwochenzeitraums fällig werden (sog. **Passiva II**), hat der Bundesgerichtshof dies in seinem Urteil vom 19.12.2017 ausdrücklich bestätigt.[232]

187 Übereinstimmung besteht darin, dass Verbindlichkeiten zum **Nennwert** anzusetzen sind. Die Berücksichtigung ungewisser bzw. streitiger Verbindlichkeiten wird kontrovers diskutiert.[233] Vom Grundsatz her muss der Unternehmer **streitbefangene Verbindlichkeiten** dann in die Prognoseberechnung einbeziehen, wenn es aufgrund gegebener Umstände überwiegend wahrscheinlich ist, dass sie im Prognosezeitraum uneingeschränkt durchsetzbar werden. Bestehen bezüglich ihrer Berechtigung dagegen ernsthafte Zweifel, so sind sie bei der Prognoseberechnung nicht zu berücksichtigen.[234]

188 Für Verbindlichkeiten, für die eine Rückstellung oder eine Drohverlustrückstellung gebildet wurde, liegt bereits die Wertung der überwiegenden Wahrscheinlichkeit einer Inanspruchnahme zugrunde, diese sind daher zu berücksichtigen.

189 **Praxishinweis:** In der Praxis werden diese Fragen zumeist erst relevant, wenn es um eine mögliche Pflichtverletzung des verantwortlichen Geschäftsleiters geht, ob er auf Basis einer unzutreffenden „Liquiditätsbilanz“ zu spät Antrag auf Insolvenz gestellt hat. Wichtig ist dann, dass der verantwortliche Geschäftsleiter eine entsprechende Dokumentation vorhält. Die Dokumentation soll belegen, dass er (idealerweise gestützt auf fachkundige Berater) eine auf Fakten basierende Bewertung vorgenommen hat. Grundlage dieser Bewertung ist die Wahrscheinlichkeit des Bestehens oder Nichtbestehens der streitigen Verbindlichkeit sowie seine daraus resultierende Entscheidungsfindung. Stellt sich im Nachhinein heraus, dass die Einschätzung fehlerhaft war und ein Insolvenzantrag hätte gestellt werden müssen, besteht so für den Geschäftsleiter immerhin die Möglichkeit, sich zu exkulpieren.[235]

---

[232] BGH 19.12.2017 – II ZR 88/16, NZI 2018, 204; hierzu auch BeckOK InsR/Wolfer InsO § 17 Rn. 27 mwN; zum sog. „Bugwelleneffekt“ aus Sicht der wirtschaftlichen Praxis Krauß, ZInsO 2016, 2361.

[233] Baumbach/Hueck/Haas GmbHG, 22. Aufl. 2019, Vor § 64 Rn. 11a.

[234] BGH 22.5.2014 – IX ZR 95/13, NZI 2014, 698 Rn. 33; AG Frankfurt/Oder 23.5.2019 – 412 Cs 237 Js 16150/17 (147/18), NZI 2019, 986 Rn. 21; kritisch Bittmann NZWiSt 2020, 129.

[235] BeckOK InsR/Wolfer InsO § 17 Rn. 7; zu den Anforderungen an die Exkulpation BGH 20.9.2011 – II ZR 234/09, NJW-RR 2011, 1670 Rn. 16ff.

§ 17 Abs. 2 InsO stellt auf **fällige** Forderungen ab. **Gestundete** Forderungen sind in der Liquiditätsbilanz deshalb nicht anzusetzen. Stundungsvereinbarungen können durch Branchenübung, Handelsbrauch und konkludentes Handeln zustande kommen. Aber auch Stillhalteabkommen, die keine Stundung im Rechtssinne enthalten, können ausreichen, um die Fälligkeit iSv § 17 Abs. 2 InsO zu verhindern. Wichtig ist, dass mit dem Gläubiger eine konkrete Vereinbarung besteht, mit einer späteren Befriedigung seiner Forderung einverstanden zu sein bzw. sich die Einwilligung aus den gesamten Umständen ergibt. Die Rechtsprechung ist in der Praxis eher zurückhaltend, wenn es um die Annahme geht, ein Gläubiger habe *„stillschweigend in eine spätere oder nachrangige Befriedigung seiner Forderung eingewilligt"*.[236] „Erzwungene Stundungen" reichen für eine solche Annahme nicht aus. Hierunter versteht man Fälle, in denen der Schuldner seine fälligen Verbindlichkeiten mangels liquider Mittel nicht mehr oder nur noch mit Verzögerungen begleicht; die Gläubiger aber nicht sofort klagen und vollstrecken, weil sie dies ohnehin für aussichtslos halten bzw. sie nicht den sofortigen Zusammenbruch des Schuldners verantworten wollen.[237]

Rangrücktrittsvereinbarungen beseitigen die Fälligkeit zu- 190
nächst einmal nicht, sofern darin nicht eine Stundung enthalten ist. Eine mit qualifiziertem Rangrücktritt versehene Verbindlichkeit muss jedoch nicht passiviert und damit auch nicht bei der Erstellung des Finanzstatus einbezogen werden.[238] Weiterhin werden künftige, einredebehaftete oder betagte Forderungen sowie verbotene Zahlungen etwa nach § 30 GmbHG wegen Verstoß gegen das Kapitalerhaltungsgebot als nicht fällig angesehen.[239]

Forderungsverzichte mit Besserungsschein beseitigen die 191
Fälligkeit der Forderung und sind deshalb in der Liquiditätsbilanz nicht anzusetzen.[240]

---

236 BGH 14.2.2008 – IX ZR 38/04, NZI 2008, 299 Rn. 22 mwN.
237 BGH 14.2.2008 – IX ZR 38/04, NZI 2008, 299 Rn. 22.
238 BGH 5.3.2015 – IX R 133/14, NZI 2015, 315.
239 BeckOK InsR/Wolfer InsO § 17 Rn. 8–11.
240 BeckOK InsR/Wolfer InsO § 17 Rn. 8–11.

192 **Praxishinweis:** Wichtig ist, dass der Geschäftsleiter für den Streitfall eine hinreichende Dokumentation über Stundungen oder sonstige Absprachen mit Gläubigern zur Fälligkeit vorhält.[241] Tendenziell ist die Rechtsprechung eher schuldnerfreundlich.[242] Allerdings trägt der Geschäftsleiter im Fall einer Insolvenzanfechtung die **Beweislast** für eine wirksame Stundungsvereinbarung. Der Insolvenzverwalter muss keine (weiteren) Belege für den Bestand oder die Fälligkeit vorlegen, sofern die Informationen aus der Buchhaltung des Schuldners stammen. Um die Ansprüche des Insolvenzverwalters zu bestreiten, muss der Geschäftsleiter die jeweiligen falschen Buchungen aufführen und einzeln beweisen, warum sie falsch sind. Eine pauschale Behauptung, die Buchführung sei nicht mehr korrekt geführt worden reicht nicht aus.[243]

ee) Im Rahmen der Liquiditätsbilanz anzusetzende Zahlungsmittel

193 Als in der Liquiditätsbilanz anzusetzende Zahlungsmittel kommen **sämtliche verfügbare Finanzmittel** des Unternehmens in Betracht, insb. Barmittel, Bankguthaben, Schecks in der Kasse und Mittel aus einer nicht ausgeschöpften Kreditlinie, aber auch aus einer geduldeten Überziehung etc.[244] Darüber hinaus sind – letztlich spiegelbildlich zu den anzusetzenden Verbindlichkeiten – auch alle im Prognosezeitraum mit hinreichender Sicherheit zu erwartenden Zuflüsse anzusetzen, insb. also die in dieser Zeit aus dem gewöhnlichen Geschäftsbetrieb erwirtschaftete Liquidität **(Aktiva II).**[245] Dies betrifft also vor allem für die folgenden drei Wochen erwartete Zahlungseingänge auf Forderungen. Ist die Bonität des Schuldners fraglich, sind allerdings Abschläge zu machen. Forderungen, welche erst prozessual durchgesetzt werden müssen, scheiden aufgrund des erforderlichen Zeitmoments aus. *„Prognostische Ansprüche des Schuldners, deren Entstehung noch nicht als*

[241] Heeg DStR 2017, 109.

[242] BGH 26.2.2013 – II ZR 54/12, BeckRS 2013, 5645, zu zweideutigem Verhalten des Darlehensgebers.

[243] BGH 19.12.2017 – II ZR 88/16, NZI 2018, 204.

[244] BGH 23.10.2008 – IX ZB 7/08, BeckRS 2009, 2192 Rn. 4; 12.10.2006 – IX ZR 228/03, NZI 2007, 36 Rn. 28; 19.7.2007 – IX ZB 36/07, NZI 2007, 579 Rn. 30; IDW Beurteilung des Vorliegens von Insolvenzgründen S 11, Rn. 33.

[245] IDW Beurteilung des Vorliegens von Insolvenzgründen S 11 Rn. 18; IDW S 11, Rn. 37.

sicher zu berücksichtigen sind, sind in die Beurteilung der Zahlungsunfähigkeit zum Eröffnungszeitpunkt nicht auf der Aktivseite einzustellen."[246]

Auch die Zahlungsmittel sind zum Nennwert anzusetzen. Maß- 194
nahmen zur Beschaffung von Kapital, etwa durch weitere Darlehensaufnahme oder durch Beiträge der Gesellschafter können erst dann berücksichtigt werden, wenn diese **verbindlich zugesagt** sind.[247]

Weiterhin kommt auch der Ansatz von Liquiditätszuflüssen aus 195
anderen Vermögensbestandteilen in Betracht, wenn diese entsprechend kurzfristig verwertbar sind und der Schuldner auch willens ist, diese zu verwerten. Insbesondere bei Anlagevermögen wie Grundstücken ist dies regelmäßig problematisch,[248] ebenso bei der Geschäftseinrichtung.[249] Diese Werte sind zumeist nur für die Ermittlung der Insolvenzmasse entscheidend, weil eine kurzfristige Verwertbarkeit praktisch nicht möglich ist.[250]

Nicht ansetzbar sind künftig entstehende Forderungen, ebenso 196
mit Insolvenzeröffnung entstehende Ansprüche, wie Insolvenzanfechtungsansprüche.[251]

Ob der Ansatz von Liquiditätszusagen in der Liquiditätsbilanz 197
möglich ist, hängt vom konkreten Inhalt der Zusage ab. Die in der Praxis verbreiteten **Patronatserklärungen** sind zur Beseitigung der Zahlungsunfähigkeit nur dann geeignet, wenn sie eine „harte" Liquiditätsausstattungsverpflichtung unmittelbar gegenüber dem in der Krise befindlichen Unternehmen enthalten und der Patron auch ausreichend wirtschaftlich leistungsfähig **und** bereit ist.[252] Eine gegenüber einem Gläubiger abgegebene (externe) Patronatserklärung oder sonstige Zahlungszusagen, etwa Bürgschaften, geben dem Schuldner kein eigenes Forderungsrecht und sind deshalb in der Liquiditätsbilanz des Schuldners nicht anzusetzen.[253]

---

[246] LG Hamburg 26.6.2012 – 326 T 77/12, BeckRS 2012, 15519.

[247] Nerlich/Römermann/Mönnig/Gutheil InsO § 17 Rn. 36.

[248] BGH 3.12.1998 – IX ZR 313/97, NZI 1999, 70.

[249] BGH 19.7.2007 – IX ZB 36/07, NZI 2007, 579.

[250] BGH 10.7.2018 – 1StR 605/16, NStZ 2019, 83 mit Praxiskommentar RA Bittmann.

[251] Uhlenbruck/Mock InsO, 15. Aufl. 2019, § 17 Rn. 48.

[252] BGH 19.5.2011 – IX ZR 9/10, NZI 2011, 536.

[253] BeckOK InsR/Wolfer InsO § 17 Rn. 18–21; hierzu ausführlich auch Uhlenbruck/Mock InsO, 15. Aufl. 2019, § 17 Rn. 65.

ff) Prüfungsschema Zahlungsfähigkeit

198 Zusammengefasst kann die Prüfung der Zahlungsunfähigkeit in folgenden Schritten durchgeführt werden:[254]

Schritt 1: Ermittlung der am Ermittlungsstichtag fälligen Zahlungspflichten und solcher, die binnen drei Wochen ab dem Stichtag fällig werden.

Schritt 2: Feststellung der liquiden Zahlungsmittel, die am Ermittlungsstichtag zur Verfügung stehen oder binnen der nächsten drei Wochen in liquide Mittel umgewandelt werden können.

Schritt 3: Prüfung, ob die Gegenüberstellung der fälligen oder innerhalb von drei Wochen fällig werdenden Verbindlichkeiten zu den liquiden Mitteln eine vollständige Deckung oder eine Liquiditätslücke (Unterdeckung) ergibt.

Schritt 4: Ergibt sich eine Liquiditätslücke, erfolgt die Prüfung, wie groß diese Liquiditätslücke ist und mittels einer ersten Prognoserechnung, wie sich die Liquiditätslücke weiterentwickeln wird.

Schritt 5: Ergibt die Feststellung, dass Liquiditätslücke > 10% beträgt und innerhalb von drei Wochen nicht beseitigt werden kann, ist eine zweite Prognoserechnung erforderlich, um zu klären, ob innerhalb von drei Monaten, allenfalls sechs Monate die Deckungslücke mit an Sicherheit grenzender Wahrscheinlichkeit beseitigt werden wird. Ist dies nicht der Fall, liegt Zahlungsunfähigkeit vor.

gg) Handlungsmöglichkeiten des Geschäftsleiters bei Zahlungsunfähigkeit

199 Die Handlungsmöglichkeiten des Geschäftsleiters bei einer zahlungsunfähigen Gesellschaft sind sehr begrenzt. Nach § 15a InsO besteht eine straf- und schadensersatzbewehrte Pflicht, innerhalb von längstens drei Wochen Insolvenzantrag zu stellen (→ Rn. 284). Diese Frist beginnt nicht mit der Feststellung der Zahlungsunfähigkeit, sondern in dem Moment, in dem die **Zahlungsunfähigkeit eintritt.** Die Frist muss der Geschäftsleiter

---

[254] Schema nach Uhlenbruck/Mock InsO, 15. Aufl. 2019, § 17 Rn. 30.

nutzen, um entweder den Insolvenzantrag vorzubereiten oder die Zahlungsunfähigkeit (nachhaltig) zu beseitigen. Die Zahlungsfähigkeit kann sowohl durch Maßnahmen wiederhergestellt werden, die die Passivseite der Bilanz betreffen also Stundungsvereinbarungen, Teilverzichte seitens der Gläubiger und Ähnliches. Andererseits dadurch, dass dem Unternehmen frische Liquidität zugeführt wird, etwa durch Kreditaufnahme oder Nachschüsse seitens der Gesellschafter oder die Veräußerung von Gegenständen des Anlagevermögens.[255]

b) Überschuldung, § 19 InsO

Der Begriff der Überschuldung ist in § 19 Abs. 2 InsO legal definiert. Von Überschuldung spricht das Gesetz, wenn das Vermögen des Schuldners die bestehenden Verbindlichkeiten nicht mehr deckt. 200

Eine **rechnerische Überschuldung** führt allerdings dann nicht zur Insolvenzreife (= rechtliche Überschuldung), wenn für die Gesellschaft eine **positive Fortbestehensprognose** besteht.[256] 201

Der Insolvenzgrund der Überschuldung tritt neben den allgemeinen Insolvenzgrund der Zahlungsunfähigkeit. Die Tatbestände haben einen unterschiedlichen Anknüpfungspunkt: Die Überschuldung knüpft an eine **Bewertung der Vermögenslage** und deren Entwicklung im Prognosezeitraum an. Die Zahlungsunfähigkeit basiert auf einem **zeitpunktbezogenen Liquiditätsstatus** und der kurzen Dreiwochenfrist.[257] 202

Die Überschuldungsprüfung erfordert in aller Regel ein **zweistufiges Vorgehen:**[258] 203

Auf der ersten Stufe sind die Überlebenschancen des Unternehmens in einer Fortbestehensprognose zu beurteilen. Bei einer **positiven Fortbestehensprognose** liegt keine Überschuldung iSd § 19 Abs. 2 InsO vor. Im Falle einer negativen Fortbestehens- 204

[255] K. Schmidt/Uhlenbruck Die GmbH in Krise/Brinkmann § 14 Rn. 14.42f.
[256] IDW Beurteilung des Vorliegens von Insolvenzgründen S 11, Rn. 52.
[257] Vgl. die Darstellung in Harz/Bornmann/Conrad/Ecker NZI 2015, 737.
[258] IDW Beurteilung des Vorliegens von Insolvenzgründen S 11, Rn. 54.

prognose sind auf der zweiten Stufe Vermögen und Schulden des Unternehmens in einem **stichtagsbezogenen Status zu Liquidationswerten** gegenüberzustellen.

205 **Praxishinweis:** Die Praxis zeigt, dass die Fortbestehensprognose oft nicht mit letzter Sicherheit aufgestellt werden kann, und/oder die Geschäftsleiter Sicherheit für ihr Handeln benötigen. Es bietet sich deshalb regelmäßig an, auch bei positiver Fortbestehensprognose die rechnerische Überschuldung zu prüfen.[259]

aa) Fortbestehensprognose

206 Die Erstellung der **Fortbestehensprognose** ist das Kernelement jeder Überschuldungsprüfung.[260] Im Rahmen der Fortbestehensprognose ist abzuklären, ob das Unternehmen im Wege der Fortführung schuldendeckungs- und damit künftig lebensfähig ist. Dies hat über die Beurteilung von Fakten und die Einschätzung der künftigen Entwicklung der Gesellschaft, ihrer Absatz- und Gewinnchancen und der allgemeinen Wirtschafts- und Marktverhältnisse zu erfolgen.[261] Indizien, die einzeln oder insgesamt bedeutsame Zweifel an der Fähigkeit zur Fortführung der Unternehmenstätigkeit aufwerfen können, sind im **IDW Standard PS 270 „Die Beurteilung der Fortführung der Unternehmenstätigkeit im Rahmen der Abschlussprüfung“** ausführlich dargestellt.[262]

207 Die Fortbestehensprognose im Rahmen der Überschuldungsprüfung ist grundsätzlich nicht zu verwechseln mit der **Fortführungsprognose** nach § 252 Abs. 1 Nr. 2 HGB. Die bilanzrechtliche Prognose dient der Ermittlung der passenden Bewertung für den Jahresabschluss. Unternehmen dürfen ihr Vermögen nur zu Fortführungswerten (going-concern) bewerten, wenn hin-

[259] Hinweise BStBK zu den Grundsätzen für die Erstellung von Jahresabschlüssen Rn. 3.2.1.

[260] Sikora Fortbestehensprognose im Insolvenz- und Bilanzrecht, BBK 2022, 861.

[261] BGH 23.1.2018 – II ZR 246/15, NJW-RR 2018, 482.

[262] IDW-Prüfungsstandard: „Die Beurteilung der Fortführung der Unternehmenstätigkeit im Rahmen der Abschlussprüfung“ (IDW PS 270) (Stand: 2.2.2021).

reichende Anhaltspunkte dafür vorliegen, dass tatsächlich von einer Fortführung der Unternehmenstätigkeit auszugehen ist. Die Fortbestehensprognose bezieht sich demgegenüber auf den Bestand des Unternehmens selbst. Tatsächlich muss aber auch bei der bilanziellen Fortführungsprognose geprüft werden, ob Insolvenzgründe vorliegen, sodass auch bei der Fortführungsprognose im Rahmen der Erstellung des Jahresabschlusses eine Fortbestehensprognose zu treffen ist.

Die Fortbestehensprognose ist auf einen bestimmten **Stichtag** 208
zu erstellen.[263] Hierbei ist das zu diesem Stichtag verfügbare Wissen auszuschöpfen und aus dieser ex ante Perspektive die Prognose zu entwickeln.[264] Die Fortbestehensprognose setzt nach ständiger Rechtsprechung des Bundesgerichtshofs[265] zwei Elemente voraus:

- Subjektiver Fortführungswille,
- Objektive Fortführungsfähigkeit.

Subjektiver Fortführungswille

Erforderlich ist zunächst ein **subjektiver Fortführungswil-** 209
le.[266] Der Fortführungswille muss bei den Gesellschaftern bestehen und inhaltlich auf die Fortführung des Unternehmens außerhalb eines Insolvenzverfahrens gerichtet sein.

Praxishinweis: Im Hinblick auf eine eventuelle gerichtliche Nachprüfung 210
der Prognose sollte der Fortführungswille dokumentiert werden. Hierzu empfiehlt sich grundsätzlich eine schriftliche Gesellschaftererklärung.

Objektive Fortführungsfähigkeit

Liegt ein Fortführungswille der Gesellschafter vor, muss als 211
zweite Voraussetzung eine objektive **Fortführungsfähigkeit des Unternehmens** außerhalb eines Insolvenzverfahrens gegeben sein.[267] Eine solche liegt vor, wenn auf der Basis der **Stichtagsli-**

---

[263] NSH/Haas GmbHG Vorb. §64 Rn. 39.

[264] Zuletzt BGH 13.7.2021 – II ZR 84/20, NJW 2021, 3046 (3054 Rn. 69 mwN).

[265] Zuletzt BGH 13.7.2021 – II ZR 84/20, NJW 2021, 3046 (3054 Rn. 68 mwN).

[266] BGH 13.7.2021 – II ZR 84/20, NJW 2021, 3046 (3054 Rn. 68 mwN).

[267] BGH 13.7.2021 – II ZR 84/20, NJW 2021, 3046 (3054 Rn. 68 mwN).

quidität, die im Prognosezeitraum voraussichtlich zu bedienenden Zahlungspflichten mit den künftig verfügbaren Zahlungsmitteln beglichen werden können. Diese zukünftige Deckungsfähigkeit muss nachhaltig bestehen, weil nur so bloße Insolvenzverschleppungen verhindert werden können.

212 Hierfür bedarf es eines schlüssigen und realisierbaren **Unternehmenskonzeptes.** Auf der Grundlage dieses Unternehmenskonzeptes sind sodann die erwarteten Einnahmen und die zu leistenden Ausgaben in einem Ertrags- und Finanzplan abzubilden. Die Finanzplanung hat „integriert" zu sein, muss also die (Plan-)Bilanz, (Plan-)GuV sowie (Plan-)Cashflow-Rechnung miteinander verzahnen.[268]

Prognosezeitraum

213 Durch das StaRUG wurde mit Wirkung ab dem 1.1.2021 der **Prognosezeitraum** in § 19 Abs. 2 S. 1 InsO mit **12 Monaten** erstmals legaldefiniert. Die Rechtsprechung hatte bis dahin keine verbindliche Zeitspanne vorgegeben und eine „mittelfristige" Prognose gefordert, deren Dauer aber einzelfallabhängig war und etwa ein bis zwei Jahre umfassen sollte.[269] Der Zeitraum berechnet sich ab Beurteilungsstichtag.[270] Der erforderliche Detaillierungsgrad der Fortführungsprognose (zB quartals-, monats- oder wochenweise Planung) wird vom Ausmaß der Unternehmenskrise und der bereits eingetretenen sowie der erwarteten Liquiditätsanspannung bestimmt.[271]

Verkürzter Prognosezeitraum bis 31.12.2023 durch SanInsKG

214 Am **9.11.2022** ist das Gesetz zur vorübergehenden Anpassung sanierungs- und insolvenzrechtlicher Vorschriften zur Abmilderung von Krisenfolgen **(„SanInsKG")** in Kraft getreten. Befristet bis zum **31.12.2023** wird der Prognosezeitraum **von zwölf auf**

---

[268] Sikora Fortbestehensprognose im Insolvenz- und Bilanzrecht, BBK 2022, 861 mwN.

[269] BGH 13.7.1992 – II ZR 269/91, NJW 1992, 2891; AG Hamburg 2.12.2011 – 67 c IN 421/11, NZI 2012, 85.

[270] IDW Beurteilung des Vorliegens von Insolvenzgründen S 11 Rn. 61.

[271] IDW Beurteilung des Vorliegens von Insolvenzgründen S 11 Rn. 62.

vier Monate verkürzt (§ 4 Abs. 2 S. 1 Nr. 1 SanInsKG). Mit der Verkürzung des Prognosezeitraums soll dem Umstand Rechnung getragen werden, dass eine Planung bei den derzeitigen Unsicherheiten im Zusammenhang mit den Energiepreisen sowie den weiteren Unsicherheiten über das Ausmaß und die Dauer der Krise schwerlich für einen Zeitraum von zwölf Monaten zu erstellen ist.[272]

Maßstab der überwiegenden Wahrscheinlichkeit

Die Fortführung der Gesellschaft ist dann überwiegend wahr- **215** scheinlich, dh die Fortbestehensprognose ist positiv, wenn nach Auswertung der Finanzplanung die Wahrscheinlichkeit größer als 50% ist, dass die Gesellschaft im Prognosezeitraum, ihren Zahlungsverpflichtungen nachkommen kann (§ 19 Abs. 2 S. 1 InsO).[273] Maßgeblich ist die Sicht der Geschäftsleiter, dem hierbei ein Ermessenspielraum zugebilligt wird.[274] Dieser muss aber nachvollziehbar sein.[275]

Dem Fortbestehen des Unternehmens steht nicht entgegen, **216** wenn eine Teilliquidation (Veräußerung von aufgrund des Unternehmenskonzeptes nicht betriebsnotwendigen Vermögensteilen) erforderlich ist. Für die Betrachtung ist der Fortbestand des Rechtsträgers maßgebend.[276]

Soll zur Sicherstellung der Zahlungsfähigkeit Liquidität zuge- **217** führt werden, können auch eingeleitete oder beabsichtigte Maßnahmen, zB Gesellschafterdarlehen, Zuzahlungen in das Eigenkapital, Kapitalerhöhungen, Aufnahme von (Sanierungs-)Krediten etc., mit ihren erwarteten Auswirkungen in den Finanzplan einbezogen werden, wenn diese Maßnahmen **hinreichend konkretisiert** sind. Gleiches gilt für die geplante Verwertung von Vermögensgegenständen zur Schaffung von Liquidität.[277] Dies gilt auch für eventuelle Sanierungseffekte eines StaRUG-Verfahrens.[278]

---

[272] BT-Drs. 20/4087, 7

[273] Uhlenbruck/Mock InsO, 15. Aufl. 2019, § 19 Rn. 228, 229.

[274] Zuletzt BGH 13.7.2021 – II ZR 84/20, NJW 2021, 3046 (3054 Rn. 69).

[275] IDW Beurteilung des Vorliegens von Insolvenzgründen S 11 Rn. 65.

[276] IDW Beurteilung des Vorliegens von Insolvenzgründen S 11 Rn. 66.

[277] IDW Beurteilung des Vorliegens von Insolvenzgründen S 11 Rn. 67.

[278] IDW Beurteilung des Vorliegens von Insolvenzgründen S11 Rn. 68.

218 Bei der Beurteilung der Fortbestehensprognose müssen alle zum Beurteilungszeitpunkt verfügbaren Informationen zu den rechtlichen und tatsächlichen Gegebenheiten bedacht werden, die für die Fortführungsfähigkeit des Unternehmens bedeutsam sind. Je konkreter die Anhaltspunkte dafür sind, dass Ereignisse die wirtschaftliche Unternehmensentwicklung nachteilig beeinflussen können, desto detaillierter muss der Geschäftsleiter die Auswirkungen auf die Unternehmensfortführung analysieren und beurteilen. Der Geschäftsleiter hat die Fortführungsprognose mit **äußerster Sorgfalt** zu erstellen. Sie muss auf einer richtig ermittelten Tatsachengrundlage getroffen werden, frei von Widersprüchen und nachvollziehbar sein.

Fortschreibung der Fortführungsprognose

219 Die insolvenzrechtliche Fortbestehensprognose ist **fortzuschreiben,** wenn neue Ereignisse eingetreten sind oder sich abzeichnen, die für das Ergebnis und für die Validität der Prognose von wesentlicher Bedeutung sind. Die Pflicht der Geschäftsleiter zur Beurteilung der insolvenzrechtlichen Fortbestehensprognose entfällt erst dann, wenn die Insolvenzgefahr endgültig gebannt ist.[279]

220 **Praxishinweis:** Gesetzlich ist der Umfang der Dokumentation für die Prognose nicht vorgegeben, auch die Rechtsprechung hat keine Vorgaben aufgestellt. In der Praxis wird dem Unternehmen, so es bankenfinanziert ist, meist die Vorlage eines Gutachtens nach IDW Standard S 11 als Grundlage für eine Entscheidung über die Fortsetzung der Finanzierungstätigkeit abverlangt. Umfang und Qualität der Dokumentation hängen dann von den als Sachverständigen eingesetzten Beratern ab. Für den Geschäftsleiter hat die ordnungsgemäße Dokumentation größte Bedeutung, falls zu einem späteren Zeitpunkt doch Insolvenz eintritt, um sich gegen den zu erwartenden Vorwurf der Insolvenzverschleppung verteidigen zu können. Anzuraten ist daher eine Dokumentation, aus der heraus es einem sachverständigen Dritten möglich ist, innerhalb angemessener Zeit die aufgestellte Prognose, bestehend aus Tatsachengrundlage und Subsumtion, nachzuvollziehen.[280]

---

[279] IDW Beurteilung des Vorliegens von Insolvenzgründen S 11 Rn. 69.

[280] So auch Beurteilung des Vorliegens von Insolvenzgründen IDW S 11 Rn. 11.

bb) Überschuldungsprüfung

Fällt die Fortführungsprognose eindeutig **positiv** aus, entfällt die Überschuldungsprüfung, dh ein **Überschuldungsstatus** ist nicht aufzustellen.[281] 221

Fällt die Fortbestehensprognose **negativ** aus, muss zwingend die rechnerische Überschuldung geprüft werden, da dann nur noch diese den Insolvenzgrund der Überschuldung ausschließen kann.[282] Dazu sind das Vermögen und die Schulden in einem stichtagsbezogenen Status **(Überschuldungsstatus)** gegenüberzustellen.[283] Ein sich daraus ergebendes negatives Reinvermögen begründet eine Insolvenzantragspflicht.[284] Es handelt sich dabei um einen stichtagsbezogenen Status **(Sonderbilanz),** der mit einer Handelsbilanz nicht gleichzusetzen ist, wenngleich praktischer Ausgangspunkt für die Erstellung des Überschuldungsstatus regelmäßig ein zeitnaher handelsrechtlicher Jahres- oder Zwischenabschluss ist. Allerdings sind handelsrechtliche Grundsätze, wie zB das Anschaffungskosten-, Imparitäts-, Realisations- und Vorsichtsprinzip nicht maßgeblich.[285] 222

Ansatz

Im Überschuldungsstatus sind alle Vermögenswerte anzusetzen, die einzeln – dh nicht nur mit dem gesamten Betrieb – verwertbar sind, sowie alle zu bedienenden Verpflichtungen. Es sind auch Vermögensgegenstände anzusetzen, die als Kreditsicherheiten dienen.[286] Die Ansatzfähigkeit der vollständig zu erfassenden Vermögenswerte und Schulden wird bestimmt durch deren Verwertbarkeit im Rahmen des zugrunde liegenden Verwertungskonzeptes.[287] In den Überschuldungsstatus sind ggf. auch nicht in der Handelsbilanz erfasste Vermögenswerte und Schulden auf- 223

---

[281] Oppenländer/Trölitzsch GmbH-GF-HdB/Steffan § 38 Rn. 65.

[282] Baumbach/Hueck/Haas GmbHG, 22. Aufl. 2019, Vor § 64 Rn. 57; IDW S 11 Rn. 68; KPB/Pape Rn. 30.

[283] IDW Beurteilung des Vorliegens von Insolvenzgründen S 11 Rn. 70.

[284] MüKoInsO/Drukarczyk/Schüler Rn. 105.

[285] IDW Beurteilung des Vorliegens von Insolvenzgründen S 11 Rn. 71.

[286] IDW Beurteilung des Vorliegens von Insolvenzgründen S 11 Rn. 72.

[287] IDW Beurteilung des Vorliegens von Insolvenzgründen S 11 Rn. 73.

zunehmen, für die am Stichtag der Überschuldungsprüfung eine vertragliche oder tatsächliche Basis vorliegt. Insbesondere sind die mit einer Liquidation des Unternehmens im Zusammenhang stehenden Kosten und steuerlichen Lasten zu berücksichtigen (zB Vertragsstrafen, Rückzahlungsverpflichtungen oder Kosten für einen Sozialplan).[288]

Bewertung zu Liquidationswerten

224 Vermögenswerte und Schulden werden im Überschuldungsstatus nach **Liquidationswerten** angesetzt, da er entsprechend der negativen Fortbestehensprognose unter der Liquidationshypothese erstellt wird.[289] Dabei sind – anders als im handelsrechtlichen Jahresabschluss – ggf. vorhandene stille Reserven und Lasten aufzudecken.[290]

225 Im Rahmen der Liquidationsbewertung ist eine **Verwertungsprognose** anzustellen. Diese beinhaltet die oftmals schwierige Frage, welches die wahrscheinlichste Verwertungsart ist, welche wiederum erhebliche Auswirkungen auf den zu erwartenden Erlös hat. Grundsätzlich ist von einer Verwertung der einzelnen Vermögensbestandteile auszugehen. Nach der hM kann in Abhängigkeit von den Spielräumen des Finanzplans aber auch die wahrscheinlichste Verwertungsart herangezogen werden, wenn eine konkrete Verwertungsaussicht besteht.[291] Dies beinhaltet dann ggf. auch den Ansatz einer gemeinsamen Verwertung von Vermögensgegenständen, etwa von Unternehmensteilen. Nach den Umständen des Einzelfalls kann sich die Bewertung aber auch an kapitalwert- oder kostenorientierten Verfahren orientieren. Dabei müssen die Vermögensgegenstände vorsichtig bewertet werden. Je geringer die Marktgängigkeit eines Vermögenswerts ist, desto höhere Anforderungen sind an seine Realisierbarkeit zu stellen.[292]

---

[288] IDW Beurteilung des Vorliegens von Insolvenzgründen S 11 Rn. 74.

[289] K. Schmidt InsO/K. Schmidt, 19. Aufl. 2016, § 19 Rn. 22.

[290] IDW Beurteilung des Vorliegens von Insolvenzgründen S 11 Rn. 75.

[291] IDW Beurteilung des Vorliegens von Insolvenzgründen S 11 Rn. 74 f.; Oppenländer/Trölitzsch GmbH-GF-HdB/Steffan § 38 Rn. 69–71.

[292] IDW Beurteilung des Vorliegens von Insolvenzgründen S 11 Rn. 77; Zu den jeweiligen Besonderheiten bei ausgewählten Vermögenswerten und Verpflichtungen vgl. die Aufstellung des IDW S 11unter Ziffer 5.4.3.

cc) Handlungsmöglichkeiten des Geschäftsleiters bei Überschuldung

Auch die Handlungsmöglichkeiten des Geschäftsleiters bei einem überschuldeten Unternehmen sind begrenzt. Auch hier besteht nach § 15a InsO eine straf- und schadensersatzbewehrte Pflicht, innerhalb von längstens **sechs (bzw. bis 31.12.2023 acht) Wochen,** Insolvenzantrag zu stellen (→ Rn. 285). Die Frist kann und muss der Geschäftsleiter nutzen, um entweder den Insolvenzantrag vorzubereiten oder die Überschuldung zu beseitigen. Klassische Maßnahmen, um eine Überschuldung zu vermeiden sind Forderungsverzichte und Rangrücktritte.[293] Hierbei handelt es sich um keine Sanierungsmaßnahmen im eigentlichen Sinne, sondern allein um Maßnahmen, die kurzfristig die Überschuldung beseitigen. Idealerweise werden Rangrücktritte und Forderungsverzichte bereits im Vorfeld der Überschuldungsprüfung erklärt.[294] 226

c) Drohende Zahlungsunfähigkeit, § 18 InsO

Nach dem Wortlaut des § 18 Abs. 2 InsO droht der Schuldner zahlungsunfähig zu werden, „*wenn er voraussichtlich nicht in der Lage sein wird, die bestehenden Zahlungspflichten im Zeitpunkt der Fälligkeit zu erfüllen*". 227

aa) Prognose der drohenden Zahlungsunfähigkeit

Zahlungsunfähigkeit droht, wenn zum Beurteilungsstichtag keine Liquiditätslücke vorhanden ist, nach einem aufzustellenden Finanzplan aber absehbar ist, dass die Zahlungsmittel innerhalb des Prognosezeitraums zur Erfüllung der fällig werdenden Zahlungsverpflichtungen nicht mehr ausreichen und dies durch finanzielle Dispositionen und Kapitalbeschaffungsmaßnahmen nicht mehr ausgeglichen werden kann.[295] 228

---

293 BBF Unternehmenssanierung/Grell/Praß Rn. 87 f.

294 K. Schmidt/Uhlenbruck Die GmbH in Krise/Brinkmann § 14 Rn. 21.

295 IDW Beurteilung des Vorliegens von Insolvenzgründen S 11 Rn. 94.

229 Drohende Zahlungsunfähigkeit liegt regelmäßig bei einer negativen Fortbestehensprognose vor.[296] Dabei sind im Zusammenhang mit der drohenden Zahlungsunfähigkeit die gleichen Anforderungen an die Fortbestehensprognose zu stellen, wie bei dem Insolvenztatbestand der Überschuldung.[297]

230 Anders als bei der Feststellung der Zahlungsunfähigkeit nach § 17 InsO ist dem Schuldner bei der drohenden Zahlungsunfähigkeit nach § 18 InsO keine (kurzfristige) Liquiditätslücke zuzugestehen. Es ist vielmehr zu überprüfen, ob im Prognosezeitraum ausnahmslos alle fälligen Verbindlichkeiten des Schuldners erfüllt werden können.[298]

bb) Prognosezeitraum

231 Nach altem Recht war in § 18 Abs. 2 InsO kein **Prognosezeitraum** für die Beurteilung einer drohenden Zahlungsunfähigkeit definiert. In aller Regel ging man von den nächsten 12 bis 18 Monaten aus. Im Zuge der Einführung des StaRUG mit Wirkung zum 1.1.2021 ist § 18 Abs. 2 InsO dahingehend neu gefasst worden, dass gem. Satz 2 jetzt in aller Regel ein Prognosezeitraum von **24 Monaten** zugrunde zu legen ist. Hierbei handelt es sich um eine gesetzliche Vermutung, von der im Einzelfall auch abgewichen werden kann bzw. muss. Es spricht vieles dafür, bei endfälligen und – im Verhältnis zur gesamten Verschuldung der Gesellschaft – hohen Zahlungsverpflichtungen (etwa Anleihen, Schuldverschreibungen oder Mezzanine Finanzierungen) und unsicherer Refinanzierungsmöglichkeit die zeitliche Grenze abweichend festzulegen.[299]

232 Bei juristischen Personen und ihnen gleichgestellten Personenhandelsgesellschaften (§ 264a HGB) ist der Geschäftsleiter im Falle drohender Zahlungsunfähigkeit, dh negativer Fortbestehensprognose, zudem verpflichtet, unverzüglich das Vorliegen einer Überschuldung zu beurteilen.

---

[296] Oppenländer/Trölitzsch GmbH-GF-HdB/Steffan § 38 Rn. 88.

[297] IDW Beurteilung des Vorliegens von Insolvenzgründen S 11 Rn. 95.

[298] Uhlenbruck/Mock InsO § 18 Rn. 20f.

[299] BeckOK InsR/Wolfer InsO § 18 Rn. 23.

cc) Handlungsmöglichkeiten des Geschäftsleiters bei drohender Zahlungsunfähigkeit

Die Handlungsmöglichkeiten des Geschäftsleiters bei drohender Zahlungsunfähigkeit sind weiter. Er kann, muss aber nicht, Antrag auf Insolvenzeröffnung stellen. Er hat ohne den zeitlichen Druck der Insolvenzantragsfrist die Möglichkeit (und nach § 1 Abs. 1 StaRUG auch die Pflicht), Maßnahmen einzuleiten, die langfristig die Zahlungsfähigkeit des Unternehmens sichern. Das StaRUG selbst bietet nunmehr die Möglichkeit, beim Vorliegen lediglich drohender Zahlungsunfähigkeit iSv § 18 Abs. 2 InsO und außerhalb eines förmlichen Insolvenzverfahrens – auch gegen den Willen einzelner Gläubiger – die Einleitung eines solchen Sanierungsverfahrens (**Stabilisierungs- und Restrukturierungsrahmen,** § 29 Abs. 1 und 2 StaRUG, § 51 Abs. 1 Nr. 3 StaRUG vgl. nachfolgend → Rn. 236 ff.).[300] Der Geschäftsleiter kann sich der in § 29 Abs. 2 StaRUG aufgeführten Sanierungsinstrumente bedienen, um die drohende Zahlungsunfähigkeit nachhaltig zu beseitigen. Das zentrale Instrument ist hierbei der Restrukturierungsplan, der sich an den Regelungen am Insolvenzplan orientiert. Zur Wahrung der Erfolgsaussichten der Restrukturierung kann das Restrukturierungsgericht auf Antrag des Schuldners zudem Vollstreckungs- und Verwertungssperren (sog. Stabilisierungsanordnungen) nach § 49 StaRUG anordnen. 233

Der Geschäftsleiter kann uU sogar verpflichtet sein, die Stellung eines Insolvenzantrags zu unterlassen, wenn es sich um einen fakultativen Insolvenzantrag wegen drohender Zahlungsunfähigkeit (§ 18 InsO) handelt und die Gesellschafter oder die Hauptversammlung (zu Recht) eine solchen Antrag nicht genehmigt hat. Die Wirksamkeit der Antragstellung im Außenverhältnis wird durch die fehlende Genehmigung nicht berührt.[301] 234

Praxishinweis: Die Pflicht des Geschäftsleiters zur rechtzeitigen Insolvenzantragstellung steht in einem erheblichen Spannungsverhältnis zu seiner Verpflichtung, sich um die erfolgreiche Sanierung des Unternehmens zu 235

---

[300] BT-Drs. 19/24181, 90.

[301] OLG München 21.3.2013 – 23 U 3344/12, NZG 2013, 742 Rn. 55; LG Frankfurt a.M. 13.8.2013 – 209 O 78/13, NZG 2013, 1064 (1067).

bemühen bzw. Maßnahmen umzusetzen, die ggf. besser als ein Insolvenzverfahren geeignet sind, Schäden von der Gesellschaft, ihren Gläubigern und (unter Berücksichtigung insb. der Interessen der Arbeitnehmer und sonstiger Stakeholder) der Allgemeinheit abzuwenden.[302] Stellt er den Antrag zu früh, haftet er ggf. gegenüber der Gesellschaft, stellt er ihn zu spät, macht er sich möglicherweise schadenersatzpflichtig nach § 15a Abs. 1 S. 1 InsO iVm § 823 Abs. 2 BGB (vgl. hierzu noch ausführlich in → Rn. 334 ff.). Dem Geschäftsleiter muss gerade in dieser kritischen Phase dringend angeraten werden, die Grundlagen seiner Entscheidungen zu dokumentieren und sich beraten zu lassen. Die Praxis zeigt leider, dass der Geschäftsleiter häufig in dieser „heißen" Phase keine Zeit hat, seinen Dokumentationspflichten ausreichend nachzukommen. Umso wichtiger ist es für den ordnungsgemäß handelnden Geschäftsführer, Krisen im Unternehmen bereits in einer sehr frühen Phase zu erkennen, um Sanierungsmaßnahmen weit vor dem tatsächlichen Eintritt von Zahlungsunfähigkeit und Überschuldung einleiten zu können.

4. Sonderfall: Pflichten im Restrukturierungsverfahren

236 Durch Einführung des StaRUG zum 1.1.2021 wird dem Geschäftsleiter im Falle der drohenden Zahlungsunfähigkeit die Möglichkeit der Restrukturierung durch einen **Restrukturierungsplan im Stabilisierungs- und Restrukturierungsrahmen** eingeräumt. Mithilfe des Restrukturierungsplans können Restrukturierungsmaßnahmen mit den Gläubigern (sog. Planbetroffenen) vereinbart werden.[303]

237 Nachdem das Restrukturierungsvorhaben dem zuständigen Restrukturierungsgericht angezeigt wurde (§ 31 Abs. 1 StaRUG), ist das Restrukturierungsvorhaben rechtshängig. Mit Eintritt der Rechtshängigkeit treffen den Geschäftsleiter besondere Restrukturierungspflichten nach § 32 StaRUG. Zwar ruht die Insolvenzantragspflicht während der Anhängigkeit des Restrukturierungsvorhabens. Jedoch ist der Geschäftsleiter nun gem. § 42 Abs. 1 S. 2 StaRUG verpflichtet, bei zwischenzeitlich eingetretener Insolvenzreife, dies dem Restrukturierungsgericht anzuzeigen.[304] § 32

302 IDW Sanierung-WPH/Wieland-Blöse/Oberle Kap A 2.5.1 Rn. 59 f.
303 Kahlert Rn. 5, 8.
304 K. Schmidt/Uhlenbruck Die GmbH in Krise/Vallender § 8 Rn. 10.161.

Abs. 1 StaRUG verpflichtet den Geschäftsleiter, die Restrukturierungssache mit der Sorgfalt eines ordentlichen und gewissenhaften Sanierungsgeschäftsleiter zu betreiben. Hierbei hat er auch die Interessen der Gläubiger zu wahren. § 32 Abs. 1 S. 3 StaRUG stellt insoweit klar, dass die Begleichung von oder Besicherung von Forderungen, die durch den Restrukturierungsplan gestaltet werden sollen, idR nicht mit dem Restrukturierungsziel vereinbar ist. Daneben treffen den Geschäftsleiter während der Anhängigkeit des Restrukturierungsvorhabens folgende **Anzeigepflichten** gegenüber dem Restrukturierungsgericht:[305]

- Mitteilungspflicht wesentlicher Änderungen, die den Gegenstand des Restrukturierungsvorhabens und die Darstellung des Verhandlungsstands betreffen.
- Im Falle des Erwirkens einer gerichtlichen Stabilisierungsanordnung: Mitteilungspflicht über wesentliche Änderungen, welche die Restrukturierungsplanung betreffen.
- Eintritt von Überschuldung und Zahlungsunfähigkeit.
- Fehlende Erfolgsaussicht der Umsetzung des Restrukturierungsvorhabens, insb. bei erkennbar gewordener ernsthafter und endgültiger Ablehnung des vorgelegten Restrukturierungsplans.

Das StaRUG ermöglicht dem Geschäftsleiter zudem gerichtliche Stabilisierungsanordnungen zu erwirken. Hierdurch soll dem sanierungswilligen Unternehmen „eine Atempause" verschafft werden, um Verhandlungen über die Sanierung führen zu können. Hierunter fallen zB die Sicherungsmaßnahmen der Vollstreckungs- und Verwertungssperre (§ 49 Abs. 1 Nr. 1 und 2 StaRUG). Die Anordnung von Stabilisierungsanordnungen setzt einen Antrag des Geschäftsleiters an das Restrukturierungsgericht voraus.[306]

---

[305] K. Schmidt/Uhlenbruck Die GmbH in Krise/Vallender § 8 Rn. 10.162.
[306] K. Schmidt/Uhlenbruck Die GmbH in Krise/Vallender § 8 Rn. 10.178.

5. Keine Amtsniederlegung des Geschäftsleiters in Krisenzeiten

238 Neben der allgegenwärtigen Verpflichtung der Geschäftsführung zu rechtmäßigem und sorgfältigem Verhalten, unterliegt der Geschäftsleiter der organschaftlichen Treuepflicht. Diese verbietet es ihm, sein Geschäftsleitungsamt „zur Unzeit" niederzulegen.

239 Gerade bei einem drohenden Zusammenbruch des Unternehmens ist der Geschäftsleiter an seine Aufgabe gebunden, mit der Sorgfalt eines ordentlichen Geschäftsmannes alles zu tun, was die Interessen der Gesellschaft in dieser Lage erfordern, und zugleich die an sein Amt geknüpften öffentlichen Pflichten zu erfüllen. Etwas anderes kann ausnahmsweise dann gelten, wenn der Geschäftsleiter aus gesundheitlichen Gründen die Geschäftsleitung nicht weiter ausüben kann.[307]

240 **Zusammenfassung der Pflichten des Geschäftsleiters in der fortschreitenden Krise:** Im Stadium der fortschreitenden Krise ist die vorrangigste Pflicht des Geschäftsleiters die Sanierung des Unternehmens. Hierzu bedarf es eines schlüssigen Sanierungskonzeptes. Anderseits muss der Geschäftsleiter bei Insolvenzreife des Unternehmens rechtzeitig Insolvenzantrag stellen. Der Geschäftsleiter hat deshalb permanent die wirtschaftliche Entwicklung des Unternehmens zu überwachen und sich bei Fortschreiten der Krise durch das Aufstellen einer Zwischen- bzw. Liquiditätsbilanz einen Überblick über den Vermögensstand des Unternehmens zu schaffen. Kernelement der Insolvenzprüfung ist die Fortbestehensprognose. Der Geschäftsleiter muss sich bei der Sanierungs- bzw. Insolvenzprüfung fachlich beraten lassen, wenn ihm selbst die nötige Kompetenz fehlt.

241–245 *(einstweilen frei)*

[307] MAH Insolvenz/Rhode § 4 Rn. 474 ff.; OLG Koblenz 26.5.1994 – 6 U 455/91, NJW-RR 1995, 556.

II. Zivilrechtliche Haftungsrisiken in der fortschreitenden Krise

1. Verstoß gegen Pflicht zur Überprüfung von Überschuldung und Zahlungsunfähigkeit

Kommt der Geschäftsleiter seiner Verpflichtung gegenüber der 246 Gesellschaft nicht nach, bei Anzeichen einer Krise eine Prüfung der Insolvenzreife vorzunehmen, droht die Haftung zB nach § 43 Abs. 2 GmbHG bzw. § 93 Abs. 2 S. 1 AktG. Die Gesellschaft muss hierfür den Nachweis erbringen, dass der Gesellschaft aufgrund des Pflichtverstoßes ein Schaden entstanden ist. Führt die Missachtung der Pflicht zur Aufstellung einer Zwischen- bzw. Liquiditätsbilanz zu einer verzögerten bzw. unterlassenen Insolvenzantragsstellung, kann der Geschäftsleiter für die Minderung des Gesellschaftsvermögens in Folge der verspäteten Insolvenzantragsstellung in Anspruch genommen werden.[308]

2. Verstoß gegen Anzeigepflicht bei hälftigem Kapitalverlust

Stellt der Geschäftsleiter bei einer GmbH den hälftigen Kapi- 247 talverlust fest, verzichtet hingegen auf eine Einberufung der Gesellschafterversammlung (§ 49 Abs. 3 GmbHG), haftet er grundsätzlich nach § 43 Abs. 2 GmbHG. Als Anspruchsinhaber muss die Gesellschaft dem Geschäftsleiter sowohl Verschulden, Schaden und Kausalität nachweisen.[309] Die Haftung des Geschäftsleiters ist ausgeschlossen, wenn alle Gesellschafter von dem Verlust des hälftigen Stammkapitals wissen und auf eine Abhaltung der Gesellschafterversammlung verzichten. Dies ist der Fall, wenn alle Gesellschafter zugleich Geschäftsleiter sind und aufgrund ihrer

---

[308] Commandeur/Römer NZG 2022, 491 (492).

[309] MüKoGmbHG/Liebscher GmbHG § 49 Rn. 65.

Position über die entsprechenden Informationen zur wirtschaftlichen Situation der Gesellschaft verfügen.[310]

248 Die Schadensersatzverpflichtung umfasst den Schaden, der vermieden worden wäre, wenn die Gesellschafterversammlung rechtzeitig die Möglichkeit zum Tätigwerden gehabt hätte. Dieser Nachweis wird in der Praxis nur schwer zu führen sein.[311]

3. Zahlungen entgegen §30 GmbHG und Erwerb eigener Geschäftsanteile entgegen §33 GmbHG

249 Der Geschäftsleiter einer GmbH ist nach §43 Abs. 3 GmbHG der Gesellschaft gegenüber schadensersatzpflichtig, wenn er entgegen §30 GmbHG Zahlungen aus dem zum Erhalt des Stammkapitals erforderlichen Vermögen der Gesellschaft vorgenommen hat oder entgegen §33 GmbHG die Gesellschaft eigene Geschäftsanteile erworben hat. §43 Abs. 3 GmbHG ist ein Sonderfall des Schadensersatzanspruchs aus §43 Abs. 2 GmbHG und stellt eine eigenständige Anspruchsgrundlage dar.[312] Entscheidender Unterschied zu §43 Abs. 2 GmbHG ist, dass die Haftung nach §43 Abs. 3 GmbHG nicht aufgrund Gesellschafterweisung, welche zu einem Verstoß gegen §§30, 33 GmbHG anhält, ausgeschlossen ist. Die Gesellschaft kann auf den Anspruch weder verzichten noch einen Vergleich hierüber abschließen. Hintergrund ist, dass sowohl §30 als auch §33 GmbHG dem Gläubigerschutz dienen.[313]

250 Die Vorschrift des §30 GmbHG ist in vielen Insolvenzverfahren relevant. Oftmals versuchen Gesellschafter, insb. wenn sie zugleich Geschäftsleiter sind, im Vorfeld der Insolvenz das noch vorhandene Restvermögen aus der Gesellschaft herauszuziehen. §30 GmbHG verbietet es jedoch dem Geschäftsleiter, Aktivvermögen der Gesellschaft an die Gesellschafter herauszugeben, soweit dadurch eine **Unterbilanz** herbeigeführt oder verschärft

[310] BeckOK GmbHG/Schindler GmbHG §49 Rn. 46.
[311] MüKoGmbHG/Liebscher GmbHG §49 Rn. 65.
[312] MüKoGmbHG/Fleischer GmbHG §43 Rn. 284f.
[313] MüKoGmbHG/Fleischer GmbHG §43 Rn. 295f.

wird. Der Geschäftsleiter haftet neben dem Gesellschafter (§ 31 GmbHG), welcher dazu verpflichtet ist die Zahlung der Gesellschaft zu erstatten.[314]

Die Haftung des Geschäftsleiters ist weder auf den Betrag des Stammkapitals noch auf die Rückgewähr des ausbezahlten Betrags beschränkt. Es müssen vielmehr auch solche Beträge erstattet werden, die nach Verbrauch des gesamten Stammkapitals aus dem überschuldeten Gesellschaftsvermögen geleistet werden. § 30 GmbHG umfasst nicht nur tatsächliche Zahlungen. Schließlich soll das Vermögen in seinem rechnerischen Gesamtwert geschützt werden. Ein Hauptanwendungsfall des § 30 GmbHG sind die „verdeckten Gewinnausschüttungen". Häufig erfolgen Austauschgeschäfte zwischen Gesellschafter und Gesellschaft zu unangemessenen Konditionen. Es fehlt dann an einer ausgleichenden Gegenleistung.[315] 251

Beispiel: Die GmbH verkauft und übereignet einen PKW im Wert von 30.000 EUR für 20.000 EUR an einen Gesellschafter. Sofern die Zuwendung bei bestehender Unterbilanz erfolgt, liegt eine verdeckte Gewinnausschüttung iHv 10.000 EUR vor. Mithin ein Verstoß gegen § 30 GmbHG.[316]

Eine Verletzung von § 33 GmbHG liegt vor,

- wenn die Gesellschaft nicht voll eingezahlte Geschäftsanteile erworben hat (§ 33 Abs. 1 GmbHG),
- die erworbenen Geschäftsanteile zwar voll eingezahlt sind, aber der Erwerb nicht aus dem über das Stammkapital hinaus vorhandenen Gesellschaftsvermögen und unter Bildung der nach § 272 Abs. 4 HGB vorgeschriebenen Rücklagen erfolgen kann (§ 33 Abs. 2 S. 1 GmbHG).

In diesen Fällen hat der Geschäftsleiter den gesamt gezahlten Erwerbspreis zu ersetzen.[317]

---

[314] Bitter/Barschnagel ZInsO 2018, 555 (561 f.).
[315] Bitter/Barschnagel ZInsO 2018, 555 (561 f.).
[316] Bitter/Barschnagel ZInsO 2018, 555 (562).
[317] NSH/Beurskens GmbHG § 43 Rn. 94 f.

4. Unterlassene bzw. unzureichende Sanierungsbemühungen

252 Sofern die Gesellschaft dem Geschäftsleiter nachweisen kann, dass durch unterlassene bzw. unzureichende Sanierungsbemühungen der Gesellschaft ein Schaden entstanden ist, besteht ein Schadensersatzanspruch nach § 43 Abs. 2 GmbH bzw. § 93 Abs. 2 S. 1 AktG. Im Zuge von Sanierungsbemühungen hat der Geschäftsleiter unternehmerische Entscheidungen zu treffen. Folgerichtig kann sich der Geschäftsleiter hinsichtlich der Auswahl der Sanierungsmaßnahmen auf die Grundsätze der Business Judgement Rule berufen. Insoweit kann auf die bisherigen Ausführungen verwiesen werden (vgl. ausführlich → Rn. 132 ff.).

5. Insolvenzantrag bei drohender Zahlungsunfähigkeit ohne Gesellschafterbeschluss

253 Stellt der Geschäftsleiter die drohende Zahlungsunfähigkeit nach § 18 Abs. 2 InsO fest, ist die Gesellschaft grundsätzlich berechtigt, nach § 18 Abs. 1 InsO Antrag auf Eröffnung des Insolvenzverfahrens zu stellen. Für den Geschäftsleiter nicht zu unterschätzen ist das Risiko der Haftung nach § 43 Abs. 2 GmbHG, wenn er einen „verfrühten" Insolvenzantrag stellt.

254 Ein sog. verfrühter Insolvenzantrag kann vorliegen, wenn

- der Geschäftsleiter die außergerichtlichen Sanierungsmöglichkeiten nicht hinreichend geprüft hat,
- der Antrag zu einem Zeitpunkt gestellt wird, in dem die Gesellschaft weder überschuldet noch zahlungsunfähig ist und die Antragstellung auch kein strategisches Sanierungsmittel darstellt,
- die Antragstellung rechtsmissbräuchlich ist.[318]

255 Wird dem Geschäftsleiter zur Last gelegt, dass er vor Stellung des Insolvenzantrags die außergerichtlichen Sanierungsmöglich-

---

318 Gottwald/Haas InsR-HdB/Haas/Kolmann/Kurz § 90 Rn. 165.

keiten nicht hinreichend geprüft habe, so kann er grundsätzlich einwenden, dass die Insolvenzordnung selbst auch noch im Rahmen des gerichtlichen Sanierungsverfahrens (Insolvenzplan, §§ 217 ff. InsO) die Prüfung von Sanierungsmöglichkeiten vorsieht. Zudem gilt zu berücksichtigen, dass der Gesetzgeber das gerichtliche Verfahren gegenüber der außergerichtlichen Sanierung mit zahlreichen Vorteilen ausgestattet hat. Demnach kann die frühzeitige Einleitung eines Insolvenzverfahrens wirtschaftlich sinnvoll und geboten sein.[319] Andererseits begründet häufig bereits die Insolvenzantragstellung eine Verschlimmerung der wirtschaftlichen Situation des Unternehmens, zB begründet die Insolvenzantragstellung ein Sonderkündigungsrecht der Banken für gewährte Kredite.[320]

Gelingt der Gesellschaft der Nachweis, dass die verfrühte Insolvenzantragstellung pflichtwidrig war, kann der Geschäftsleiter im Rahmen der Schadensersatzverpflichtung zB für die Kosten der Vergütung des Insolvenzverwalters, der gerichtlichen Kosten des Insolvenzverfahrens und für etwaige Vorfälligkeitsentschädigungen in Anspruch genommen werden.[321] 256

6. Amtsniederlegung zur Unzeit

Aus gesellschaftsrechtlicher Sicht ist der Geschäftsleiter grundsätzlich dazu in der Lage, sein Amt zu jeder Zeit und ohne Nennung von Gründen niederzulegen.[322] Legt der Geschäftsleiter jedoch sein Amt nieder, während die Gesellschaft sich in einer wirtschaftlichen Krise befindet, kann dies seine Haftung begründen. Die haftungsbegründende Pflichtverletzung wird mit der Verletzung der organschaftlichen Treuepflicht zu begründen sein.[323] Nach Rechtsprechung des *OLG Koblenz* gibt die wirtschaftliche Krise einer Gesellschaft dem Geschäftsleiter kein Recht 257

[319] Gottwald/Haas InsR-HdB/Haas/Kolmann/Kurz Kap. VII. § 90 Rn. 166 f.
[320] OLG Hamm 6.12.2004 – 5 U 146/04, NJOZ 2006, 1047.
[321] OLG München 21.3.2013 – 23 U 3344/12, NZI 2013, 542.
[322] BGH 8.2.1993 – II ZR 58/92, NJW 1992, 1198.
[323] MAH Insolvenz/Nerlich/Rhode Teil A § 4 Rn. 474.

das Amt des Geschäftsleiters niederzulegen. Auch bei drohendem Zusammenbruch der Gesellschaft bleibt der Geschäftsleiter an seine Aufgabe gebunden, mit der Sorgfalt eines ordentlichen Kaufmannes alles zu tun, was die Interessen der Gesellschaft erfordern und zugleich die an sein Amt geknüpften öffentlichen Pflichten zu erfüllen. Führt die Niederlegung dazu, dass die Gesellschaft handlungsunfähig wird, ist der Geschäftsleiter der Gesellschaft gegenüber schadensersatzpflichtig.[324] Eine Gesellschaft ist handlungsunfähig, wenn der alleinige Geschäftsleiter sein Amt niedergelegt hat.[325]

258 **Praxishinweis:** Will der Geschäftsleiter sein Amt in der Krise niederlegen, muss er den Gesellschaftern seine Absicht rechtzeitig mitteilen. Dies dient dem Zweck der Gesellschaft einen angemessenen Zeitraum zu belassen, einen neuen Geschäftsleiter zu bestellen.[326]

259 Rechtsfolge ist die Schadensersatzverpflichtung des Geschäftsleiters gegenüber der Gesellschaft. Er hat die Gesellschaft so zu stellen, wie sie ohne seine treuwidrige Amtsniederlegung stünde. Im vom *OLG Koblenz* entschiedenen Fall führte die Amtsniederlegung dazu, dass der Gesellschaft der komplette Kundenstamm entzogen wurde. Der Geschäftsleiter hatte sodann den von einem Sachverständigen bezifferten Wert des Kundenstammes zu ersetzen.[327]

7. Verletzung von Restrukturierungspflichten

260 Entscheidet sich die Gesellschaft zur Sanierung im Rahmen eines Restrukturierungsverfahren entstehen für den Geschäftsleiter besondere Pflichten. Eine Verletzung dieser Pflichten wird von § 43 Abs. 1 S. 2 StaRUG sanktioniert. In diesem Fall hat er der Gesellschaft der den Gläubigern aus seiner Pflichtverletzung resultierenden Gesamtschaden zu ersetzen.[328]

---

[324] OLG Koblenz 26.5.1994 – 6 U 455/91, NJW-RR 1995, 556.
[325] OLG Naumburg 23.7.2002 – 9 U 67/02, BeckRS 2002, 30274278.
[326] OLG Koblenz 26.5.1994 – 6 U 455/91, NJW-RR 1995, 556.
[327] OLG Koblenz 26.5.1994 – 6 U 455/91, NJW-RR 1995, 556.
[328] Nerlich/Römermann/Curtze StaRUG § 43 Rn. 30.

a) Unternehmerisches Ermessen – Business Judgement Rule

Auch während einer Restrukturierungssache muss der Geschäftsleiter unternehmerische Entscheidungen treffen. Vor diesem Hintergrund stellt sich die Frage, ob die Grundsätze der Business Judgement Rule auch im Rahmen der Haftung nach § 43 Abs. 1 S. 2 StaRUG Anwendung finden. **261**

In der Literatur ist die Frage bislang umstritten. Auf einschlägige Rechtsprechung kann (noch) nicht zurückgegriffen werden. Im Ergebnis muss dem Geschäftsleiter ein gewisser unternehmerischer Ermessensspielraum im Rahmen seiner Entscheidungsfindung zukommen. Während der Restrukturierungssache wird dem Geschäftsleiter zumindest kein geringerer als der insolvenzrechtliche Ermessenspielraum einzuräumen sein. Wichtig wird sein, dass die Gerichte bei Nachprüfung unternehmerischer Entscheidungen trotz Vorgaben der §§ 32 Abs. 1, 43 Abs. 1 S. 1 StaRUG die gebotene Zurückhaltung walten lassen und nicht von nachträglichen Entwicklungen auf die Pflichtwidrigkeit der Entscheidung schließen. Den späteren Insolvenzeintritt darf keine Indizwirkung auf die Pflichtwidrigkeit zukommen. Zusammengefasst bedeutet dies, dass auch während einer Restrukturierungssache der Geschäftsleiter vor allem bei unternehmerischen Entscheidungen ein breites Ermessen genießt. Dies setzt allerdings guten Glauben und eine ausreichende Informationsgrundlage voraus. Eine intensivere Prüfung wird dann angezeigt sein, wenn sich der Geschäftsleiter in einem Interessenkonflikt befindet, zB er selbst Gesellschafter ist.[329] **262**

b) Interne Unzuständigkeit

Der Geschäftsleiter kann sich nicht erfolgreich von seiner Haftung freizeichnen, weil die Pflichtverletzung einem anderen Geschäftsleiter anzulasten sei. Insoweit gibt es keinen Unterschied zur Haftung nach § 43 Abs. 2 GmbHG. Aufgrund des Prinzips der Gesamtverantwortung obliegt die Erfüllung der Pflichten **263**

[329] Korch GmbHR 2021, 793 (795, 799).

grundsätzlich jedem einzelnen Geschäftsleiter. Bei ressortmäßiger Aufteilung bleiben die übrigen Mitglieder grundsätzlich in der Pflicht. Die Pflicht wandelt sich jedoch dahingehend, dass sie den jeweils zuständigen Geschäftsleiter bei Erfüllung der ihm zugeteilten Pflicht zu überwachen haben.[330]

c) Kausalität

264 Nach den allgemeinen Grundsätzen muss die Pflichtverletzung in zurechenbarer Weise einen Schaden verursacht haben. Die Haftung scheidet zudem aus, wenn der Schadenseintritt außerhalb der Lebenswahrscheinlichkeit lag. Zum Beispiel wenn der Schaden in gleichem oder größerem Umfang bei pflichtgemäßem Alternativverhalten des Geschäftsleiters eingetreten wäre. Genau wie im Rahmen der allgemeinen Geschäftsleiterhaftung nach § 43 GmbHG, kann sich der Geschäftsleiter bei Kollegialentscheidungen der Gesamtgeschäftsleitung nicht von der Haftung freistellen, indem er darlegt, nicht über die notwendige Mehrheit verfügt zu haben, um ein abweichendes Abstimmungsergebnis herbeizuführen.[331]

d) Weisung der Gesellschafter

265 Der überwiegende Teil der Fachliteratur ist der Auffassung, dass eine Weisung der Gesellschafter wirksam ist und ihr dementsprechend haftungsbefreiende Wirkung zukommt. Dies gilt jedoch nicht für Weisungen, die zu Pflichtverletzungen nach § 32 StaRUG führen (zu den Pflichten nach § 32 StaRUG vgl. → Rn. 237). Weisungen der Gesellschaft, die zu einer Verletzung dieser Legalitätspflichten führen, sind nichtig und damit unbeachtlich.[332]

266 Weisungen sind hingegen wiederum beachtlich, sofern sie sich innerhalb eines Ermessenspielraums der Gesellschaft bewegen. Für den Geschäftsleiter kann sich mitunter eine schwierige Situation

[330] Nerlich/Römermann/Curtze StaRUG § 43 Rn. 28.
[331] Nerlich/Römermann/Curtze StaRUG § 43 Rn. 32 f.
[332] Korch GmbHR 2021, 793 (797).

ergeben: Befolgt er die nichtige Weisung, haftet er nach § 43 Abs. 1 S. 2 StaRUG. Verweigert er eine rechtmäßige Weisung, droht hingegen die Haftung nach § 43 Abs. 2 GmbHG. Hat der Geschäftsleiter die Rechtmäßigkeit der Weisung falsch eingeschätzt, muss geprüft werden, ob diese Fehleinschätzung verschuldet war. Dem Geschäftsleiter ist hierbei (angesichts der schwierigen Situation sowie hohem Zeitdruck während der Restrukturierungssache) ein gewisser Beurteilungsspielraum einzuräumen. Er sollte sich hierbei ausreichend über die Rechtslage und die Folgen der Gesellschafterweisung informieren.[333]

f) Verzicht und Vergleich

Da die Norm gläubigerschützende Pflichtverletzungen sanktioniert, sind nach § 43 Abs. 2 S. 1 StaRUG sowohl ein Verzicht als auch ein Vergleich zwischen Gesellschaft und Geschäftsleiter unwirksam, soweit der Ersatzanspruch zur Befriedigung der Gläubiger der Gesellschaft erforderlich ist.[334] Dies ist dann der Fall, wenn der Schuldner ohne diesen seine Gläubiger nicht vollständig befriedigen kann.[335] Eine Ausnahme der Unwirksamkeit besteht nach § 43 Abs. 2 S. 2 StaRUG in nachstehenden drei Konstellationen:[336] 267

- Vergleich zur Abwendung eines Insolvenzverfahrens,
- Regelung im Insolvenzplan,
- Verzicht und Vergleich durch Insolvenzverwalter.

g) Rechtsfolge: Schadensersatz

Die Rechtsfolge einer Restrukturierungspflichtverletzung ist die Schadensersatzverpflichtung des Geschäftsleiters. Aus dem Bericht des Rechtsausschusses des Deutschen Bundestages[337] geht hervor, dass der Gesamtschaden der Gläubiger zu ersetzen sei. 268

---

[333] Korch GmbHR 2021, 793 (797).
[334] Nerlich/Römermann/Curtze StaRUG § 43 Rn. 44.
[335] Nerlich/Römermann/Curtze StaRUG § 43 Rn. 45.
[336] Nerlich/Römermann/Curtze StaRUG § 43 Rn. 48-51.
[337] BT-Drs. 19/25353, 8.

Mangels Definition ist wohl auf den Gesamtschaden nach § 92 S. 1 InsO abzustellen. Das ist der Schaden, den die Insolvenzgläubiger gemeinschaftlich durch eine Verminderung des zur Insolvenzmasse gehörenden Vermögens erlitten haben. Der Gesamtschaden kann nicht nur in der Verkürzung der Insolvenzmasse, sondern in jeder zur Quotenverschlechterung führenden Schädigung liegen.[338]

8. Unrichtige Angaben zur Erwirkung von Stabilisierungsanordnungen

269 Die Haftung des Geschäftsleiters im Restrukturierungsverfahren ist nicht auf die Innenhaftung beschränkt. Erwirkt der Geschäftsleiter durch schuldhaft falsche Angaben Stabilisierungsanordnungen oder behandelt er Verwertungserlöse nicht ordnungsgemäß, so droht die Haftung nach § 57 S. 1 StaRUG auch gegenüber Gläubigern, wenn diese dadurch Schäden erleiden.[339]

270 Dem Geschäftsleiter ist nachzuweisen, im Rahmen des Verfahrens betreffend den Erlass von Stabilisierungsanordnungen „objektiv" unrichtige Angaben gemacht zu haben.[340] Ferner müssen diese Angaben auch ursächlich für den Erlass der Stabilisierungsanordnung gewesen sein. Es bedarf also des Nachweises, dass das Gericht die Anordnung nicht erlassen hätte, wenn die Angaben zutreffend gemacht worden wären.[341]

271 Die Rechtsfolge des § 57 S. 1 StaRUG besteht in einem Schadensersatzanspruch der Gläubiger. Der Schaden muss auf die Stabilisierungsanordnung zurückzuführen sein. **Altgläubiger,** die bereits vor der (zu Unrecht ergangenen) Stabilisierungsanordnung einen Anspruch gegen den Schuldner hatten, erleiden einen Schaden nur insoweit, wie der Wert des Anspruchs durch die Stabilisierungsanordnung gemindert wird. Bei **Neugläubigern,** die

---

338 Nerlich/Römermann/Curtze StaRUG § 43 Rn. 29ff.

339 Weber/Dömmecke NZI-Beil. 2021, 27 (29); Nerlich/Römermann/Schröder StaRUG § 57 Rn. 2.

340 Nerlich/Römermann/Schröder StaRUG § 57 Rn. 13.

341 Nerlich/Römermann/Schröder StaRUG § 57 Rn. 13.

erst nach Erlass der (unrechtmäßigen) Stabilisierungsanordnung einen Anspruch erwerben, bedarf es einer Prüfung, ob diese durch die unrechtmäßigen Anordnungen im Einzelfall einen Schaden erlitten haben. Ein Schaden ist denkbar, wenn der Gläubiger im Vertrauen auf den Erfolg der Restrukturierung die Geschäftsbeziehung fortsetzt und neue Ansprüche gegen den Schuldner begründet. Ein nachweisbarer Schaden kann dadurch entstehen, wenn die Fortsetzung der Geschäftsbeziehung auch auf die unrechtmäßig erlangte Stabilisierungsanordnung zurückzuführen ist. Der teilweise Ausfall der Forderung ist der erlittene Schaden.[342]

Zusammenfassung der zivilrechtlichen Haftungsrisiken in der fortschreitenden Krise: Auch in der fortschreitenden Krise bleibt die Verpflichtung zum Krisenmanagement bestehen. Bei fehlender Überwachung der wirtschaftlichen Lage der Gesellschaft und unzureichenden/unterlassenen Sanierungsbemühungen haftet im Grundsatz der Geschäftsleiter nach §43 Abs. 2 GmbHG. Die Nachweisproblematik für die Gesellschaft bzw. den Insolvenzverwalter besteht jedoch fort. In der fortschreitenden Krise drohen nun auch krisenspezifische gesellschaftsrechtliche Haftungsrisiken; beispielsweise durch Verstöße gegen §§30, 33 und 49 Abs. 3 GmbHG. Flankierend bietet die fortschreitende Krise besondere Möglichkeiten für die Gesellschaft die Krise zu beenden. Hierbei insb. die Insolvenzantragstellung bei drohender Zahlungsunfähigkeit und das neu eingeführte Restrukturierungsverfahren. Die neuen Möglichkeiten halten für den Geschäftseiter aber auch neue Haftungsrisiken bereit. 272

(einstweilen frei) 273–277

[342] Nerlich/Römermann/Schröder StaRUG §57 Rn. 15 ff.

D. Endstadium der Krise – Die Insolvenzreife

I. Pflichten im Stadium der Insolvenzreife

1. Insolvenzantragspflicht des Geschäftsleiters

Bei Mitgliedern der Geschäftsführung einer Kapitalgesellschaft oder einer Personengesellschaft, bei der keine natürliche Person unbeschränkt haftet (insb. GmbH & Co. KG), besteht bei **Insolvenzreife** des Unternehmens die Pflicht zur Stellung eines **Insolvenzantrags,** § 15a Abs. 1 und Abs. 2 InsO. Die **Insolvenzantragspflicht** ist unter Gläubigergesichtspunkten Spiegelbild und Konsequenz der auf das Gesellschaftsvermögen beschränkten Außenhaftung bei GmbHs, UGs und GmbH & Co. KGs. Für Stiftungen und Vereine gibt es eine Sonderregelung in § 42 Abs. 2 iVm § 86 BGB. 278

Für eine **natürliche Person** besteht **keine** Insolvenzantragspflicht.[343] 279

a) Zur Antragstellung Verpflichtete

Zur Antragstellung verpflichtet sind in Abhängigkeit von der Rechtsform des Unternehmens in erster Linie die Mitglieder der Vertretungsorgane, also in der AG die Vorstandsmitglieder, in der GmbH und UG die Geschäftsführer und in der GmbH & Co. KG die Geschäftsführer der Komplementär-GmbH. Im Falle der Führungslosigkeit der Gesellschaft, also des Fehlens eines Geschäftsleiters, sind bei vermuteter Kenntnis der Führungslosigkeit 280

[343] Bei natürlichen Personen kann die Unterlassung eines Insolvenzantrags lediglich zur Versagung der Restschuldbefreiung nach § 290 Abs. 1 Nr. 4 InsO führen, vgl. auch Ahrens NZI 2020, 345.

sowie der Zahlungsunfähigkeit bzw. Überschuldung der Gesellschaft jeder Gesellschafter und bei der AG bzw. Genossenschaften jedes Mitglied des Aufsichtsrats substituiert zur Antragstellung verpflichtet (§ 15a Abs. 3 InsO).

281 Die Pflicht zur Insolvenzantragsstellung greift ab **wirksamer Bestellung des Organmitglieds** und nicht erst mit der Eintragung im Handelsregister.[344]

282 Gibt es mehrere Handlungspflichtige (also zB mehrere Geschäftsleiter), so ist **jeder** zur Stellung des Antrags verpflichtet. Auch eine interne Geschäftsaufteilung lässt die Handlungspflicht für den eigentlich ressortunzuständigen Geschäftsleiter nicht entfallen. Ihm obliegt mindestens eine Überwachungspflicht des zuständigen Geschäftsleiters.[345] Die Pflicht trifft zudem auch diejenigen Geschäftsleiter, die nicht einzelvertretungsbefugt sind.[346]

283 Auf die **subjektive Kenntnis der Insolvenzantragspflicht** auf Seiten des Antragsverpflichteten kommt es grundsätzlich nicht an. Diese spielt nur eine Rolle, wenn es darum geht, ob an die Versäumung der Frist zivil- und/oder strafrechtliche Sanktionen geknüpft sind (→ Rn. 335, 345, 669).

b) Zeitpunkt der Antragstellung

284 Der Antrag ist bei **objektiv erkennbarem Eintritt der Insolvenzreife** ohne schuldhaftes Zögern zu stellen. Durch das SanInsFoG wurde mit Wirkung zum 1.1.2021 die Antragspflicht für Geschäftsleiter dahingehend modifiziert, dass für die einzelnen Insolvenztatbestände unterschiedliche Fristen zur Antragstellung eingeführt wurden.[347] Gemäß § 15a Abs. 1 S. 2 Alt. 1 InsO ist der Insolvenzantrag im Falle der **Zahlungsunfähigkeit** innerhalb einer Frist von **drei Wochen** zu stellen.

285 Im Falle der **Überschuldung** beträgt die Frist zur Antragstellung **sechs Wochen,** § 15a Abs. 1 S. 2 Alt. 2 InsO. Durch das mit Wirkung zum 9.11.2022 in Kraft getretene **SanInsKG**

---

[344] BeckOK InsR/Wolfer InsO § 15a Rn. 8.
[345] Uhlenbruck/Hirte InsO § 15a Rn. 7.
[346] MüKoStGB/Hohmann InsO § 15a Rn. 52.
[347] Vgl. Bitter ZIP 2021, 321.

wurde die Frist zur Antragstellung im Falle der Überschuldung befristet bis zum **31.12.2023** auf **acht Wochen** verlängert (§ 4a SanInsKG). Das SanInsKG ist kein neues Gesetz. Vielmehr wurde das schon bestehende Gesetz zur vorübergehenden Aussetzung der Insolvenzantragspflicht und zur Begrenzung der Organhaftung bei einer durch die COVID-19 Pandemie bedingten Insolvenz („COVInsG") angepasst. Anders als beim COVInsG wird durch das SanInsKG die Antragspflicht nicht ausgesetzt, sondern nur die Frist zur Antragstellung verlängert. Anderseits muss die Krise nicht mehr kausal auf einer bestimmten Ursache (wie zB Energie- und Rohstoffmarktentwicklungen) beruhen. Vielmehr gilt die Verlängerung ursachenunabhängig für alle Unternehmen, die bei Überschuldung insolvenzantragspflichtig sind.[348]

Der Gesetzgeber will damit dem kriselnden Unternehmen **286** mehr Zeit für eine mögliche Sanierung verschaffen.

Wie aus der gesetzlichen Formulierung deutlich wird, darf die **287** Höchstfrist vom Geschäftsleiter nur dann ausgeschöpft werden, wenn eine Beseitigung der Insolvenzreife innerhalb der drei bzw. sechs/acht Wochenfrist noch ernsthaft zu erwarten ist.[349] Es ist also nicht zulässig, den Insolvenzantrag zugunsten von Maßnahmen hinauszuschieben, die nach Eintritt der Insolvenzreife erst nach mehr als drei Wochen (bei Zahlungsunfähigkeit) bzw. sechs bzw. acht Wochen (bei Überschuldung der Gesellschaft) zu einer Beseitigung des Insolvenzgrundes führen können.[350]

Wie bereits aufgezeigt, dienen die Fristen zum einen der Wei- **288** terverfolgung und dem Abschluss ernstlich erfolgversprechender Maßnahmen zur Sanierung des Unternehmens. Andererseits aber auch der Prüfung und Feststellung der Insolvenzreife (ggf. unter Einschaltung externer Berater), der Evaluierung der Chancen und Risiken der sich bietenden insolvenzrechtlichen Handlungsoptionen (insb. Regelinsolvenz, Eigenverwaltung, Schutzschirmverfahren und Insolvenzplan bzw. nach dem StaRUG ggf. jetzt auch Restrukturierungsplan).

---

[348] BT-Drs. 20/4087, 8

[349] BGH 24.1.2012 – II ZR 119/10, BeckRS 2012, 7431 unter Verweis auf BGH 9.7.1979 – II ZR 118/77, NJW 1979, 1823.

[350] So bereits BGH 5.7.1956 – III StR 140/56, BeckRS 1956, 31185537.

2. Zahlungsverbot des Geschäftsleiters bei Insolvenzreife, § 15b Abs. 1 InsO

289 Die Geschäftsleiter, die nach § 15a Abs. 1 S. 1 InsO insolvenzantragspflichtig sind, dürfen nach Eintritt der Insolvenzreife keine Zahlungen aus dem Vermögen der Gesellschaft mehr leisten **(§ 15b Abs. 1 S. 1 InsO). § 15b InsO normiert ein Zahlungsverbot.**[351]

a) Neuregelung durch das SanInsFoG

290 Das insolvenzrechtliche Zahlungsverbot war in der Vergangenheit rechtsformspezifisch geregelt. So war bspw. in § 64 Abs. 1 GmbHG aF das insolvenzrechtliche Zahlungsverbot des GmbH-Geschäftsführers normiert. Durch Einführung von § 15b InsO durch das SanInsFoG werden **alle Zahlungsverbote in einer einzigen Norm gebündelt.** Zahlungen aus dem Gesellschaftsvermögen, die der Geschäftsleiter nach Eintritt der Insolvenzreife leistet, sind grundsätzlich verboten. Die Vorschrift will den Geschäftsleiter dazu anhalten, den Insolvenzantrag unmittelbar nach Eintritt der Insolvenzreife zu stellen.[352]

291 Obwohl das Zahlungsverbot an die Geschäftsführung gerichtet ist, hat es auch Auswirkungen auf die Mitglieder eines bestehenden Überwachungsorgans der Gesellschaft (Aufsichtsrat oder Beiratsmitglieder bzw. Gesellschafterversammlung). Sie haben die Pflicht, sich umfassend über die wirtschaftliche Situation zu informieren, die Rechtmäßigkeit des Handelns der Geschäftsleitung einschließlich des Zahlungsverbots zu überwachen und erforderlichenfalls durch Abberufung eines hiergegen verstoßen Geschäftsleitungsmitglieds einzugreifen.[353]

[351] Nerlich/Römermann/Mönning InsO § 15b Rn. 13.

[352] Jakobs/Kruth DStR 2021, 2534 (2534 f.); Schmidt ZRI 2021, 389 (389).

[353] BGH 16.3.2009 – II ZR 280/09, NZG 2009, 550.

b) Zahlungen iSv § 15b Abs. 1 InsO

Der Begriff „Zahlung“ ist weit auszulegen.[354] Er ist nicht auf Geldleistungen als solche beschränkt, sondern umfasst auch anderweitige Vermögensabflüsse. Weiter fällt die Leistung anderer Gegenstände (Übertragung von Rechten, Lieferung von Sachen) oder die Erbringung von Dienst- und Werkleistungen darunter.[355] 292

c) Ausnahme für Zahlungen des ordnungsgemäßen und gewissenhaften Geschäftsleiters

Erlaubt sind nach § 15b Abs. 1 S. 2 InsO nur solche Zahlungen, die auch nach Eintritt der Insolvenzreife mit der **Sorgfalt eines ordentlichen und gewissenhaften Geschäftsleiters** vereinbar sind.[356] Der Geschäftsleiter hat mit Eintritt der Insolvenzreife sein Verhalten an dem Zweck auszurichten, die verbleibende Vermögensmasse der Gesellschafter im Interesse der Gesamtheit ihrer Gläubiger zu erhalten und eine zu deren Nachteil gehende bevorzugte Befriedigung einzelner Gläubiger zu verhindern **(Massesicherung als Handlungsmaxime).**[357] Zulässig sind Zahlungen daher nur dann, wenn sie dazu dienen, größere Nachteile für die Insolvenzmasse abzuwenden.[358] 293

Nach der Regelung in § 15b Abs. 2 S. 1 InsO privilegiert sind grundsätzlich die im **ordnungsgemäßen Geschäftsgang** erfolgenden Zahlungen, die der Aufrechterhaltung des Geschäftsbetriebs dienen. Nach § 15b Abs. 2 S. 2 InsO besteht das Privileg des S. 1 **im Zeitraum vom Eintritt der Insolvenzreife bis zu dem für eine rechtzeitige Antragstellung maßgeblichen Zeitpunkt.** Allerdings nur dann und solange, wie die Antragspflichtigen Maßnahmen zur nachhaltigen Beseitigung der Insolvenzreife oder zur Vorbereitung eines Insolvenzantrags mit der 294

---

[354] BeckOK InsR/Wolfer InsO § 15b Rn. 11, 12.

[355] Braun/Weber/Dömmecke InsO § 15b Rn. 1 f.

[356] BeckOK InsR/Wolfer InsO § 15b Rn. 13.

[357] BGH 29.11.1999 – II ZR 273/98, NJW 2000, 668 und 11.9.2000 – II ZR 370/99, NJW 2001, 304.

[358] BGH 5.11.2007 – II ZR 267/05, BeckRS 2007, 65136.

Sorgfalt eines ordentlichen und gewissenhaften Geschäftsleiters betreiben.[359]

295 Mit der Sorgfalt eines ordentlichen und gewissenhaften Geschäftsleiters sind idR vereinbar:[360]

- masseneutrale Zahlungen bzw. Bargeschäfte, dh Zahlungen für die unmittelbar eine wertdeckende Gegenleistung vereinnahmt wird,[361]
- Zahlungen an aus- oder absonderungsberechtigte Gläubiger in Höhe des gesicherten Wertes,
- notwendige Zahlungen im Rahmen zulässiger Sanierungsbemühungen, einschl. Zahlungen an Rechts- und Sanierungsberater,[362]
- zur Aufrechterhaltung des Unternehmens erforderliche Zahlungen, zB laufende Zahlungen für Strom, Wasser, Miete und Lohn, solange innerhalb der Antragsfrist aus § 15a InsO noch ernsthafte Sanierungschancen bestehen oder die Weiterführung des Unternehmens gegenüber der Betriebseinstellung für die Masse günstiger ist,
- Zahlungen, die im Insolvenzfall bei gewöhnlichem Verlauf auch von einem Insolvenzverwalter aus der Masse geleistet würden,
- andere Geschäfte, die ausnahmsweise im Interesse der Masseerhaltung geboten sind („Notgeschäfte").[363]

296 **Praxishinweis:** Der Geschäftsleiter muss sich vor einer Zahlung immer die Frage stellen:

- Betreibe ich Maßnahmen zur nachhaltigen Beseitigung der Insolvenzreife oder zur Vorbereitung eines Insolvenzantrags mit der Sorgfalt eines ordentlichen und gewissenhaften Geschäftsleiters?
- Dient die in Frage stehende Zahlung den Zielen, die mit den konkret betriebenen Maßnahmen verfolgt werden?

Nur wenn er beides klar mit ja beantworten kann, greift die Ausnahme zum Zahlungsverbot. Aber immer unter der Maßgabe, dass eine Sanierung des Unternehmens überhaupt noch in der Frist von § 15a Abs. 1 InsO möglich ist.

---

[359] BeckOK InsR/Wolfer InsO § 15b Rn. 17-22.

[360] IDW Sanierung-WPH/Wieland-Blöse/Oberle Kap A 2.5.2. Rn. 61.

[361] BGHZ 203, 218, NZG 2015, 149; aA Altmeppen NZG 2016, 521 (522).

[362] BGH 5.2.2007 – II ZR 61/06, NZG 2007, 678.

[363] BGH 14.5.2007 – II ZR 48/06 (KG), NZG 2007, 545; Altmeppen NZG 2016, 521 (522).

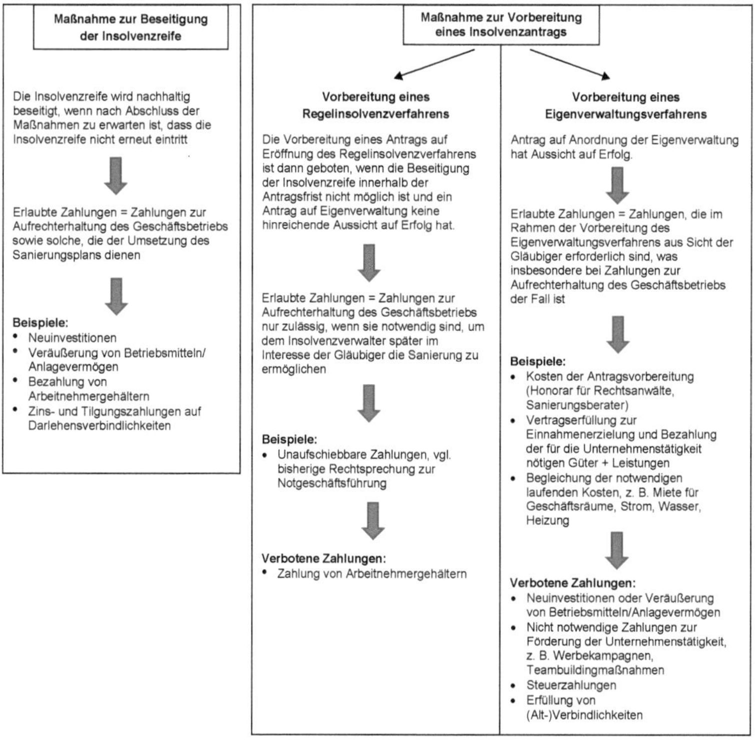

Abb. 5: Privilegierte Zahlungen

d) Keine Privilegierung bei Zahlung während Insolvenzverschleppung

Nach § 15b Abs. 3 InsO scheidet eine haftungsrechtliche Privilegierung der Zahlung idR aus, wenn sie nach Ablauf der Antragsfrist nach § 15a Abs. 1 InsO geleistet wird und somit der **Insolvenzverschleppung** dient. Ab diesem Zeitpunkt ist die Stellung eines Insolvenzantrags die primäre Pflicht eines ordentlichen und gewissenhaften Geschäftsleiters.[364] 297

[364] Regierungsentwurf zum SanInsFoG, BT-Drs. 19/24181, 195.

298 Nachstehende Übersicht verdeutlicht die verschiedenen Stadien des Zahlungsverbots:

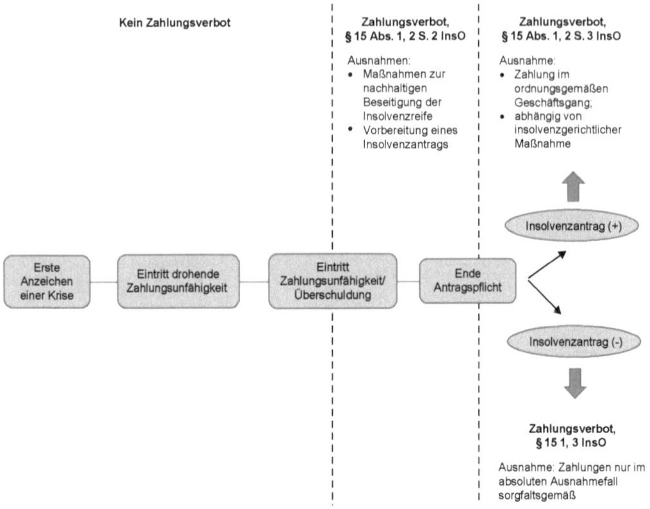

Abb. 6: Chronologische Entwicklung Zahlungsverbot

e) Sonderfall – Zahlungen während StaRUG Restrukturierungsverfahren

299 Wurde durch den Geschäftsleiter ein Restrukturierungsverfahren nach dem StaRUG eingeleitet, so ist folgende Sondervorschrift zu beachten: Grundsätzlich ist eine Restrukturierungssache nach § 33 Abs. 2 Nr. 1 StaRUG aufzuheben, wenn während des StaRUG-Verfahrens die Insolvenzreife eingetreten ist. Zur Erinnerung: Das Restrukturierungsverfahren kann nur bei drohender Zahlungsunfähigkeit iSv § 18 Abs. 2 InsO durchgeführt werden. Bis zur Entscheidung des Gerichts gilt § 89 Abs. 3 StaRUG. Die Norm sieht eine Privilegierung für Zahlungen vor, die während der Wartezeit auf die Aufhebung der Restrukturierungssache erfolgen. Diese Zahlungen gelten als mit der Sorgfalt eines ordentlichen Geschäftsleiters vereinbar. Schließlich ist es denkbar, dass das Gericht von einer Aufhebung der Restrukturierungssache absieht (§ 33 Abs. 2 Nr. 1 Hs. 2 und letzter Hs. StaRUG). Mit der Regelung soll verhindert werden, dass ein unmittelbar einsetzendes

Zahlungsverbot die dann fortlaufende Sanierung gefährdet. Das Privileg gilt jedoch nur für Zahlungen, die für die Fortsetzung des Restrukturierungsvorhaben zwingend erforderlich sind. Zahlungen, die bis zu der absehbar zu erwartenden Entscheidung des Restrukturierungsgerichts zurückgehalten werden können, ohne dass damit Nachteile für eine Fortsetzung des Restrukturierungsvorhabens verbunden sind, sind hiervon nicht umfasst.[365]

Praxishinweis: Als **haftungsträchtig** für den Geschäftsleiter wird sich künftig die Zeit zwischen materieller Insolvenzreife und Insolvenzantragstellung darstellen. Zahlungen in dieser Phase sind nur dann zulässig, wenn sie zur nachhaltigen Beseitigung der Insolvenzreife erforderlich sind. Nur Maßnahmen, die schlussendlich nicht erfolgreich waren, werden in der Praxis aber haftungsrechtlich überhaupt relevant werden. Dann muss der Geschäftsleiter den Nachweis seiner Sorgfalt führen können. Ihm ist dringend anzuraten, sich im Vorfeld vertiefte Gedanken über die Zweckmäßigkeit seiner Maßnahme zu machen und sich ggf. auch fachliche Beratung zu holen. Er muss nachweisen können, dass die Maßnahme und die damit verbundene Zahlung der Aufrechterhaltung des Geschäftsbetriebs diente. Eine entsprechende Dokumentation seiner Handlungsgründe ist vorzuhalten. 300

3. Zahlungsverbot des Geschäftsleiters für insolvenzverursachende Zahlungen, § 15b Abs. 5 InsO

§ 15b Abs. 5 InsO verbietet dem Geschäftsleiter **Zahlungen an die Gesellschafter** vorzunehmen, die zur Zahlungsunfähigkeit der Gesellschaft führen. Es handelt sich um ein eigenständiges **Zahlungsverbot,** dass ausschließlich Auszahlungen an den Gesellschafter verbietet.[366] Die Zahlung muss die Zahlungsunfähigkeit herbeigeführt haben (vgl. hierzu im Detail → Rn. 329). Lag die Zahlungsunfähigkeit schon im Moment der Zahlung vor, greift das Zahlungsverbot nach § 15b Abs. 1 und nicht das von Abs. 5.[367] Genau genommen handelt es sich damit um ein Zahlungsverbot im Vorstadium der Insolvenzreife. 301

---

[365] Thole BB 2021, 1347 (1352).

[366] K. Schmidt/K.Schmidt/Herchen InsO § 15b Rn. 37.

[367] K. Schmidt/K. Schmidt/Herchen InsO § 15b Rn. 40.

302 Der Zahlungsbegriff iSd § 15b Abs. 5 InsO umfasst die Zahlungen iSd § 15b Abs. 1 S. 1 InsO und wird erweitert um das Bestellen von Sicherheiten für Verbindlichkeiten eines Gesellschafters, soweit deren Inanspruchnahme bei Bestellung wahrscheinlich und ein liquider Rückgriffanspruch nicht gegeben ist.[368] Vom Gesellschafter erbrachte Gegenleistungen sind – soweit sie liquiditätswirksam sind – anzurechnen.[369]

303 Im Gegensatz zur Erstattungspflicht nach § 15b Abs. 4 S. 1 InsO muss Zahlungsempfänger zwingend ein Gesellschafter sein. Die Beteiligungshöhe ist irrelevant. Gleichzusetzen mit dem Gesellschafter sind Dritte, die mit dem Gesellschafter derart „verbunden" sind, sodass die Zahlung ihm mittelbar zugutekommt. Es bedarf hierzu einer Nähebeziehung zwischen Dritten und Gesellschafter, welche die Zurechnung rechtfertigt. In Betracht kommen familiäre Bindungen (Ehegatten, minderjährige Kinder, unter Umständen Eltern und Geschwister); sowie das Verhältnis zwischen Treuhandgesellschaft und Treugeber als auch verbundene Unternehmen iSd § 15 AktG.[370]

304 Die Zahlung auf fällige Gesellschafterforderungen ist keine verbotene Zahlung iSd § 15b Abs. 5 InsO. Sie ist liquiditätsneutral und kann ihrerseits keine Zahlungsunfähigkeit auslösen. Anwendungsbereich für § 15b Abs. 5 InsO besteht lediglich für Zahlungen ohne vorherige Verpflichtung oder die Begleichung von Forderungen vor Fälligkeit, etwa bei der Begleichung einem Rangrücktritt unterliegender Gesellschafterforderungen.[371]

4. Pflicht zur Zahlung von Steuern und Abgaben

305 Das mit Eintritt der Insolvenzreife für den Geschäftsleiter entstehende **Zahlungsverbot** befreit grundsätzlich nicht von den haftungs- und strafbewerten Verpflichtungen zur Leistung von

---

368 Braun/Weber/Dömmecke InsO § 15b Rn. 51.

369 OLG Celle 9.5.2012 – 9 U 1/12, DStR 2013, 55 (57).

370 Bitter/Baschnagel ZInsO 2018, 557 (595 f.).

371 Braun/Weber/Dömmecke InsO § 15b Rn. 49.

Steuern (§ 69 AO) und zur Abführung von Sozialversicherungsbeiträgen (§ 266a StGB).

Die dadurch zutage tretende **Pflichtenkollision** der verantwortlichen Geschäftsleiter hat der Gesetzgeber nunmehr mit Einführung des § 15b Abs. 8 InsO durch das SanInsFoG zugunsten der insolvenzrechtlichen Pflichten aufgelöst.[372] Die Nichtabführung von Steuern stellt damit keine Verletzung der steuerrechtlichen Pflichten dar, wenn der Geschäftsleiter nach Eintritt der Insolvenzreife die nach § 15a Abs. 1 InsO erforderlichen Schritte einleitet.[373] Konkret heißt das: Ein Geschäftsleiter der ohne Insolvenzverschleppung, fällige Zahlungen aus dem Steuerschuldverhältnis zurückhält, haftet nicht nach §§ 34, 69 AO, wenn ihm nicht sonst eine zur Verfahrensablehnung führende Pflichtverletzung vorzuwerfen ist (vgl. 15b Abs. 8 S. 3 InsO).[374] (vgl. hierzu auch → Rn. 552 ff.) 306

Bei verspäteter Stellung des Insolvenzantrags stellt die Nichtbegleichung fälliger Steuerzahlungen einen **Verstoß gegen §§ 34, 69 AO** dar, es sei denn, der Anspruch aus dem Steuerschuldverhältnis wird erst nach der Bestellung eines vorläufigen Insolvenzverwalters oder der Anordnung der vorläufigen Eigenverwaltung fällig (15b Abs. 8 S. 2 InsO). Wegen der damit verbundenen Haftungsfolgen → Rn. 504 ff. 307

Für die Abführung von **Sozialversicherungsbeiträgen** fehlt eine vergleichbare Regelung. In der Literatur wird unter Bezugnahme auf die Rechtsprechung des Bundesgerichtshof in Strafsachen vertreten, dass auch in diesem Fall die Pflicht zugunsten der insolvenzrechtlichen Pflichten aufzulösen ist.[375] Das bedeutet: Eine unter dem gesetzlichen Zwang des § 266a StGB erfolgende Abführung von Sozialversicherungsbeiträgen kann durch § 15b Abs. 1 S. 2 gerechtfertigt sein. Dies gilt allerdings nur für Abführung der Arbeitnehmerbeiträge zur Sozialversicherung. Die 308

---

[372] Zur Kritik an der Vorschrift Altmeppen ZIP 2021, 2413.

[373] BT-Drs. 19/25353, 11.

[374] K. Schmidt/K. Schmidt/Herchen InsO § 15b Rn. 27.

[375] Ahrens GWR 2021, 64 unter Bezugnahme auf BGH 30.7.2003 – V StR 221/03, DStR 2004, 2822.

Nichtabführung der Arbeitgeberanteile zur Sozialversicherung ist nicht strafbewehrt nach § 266a StGB.[376]

309 **Zusammenfassung der Pflichten des Geschäftsleiters im Stadium der Insolvenz:** Der Zeitraum zwischen materieller Insolvenzreife und Stellung des Insolvenzantrags ist für den Geschäftsleiter besonders haftungsträchtig, weil er zahlreichen gesetzlichen Normierungen unterliegt. Der Geschäftsleiter muss bei Zahlungsunfähigkeit innerhalb von drei Wochen und bei Überschuldung innerhalb von sechs bzw. befristet bis zum 31.12.2023 acht Wochen Insolvenzantrag stellen. Ansonsten liegt **Insolvenzverschleppung** vor. Daneben unterliegt der Geschäftsleiter dem **Zahlungsverboten** nach § 15b Abs. 1 und Abs. 5 InsO. Nur ausnahmsweise darf er Zahlungen nach Eintritt der Insolvenzreife noch tätigen, wenn es sich um Zahlungen „im ordnungsgemäßen Geschäftsgang" handelt. Für die Zahlung von Steuern sieht § 15b Abs. 8 InsO einen Vorrang der insolvenzrechtlichen Pflichten vor, dh der Geschäftsleiter haftet nicht (mehr) nach §§ 34, 69 AO, wenn er – ohne Insolvenzverschleppung zu begehen – keine Steuern zahlt. Hinsichtlich der Abführung von Arbeitnehmerbeiträgen zur Sozialversicherung gilt nach herrschender Auffassung das Gleiche.

310–314 *(einstweilen frei)*

II. Zivilrechtliche Haftung im Endstadium der Krise

1. Zahlungen nach Insolvenzreife

315 Zahlungen aus dem Gesellschaftsvermögen, die der Geschäftsleiter nach Eintritt von Überschuldung oder Zahlungsunfähigkeit leistet, lösen die **Erstattungspflicht** des Geschäftsleiters aus. § 15b Abs. 4 S. 1 InsO begründet einen eigenen Anspruch der Gesellschaft gegen den Geschäftsleiter. Der Anspruch ist darauf gerichtet, das Gesellschaftsvermögen wieder aufzufüllen, vergleichbar mit einem insolvenzrechtlichen Anfechtungsanspruch. Der Geschäftsleiter soll durch das Haftungsrisiko dazu angehalten werden, den Insolvenzantrag unmittelbar nach Eintritt der Insolvenzreife zu stellen.[377]

[376] Schmidt ZRI 2021, 389.

[377] Jakobs/Kruth DStR 2021, 2534; Schmidt ZRI 2021, 389 (389).

Um die Haftung zu begründen, muss die Gesellschaft (bzw. der Insolvenzverwalter) folgendes darlegen und ggf. beweisen: 316

- Zahlung des Geschäftsleiters, 317
- nach Eintritt der Insolvenzreife.

Gelingt der Gesellschaft dieser Nachweis, so obliegt dem Geschäftsleiter der Entlastungsbeweis. Zum Beispiel indem er darlegt, dass

- die infrage stehende Zahlung die Masse im Ergebnis nicht verkürzt hat,
- im Falle von dargelegter Überschuldung eine positive Fortführungsprognose bestand,
- die Zahlung mit der Sorgfalt eines ordentlichen Geschäftsleiters vereinbar war.[378]

a) Verschulden

§ 15b Abs. 4 InsO setzt ein Verschulden des Geschäftsleiters voraus. Auch wenn der Geschäftsleiter keine positive Kenntnis von der Insolvenzreife hat, kann ein Verschulden vorliegen. Hinsichtlich des Zahlungsverbots ist es für den Eintritt der Erstattungspflicht ausreichend, wenn der Geschäftsleiter fahrlässig gehandelt hat. Der Maßstab ist hierbei die Sorgfalt des ordentlichen Geschäftsmannes. Zu den situationsbezogenen Konkretisierungen dieses Maßstabes (vgl. → Rn. 293 ff.).[379] 318

Praxishinweis: Eine vom BMJV durchgeführte Studie kam zu dem Ergebnis, dass ein Großteil der Geschäftsleiter von kleinen und mittleren Gesellschaften nicht bzw. nicht genau wissen, was Überschuldung iSd § 19 InsO bedeutet. Demnach sei auch eine Fortführungsprognose und der Unterschied zwischen bilanzieller und rechtlicher Überschuldung nicht bekannt. Dennoch können sich Geschäftsleiter im Rahmen der Haftung so gut wie nie erfolgreich auf einen Rechtsirrtum und somit fehlendes Verschulden berufen.[380] 319

---

[378] KPB/Bork/Kebekus InsO § 15b Rn. 88 ff.

[379] K. Schmidt InsO/K. Schmidt/Herchen InsO § 15b Rn. 23.

[380] Schmidt ZRI 2021, 389 (392).

320 Bedient sich der Geschäftsleiter bei der Prüfung der Frage, ob Insolvenzreife vorliegt, der fachkundigen Hilfe eines Dritten, so kann seine Haftung mangels Verschuldens ausgeschlossen sein. Der selbst nicht fachkundige Geschäftsleiter kann sich auf Aussagen einer unabhängigen, für die zu klärenden Fragestellungen fachlich qualifizierten Person, es liege keine Insolvenz vor, verlassen. Dies setzt voraus, dass der Geschäftsleiter die Verhältnisse der Gesellschaft umfassend dargestellt, die zur Prüfung erforderlichen Unterlagen offengelegt und das Prüfungsergebnis einer eigenen **Plausibilitätskontrolle** unterzogen hat.[381]

321 Die Business Judgement Rule findet im Rahmen des § 15b InsO keine Anwendung. Dies bedeutet aber keineswegs, dass dem Unternehmer gar kein Ermessen einzuräumen ist. Andernfalls würde ein derartig strenger Kontrollmaßstab die Privilegierungen des § 15b Abs. 2 S. 1, InsO entwerten. Dies gilt insb. für Fälle der gescheiterten Sanierungsbemühungen. Der Geschäftsleiter ist verpflichtet, seine Entscheidung nach **pflichtgemäßem Ermessen** zu treffen. Landet die Entscheidung zu einem späteren Zeitpunkt vor Gericht, so sollten die Gerichte die Prüfung darauf beschränken, ob die Ermessensentscheidung des Geschäftsleiters vertretbar gewesen ist.[382] Der Beurteilungsspielraum des Geschäftsleiters soll erst dann überschritten sein, wenn seine Einschätzung aus der Ex-ante-Sicht auf Grundlage aller bei Anwendung der gebotenen Sorgfalt verfügbaren Informationen unvertretbar ist.[383]

322 **Praxishinweis:** Dem Geschäftsleiter ist dringend zu raten, die Ermessenserwägungen zu **dokumentieren.** Nur auf diese Weise kann in einem gerichtlichen Verfahren der Nachweis erbracht werden, dass seine Einschätzung vertretbar gewesen ist.

323 Ein Geschäftsleiter kann sich nicht erfolgreich darauf berufen, dass für die verbotswidrige Zahlung ein anderer Mitgeschäftsführer zuständig gewesen sei. Für den Fall, dass die Kontrolle der wirtschaftlichen Situation der Gesellschaft durch Geschäftsverteilung einem Mitgeschäftsleiter zugeordnet ist, haben die übrigen

381 Braun/Weber/Dömmecke InsO § 15b Rn. 39.

382 Klöhn/Zell NZI 2022, 673 (677).

383 MüKoInsO/Klöhn InsO § 15a Rn. 179.

Geschäftsleiter dessen Ressortgeschäftsleitung zu überwachen und ggf. einzuschreiten, um auf Krisen zu reagieren und verbotswidrige Zahlungen zu verhindern.[384]

Beispiel: Die Vermutung seines schuldhaften Verhaltens kann nicht durch den Vortrag widerlegt werden, der Geschäftsleiter habe sich bereits Jahre vor dem fraglichen Zeitraum von der Gesellschaft innerlich gelöst, seine Geschäftsleitertätigkeit faktisch niedergelegt und keine Kontrollmöglichkeiten in Bezug auf die Geschäfte gehabt.[385]

b) Rechtsfolge: Ersatzanspruch (Zahlungsanspruch der Gesellschaft)

Als Rechtsfolge sieht das Gesetz einen Zahlungsanspruch der **324** Gesellschaft gegen den Geschäftsleiter in Höhe des Wertes der ursprünglichen Zahlung vor.[386]

aa) Grundsatz (§ 15b Abs. 4 S. 1 InsO)

Der Geschäftsleiter hat den Wert jeder einzelnen Zahlung in **325** Geld zu ersetzen. Zwingende Voraussetzung ist jedoch, dass die Zahlung die Masse verkürzt haben muss. Folglich ist bei Ermittlung der Höhe der zu erstattenden Zahlung eine ins Gesellschaftsvermögen gelangte und wertmäßig erhaltene Gegenleistung von der Zahlung abzuziehen. Ein reiner Aktiv/Aktivtausch bzw. Passiv/Passivtausch wird im Regelfall nicht zu einer Erstattungspflicht führen. Der Geschäftsleiter kann sich also durch den Nachweis entlasten, dass für die von ihm erbrachte Leistung in unmittelbarem wirtschaftlichen Zusammenhang ein Gegenwert in das Gesellschaftsvermögen gelangt ist. Auch wenn das Empfangene nicht gleichwertig zur Zahlung sein sollte, mindert es dennoch den zu erstattenden Betrag.[387] Mitgeschäftsleiter haften gesamtschuldnerisch.[388] Der Geschäftsleiter kann sich ferner nicht auf die

---

[384] Braun/Weber/Dömmecke InsO § 15b Rn. 40.
[385] Schmidt ZRI 2021, 389 (394).
[386] BeckOK InsR/Wolfer InsO § 15b Rn. 29f.
[387] KPB/Bork/Kebekus InsO § 15b Rn. 64ff.
[388] Braun/Weber/Dömmecke InsO § 15b Rn. 41.

insolvenzrechtliche Anfechtbarkeit der verbotswidrigen Zahlung berufen.[389]

bb) Begrenzung auf den Gläubigerschaden (§ 15b Abs. 4 S. 2 InsO)

326 Der Geschäftsleiter hat aufgrund der Neuregelung des § 15b InsO fortan die Möglichkeit einzuwenden, dass der Gesamtheit der Gläubiger ein geringerer Schaden als die Summe der Zahlungen entstanden ist (§ 15b Abs. 4 S. 2 InsO). Zu beachten ist jedoch, dass die Neuregelung keine Rückwirkung hat. Das bedeutet, dass die Begrenzung auf den Gläubigerschaden nur für Zahlungen gilt, die nach dem 31.12.2020 vorgenommen worden sind.[390]

327 Für Zahlungen nach dem 31.12.2020 ist die Haftung auf den Schaden begrenzt, welcher der Gläubigerschaft der Gesellschaft entstanden ist. Es soll vermieden werden, dass die Inanspruchnahme des Geschäftsleiters über dasjenige hinausgeht, was zur Erreichung des Zwecks der Zahlungsverbote – die Erhaltung der Masse im Interesse der Gläubiger – erforderlich ist. Der Gläubigerschaden besteht in der Minderung des Werts des Gesellschaftsvermögens, die während der Dauer des Zahlungsverbots eingetreten ist. Der Schaden bemisst sich nach der Differenz zwischen der Vermögenslage der Gesellschaft bei Eintritt der Insolvenzreife und der Vermögenslage im Zeitpunkt der Eröffnung des Insolvenzverfahrens.[391]

2. Insolvenzverursachende Zahlungen an Gesellschafter

328 Verstößt der Geschäftsleiter gegen das Auszahlungsverbot nach § 15b Abs. 5 InsO, hat er der Gesellschaft die geleistete Zahlung zu erstatten.

---

389 BGH 18.12.1995 – II ZR 277/94, DStR 1996, 1175.
390 MüKoGmbHG/Müller GmbHG § 64 Rn. 213, 226.
391 MüKoGmbHG/Müller GmbHG § 64 Rn. 220.

a) Verursachung der Insolvenz

Die Haftung setzt **Kausalität** voraus. Diese besteht, wenn die Zahlung *„ohne Hinzutreten weiterer Kausalbeiträge zur Zahlungsunfähigkeit der Gesellschaft“* führt. Dies setzt einen engen zeitlichen Zusammenhang zwischen Zahlung und Zahlungsunfähigkeit voraus. Dieser ist gegeben, wenn zwischen Zahlung und Zahlungsunfähigkeit maximal ein Jahr liegt. Die Darlegungs- und Beweislast für die Verursachung der Insolvenz obliegt der Gesellschaft bzw. dem Insolvenzverwalter. Hat der Geschäftsleiter vor der Auszahlung pflichtwidrig keine Liquiditätsplanung vorgenommen bzw. diese nicht dokumentiert, kommt es zu Erleichterungen der Beweisführung durch die Gesellschaft. Als **Faustformel** gilt: „Je näher der zeitliche Zusammenhang zwischen Zahlung und Illiquidität und je bedeutender der verausgabte Betrag im Verhältnis zu den offenen Verbindlichkeiten ist, desto einfacher ist der Nachweis der Kausalität zu führen. Unwiderlegbar ist die Kausalität, wenn eine Ausschüttung an den Gesellschafter unmittelbar die Zahlungsunfähigkeit der Gesellschaft bewirkt.[392] **329**

b) Verschulden

Die Haftung des Geschäftsleiters ist mangels Verschuldens ausgeschlossen, wenn auch mit der Sorgfalt eines ordentlichen Geschäftsmanns nicht erkennbar war, dass die Leistung zur Zahlungsunfähigkeit führen musste.[393] **330**

Ferner könnte sich der Geschäftsleiter – wie beim Zahlungsverbot nach § 15b Abs. 1 S. 1 InsO – dadurch entlasten, dass die Zahlung zur Aufrechterhaltung des Geschäftsbetriebs dient. Insbesondere um die Gesellschaft vor einem Zusammensturz, zB durch Produktionsstillstands zu bewahren. Das Zahlungsverbot darf insofern einer erfolgversprechenden Sanierung nicht im Wege stehen.[394] Nicht entlasten kann er sich allerdings mit dem Argument, die Zahlungsfähigkeit wäre sowieso eingetreten.[395] **331**

---

[392] MüKoGmbHG/Fleischer GmbHG § 64 Rn. 254.

[393] KPB/Bork/Kebekus InsO § 15b Rn. 106.

[394] Knof DStR 2007, 1580 (1584).

[395] K. Schmidt/K. Schmidt/Herchen, 19. Aufl. 2016, InsO § 15b Rn. 61.

c) Rechtsfolge: Ersatzanspruch (Zahlungsanspruch der Gesellschaft)

332 Der Geschäftsleiter hat der Gesellschaft die an den Gesellschafter geleistete Zahlung – bzw. bei anderen Leistungen als Geldleistung deren Wert – zu ersetzen. Die Ersatzpflicht des Geschäftsleiters besteht in dem Umfang, wie der Gesellschaft tatsächlich liquide Vermögenswerte entzogen wurden. Erbrachte Gegenleistungen des Gesellschafters sind anzurechnen.[396] Ebenso wie bei Verstößen gegen das insolvenzrechtliche Zahlungsverbot aus § 15b Abs. 1 InsO wird durch § 15b Abs. 4 S. 2 InsO der Umfang des Anspruchs auf den Gläubigerschäden beschränkt.[397]

3. Verletzung der Insolvenzantragspflicht

333 Die **Insolvenzantragspflicht** dient grundsätzlich dem Schutz aller gegenwärtigen und künftigen potenziellen Insolvenzgläubiger.[398] Demnach liegt das Hauptaugenmerk der Haftungsrisiken bei einer Verletzung der Insolvenzantragspflicht durch den Geschäftsleiter in der **Außenhaftung** gegenüber den Gläubigern der Gesellschaft. Der Bundesgerichtshof hat jedoch klargestellt, dass eine Verletzung der Insolvenzantragspflicht (am Beispiel der verzögerter Insolvenzantragsstellung) ebenfalls einen Schadensersatzanspruch der Gesellschaft gegen den Geschäftsleiter aus § 43 Abs. 2 GmbH begründen kann. Die Frage der Innenhaftung des Geschäftsleiters gegenüber der Gesellschaft ist jedoch ein vorwiegend akademischer Streit und wird in der Praxis bislang nicht geltend gemacht,[399] sodass nachfolgend nur auf die Außenhaftung des Geschäftsleiters näher eingegangen wird.

---

396 Bitter/Baschnagel ZInsO 2018, 557 (597).

397 MüKoGmbHG/Fleischer GmbHG § 64 Rn. 257.

398 K. Schmidt/K. Schmidt/Herchen InsO § 15a Rn. 4.

399 Freitag NZG 2014, 447.

a) Haftung nach §823 Abs. 2 iVm §15a Abs. 1 S. 1 InsO

Für den Geschäftsleiter des kriselnden Unternehmens ist die Verletzung der Insolvenzantragspflicht nach §15a Abs. 1 S. 1 InsO die Haftungsnorm mit höchster Relevanz und Bedeutung. Hiernach haftet der Geschäftsleiter für die aus der Insolvenzverschleppung resultierenden Schäden der Gläubiger.[400] Die Haftung entsteht, wenn der Geschäftsleiter zumindest **fahrlässig** die Insolvenzantragspflicht verletzt hat. Näheres zur Insolvenzantragspflicht vgl. → Rn. 278 ff. 334

aa) Business Judgement Rule und Verschulden

Die Haftung ist ausgeschlossen, wenn der Geschäftsleiter bei Verletzung der Insolvenzantragspflicht nicht sorgfaltswidrig gehandelt hat. Mangelnde Sachkunde und individuelle Unzulänglichkeiten entschuldigen den Geschäftsleiter nicht. Er ist verpflichtet, ggf. die erforderlichen Kenntnisse zu erwerben bzw. Hilfe Dritter in Anspruch zu nehmen oder er darf die Geschäftsleitung schlicht nicht übernehmen.[401] Bei Beurteilung des Vorliegens von Insolvenzreife findet die Business Judgement Rule keine Anwendung. Dennoch räumt die Rechtsprechung dem Geschäftsleiter einen gewissen **Beurteilungsspielraum** ein. Der Geschäftsleiter handelt ohne Verschulden, wenn er insb. bei Feststellung der Überschuldung im Hinblick auf die Fortführungsprognose innerhalb dieses Beurteilungsspielraums eine vertretbare (Fehl-)Beurteilung vorgenommen hat. Dieser Beurteilungsspielraum ist erst überschritten, wenn die Einschätzung der Finanzlage aus der ex-ante-Sicht des antragspflichtigen Geschäftsleiters auf der Grundlage aller bei Anwendung der gebotenen Sorgfalt verfügbaren Informationen unvertretbar ist.[402] 335

Die Haftung kann entfallen, wenn der Geschäftsleiter sich in einer das Verschulden ausschließenden Weise auf die Information bzw. das Verhalten anderer verlassen durfte. Das Verschulden ent- 336

---

[400] BeckOK InsR/Wolfer InsO §15a Rn. 30.

[401] MüKoInsO/Klöhn InsO §15a Rn. 171.

[402] MüKoInsO/Klöhn InsO §15a Rn. 179.

fällt, wenn der Geschäftsleiter die Kontroll- und Überwachungspflichten im Hinblick auf die Person des Dritten gewahrt hat. Die Haftung bleibt bestehen, wenn dem Geschäftsleiter bei Auswahl der Person des Dritten ein Auswahlverschulden zur Last fällt.[403]

Beispiel: Ein Geschäftsleiter verletzt seine Insolvenzantragspflicht nicht schuldhaft, wenn er bei fehlender eigener Sachkunde zur Klärung des Bestehens der Insolvenzreife der Gesellschaft den Rat eines fachkundigen Beraters (Steuerberater/Wirtschaftsprüfer/Rechtsanwalt) einholt, diesen über sämtliche für die Beurteilung maßgeblichen Umstände ordnungsgemäß informiert und nach eigener Plausibilitätskontrolle, der ihm daraufhin erteilten Auskunft dem Rat folgt und von der Stellung eines Insolvenzantrags absieht.[404]

bb) Einzelheiten

337 **Interne Unzuständigkeit.** Die Insolvenzantragspflicht ist eine nicht delegierbare Pflichtaufgabe jedes Geschäftsleiters. Der Geschäftsleiter kann also nicht erfolgreich vorbringen, er sei intern nicht für die Überwachung der Finanzlage und Stellung des Insolvenzantrags zuständig gewesen.[405]

338 **Vorübergehende Verhinderung/Abwesenheit.** Die Haftung ist ausgeschlossen, wenn der Geschäftsleiter aufgrund Krankheit oder Abwesenheit die Antragspflicht nicht erfüllen konnte. Dies gilt nur insoweit er alle zumutbaren Maßnahmen getroffen hat, um seiner Antragspflicht zu genügen.[406]

339 **Hoffnung auf überdurchschnittliche Geschäfte.** Die Haftung des Geschäftsleiters wegen Insolvenzverschleppung entfällt nicht, weil er auf überdurchschnittliche Geschäfte gehofft hatte.[407]

340 **Zustimmung aller Gläubiger.** Die Haftung wird auch nicht dadurch ausgeschlossen, dass sämtliche Altgläubiger der Insolvenzverschleppung zugestimmt haben.[408]

---

[403] MüKoInsO/Klöhn InsO § 15a Rn. 177.

[404] BGH 14.5.2007 – II ZR 48/06, NJW 2007, 2118.

[405] MüKoInsO/Klöhn InsO § 15a Rn. 176.

[406] MüKoInsO/Klöhn InsO § 15a Rn. 171.

[407] BGH 7.11.1994 – II ZR 8/93, NJW-RR 1995, 289.

[408] MüKoInsO/Klöhn InsO § 15a Rn. 169.

cc) Mitverschulden

Die Haftung kann (teilweise) ausgeschlossen sein, wenn sich dem Gläubiger hätte aufdrängen müssen, dass sich die Gesellschaft in der Krise befindet.[409] Ein Mitverschulden des Gläubigers für den bei ihm eingetretenen Schaden ist anzunehmen, wenn für ihn bei Abschluss des Vertrages erkennbare Umstände vorlagen, die die hierdurch begründete Forderung gegen die Gesellschaft als gefährdet erscheinen lassen mussten. Die Kenntnis des Gläubigers von einer etwaigen Unterkapitalisierung der Gesellschaft begründet für sich genommen noch kein Mitverschulden.[410] 341

dd) Rechtsfolge: Schadensersatz

Die Rechtsfolge der Haftung nach §823 Abs. 2 BGB aufgrund Insolvenzverschleppung ist die Schadensersatzverpflichtung des Geschäftsleiters. Maßgeblich hierbei die differenzierende Linie der Rechtsprechung zwischen Alt- und Neugläubigern. 342

Altgläubiger sind diejenigen Gläubiger, welche vor Eintritt der Insolvenzantragspflicht bereits vertragliche Bindungen zur späteren Insolvenzschuldnerin (Gesellschaft) hatten. Der Schaden dieser Altgläubiger besteht in Höhe der Verschlechterung ihrer Insolvenzquote durch eine Verschlechterung der Insolvenzmasse während der Zeit der Verschleppung. Maßgeblich ist also die Differenz aus dem Vergleich der hypothetischen Insolvenzquote bei rechtzeitiger Insolvenzantragsstellung und der tatsächlichen Quote. Dieser Quotenschaden wird im Insolvenzverfahren ausschließlich vom Insolvenzverwalter geltend gemacht; bzw. in der Eigenverwaltung vom Sachwalter. Der einzelne Gläubiger kann den Schaden nur dann selbst geltend machen, wenn das Verfahren mangels Masse abgelehnt worden ist.[411] 343

Neugläubiger hingegen sind Gläubiger, welche nach Eintritt der Antragspflicht neue Vertragsbeziehungen mit der Insolvenzschuldnerin begründen. Der Bundesgerichtshof hat hierzu fest- 344

---

409 Uhlenbruck/Hirte InsO § 15a Rn. 43.
410 BGH 6.6.1994 – II ZR 292/91, NJW 1994, 2220 (2224).
411 BeckOK InsR/Wolfer InsO § 15a Rn. 32.

gestellt, dass den Neugläubigern gegen den Geschäftsleiter – bei schuldhaftem Verstoß gegen die Insolvenzantragspflicht – ein Anspruch auf Ausgleich des Schadens zuzubilligen ist, der ihnen dadurch entsteht, dass sie in Rechtsbeziehungen zu einer insolvenzreifen Gesellschaft getreten sind. Es bedarf hierzu eines inneren Zusammenhangs zwischen der Insolvenzreife der Gesellschaft und dem eingetretenen Schaden. An diesem Zusammenhang fehlt es beispielsweise, wenn der eingetretene Schaden durch einen Dritten verursacht wurde, die Insolvenzverschleppung den Schadenseintritt also nur begünstigte. Hinzukommt, dass der objektive und subjektive Tatbestand einer Insolvenzverschleppung zur Zeit des zum Schaden des Neugläubigers führenden Geschäftsabschlusses noch vorliegen. Das heißt, dass eine vorherige, tatsächlich beseitigte Insolvenzreife nicht kausal für einen späteren Schaden ist. Der Schadensersatzanspruch der Gläubiger beläuft sich auf Ersatz des negativen Interesses. Hierzu zählen auch Kosten der Rechtsverfolgung gegen das insolvente Unternehmen. Im Gegensatz zu Altgläubigern haben Neugläubiger ihren Schaden außerhalb des Insolvenzverfahren selbst geltend zu machen.[412]

b) Haftung nach §826 BGB

345 Mit Urteil vom 27.7.2021 hat der BGH wiederholt entschieden, dass die vorsätzliche Insolvenzverschleppung auch den Tatbestand der **vorsätzlich sittenwidrigen Schädigung** nach §826 BGB erfüllt.[413]

346 Die Sittenwidrigkeit der vorsätzlichen Insolvenzverschleppung folgt regelmäßig bereits aus dem vorsätzlichen Verstoß des Geschäftsleiters gegen seine Pflicht zur Insolvenzantragsstellung. Wenn der Geschäftsleiter die Insolvenzreife erkennt und die Gesellschaft dennoch weiterführt, lässt dies darauf schließen, dass er das unabweisbare Ende der Gesellschaft zum Nachteil des Gläubigers nur hinauszögern will. Voraussetzung der Sittenwidrigkeit ist nämlich, dass der Geschäftsleiter die Schädigung des Gläubigers gekannt bzw. vorausgesehen und in seinen Willen aufgenommen

---

[412] BeckOK InsR/Wolfer InsO §15a Rn. 33, 33a.
[413] BGH 27.7.2021 – II ZR 164/20, NZI 2021, 940.

hat. Oder er die Schädigung für möglich gehalten, jedoch billigend in Kauf genommen hat.[414]

Die Sittenwidrigkeit entfällt, wenn der Geschäftsleiter darlegt, 347
dass er den Antrag unterlassen hat, weil er die Krise den Umständen nach als überwindbar und darum Bemühungen um ihre Behebung durch einen Sanierungsversuch als lohnend und berechtigt ansehen durfte. Der Geschäftsleiter kann sich hingegen nicht dadurch entlasten, dass er nicht wusste, welche und wie viele Personen durch sein Verhalten geschädigt werden.[415]

Die Rechtsfolge der Haftung nach § 826 BGB ist die Schadens- 348
ersatzverpflichtung des Geschäftsleiters. Diese umfasst zunächst sowohl den Schaden der Altgläubiger (vgl. → Rn. 343) als auch den Schaden der Neugläubiger (vgl. → Rn. 344). Der BGH hat in o.g. Entscheidung festgehalten, dass die Haftung aus § 826 BGB noch weitreichender ist als die Haftung nach § 823 Abs. 2 BGB iVm § 15a Abs. 1 S. 1 InsO. Nach der neuesten Rechtsprechung umfasst die Haftung des § 826 BGB auch einen Schaden der sog. Altgläubiger, der über den Quotenschaden hinausgeht. Der Geschäftsleiter haftet nunmehr auch für Maßnahmen der Altgläubiger, die sich aufgrund der Insolvenz als „wirtschaftlich unsinnig" erwiesen haben. Im entschiedenen Fall konnten Altgläubiger Rechtsverfolgungskosten im Zusammenhang mit einem Beweissicherungsverfahren gegen die Gesellschaft erfolgreich geltend machen. Begründet wurde dies damit, dass die Rechtsverfolgungskosten nicht aufgewendet worden wären, wenn die Gläubiger von der Insolvenz gewusst hätten.[416]

4. Verletzung vorvertraglicher Aufklärungspflichten

Eine zivilrechtliche Außenhaftung des Geschäftsleiters kann 349
sich auch aus vorvertraglicher Haftung gegenüber einem Gläubiger der Gesellschaft ergeben.

[414] BGH 27.7.2021 – II ZR 164/20, NZI 2021, 940 (941).
[415] BGH 27.7.2021 – II ZR 164/20, NZI 2021, 940 (944).
[416] BGH 27.7.2021 – II ZR 164/20, NZI 2021, 940 (944).

a) Vorvertragliche Aufklärungspflicht über wirtschaftliche Schieflage

350 Die Haftung kann aus der allgemeinen vorvertraglichen Pflicht erwachsen, den anderen auf Umstände hinzuweisen, über die dieser eine Aufklärung nach Treu und Glauben (§ 242 BGB) erwarten darf. Grundsätzlich besteht zwar keine vorvertragliche Verpflichtung den Geschäftspartner Auskunft über Vermögenslage und Kreditwürdigkeit zu erteilen. Jedoch besteht gegenüber dem Geschäftspartner eine haftungsbewehrte Aufklärungspflicht, wenn die wirtschaftliche Bedrängnis gravierend ist. Der Geschäftsleiter ist zur Aufklärung verpflichtet, wenn aufgrund der finanziellen Schieflage die Erfüllung des Vertragszwecks nicht sicher ist und die Durchführung des Vertrages aufgrund der Vermögenslage von vornherein schwer gefährdet erscheint. Dies ist bei Insolvenzreife der Fall.[417]

b) Persönliche Verantwortung des Geschäftsleiters

351 Eine persönliche Haftung des Geschäftsleiters begründet dessen Verletzung der vorvertraglichen Aufklärungspflicht im Grundsatz nicht. Schließlich ist Vertragspartner nicht der Geschäftsleiter, sondern die von ihm vertretene Gesellschaft. Nur die Gesellschaft selbst haftet für die Verletzung vorvertraglicher Schutzpflichten ihrer Organe. Eine Haftung des Geschäftsleiters kommt ausnahmsweise dann in Betracht, wenn er

- wirtschaftliches Eigeninteresse an dem Vertragsschluss hat oder
- besonderes persönlichen Vertrauen in Anspruch nimmt.

352 Die Fallgruppe „wirtschaftliches Eigeninteresse" spielt praktisch kaum noch eine Rolle. Die Fallgruppe **„Inanspruchnahme besonderen persönlichen Vertrauens"** kann eine persönliche Haftung des Geschäftsführers auslösen, wenn er als Vertragsvermittler mit Hinweis auf seine außergewöhnliche Sachkunde oder seine besondere persönliche Zuverlässigkeit dem Vertragspartner

[417] IDW Sanierung und Insolvenz (WPH Edition)/Wieland-Blöse/Oberle Kap. A Rn. 76.

eine zusätzliche, von ihm persönlich ausgehende Gewähr für das Gelingen des Geschäfts gibt.[418] Infolge des Verhaltens des Geschäftsführers muss bei seinem Verhandlungspartner der Eindruck entstehen, dass der Geschäftsleiter persönlich die Gewähr für die Seriosität und ordnungsgemäße Abwicklung des Geschäfts übernimmt. Vorauszusetzen ist also, dass der Geschäftsleiter als Vertreter eine von ihm selbst einzulösende garantieähnliche Erklärung gegenüber dem Vertragspartner der Gesellschaft abgegeben hat, die von Eigenlob und Eigenwerbung abzugrenzen ist. Eine Inanspruchnahme persönlichen Vertrauens kann zB gegeben sein, wenn jemand als Sanierungs-Geschäftsleiter mit einem konkreten Sanierungsauftrag eingesetzt wird.[419]

Die persönliche vorvertragliche Haftung des Geschäftsleiters ist **353** sehr restriktiv anzuwenden.[420] Das allgemeine Interesse des Geschäftsleiters am Erfolg der Gesellschaft begründet grundsätzlich keine Eigenhaftung, weil bei den Verhandlungen im Namen der Gesellschaft nur normales Verhandlungsvertrauen in Anspruch genommen wird. Dies gilt auch dann, wenn der Geschäftsleiter den anderen Teil positiv täuscht. Anders verhält sich dies, wenn der Geschäftsleiter die persönliche Gewähr für die Seriosität und die Durchführung des Geschäfts übernommen hat (→ Rn. 352) oder er verschleiert hat, dass dem Geschäftspartner nur die Gesellschaft, nicht aber eine persönliche Person haftet. Für die persönliche Haftung genügt es nicht, wenn der Geschäftsleiter als Bürge oder Sicherungsgeber für die Verbindlichkeiten der Gesellschaft einsteht und durch den Vertrag das Risiko einer persönlichen Inanspruchnahme verringert oder hinausgeschoben werden soll. Der Geschäftsleiter haftet auch nicht deshalb, weil die Gegenansprüche gegen den Gläubiger an den Geschäftsleiter zur Sicherung abgetreten worden sind.[421]

---

[418] BGH 3.10.1989 – XI ZR 157/88, NJW 1990, 389 (389).
[419] BeckOK GmbHG/Pöschke GmbHG § 43 Rn. 415.1.
[420] Bitter ZinsO 2018, 625 (636).
[421] BeckOK BGB/Sutschet BGB § 311 Rn. 127.

c) Verschulden

354 Die Haftung entfällt, wenn der Geschäftsleiter nachweisen kann, dass er die Aufklärungspflichtverletzung nicht verschuldet hat. Dies kommt in Betracht, wenn er sich zur Prüfung der Insolvenzreife auf einen externen Gutachter verlassen hat bzw. verlassen durfte.

d) Rechtsfolge: Schadensersatz

355 Sind die oben genannten Voraussetzungen erfüllt, so haftet der Geschäftsleiter auf das negative Interesse. Sprich, er hat den Vertrauensschaden zu ersetzen, der dem Vertragspartner entsteht, wenn das geschlossene Geschäft platzt oder die Gesellschaft ihrer Gegenleistungspflicht nicht nachgekommen ist.[422]

5. Schutzgesetzverletzung – Außenhaftung

356 Der Geschäftsleiter kann persönlich gegenüber Gläubigern der Gesellschaft zur Verantwortung gezogen werden, wenn ihm eine Verletzung eines **Schutzgesetzes** zur Last gelegt werden kann. Nachstehend werden Schutzgesetze dargestellt, welche typischerweise das „Unternehmen in der Krise“ betreffen können:

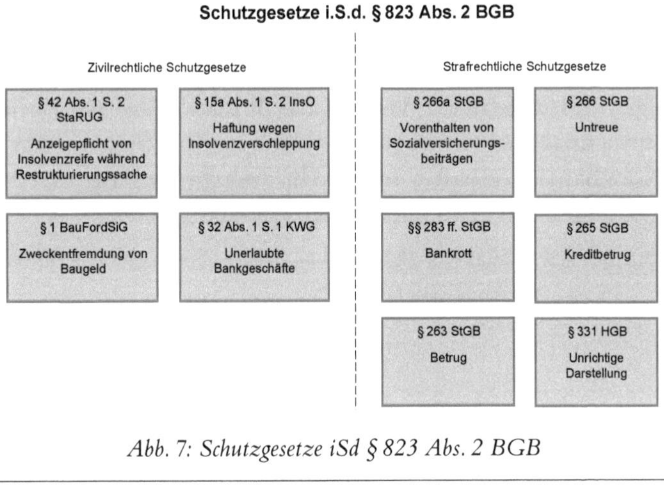

Abb. 7: Schutzgesetze iSd § 823 Abs. 2 BGB

[422] Bitter ZinsO 2018, 625 (636ff.).

Der Inhalt der Schutzgesetze wird an dieser Stelle nicht thematisiert. Es wird auf die entsprechenden Kapitel zu den einzelnen Tatbeständen (→ Rn. 579 ff.) verwiesen. § 823 Abs. 2 BGB verpflichtet den Geschäftsleiter zum Schadensersatz im Falle der Verletzung eines Schutzgesetzes und setzt weiter voraus, dass der Schutzgesetzverstoß einen Schaden zur Folge hat. Diesen Schaden also erst verursacht hat.[423] 357

Zusammenfassung der zivilrechtlichen Haftungsrisiken im Endstadium der Krise: Das Endstadium der Krise wird aus Sicht des Geschäftsleiters von zwei Haftungsrisiken dominiert: Der Erstattungspflicht verbotswidriger Zahlungen aus § 15b Abs. 4 S. 1 InsO und der Insolvenzverschleppungshaftung aus § 823 Abs. 2 BGB iVm § 15a Abs. 1 S. 1 InsO bzw. § 826 BGB. 358

Im Rahmen des insolvenzrechtlichen Zahlungsverbots ist der Geschäftsleiter weitgehend privilegiert, wenn er einen Insolvenzantrag rechtzeitig gestellt hat. Im Vorfeld sollte er sich im Klaren darüber sein, dass eine Erstattungspflicht nur dann ausscheidet, sofern die Zahlung als Maßnahme zur nachhaltigen Beseitigung der Insolvenzreife oder zur Vorbereitung eines Insolvenzantrags getätigt wurde.

Stellt der Geschäftsleiter keinen bzw. verspätet Insolvenzantrag (Insolvenzverschleppung), haftet er für Schäden der Gläubiger. Die Haftung kann oft dann entfallen, wenn der Geschäftsleiter einen Dritten mit der Prüfung der Insolvenzreife beauftragt, ihm sämtliche Informationen zur Verfügung stellt und auf seinen Rat – nach Plausibilitätskontrolle – folgt.

[423] MüKoBGB/Wagner BGB § 823 Rn. 614.

E. Das Insolvenzverfahren

Ziel dieses Buches ist es, dem Unternehmer Möglichkeiten aufzuzeigen, um die Krise zu vermeiden bzw. diese zu bewältigen. Mit anderen Worten, die Insolvenz zu vermeiden. Gleichzeitig soll den verantwortlichen Geschäftsleitern, Gesellschaftern und anderen verantwortlichen Personen eines kriselnden Unternehmens aber bewusst gemacht werden, dass die Insolvenz eines Unternehmens keine Schande ist. Anders als im anglo-amerikanischen Raum, wo mehrfache Insolvenzen eines Unternehmers üblich und fast schon fester Bestandteil einer erfolgreichen Unternehmerkarriere sind, haftet in Deutschland dem Unternehmer, der für sein Unternehmen einen Antrag auf Insolvenz stellen muss, häufig das „Stigma der Insolvenz" an. Für das Unternehmen kann das Insolvenzverfahren aber tatsächlich auch die Chance bieten, die eingetretene Krise zu überwinden. Das nachfolgende Kapitel skizziert die **wesentlichen Grundzüge** sowie den **Ablauf des Insolvenzverfahrens.** Besonders hervorgehoben werden die Möglichkeiten der Sanierung des Unternehmens im Eröffnungs- bzw. Insolvenzverfahren. Das (vorläufige) Eigenverwaltungsverfahren und das Schutzschirmverfahren bieten dem Unternehmer – trotz Vorliegen eines Insolvenzgrundes – die Möglichkeit, selbst das Unternehmen aus der Krise zu führen, dh im „Driver Seat" zu bleiben. Die für den Geschäftsleiter damit einhergehenden möglichen Haftungsrisiken werden an entsprechender Stelle behandelt. **359**

I. Allgemeines zum Insolvenzverfahren

Das **Insolvenzverfahren** hat im Wesentlichen die Funktion, **360**
die Gläubiger des Schuldners gemeinschaftlich zu befriedigen,

§ 1 S. 1 InsO. Aus der gemeinschaftlichen Befriedigung folgt der Grundsatz der Gleichbehandlung aller Gläubiger.[424]

361 Dem Verfahren liegt das **Prinzip der Gesamtvollstreckung** zugrunde. Das Vermögen des Schuldners reicht nicht aus, die Schulden zu decken. Durch das Prinzip der Gesamtvollstreckung bilden die Gläubiger eine Verlustgemeinschaft, die diesen Ausfall anteilmäßig (bezogen auf das Maß ihrer ungesicherten Kreditierung) zu tragen haben.[425] In Konsequenz dessen verbietet § 89 InsO Zwangsvollstreckungsmaßnahmen der einzelnen Gläubiger während der Dauer des Insolvenzverfahrens. Werden dennoch Vollstreckungsmaßnahmen durchgeführt, sind diese materiellrechtlich unwirksam.[426]

362 Durch die Eröffnung des Insolvenzverfahrens geht das Recht des Schuldners, das zur Insolvenzmasse gehörende Vermögen zu verwalten und über es zu verfügen, auf den Insolvenzverwalter über, § 80 InsO. Er wird auch als „Herr des Verfahrens" bezeichnet. Die Übertragung des Verwaltungs- und Verfügungsrechts auf den Insolvenzverwalter dient dem Grundsatz der Gleichbehandlung der Gläubiger. Hierdurch soll zunächst das schuldnerische Vermögen gesichert werden. Es obliegt fortan dem Insolvenzverwalter das schuldnerische Vermögen zu verwerten. Im Anschluss ist es seine Aufgabe den Erlös – nach Abzug der Verfahrenskosten und Masseverbindlichkeiten – unter den Gläubigern zu verteilen. Es sei denn, es wurde durch den **sog. Insolvenzplan** eine hiervon abweichende Regelung, **insb. zum Erhalt des Unternehmens,** getroffen.[427]

363 Die Insolvenzgläubiger müssen ihre Forderungen dem Insolvenzverwalter schriftlich anmelden, § 174 Abs. 1 S. 1 InsO. Durch die Anmeldung wird die Forderung zum Gegenstand des **sog. Feststellungsverfahrens.**[428] Jede angemeldete Forderung wird von dem Insolvenzverwalter in eine Tabelle eingetragen, § 175 Abs. 1 S. 1 InsO. Diese sog. **Insolvenztabelle** dokumentiert

---

[424] BeckOK InsR/Madaus InsO § 1 Rn. 31.

[425] Gottwald/Haas/Grundlach § 6 Rn. 1.

[426] BGH 21.9.2017 – IX ZR 40/17, NZI 2017, 892.

[427] Braun/Krotz InsO § 80 Rn. 1.

[428] BeckOK InsR/Zenker InsO § 174 Rn. 45.

die einzelnen angemeldeten Insolvenzforderungen. Sie dient als Grundlage der Forderungsprüfung im Prüftermin (§ 176 InsO), beurkundet dessen Ergebnis und das Ergebnis von Feststellungsstreitigkeiten.[429] Nach Prüfung der angemeldeten Forderung haben sowohl Insolvenzverwalter als auch der Schuldner und die Insolvenzgläubiger die Möglichkeit, die angemeldete Forderung zu bestreiten bzw. ihr zu widersprechen, § 176 S. 2 InsO. Das Fehlen eines Widerspruchs führt dazu, dass die angemeldete Forderung als zur Insolvenztabelle festgestellt gilt, § 178 InsO. Im Falle eines Widerspruchs durch den Insolvenzverwalter oder Insolvenzgläubiger, obliegt es dem Gläubiger die Feststellung selbst zu betreiben, § 179 Abs. 1 InsO. Im Regelfall muss der Insolvenzgläubiger Feststellungsklage im Rahmen des sog. Feststellungsprozesses nach § 180 InsO erheben.

Der Übergang der Verwaltungs- und Verfügungsbefugnis auf 364
den Insolvenzverwalter führt ferner dazu, dass Leistungen von Drittschuldnern an den Insolvenzschuldner nicht zum Erlöschen des bestehenden Anspruchs führen. Die **schuldbefreiende Wirkung** kann grundsätzlich nur durch Leistung an den Insolvenzverwalter bewirkt werden.[430]

Die Insolvenzordnung unterscheidet zwischen **zwei Verfah-** 365
rensarten – Regel- und Verbraucherinsolvenz. Für **juristische Personen** ist ausschließlich das **Regelinsolvenzverfahren** anzuwenden. Das **Verbraucherinsolvenzverfahren** findet für **natürliche Personen** Anwendung, im Ausnahmefall auch für den Einzelunternehmer. Übt der Einzelunternehmer im Zeitpunkt der Antragstellung eine selbständige wirtschaftliche Tätigkeit aus, ist über sein Vermögen stets das Regelinsolvenzverfahren zu eröffnen.[431] Über das Vermögen des (ehemaligen) Einzelunternehmers, der eine selbständige wirtschaftliche Tätigkeit ausgeübt **hat,** ist das Verbraucherinsolvenzverfahren zu eröffnen, wenn seine Vermögensverhältnisse überschaubar sind und keine Forderungen aus Arbeitsverhältnissen bestehen. Die Vermögensver-

---

[429] BeckOK InsR/Zenker InsO § 175 Rn. 1.
[430] KPB/Lüke InsO § 82 Rn. 5.
[431] BGH 22.9.2005 – IX ZB 55/04, NZI 2005, 676.

hältnisse sind regelmäßig **überschaubar,** wenn der Schuldner höchstens **19 Gläubiger** hat.[432]

366 Eine besondere Verfahrensart der Regelinsolvenz ist das sog. **Eigenverwaltungsverfahren** (§§ 270 ff. InsO). Die Eigenverwaltung kann in jedem Regelinsolvenzverfahren angeordnet werden, auch wenn der Schuldner eine natürliche Person ist.[433] Wird die Eigenverwaltung angeordnet, verbleibt die **Verwaltungs- und Verfügungsbefugnis** beim Geschäftsleiter, dh die Wirkung des § 80 Abs. 1 InsO tritt nicht in Kraft. Verbindlichkeiten, die der Unternehmer nach Verfahrenseröffnung begründet, sind Masseverbindlichkeiten nach § 55 InsO. Für Verbindlichkeiten, die nicht zum gewöhnlichen Geschäftsbetrieb gehören, bedarf es der Zustimmung des Sachwalters.[434] Durch die Anordnung der Eigenverwaltung soll den Verantwortlichen des Unternehmens die Möglichkeit eröffnet werden, das Insolvenzverfahren **zeitsparend und kostengünstig in eigener Regie und Verantwortung abzuwickeln.** Die Sanierungschancen eines insolventen Unternehmens sollen dadurch erhöht werden, weil den Verantwortlichen des Unternehmens ein Anreiz geboten wird, frühzeitig einen Insolvenzantrag zu stellen.[435]

367 Das Insolvenzgericht kann im **Eröffnungsverfahren** (Zeitraum von Antragstellung bis Eröffnung des Insolvenzverfahrens) bereits einstweilige Anordnungen, wie ein allgemeines Verfügungsverbot mit der Einsetzung eines vorläufigen Insolvenzverwalters, treffen. Um die Vorteile einer Eigenverwaltung nicht bereits im Eröffnungsverfahren zu torpedieren, besteht bereits im Eröffnungsverfahren die Möglichkeit der **Anordnung der vorläufigen Eigenverwaltung (§ 270b InsO)** sowie des **sog. Schutzschirmverfahrens (§ 270d InsO).**[436] Durch Anordnung der vorläufigen Eigenverwaltung soll die Aufgaben- und Kompetenzverteilung der Eigenverwaltung in die Phase des Eröffnungsverfahrens vorgezogen werden. Anstelle eines vorläufigen Insolvenzverwalters wird ein **vorläufiger Sachwalter** bestellt,

---

[432] Keller 1. Teil Rn. 147.
[433] Keller 4. Teil Rn. 1858.
[434] Keller 4. Teil Rn. 1904 f.
[435] Keller 4. Teil Rn. 1856 f.
[436] Gottwald/Haas/Haas § 86 Rn. 1.

der lediglich eine überwachende Funktion innehat.[437] Eine Variante der vorläufigen Eigenverwaltung ist das **Schutzschirmverfahren.** Es soll einen Anreiz zur frühzeitigen Einleitung des Insolvenzverfahrens setzen. Bei einer frühzeitigen Antragstellung (zB bei Vorliegen bloßer drohender Zahlungsunfähigkeit) besteht die Gefahr, dass nicht hinreichend Zeit zur Ausarbeitung eines Sanierungsplans besteht.[438] Durch Einleitung des Schutzschirmverfahrens soll den Verantwortlichen eines Unternehmens die Vorbereitung einer Sanierung ermöglicht werden, indem er unter Aufsicht eines vorläufigen und in Sanierungsfragen kompetenten Sachwalters einen Insolvenzplan ausarbeiten kann. Dies wird durch die Möglichkeit eines gerichtlich **angeordneten Vollstreckungsverbots** gewährleistet.[439]

Praxishinweis: Kommt der Geschäftsleiter zu der Erkenntnis, dass das Unternehmen drohend zahlungsunfähig (§ 18 InsO) ist, so bietet sich als Sanierungsmöglichkeit ein Insolvenzantrag zusammen mit der Beantragung eines Schutzschirmverfahren an. Zwar ist der Geschäftsleiter nicht verpflichtet, den Insolvenzantrag zu stellen. Jedoch kann ein Schutzschirmverfahren in der akuten Krise dazu dienen, dem Unternehmen etwas Luft – auch in Form von Liquidität – zu verschaffen, um die notwenigen Sanierungsmaßnahmen auf den Weg zu bringen. Prominente Beispiele sind die Schutzschirmverfahren CONDOR und ESPRITE. 368

(einstweilen frei) 369–373

II. Typischer Ablauf eines Regelinsolvenzverfahren

Das Insolvenzverfahren ist Teil des Vollstreckungsrechts.[440] 374
Es handelt sich mithin um zivilrechtliches Verfahrensrecht.[441] Im Lichte des zivilprozessualen Antragsgrundsatzes wird das In-

[437] Gottwald/Haas/Haas § 86 Rn. 3.
[438] Gottwald/Haas/Haas § 86 Rn. 22.
[439] BeckOK InsR/Ellers InsO § 270d Rn. 1.
[440] BVerfG 23.5.2006 – 1 BvR 2530/04, NZI 2006, 453 Rn. 35.
[441] BeckOK InsR/Madaus InsO § 4 Rn. 1.1.

solvenzverfahren gem. § 13 InsO **nur auf Antrag** eröffnet. Ein Insolvenzverfahren ohne Insolvenzantrag ist unzulässig. Das Insolvenzgericht kann das Insolvenzverfahren nicht von Amts wegen einleiten. Der Antrag einer Behörde auf Einleitung des Insolvenzverfahrens ist nur dann möglich bzw. zulässig, wenn die Behörde gleichzeitig Gläubigerin des Schuldners ist.[442]

Nach Eingang des Insolvenzantrags beim Insolvenzgericht beginnt das **sog. Eröffnungsverfahren.** Entscheidet sich das Insolvenzgericht das Verfahren zu eröffnen, beginnt das eigentliche Insolvenzverfahren.

1. Insolvenzantrag

375 Der Insolvenzantrag bedarf gem. § 13 Abs. 1 S. 1 InsO der Schriftform. **Antragsberechtigt** sind nur die Insolvenzgläubiger („Fremdantrag") und der Schuldner selbst („Eigenantrag"), § 13 Abs. 1 S. 2 InsO. In dem Insolvenzantrag ist das Vorliegen eines Eröffnungsgrundes **substantiiert** darzulegen. Bei einem Eigenantrag muss der Geschäftsleiter Tatsachen mitteilen, welche die wesentlichen Merkmale eines Eröffnungsgrundes erkennen lassen.[443] Ein Fremdantrag erfordert, dass der Gläubiger sowohl die Sachverhaltsdarstellung als auch den daraus resultierenden Eröffnungsgrund glaubhaft macht, § 14 Abs, 1 S. 1 InsO. Der Fremdantrag kann sich nur auf die Insolvenzgründe der Zahlungsunfähigkeit, 17 InsO und (sofern es sich bei dem Schuldner um eine juristische Person handelt) der Überschuldung, § 19 InsO stützen. Die drohende Zahlungsunfähigkeit nach § 18 InsO kann nur bei einem **Eigenantrag** einen Eröffnungsgrund darstellen.

2. Insolvenzeröffnungsphase

376 Nach Eingang des (zulässigen) Insolvenzantrags prüft das Insolvenzgericht das **Vorliegen eines Insolvenzgrundes von Amts**

---

[442] Keller 2. Teil Rn. 519 f.

[443] BGH 12.12.2002 – IX ZB 426/02, NZI 2003, 147.

wegen. Das Insolvenzgericht bedient sich zur Prüfung des Eröffnungsgrundes üblicherweise eines Sachverständigengutachtens. Insbesondere bei Unternehmensinsolvenzen setzt die erforderliche Prüfung umfangreiche Kenntnisse über die finanz- und leistungswirtschaftliche Situation des Unternehmens voraus. In dem Gutachten wird neben dem Vorliegen eines Insolvenzgrundes auch geprüft, ob im Lichte des § 26 InsO genügend Vermögen vorhanden ist, um die Verfahrenskosten zu decken. Das Gutachten enthält im Regelfall eine Empfehlung an das Gericht, das Insolvenzverfahren zu eröffnen oder mangels Masse abzuweisen.[444]

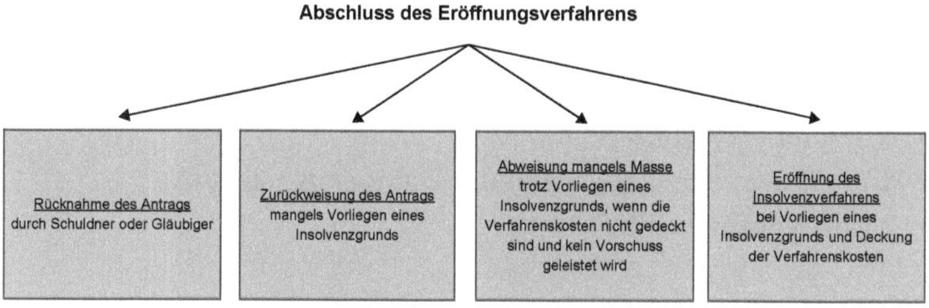

Abb. 8: Abschluss des Eröffnungsverfahrens

Oftmals dient der Eigenantrag eines Einzelunternehmers dem Zweck, nach Abschluss des Verfahrens **Restschuldbefreiung** zu erhalten. Ist jedoch nicht genügend Vermögen vorhanden, um die Verfahrenskosten zu decken, so droht eine Abweisung mangels Masse, § 26 InsO. Damit auch der vermögenslose Schuldner die Möglichkeit der Restschuldbefreiung in Anspruch nehmen kann, gewährt § 4a InsO die Möglichkeit der Stundung der Verfahrenskosten. § 4a InsO setzt die Forderungen des BVerfG um, möglichst vielen mittellosen Schuldnern die Chance auf ein geregeltes und effizientes Restschuldbefreiungsverfahren zu ermöglichen.[445] **377**

Die endgültige Entscheidung des Gerichts über die Feststellung eines Eröffnungsgrundes und über die Deckung der Verfahrenskosten kann mehrere Monate in Anspruch nehmen. Im Einzelfall kann es in dieser Zeitspanne notwendig sein, dass das Insolvenz- **378**

[444] Keller 2. Teil Rn. 572 f.

[445] BeckOK InsR/Madaus InsO § 4a Rn. 1.

gericht Maßnahmen anordnet, durch die eine weitere Verschlechterung der Vermögenslage des Unternehmens vermieden wird.[446] Bei diesen Maßnahmen handelt es sich um die **sog. Sicherungsanordnungen** nach § 21 ff. InsO. Die §§ 21 ff. InsO enthalten neben einer Generalklausel einen Katalog von Sicherungsmaßnahmen, die das Insolvenzgericht je nach Notwendigkeit und unter Berücksichtigung der Verhältnismäßigkeit verhängen kann. Bereits der Wortlaut der Vorschrift stellt klar, dass „*das Insolvenzgericht die Maßnahmen zu treffen hat, die erforderlich erscheinen, um bis zur Entscheidung über den Antrag eine den Gläubigern nachteilige Veränderung in der Vermögenslage des Schuldners zu verhüten*".[447]

379 Als Sicherungsanordnungen stehen ua zur Verfügung:

- Bestellung eines vorläufigen Insolvenzverwalters,
- Verfügungsverbote,
- Einsetzung eines vorläufigen Gläubigerausschusses,
- Vollstreckungsverbote.

a) Vorläufige (Insolvenz-)Verwaltung

380 Der vorläufige Insolvenzverwalter soll die künftige Insolvenzmasse sichern und erhalten. Verwertungsmaßnahmen sind ausgeschlossen. Die vorläufige Insolvenzverwaltung kommt in der Praxis vor allem dann zur Anwendung, wenn ein Unternehmen fortzuführen ist oder ein umfangreiches Vermögen zu sichern ist.[448] Wird ein vorläufiger Insolvenzverwalter vom Gericht bestellt, geht dies mit der Anordnung von Verfügungsbeschränkungen bzw. -beeinträchtigungen einher.[449] Insoweit ist je nach Intensität der Verfügungsbeschränkung zu unterscheiden:

- Man spricht von einem **starken vorläufigen Insolvenzverwalter,** wenn das Insolvenzgericht dem Schuldner ein allgemeines Verfügungsverbot auferlegt. In diesem Fall geht die Verfügungsbefugnis auf den vorläufigen Insolvenzverwalter

[446] BGH 22.3.2007 – IX ZB 164/06, NJW-RR 2007, 1062 (1063).
[447] Gottwald/Haas/Vuia § 14 Rn. 5.
[448] Keller 2. Teil Rn. 620 f.
[449] Gottwald/Haas/Vuia § 14 Rn. 23.

über (§22 Abs. 1 S. 1 InsO).[450] Er hat die gleiche Rechtsstellung wie der endgültige Insolvenzverwalter.[451] Neben Sicherung und Erhalt des schuldnerischen Unternehmens, ist seine Kernaufgabe die **Fortführung des Unternehmens.** Ziel der Unternehmensfortführung ist es, die im Unternehmen verkörperten Werte in Interesse der Gläubiger zu erhalten. Unabhängig davon, ob das Unternehmen saniert oder liquidiert werden soll.[452] Darüber hinaus prüft er als Gutachter, ob das Vermögen des Schuldners ausreicht, die Kosten des Verfahrens zu decken oder ob ein Eröffnungsgrund vorliegt bzw. welche Aussichten für eine Fortführung des schuldnerischen Unternehmens bestehen.[453]

- Wird anstatt eines allgemeinen Verfügungsverbots lediglich ein Zustimmungsvorbehalt ausgesprochen, spricht man von einem **schwachen vorläufigen Insolvenzverwalter.** Der Zustimmungsvorbehalt bewirkt, dass der Schuldner zwar seine Verfügungsbefugnis behält. Seine Verfügungen sind aber nur dann wirksam, wenn sie mit Zustimmung des Insolvenzverwalters getroffen werden.[454] In diesem Fall muss das Insolvenzgericht die Aufgaben und Befugnisse des Insolvenzverwalters gem. §22 Abs. 2 InsO bestimmen.

b) Einsetzung eines vorläufigen Gläubigerausschusses

Das Insolvenzgericht kann bereits im Eröffnungsverfahren ei- 381
nen vorläufigen Gläubigerausschuss einsetzen. Es handelt sich in diesem Fall nicht um eine Sicherungsanordnung zum Schutz des schuldnerischen Vermögens. Vielmehr soll der vorläufige Gläubigerausschuss den vorläufigen Insolvenzverwalter oder den Geschäftsleiter in der vorläufigen Eigenverwaltung bei der Unternehmensfortführung unterstützen. Der Ausschuss soll ferner bei der Auswahl des Insolvenzverwalters bzw. Sachwalters mitwirken.[455]

---

[450] Keller 2. Teil Rn. 622.
[451] BGH 11.1.2007 – IX ZB 271/04, NZI 2007, 231 (233).
[452] BeckOK InsR/Kopp InsO §22 Rn. 31.
[453] Keller 2. Teil Rn. 624.
[454] Keller 2. Teil Rn. 617.
[455] Keller 2. Teil Rn. 605.

382 Das Insolvenzgericht ist gem. §22a InsO verpflichtet, einen (sog. **obligatorischen**) Gläubigerausschuss einzurichten, wenn mindestens zwei der drei folgenden Kriterien erfüllt sind:[456]

- mindestens 6.000.000,00 EUR Bilanzsumme nach Abzug eines auf Aktivseite ausgewiesenen Fehlbetrages iSd §268 Abs. 3 HGB,
- mindestens 12.000.000 EUR Umsatzerlöse in den 12 Monaten vor dem letzten Abschlussstichtag,
- im Jahresdurchschnitt mindestens 50 Arbeitnehmer.

383 Sofern der Geschäftsbetrieb des insolventen Unternehmens den in §22a Abs. 1 InsO definierten Umfang nicht erreicht, soll das Insolvenzgericht einen vorläufigen (sog. **beantragten**) Gläubigerausschuss bestellen, wenn folgende Voraussetzungen erfüllt sind:

- Antrag auf Bestellung eines Gläubigerausschusses durch das insolvente Unternehmen, den vorläufigen Insolvenzverwalter oder eines Insolvenzgläubigers unabhängig von der Höhe seiner Forderung,
- Benennung von (idR 5) Personen, die als Mitglieder des vorläufigen Gläubigerausschusses in Betracht kommen sowie deren schriftliche Einverständniserklärung.

384 Liegen die Voraussetzungen eines obligatorischen Gläubigerausschusses nicht vor und wurde dieser auch nicht beantragt, so kann das Insolvenzgericht dennoch im Rahmen seines pflichtgemäßen Ermessens den sog. **fakultativen** Gläubigerausschuss bestellen.[457]

Die Bestellung eines Gläubigerausschusses ist gem. §22 Abs. 3 InsO ausgeschlossen, wenn der Geschäftsbetrieb des insolventen Unternehmens eingestellt ist oder wenn die mit der Einsetzung eines Gläubigerausschusses einhergehenden Kosten im Verhältnis zur Insolvenzmasse außer Verhältnis stehen.[458]

---

456 Uhlenbruck/Vallender InsO §22a Rn. 10.

457 Gottwald/Haas/Vuia §14 Rn. 29.

458 BeckOK InsR/Kopp InsO §22a Rn. 15.

c) Zahlungsverbot

Das bereits dargestellte insolvenzrechtliche Zahlungsverbot (vgl. insoweit → Rn. 289 ff.) gilt auch nach Antragstellung gem. § 15b Abs. 1 InsO im Insolvenzeröffnungsverfahren fort. Ob eine Zahlung erlaubt ist, richtet sich nach der gerichtlichen Entscheidung im vorläufigen Insolvenzverfahren:[459]

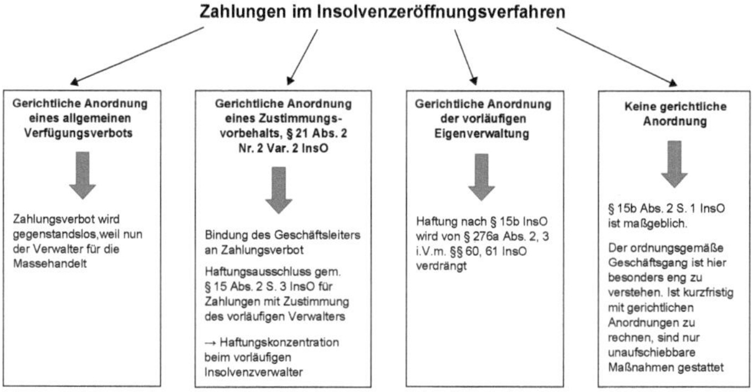

Abb. 9: Zahlungen im Insolvenzeröffnungsverfahren

3. Insolvenzeröffnung

Gelangt das Gericht zu der Feststellung, dass ein **Insolvenzgrund** gegeben ist und genügend Insolvenzmasse zur Deckung der Verfahrenskosten vorhanden ist, **eröffnet** es das Insolvenzverfahren **durch Beschluss,** § 27 InsO. 385

Mit Insolvenzeröffnung bestimmt das Gericht eine Frist, binnen derer die Gläubiger ihre jeweiligen Forderungen beim Insolvenzverwalter anzumelden haben sowie einen Termin für die erste Gläubigerversammlung.[460] Zusammen mit dem Eröffnungsbeschluss erfolgt die Bestellung des Insolvenzverwalters durch das Gericht. Zwar ist das Insolvenzgericht nicht an eine vorherige Entscheidung wie zB über die Person eines als Erkenntnisquelle hinzugezogenen Sachverständigen oder des vorläufigen Insol- 386

[459] Angelehnt an Klöhn/Zell NZI 2022, 673 (679).
[460] Keller 2. Teil Rn. 687 ff.

venzverwalters gebunden. Jedoch wird in der Praxis erfahrungsgemäß ein vorläufiger Insolvenzverwalter auch zum endgültigen Insolvenzverwalter bestellt.[461] Mit dem Zeitpunkt der Insolvenzeröffnung geht auch die Verwaltungs- und Verfügungsbefugnis auf den Insolvenzverwalter über, §80 InsO;[462] es sei denn, die Eröffnung erfolgt unter Anordnung der Eigenverwaltung gem. §270 Abs. 1 S. 1 InsO. Die Eröffnung des Insolvenzverfahrens bewirkt nach §240 ZPO, dass bereits rechtshängige Verfahren unterbrochen werden. Die Unterbrechung dauert so lange bis das Verfahren nach den für das Insolvenzverfahren geltenden Vorschriften aufgenommen oder das Insolvenzverfahren beendet wird. Dies gilt analog §240 ZPO auch für das Steuerfestsetzungsverfahren, Rechtsbehelfsverfahren und den Lauf von Rechtsbehelfsfristen der Abgabenordnung.[463]

387 Während des Insolvenzverfahrens verhindert das in §89 InsO angeordnete Vollstreckungsverbot die Insolvenzgläubiger an der Zwangsvollstreckung in das Vermögen des insolventen Unternehmens.[464]

388 **Praxishinweis:** Ergänzt wird §89 InsO durch die sog. „Rückschlagsperre“ iSd §88 InsO. Diese bewirkt, dass eine durch Zwangsvollstreckung erlangte Sicherung (zB ein Pfändungs- und Überweisungsbeschluss) ipso iure für unwirksam erklärt wird, wenn sie im letzten Monat (bzw. in Verbraucherinsolvenzverfahren in den letzten drei Monaten) vor dem Eröffnungsantrag erfolgt ist. Dies soll verhindern, dass Gläubiger in dieser Phase zwangsweise Zugriff auf das Schuldnervermögen nehmen und sich dadurch ein besseres Recht auf Befriedigung verschaffen könnten als die übrigen Gläubiger. §88 InsO ergänzt somit des Vollstreckungsverbot des §89 InsO, welches erst ab Eröffnung des Insolvenzverfahrens gilt.

4. Berichtstermin (Gläubigerversammlung)

389 Wurde das Insolvenzverfahren eröffnet, sind zwingend **drei Termine** zur Gläubigerversammlung abzuhalten.

[461] BeckOK InsR/Göcke InsO §56 Rn. 41.
[462] Nerlich/Römermann/Wittkowski/Kruth InsO §80 Rn. 8.
[463] BFH 24.8.2004 – VIII R 14/02, NJW 2005, 782.
[464] BeckOK InsR/Cymutta InsO Vorb. §89.

Der erste Termin zur Gläubigerversammlung ist der sog. **Berichtstermin,** § 156 InsO. Im Berichtstermin berichtet der Insolvenzverwalter zunächst grundsätzlich über die wirtschaftliche Lage des Unternehmens und ihre Ursachen. Der Insolvenzverwalter legt dar, ob Aussichten bestehen, das schuldnerische Unternehmen in ganzen oder in Teilen zu erhalten. Ferner welche Möglichkeiten für einen Insolvenzplan bestehen und wie sich die jeweilige Maßnahme auf eine mögliche Befriedigung der Gläubiger auswirkt. 390

Der Berichtstermin hat spätestens 3 Monate nach Eröffnung des Insolvenzverfahrens stattzufinden. Die Gläubigerversammlung hat ferner über die Möglichkeit der Betriebsfortführung zu entscheiden und kann zudem auch einen Insolvenzverwalter wählen, der von demjenigen abweicht, den das Gericht bestellt hat. Der Berichtstermin kann des Weiteren ua beinhalten: 391

- mögliche Bestellung eines Gläubigerausschusses,
- Unterstützung des insolventen Unternehmens aus der Masse,
- Frage der Anlegung der Insolvenzmasse,
- Entscheidung über die Zustimmungserfordernis der Gläubigerversammlung zu bedeutsamen Rechtshandlungen des Insolvenzverwalters,
- Modalitäten der Rechnungslegung.[465]

Die Gläubigerversammlung entscheidet, ob das insolvente Unternehmen stillgelegt oder vorläufig fortgeführt werden soll. Sie kann den Insolvenzverwalter zudem anweisen, einen Insolvenzplan auszuarbeiten (§ 218 Abs. 2 InsO) und stimmt anschließend über dessen Annahme ab, § 235 InsO. Sofern kein Gläubigerausschuss gebildet wurde, gehört zur Aufgabe der Gläubigerversammlung ua die Zustimmung zu besonders bedeutsamen Rechtshandlungen des Insolvenzverwalters.[466] 392

---

[465] FKR Teil 3 Rn. 625.

[466] FKR Teil 3 Rn. 621.

5. Prüfungstermin (Gläubigerversammlung)

393 Die zweite zwingende Gläubigerversammlung ist der sog. **Prüfungstermin** nach § 176 InsO. Der Prüfungstermin dient der Aufstellung der Insolvenztabelle. Aus dieser ist ersichtlich, welche Forderungen gegen das insolvente Unternehmen geltend gemacht werden sowie welche Forderungen auch tatsächlich bestehen oder welche bestritten werden. Die nach Abhaltung des Prüfungstermins bzw. nach Abschluss eines gerichtlichen Feststellungsverfahrens (§§ 179 ff. InsO) bereinigte Tabelle ist die Grundlage der abschließenden Verteilung.[467]

a) Anmeldung der Forderungen

394 Vor dem Prüfungstermin haben die Gläubiger ihre Forderungen schriftlich beim Insolvenzverwalter anzumelden, § 174 Abs. 1 InsO. Der Insolvenzverwalter hat jede angemeldete Forderung in die Tabelle einzutragen, § 175 Abs. 1 InsO. Zusätzlich hat der Insolvenzverwalter festzuhalten, wenn die Forderung ein besonderes Forderungsattribut, wie

- vorsätzlich begangener unerlaubter Handlung,
- vorsätzlich pflichtwidrig verletzten gesetzlichen Unterhaltspflichten,
- Steuerstraftat nach §§ 370, 373, 374 AO.

395 aufweist, § 175 Abs. 2 InsO. Relevant ist dies für den insolventen Unternehmer, der die Restschuldbefreiung (vgl. → Rn. 481 ff.) beantragt hat. Die vorstehend genannten Forderungsattribute bewirken, **dass diese Forderungen von der Restschuldbefreiung ausgenommen sind,** § 302 InsO. Der insolvente Unternehmer kann sowohl der Forderung insgesamt als auch nur auf das Forderungsattribut beschränkt, widersprechen.[468] Hat er nur dem Forderungsattribut isoliert widersprochen, können sowohl er als auch Insolvenzgläubiger bereits während des Insolvenzverfahrens

---

[467] K. Schmidt/Jungmann InsO § 176 Rn. 8.
[468] BeckOK InsR/Zenker InsO § 175 Rn. 20.

das (Nicht)Bestehen des Forderungsattributs mit der (negativen) Feststellungsklage verfolgen.[469]

Hat weder der Insolvenzverwalter noch ein Insolvenzgläubiger der angemeldeten Forderung widersprochen, so gilt sie als zur Insolvenztabelle festgestellt, § 178 Abs. 1 S. 1 InsO. Der Widerspruch des insolventen Unternehmens steht der Feststellung einer Forderung nicht entgegen, § 178 Abs. 1 S. InsO. Haben jedoch der Insolvenzverwalter oder ein einzelner Insolvenzgläubiger die angemeldete Forderung bestritten, ist der anmeldende Gläubiger verpflichtet, die Feststellung gerichtlich zu betreiben. Dies erfolgt im Regelfall durch Erhebung einer **Insolvenzfeststellungsklage** (§ 180 Abs. 1 S: 1 InsO) oder durch die Aufnahme eines anhängigen, nach § 240 ZPO unterbrochenen Rechtstreits (§ 180 Abs. 2 InsO).[470] 396

b) Exkurs: Steuerforderungen

Ist eine angemeldete Steuerforderung nach Grund und Höhe im Prüfungstermin bestritten worden, muss differenziert werden, ob der Anspruch **tituliert** worden ist:[471] 397

Nicht titulierte Ansprüche sind Steuerforderungen, die im Zeitpunkt der Verfahrenseröffnung begründet waren, für die aber bis zur Insolvenzeröffnung noch kein Steuerbescheid wirksam bekannt gegeben wurde. Wird diese Forderung bestritten, stellt das Finanzamt das Bestehen der Abgabenforderung durch Feststellungsbescheid nach § 251 Abs. 3 AO fest. Wird der Bescheid unanfechtbar, wirkt er wie eine rechtskräftige Entscheidung über das Bestehen des Steueranspruchs gegenüber dem Insolvenzverwalter und anderen Gläubigern und führt zur Beseitigung des Widerspruchs und Berichtigung der Tabelle (§ 183 Abs. 1 InsO).[472] 398

Von einer **„Titulierung“** ist auszugehen, wenn vor Insolvenzeröffnung ein Bescheid bekannt gegeben worden ist. Wird eine 399

---

469 BeckOK InsR/Riedel InsO § 302 Rn. 16.

470 BeckOK InsR/Zenker InsO § 179 Rn. 8.

471 AEAO zu § 251 AO 5.3.1.

472 AEAO zu § 251 AO 5.3.1.1.

titulierte Steuerforderung bestritten, obliegt es dem Bestreitenden, den Widerspruch zu verfolgen (§ 179 Abs. 2 InsO).

400 **Nicht bestandskräftiger und nicht angefochtener Steuerbescheid:** War der Steuerbescheid vor Eröffnung des Verfahrens noch nicht bestandskräftig und wurde noch kein Rechtsbehelf eingelegt, ist der Lauf der Rechtsbehelfsfrist durch die Eröffnung des Insolvenzverfahrens **unterbrochen.** Das Finanzamt erklärt die Aufnahme des Rechtsstreits (analog § 240 ZPO). Mit der Bekanntgabe dieser Erklärung beginnt die durch die Verfahrenseröffnung unterbrochene Einspruchsfrist neu zu laufen. Ist der Einspruch begründet, wird das Finanzamt die Forderungsanmeldung berichtigen. Hat der Einspruch keinen Erfolg, werden die bestrittenen Steueransprüche als Insolvenzforderung festgestellt.[473]

401 **Angefochtener Steuerbescheid:** Der Insolvenzverwalter hat die Möglichkeit ein Rechtsbehelfsverfahren aufzunehmen und fortzuführen. Das ursprüngliche Anfechtungsverfahren wandelt sich in ein **Insolvenzfeststellungsverfahren** um. Bei einem **begründeten Einspruch** wird die Forderungsanmeldung berichtigt. Ist der **Einspruch unbegründet,** wird im Tenor der Einspruchsentscheidung über den Einspruch gegen die Steuerfestsetzung und über den im Prüfungstermin erhobenen Widerspruch entschieden.

402 **Bestandskräftiger Steuerbescheid:** War die Abgabenforderung vor der Eröffnung des Insolvenzverfahrens bereits bestandskräftig festgesetzt, wirkt die Bestandskraft. Der Insolvenzverwalter oder ein Dritter muss das Verfahren in der Lage übernehmen, in der es sich bei Eröffnung des Insolvenzverfahren befand. Liegen keine Wiedereinsetzungsgründe vor und sind die Voraussetzungen der Korrekturvorschriften der Abgabenordnung nicht erfüllt, erlässt das Finanzamt im Falle eines Widerspruchs einen Feststellungsbescheid nach § 251 Abs. 3 AO und stellt die Bestandskraft der angemeldeten Forderung fest.[474]

[473] AEAO zu § 251 AO 5.3.1.2.1.

[474] AEAO zu § 251 AO 5.3.1.2.3.

6. Abwicklungsphase

In der sog. **Abwicklungsphase** hat der Insolvenzverwalter das Insolvenzverfahren abzuwickeln, indem er 403

- das schuldnerische Vermögen liquidiert,
- gegenseitige Verträge abwickelt,
- Ansprüche aus Insolvenzanfechtung geltend macht,
- (sofern möglich) das Unternehmen saniert.[475]

Je nach Größe des Verfahrens und den konkreten Umständen kann die Abwicklungsphase mehrere Jahre in Anspruch nehmen. Die Verfahrensdauer hängt insb. davon ab, ob 404

- langwierige Anfechtungsverfahren durchgeführt werden,
- Insolvenzgläubiger Feststellungsklagen gegen bestrittene Forderungen erheben,
- viele Jahre steuerlich aufzuarbeiten sind,
- die Einziehung von Forderungen des insolventen Unternehmens umstritten sind.

Der Insolvenzverwalter ist regelmäßig verpflichtet, einen Zwischenbericht über den Fortgang des Insolvenzverfahrens vorzulegen.[476] 405

7. Schlussverteilung

Nach § 196 Abs. 1 InsO hat die **Schlussverteilung** zu erfolgen, wenn die Insolvenzmasse vollständig verwertet ist und alle angemeldeten Insolvenzforderungen geprüft sind.[477] Zum Zwecke der Schlussverteilung hat der Insolvenzverwalter einen **Schlussbericht** zu erstellen. Dieser soll einen Überblick über die gesamte Geschäftsführung des Insolvenzverwalters geben und sich insb. mit 406

---

[475] Keller 2. Teil Rn. 713.

[476] Keller 1. Teil Rn. 480.

[477] Gottwald/Haas/Eickmann/Wimmer § 63 Rn. 11.

- Prozessführung des Insolvenzverwalters,
- Abwicklung der laufenden Vertragsverhältnisse,
- Masseherstellung,
- Masseverwertung

befassen.[478]

407 Der Schlussbericht ist zusammen mit der sog. **Schlussrechnung** des Insolvenzverwalters, § 66 Abs. 2 S. 1 InsO vom Insolvenzgericht sowohl in formeller als auch in materieller Hinsicht zu prüfen.[479] Sofern das Insolvenzgericht gegen die Schlussrechnung und den -bericht keine Einwände hat, beschließt das Insolvenzgericht einen Termin zur abschließenden Gläubigerversammlung **(Schlusstermin),** § 197 Abs. 1 S. 1 InsO. Im Schlusstermin haben die Insolvenzgläubiger die Möglichkeit, die Schlussrechnung des Insolvenzverwalters zu erörtern. Die Gläubiger können zudem Einwendungen gegen das Schlussverzeichnis erheben. Ist die Gläubigerversammlung mit der Schlussverteilung einverstanden, darf der Insolvenzverwalter mit Zustimmung des Insolvenzgerichts gem. § 196 Abs. 2 InsO die Schlussverteilung vornehmen.[480]

408 Die gesetzlich vorgesehene Verteilungsreihenfolge sieht wie folgt aus:

[478] Gottwald/Haas/Eickmann/Wimmer § 63 Rn. 13.
[479] Gottwald/Haas/Eickmann/Wimmer § 63 Rn. 14.
[480] Keller 2. Teil Rn. 805.

Rang 1: Verfahrenskosten

§ 54 InsO: Kosten des Insolvenzverfahrens sind

1) Die Gerichtskosten für das Insolvenzverfahren
2) Die Vergütungen und die Auslagen des (vorläufigen) Insolvenzverwalters und der Mitglieder des Gläubigerausschusses

Rang 2: Masseverbindlichkeiten

§ 55 InsO: Masseverbindlichkeiten sind die Verbindlichkeiten

1) die durch Handlungen des Insolvenzverwalters oder in sonstiger Weise durch die Verwaltung, Verwertung und Verteilung der Insolvenzmasse begründet werden
2) aus gegenseitigen Verträgen, soweit deren Erfüllung zur Erfüllung der Insolvenzmasse verlangt wird oder für die Zeit nach Eröffnung des Insolvenzverfahrens erfolgen muss
3) aus einer ungerechtfertigten Begrenzung der Masse

Rang 3: Insolvenzforderungen

§ 38 InsO: Insolvenzforderungen sind Verbindlichkeiten, die zum Zeitpunkt der Eröffnung des Insolvenzverfahrens bereits begründet sind

Rang 4: Nachrangige Insolvenzforderungen

Gemäß § 39 InsOwerden in folgender Reihenfolge berichtigt

1) die seit der Eröffnung des Insolvenzverfahrens laufenden Zinsen und Säumniszuschläge auf Forderungen der Insolvenzgläubiger;
2) die Kosten, die den einzelnen Insolvenzgläubigern durch ihre Teilnahme am Verfahren erwachsen;
3) Geldstrafen, Geldbußen, Ordnungsgelder und Zwangsgelder sowie solche Nebenfolgen einer Straftat oder Ordnungswidrigkeit, die zu einer Geldzahlung verpflichten;
4) Forderungen auf eine unentgeltliche Leistung des Schuldners
5) Forderungen auf Rückgewähr eines Gesellschafterdarlehens oder Forderungen aus Rechtshandlungen, die einem solchen Darlehen wirtschaftlich entsprechen

Abb. 10: Rangverhältnisse

8. Aufhebung des Insolvenzverfahrens

Sobald die Schlussverteilung vollzogen ist, beschließt das In- 409
solvenzgericht die **Aufhebung des Insolvenzverfahrens,** § 200 Abs. 1 InsO. Ist das insolvente Unternehmen eine natürliche Person, so erhält er seine Verwaltungs- und Verfügungsbefugnis über

die Masse zurück.[481] Wurde das Insolvenzverfahren über eine Gesellschaft eröffnet, so wurde die Gesellschaft bereits mit Eröffnung des Insolvenzverfahrens aufgelöst (§§ 60 Abs. 1 Nr. 4 GmbHG; 262 Abs. 1 Nr. 3 AktG, 728 BGB, 131 Abs. 1 Nr. 3 HGB). Hat eine natürliche Person die Restschuldbefreiung beantragt, so schließt sich an das Insolvenzverfahren die sog. **Wohlverhaltensperiode bzw. Abtretungszeitraum** an. Der Abtretungszeitraum endet 3 Jahre nach Eröffnung des Insolvenzverfahrens, § 287 Abs. 2 S. 1 InsO (näheres zum Abtretungszeitraum nachfolgend unter → Rn. 487).

410–414 *(einstweilen frei)*

III. Eigenverwaltungsverfahren

1. Allgemeines zum Eigenverwaltungsverfahren

415 Der Geschäftsleiter eines insolventen Unternehmens hat die Möglichkeit, das Unternehmen durch das **Eigenverwaltungsverfahren** selbst zu sanieren. Der Unternehmenserhalt durch Insolvenzplan ist der Hauptanwendungsfall der Eigenverwaltung.[482] Besteht eine realistische Chance für den Insolvenzplan, so ist die Anordnung des Eigenverwaltungsverfahren sinnvoll.[483]

416 Das Eigenverwaltungsverfahren ist als Sanierungsverfahren konzipiert und erlaubt es dem Geschäftsleiter eines insolventen Unternehmens das Insolvenzverfahren – unter Aufsicht eines Sachwalters – in eigener Verantwortung zu betreiben. Es handelt sich nicht um eine eigene Verfahrensart, sondern vielmehr um ein Sanierungsinstrument als „Modifikation“ des Regelverfahrens. Die Besonderheit liegt vor allem darin, dass die Verantwortlichen des Unternehmens selbst die Aufgaben eines Insolvenzverwalters wahrnehmen. Das Unternehmen bleibt in der Hand des bisherigen Geschäftsleiters/Unternehmers („Driver Seat“).[484]

---

[481] Uhlenbruck/Wegener InsO § 200 Rn. 2
[482] Uhlenbruck/Lüer/Streit InsO § 217 Rn. 17.
[483] Gottwald/Haas/Koch/de Bra § 70 Rn. 7.
[484] Buth/Hermanns Restrukturierung/Herbst/Harig § 29 Rn. 1, 6.

Durch die Eigenverwaltung kann das positive Signal der „Eigensanierung“ an den Markt gesendet werden. Geschäfte können weiterlaufen. Das Management bezweckt regelmäßig eine Restrukturierung des Unternehmens in eigener Verantwortung. Von entscheidender Bedeutung ist die Einbindung der Gläubiger. Diese sind im Rahmen des Insolvenzplans, § 284 Abs. 1 InsO zur Förderung von Sanierungs- und Restrukturierungskonzepte einzubeziehen.[485] Ein entscheidender Vorteil der Eigenverwaltung ist, dass der „fliegende Start“[486] in das Insolvenzverfahren die Sanierungschancen erhöht. Insoweit besteht ein Zeitvorteil von mehreren Wochen gegenüber einer Fremdverwaltung, bei welcher der Insolvenzverwalter erst bei Bestellung zur Tat schreiten kann. Die Chance der Eigenverwaltung kann darin liegen, dass den Gläubigern frühzeitig ein Vorschlag zur leistungswirtschaftlichen und bilanziellen Sanierung unterbreitet werden kann.[487] Wie bereits beschrieben, kann die vorläufige Eigenverwaltung bereits im Eröffnungsverfahren angeordnet werden. 417

Genau wie bei Anordnung der Insolvenzverwaltung handelt es sich bei Verbindlichkeiten, die das insolvente Unternehmen im eröffneten Insolvenzverfahren begründet, um sog. Masseverbindlichkeiten nach § 55 InsO. § 277 InsO sieht zudem die Möglichkeit vor, dass dem verantwortlichen Geschäftsleiter ein sog. **Zustimmungsvorbehalt** für einzelne Rechtsgeschäfte und Verfügungen auferlegt wird. Diese sind sodann davon abhängig, dass ihnen der sog. Sachwalter zustimmt. Der Sachwalter nimmt in der Eigenverwaltung eine besondere Stellung ein. Der insolvente Unternehmer soll grundsätzlich Verbindlichkeiten, welche nicht zum gewöhnlichen Geschäftsbetrieb gehören, nur mit Zustimmung des Sachwalters begründen, § 275 Abs. 1 S. 1 InsO. Widerspricht der Sachwalter einer gewöhnlichen Verbindlichkeit, so hat der Geschäftsleiter diesen Widerspruch gleichfalls zu beachten, § 275 Abs. 1 S. 2 InsO.[488] 418

---

[485] Buth/Hermanns Restrukturierung/Herbst/Harig § 29 Rn. 10, 11.

[486] Buth/Hermanns Restrukturierung/Herbst/Harig § 29 Rn. 15.

[487] Buth/Hermanns Restrukturierung/Herbst/Harig § 29 Rn. 15 f.

[488] Keller 4. Teil Rn. 1904 f.

419 Den Verantwortlichen eines insolventen Unternehmens sind in der Eigenverwaltung folgende Rechte und Pflichten ausdrücklich zugewiesen:[489]

- Berechtigung, die Insolvenzmasse zu verwalten und über sie zu verfügen,
- Eingehung neuer Verbindlichkeiten,
- Ausübung der Rechte aus §§ 103 ff. InsO, insb. Entscheidung über die Fortsetzung beiderseits nicht erfüllter Vertragsverhältnisse nach Maßgabe des § 279 InsO und über die Aufnahme von Prozessen,
- Ausarbeitung eines Insolvenzplans mit Auftrag der Gläubigerversammlung,
- Verteilung der Insolvenzmasse an die Insolvenzgläubiger,
- Recht zum Bestreiten angemeldeter Forderungen,
- Recht zur Verwertung von mit Absonderungsrechten belasteten Gegenständen nach Maßgabe des § 282 Abs. 1 InsO,
- Rechnungslegung,
- Berichterstattung im Berichtstermin,
- Erstellung der in § 151 InsO genannten Verzeichnisse,
- ggf. Anzeige des Eintritts der Zahlungsunfähigkeit im Schutzschirmverfahren, § 270d Abs. 4 S. 1 InsO.

420 Zwar werden die Aktivitäten des insolventen Unternehmens durch den (vorläufigen) Sachwalter und den (vorläufigen) Gläubigerausschuss überwacht. Jedoch können diese nicht für etwaige Pflichtverletzungen der Geschäftsleitung des insolventen Unternehmens haftbar gemacht werden. Betrifft die Eigenverwaltung eine juristische Person verbleibt es insoweit bei der Haftung der Geschäftsleitung.[490] Nach § 276a Abs. 1 InsO haben Aufsichtsrat, Gesellschafterversammlung oder entsprechende Organe keinen Einfluss auf die Geschäftsleitung des Unternehmens. Die Eigenverwaltung verlangt vom Geschäftsleiter des insolventen Unternehmens die Erfüllung breit gestreuter Aufgaben und Pflichten.

---

[489] BeckOK InsR/Ellers InsO § 270 Rn. 13.
[490] Bitter/Baschnagel ZInsO 2018, 555 (565 f.).

Mit diesem Pflichtengefüge sind – gezwungenermaßen – auch **Haftungsrisiken** verbunden.[491]

2. Haftung im Eigenverwaltungsverfahren, §§ 60, 61 InsO

a) Grundsätzliches zur Haftung im Insolvenzverfahren

Ist über das Vermögen der Gesellschaft ein Insolvenzverfahren 421
eröffnet worden, führt dies regelmäßig dazu, dass dem Geschäftsleiter die Verfügungsbefugnis über das Gesellschaftsvermögen entzogen wird. Im Hinblick auf etwaige Haftungsrisiken können sich die Geschäftsleiter nun zurücklehnen. Haben sie rechtzeitig Insolvenzantrag gestellt und vor dem Eröffnungsverfahren keine verbotenen Zahlungen getätigt, sind keine besonderen Haftungsrisiken zu befürchten. Auch eine steuerliche Haftung nach § 69 AO – kann nach Eröffnung des Insolvenzverfahrens – nicht mehr begründet werden, da die haftungsbegründende Verwaltungs- und Verfügungsbefugnis auf den Insolvenzverwalter übergeht (Ausnahme: Anordnung der Eigenverwaltung).[492]

Während des Insolvenzverfahrens kommt eine Haftung nur in 422
Ausnahmefällen in Betracht:

- Faktische Schmälerung des Gesellschaftsvermögens, zB durch Beiseiteschaffen von Gegenständen oder Vortäuschen noch vorhandener Verfügungsbefugnis gegenüber Dritten,
- Verletzung insolvenzrechtlicher Mitwirkungspflichten, § 101 InsO.[493]

b) Organhaftung in der Eigenverwaltung

Vor Inkrafttreten des SanInsFoG und StaRUG war umstritten, 423
nach welcher Vorschrift der Geschäftsleiter in der Eigenverwaltung haftet. Es bestand Diskussion, ob die Organe der eigenverwaltenden Gesellschaft nach gesellschaftsrechtlichen oder insol-

[491] Thole/Brünkmans ZIP 2013, 1097.
[492] Tipke/Kruse/Loose AO § 69 Rn. 43c.
[493] Bachmann ZIP 2015, 101.

venzrechtlichen Haftungsnormen zur Verantwortung gezogen werden können. Der BGH hat mit Entscheidung vom 26.4.2018[494] für diese Fälle die §§60, 61 InsO für analog anwendbar erklärt. Danach gelten also die gleichen Haftungsregeln, die im regulären Verfahren für den Insolvenzverwalter gelten. Diese Rechtsprechung hat der Gesetzgeber nun übernommen und in §276a Abs. 3 InsO überdies die §§60, 61 InsO auch für die vorläufige Eigenverwaltung für anwendbar erklärt.[495] Dies bedeutet, dass der Geschäftsleiter in Eigenverwaltung nicht nur der Gesellschaft, sondern auch den Gläubigern der Gesellschaft gegenüber haftet. Der BGH begründete dies damit, dass die Geschäftsleiter einer Gesellschaft im Rahmen der Eigenverwaltung weitgehend solche Befugnisse wahrnehmen würden, die im Regelverfahren dem Insolvenzverwalter oblägen. Da die Geschäftsleiter in der Insolvenz einer eigenverwaltenden Gesellschaft über ihre organschaftlichen Befugnisse hinaus originäre Aufgaben eines Insolvenzverwalters wahrnehmen, sei ein besonderes Haftungsbedürfnis für etwaige Pflichtverletzungen anzuerkennen. Auf die Haftungsnorm des §43 Abs. 2 GmbHG könne in diesem Fall nicht zurückgegriffen werden, weil deren Ausgestaltung als reine Innenhaftung nicht geeignet ist, die berechtigten Interessen der an einem Eigenverwaltungsverfahren Beteiligten wirksam zu schützen.[496]

c) Voraussetzungen der Organhaftung nach §§60, 61 InsO

424 Hat der Geschäftsleiter im Eigenverwaltungsverfahren insolvenzspezifische Pflichten verletzt, so hat die Anwendung der §§60 ff. InsO zur Folge, dass die betroffenen Verfahrensbeteiligten einen Schadensersatzanspruch direkt gegen den Geschäftsleiter erwerben.[497] Der Geschäftsleiter haftet insoweit für schuldhafte Pflichtverletzungen und die Nichterfüllung von Masseverbindlichkeiten nach §§60, 61 InsO.[498]

[494] BGH 26.4.2018 – IX ZR 238/17, ZIP 2018, 977.
[495] Bitter ZIP 2021, 321 (334 f.).
[496] Weber NZI 2018, 553 (554).
[497] BeckOK InsR/Ellers InsO §276a Rn. 40.
[498] KPB/Holzer InsO §276a Rn. 38.

Grundsätzlich stellen die insolvenzrechtlichen Pflichten **höchstpersönliche Pflichten** der Geschäftsleitung dar. Eine Enthaftung durch Ressortaufteilung kommt demnach nicht in Betracht. In der Praxis wird bei der Eigenverwaltung häufig ein sog. **Chief Insolvency Officer** (CIO) durch Geschäftsordnung mit der alleinverantwortlichen Wahrnehmung der Erfüllung insolvenzrechtlicher Pflichten beauftragt.[499] Ein solches Vorgehen ist grundsätzliche sinnvoll. Durch Benennung eines CIO kann insolvenzrechtliches Fachwissen innerhalb des schuldnerischen Unternehmens gebündelt werden. Unter weiterer Hinzuziehung externer Berater kann so gewährleisten werden, dass das Unternehmen in der Eigenverwaltung über hinreichend insolvenzrechtliche Expertise verfügt. Dies kann den Geschäftsleiter jedoch nicht von der Haftung freistellen. Schließlich ist die Geschäftsleitung allein Adressat der insolvenzrechtlichen Pflichten. Die Haftung des Geschäftsleiters kann entfallen, wenn die Person des CIO sorgfältig ausgewählt und vor allem überwacht wird. Zu beachten ist vor diesem Hintergrund, dass im Insolvenzverfahren die Anforderungen an die Überwachungspflichten der Geschäftsleitung sogar noch erhöht sind.[500] 425

aa) Pflichtverletzung

Vor allem die **insolvenzspezifischen** Pflichten stellen den Geschäftsleiter in Eigenverwaltung vor Herausforderungen. Die insolvenzrechtlichen Pflichten des Geschäftsleiters dienen nunmehr der Gläubigerbefriedigung und nicht (mehr) allein der Gesellschaft.[501] 426

Die Norm sanktioniert die Verletzung insolvenzspezifischer Pflichten, also Pflichten, die dem Insolvenzverwalter bzw. Geschäftsleiter in vorläufiger Eigenverwaltung in seinem Amt nach den Vorschriften der Insolvenzordnung obliegen. Je nach Verfahrensstadium und Beteiligten unterscheidet sich der Pflichtenkreis.[502] 427

---

[499] Vgl. hierzu Ballmann/Illbruck DB 2021, 1450.

[500] BeckOK InsR/Ellers InsO § 276a Rn. 42f.

[501] Thole/Brünkmanns ZIP 2013, 1097 (1098).

[502] BeckOK InsR/Desch/Hochdorfer InsO § 60 Rn. 13.

428 Die Verletzung folgender Pflichten kann zu einer Haftung nach § 60 InsO führen:

- Pflichten bei der Verwaltung und Verwertung der Insolvenzmasse,
- Pflichten bei der Durchsetzung von Ansprüchen,
- Pflichten gegenüber dem Insolvenzschuldner,
- Pflichten gegenüber Massegläubiger,
- Pflichten gegenüber Aus- und Absonderungsberechtigten,
- Haftung im Einzugsermächtigungsverfahren,
- Pflichten in der vorläufigen Insolvenzverwaltung,
- Pflichten gegenüber Arbeitnehmern.

bb) Verschulden

429 Der Geschäftsleiter haftet gem. § 276 Abs. 1 S. 1 BGB für Vorsatz und Fahrlässigkeit. Er hat für die Sorgfalt eines ordentlichen und gewissenhaften Insolvenzverwalters einzustehen. Die Aufgaben und Umstände, welcher der Geschäftsleiter im Rahmen seiner Tätigkeit begegnet, unterscheiden sich von der Situation eines Geschäftsleiters eines nicht insolventen Unternehmens. Ein Rückgriff auf den gesellschaftsrechtlichen Sorgfaltsmaßstab verbietet sich also.[503] Eine insolvenzrechtliche Besonderheit ist, dass sich der Geschäftsleiter das Verschulden von Angestellten des Schuldners gem. § 278 BGB nur eingeschränkt zurechnen lassen muss. Dies wird damit begründet, dass die Angestellten im Regelfall wohl über keine insolvenzrechtliche Expertise verfügen.[504]

430 Der BGH hat der Anwendung der **Business Judgement Rule** auf den Insolvenzverwalter im Rahmen der Haftung nach § 60 InsO eine Absage erteilt. „Die Business Judgement Rule und ihre Umsetzung in § 93 Abs. 1 S. 2 AktG gelten nicht für den Sorgfaltsmaßstab, an dem unternehmerische Entscheidungen des Insolvenzverwalters zu messen sind.“[505] Ob diese Rechtsprechung auch auf den Geschäftsleiter eines Unternehmens in (vorläufiger)

---

503 BeckOK InsR/Desch/Hochdorfer InsO § 60 Rn. 57.

504 BeckOK InsR/Ellers InsO § 276a Rn. 47.

505 BGH 12.3.2020 – IX ZR 125/17, NJW 2020, 1800 (1801).

Eigenverwaltung übertragbar ist, ist fraglich. Stimmen in der Literatur gehen davon aus, dass der BGH auch in Fällen der Eigenverwaltung eine Berufung auf die Business Judgement Rule versagen wird.[506] Aufgrund des eindeutigen Verweises von §276a Abs. 3 InsO auf §60 InsO sollten sich Geschäftsleiter darauf einstellen, dass sie sich ab Antragstellung und Anordnung der vorläufigen Eigenverwaltung nicht mehr auf ein unternehmerisches Ermessen berufen können.[507]

Ein eventuelles **Mitverschulden** des Gläubigers ist nach §254 431
BGB zu berücksichtigen. Ein Mitverschulden liegt beispielsweise vor, wenn dem Gläubiger zwar Aus- und Absonderungsrechte zustehen, er diese – trotz Durchsetzbarkeit – nicht realisiert.[508]

cc) Rechtsfolgen

§61 InsO – Nichterfüllung von Masseverbindlichkeiten: 432
Hat der Geschäftsleiter eine Masseverbindlichkeit begründet, die aus der Insolvenzmasse nicht erfüllt werden kann, so ist er dem Massegläubiger zum Schadensersatz verpflichtet. §61 InsO schützt allein die Massegläubiger; bzw. die Neumassegläubiger als solche, die bei bereits eingetretener Masseunzulänglichkeit diesen Status aufgrund einer Willensentscheidung des Geschäftsleiters einer eigenverwaltenden Schuldnerin erlangen.[509] Der Massegläubiger ist im Falle des §61 InsO so zu stellen, wie er bei sachgerechtem Verhalten des Geschäftsleiters stünde, also bei Unterbleiben des Vertragsschlusses. Die Schadensersatzverpflichtung im Falle eines Kaufvertrages besteht also in Höhe des Werts, der durch den Kaufvertrag weggegeben Sache.[510]

§60 InsO – Haftung für Pflichtverletzung: Der Umfang 433
des Schadensersatzanspruchs nach §60 InsO richtet sich nach §§249ff. BGB. Er ist auf das negative Interesse gerichtet. Durch

---

506 Jungmann NZI 2020, 651 (658); Harder NJW-Spezial 2020, 469 (470); Bauer ZIP 2020, 2272 (2278).

507 Brinkmann ZIP 2020, 2361 (2368).

508 Braun/Baumert InsO §60 Rn. 50.

509 Bachmann/Becker NJW 2018, 2235 (2236).

510 BeckOK InsR/Desch/Hochdorfer InsO §61 Rn. 24.

das pflichtwidrige Handeln des Geschäftsleiters können sowohl ein einzelner Gläubiger als auch eine Mehrzahl von Gläubigern individuell geschädigt werden. Man spricht vom sog. **Einzelschaden.** Dieser ist abzugrenzen vom ebenfalls nach § 60 InsO ersatzfähigen **Gesamtschaden.**[511]

434 In § 92 S. 1 InsO ist der sog. Gesamtschaden definiert. Ein Gesamtschaden liegt vor, wenn die Gläubiger gemeinschaftlich durch eine Verminderung des zur Insolvenzmasse gehörenden Vermögens einen Schaden erlitten haben. Charakteristisch für den Gesamtschaden ist, dass er zu einer Verkürzung der Befriedigungsmasse führt.[512]

435 Ein Einzelschaden liegt hingegen beispielsweise vor, wenn ein Massegläubiger geltend macht, dass die Masse pflichtwidrig verkürzt worden ist. Vorausgesetzt der Schaden ist vor Anzeige der Masseunzulänglichkeit entstanden. Es handelt sich um eine individuelle Vermögenseinbuße bei einem einzelnen Gläubiger.[513]

436 *einstweilen frei*

3. Weitere Haftungsrisiken

437 Mangels einschlägiger Rechtsprechung ist noch unklar, ob die allgemeine Haftungsnormen neben §§ 60 ff. InsO in der Eigenverwaltung weiterhin Anwendung finden. Setzt man dies voraus, so kommt im Innenverhältnis insb. die Haftung des Geschäftsleiters gem. § 43 Abs. 2 GmbHG in Betracht.

438 Die bereits unter → Rn. 351 ff. beschriebene Außenhaftung des Geschäftsleiters nach §§ 280, 241 Abs. 2, 311 Abs. 2, 3 BGB ist lediglich im Ausnahmefall wegen Inanspruchnahme besonderen persönlichen Vertrauens in Betracht zu ziehen. Der BGH hat insoweit bereits entschieden, dass das Auftreten eines „Sanierungsgeschäftsleiters" allein für sich genommen noch nicht für die er-

---

[511] Nerlich/Römermann/Rein InsO § 60 Rn. 93.

[512] Nerlich/Römermann/Rein InsO § 60 Rn. 94.

[513] Nerlich/Römermann/Rein InsO § 60 Rn. 95; Uhlenbruck/Sinz InsO § 60 Rn. 122.

forderliche Inanspruchnahme besonderen persönlichen Vertrauens ausreicht.[514]

439 Ein **Sanierungsgeschäftsleiter** verfügt gewöhnlich über besondere Expertise in der Sanierung von Unternehmen. Sein Engagement in der Führung der laufenden Geschäfte ist zeitlich begrenzt. Das heißt, er tritt als Interimsgeschäftsleiter von außen kommend auf, um unbefangen eine verfestigte wirtschaftliche Schieflage zu beheben und das Unternehmen neu auszurichten. Neben den Interessen der Gesellschaft hat er jedoch auch die Gläubigerinteressen zu wahren. Er ist mit umfassender Geschäftsleitungs- und Vertretungsmacht ausgestattet und ua damit beauftragt, ein Sanierungskonzept auszuarbeiten. Der Gesetzgeber hat den Begriff des Sanierungsgeschäftsleiters erstmals mit Einführung des § 32 Abs. 1 S. 1 StaRUG gewählt. Nach dem gesetzgeberischen Verständnis handelt es sich bei diesem um einen selbständigen treuhänderischen Verwalter fremder Vermögensinteressen in eigennützig betriebener Restrukturierungssache.[515]

Welche Anforderungen und insb. welche Haftungsrisiken ihn treffen, kann mangels einschlägiger Rechtsprechung derzeit noch nicht sicher prognostiziert werden.

440 Der eigenverwaltende Geschäftsleiter kann auch **deliktisch** in Anspruch genommen werden. So kommt beispielsweise eine Haftung nach § 823 Abs. 2 BGB iVm § 263 StGB in Betracht, wenn der Geschäftsleiter Gelder oder einen Warenkredit in Anspruch nimmt, jedoch wegen bestehender Überschuldung zu erwarten ist, dass die Gesellschaft zum Fälligkeitszeitpunkt zahlungsunfähig sein wird. Haftungsauslösend kann ferner das betrügerische Begründen von Masseverbindlichkeiten sein.[516] Zugunsten des Geschäftsleiters ist jedoch hierbei zu berücksichtigen, dass der BGH nur bei besonderen Vertrauensbindungen zwischen den Vertragsparteien eine Offenbarungspflicht des Geschäftsleiters sieht: Der Geschäftsleiter ist im Allgemeinen nicht ohne weiteres verpflichtet, bei Vertragsschluss unaufgefordert alle für den anderen Teil irgendwie erhebliche Tatsachen zu offenbaren. Dies gilt nicht, wenn ein besonderes Vertrauensverhältnis die Offenbarung der für die Entschließung des anderen Teils wichtigen Umstände

[514] BGH 26.4.2018 – IX ZR 238/17, NJW 2018, 2125 Rn. 37 f.

[515] BeckOK StaRUG/Kramer StaRUG § 32 Rn. 14 ff.

[516] Uhlenbruck/Zipperer InsO § 270 Rn. 20.

gebietet. Ein solcher Fall kann auch bei besonderen Umständen im zwischenmenschlichen Bereich liegen.[517]

441 Verstößt der Geschäftsleiter gegen grundlegende Pflichten des eigenverwaltenden Unternehmens, kann er auch aus §826 BGB in Anspruch genommen werden. Hierbei ist zu beachten ist, dass der Tatbestand des §826 BGB nur in Ausnahmefällen erfüllt sein wird, zB bei krassen Fällen der bewussten Gläubigerschädigung durch den Geschäftsleiter. Auch eine grundsätzlich haftungsbegründende Verletzung von Offenbarungspflichten setzt zusätzlich voraus, dass die Pflicht zur Offenlegung der wirtschaftlichen Lage zu schweren Gefährdungen der Vertragspartei geführt hat bzw. den Vertragszweck vereitelt hat.[518]

442 **Praxishinweis:** Die Geschäftsleiter einer in der Krise befindlichen Gesellschaft müssen sich vor Stellung eines Antrags auf Anordnung der Eigenverwaltung nach §270 Abs. 2 Nr. 1 InsO über den mit der Anordnung der Eigenverwaltung einhergehenden erweiterten, insolvenzrechtlichen Pflichten auseinandersetzen. Ob die Haftung durch Berufung als „Prokurist" bzw. Ausstellung einer „Handlungsvollmacht" umgangen werden kann, ist noch nicht abschließend geklärt.[519]

Der Geschäftsleiter in der Eigenverwaltung ist einem besonderen Haftungsrisiko ausgesetzt. Zur Abmilderung des Haftungsrisikos bietet es sich an, nach Versicherungsmöglichkeiten zu suchen. Der „klassische" Insolvenzverwalter ist im Regelfall Rechtsanwalt, Steuerberater oder Wirtschaftsprüfer und regelmäßig haftpflichtversichert. Dieses Privileg hat der Geschäftsleiter nicht. Allenfalls ist er im Rahmen einer D&O Versicherung geschützt. Dem eigenverwaltenden Geschäftsleiter ist also empfohlen, eine D&O Versicherung abzuschließen bzw. abzuklären, ob die von ihm bereits abgeschlossene D&O Versicherung Haftungsfälle resultierend aus der eigenverwaltenden Tätigkeit **umfasst.**[520]

443–447 *(einstweilen frei)*

---

[517] BGH 4.8.2016 – 4 StR 523/15, NZI 2016, 934 (935).

[518] Uhlenbruck/Zipperer InsO §270 Rn. 20.

[519] Weber NZI 2018, 553 (555).

[520] Bachmann/Becker NJW 2018, 2235 (2237).

IV. Schutzschirmverfahren

1. Allgemeines

Im Eröffnungsverfahren besteht für das insolvente Unternehmen die Möglichkeit, sich durch das **Schutzschirmverfahren** (§ 270d InsO) selbst zu sanieren. Das Schutzschirmverfahren ist eine besondere Ausprägung der vorläufigen Eigenverwaltung; mithin handelt es sich um keine eigene bzw. selbständige Verfahrensart. Der Sinn und Zweck des Schutzschirmverfahrens besteht darin, Unternehmenssanierungen noch in der Insolvenz zu ermöglichen. Diesem Zweck entsprechend soll das insolvente Unternehmen sein Vermögen selbst verwalten und auf Antrag Vollstreckungsschutz erlangen. Der Unternehmer hat gleichfalls innerhalb von maximal drei Monaten ein Sanierungskonzept zu erarbeiten. Das kriselnde Unternehmen soll in dieser **vorinsolvenzlichen Sanierungsphase** mit den späteren Hauptbeteiligten kooperieren, um den Insolvenzplan durch Verhandlungslösungen mit den Beteiligten vorzubereiten. Das Sanierungskonzept soll nach Eröffnung des Insolvenzverfahrens in einen Insolvenzplan umgesetzt werden. Entscheidende Besonderheit im Vergleich zur vorläufigen Eigenverwaltung ist die Verpflichtung des Gerichts – auf Antrag des Unternehmens – Vollstreckungsschutz anzuordnen. Allgemeine Voraussetzung des Schutzschirmverfahrens ist, dass das Unternehmen entweder drohend zahlungsunfähig (§ 18 InsO) oder überschuldet (§ 19 InsO) ist. Im Falle der Zahlungsunfähigkeit nach § 17 InsO kommt das Schutzschirmverfahren nicht in Betracht.[521] 448

2. Ablauf des Schutzschirmverfahrens

Die Anordnung des Schutzschirms setzt einen **Eröffnungsantrag,** einen **Eigenverwaltungsantrag** sowie die Vorlage einer **Bescheinigung** voraus. Die Bescheinigung ist von einem unab- 449

[521] FKR Teil 4 Kapitel 2 Rn. 197 f.

hängigen auf dem Gebiet des Insolvenzrechts versierten Berater (Rechtsanwalt, Wirtschaftsprüfer, Steuerberater oder vergleichbar qualifizierte Person) auszustellen. Der Gutachter muss geprüft haben, dass entweder der Insolvenzgrund „drohende Zahlungsunfähigkeit" oder „Überschuldung" vorliegt. Aus der Bescheinigung muss ersichtlich sein, dass das Vorliegen der Zahlungsunfähigkeit geprüft aber im Ergebnis abzulehnen ist. Ferner muss es Angaben zur Sanierungsfähigkeit des schuldnerischen Unternehmens enthalten. Hierbei ist ausreichend, dass das Gutachten zu dem Ergebnis kommt, dass das Scheitern des Sanierungsvorhaben nicht offensichtlich sei. Insoweit sind die Anforderungen an den Inhalt der Bescheinigung nicht zu hoch angesetzt. Es ist insb. kein Sanierungsgutachten nach dem IDW-Standard S 11 notwendig. Vorausgesetzt wird lediglich, die individuelle Prüfung der finanziellen Situation des Unternehmens aufgrund inhaltlich zutreffender und vor allem vollständiger Tatsachendarstellung. Dies stellt einen Vorteil für kleine und mittlerer Unternehmen dar, die ggfs. höhere Kosten eines umfassenden Sanierungsgutachtens nicht stemmen können. Ihnen soll der Zugang zum Schutzschirmverfahren nicht verwehrt werden. Der Gutachter hat die Krisenursachen und potentielle Abhilfemaßnahmen zu beschreiben und soll auf mögliche Sanierungshindernisse eingehen. Aus der Bescheinigung muss ersichtlich sein, in welchem Umfang und mit welcher Methodik die Angaben des insolventen Unternehmens geprüft und bewertet wurden. Das vom verantwortlichen Geschäftsleiter skizzierte Sanierungskonzept muss als inhaltlich schlüssig und finanzierbar bewertet worden sein.[522]

450 Die Besonderheit des Schutzschirmverfahrens besteht darin, dass das Unternehmen eine Person als vorläufigen Sachwalter vorschlagen kann. Nach § 270d Abs. 2 S. 3 InsO kann das Gericht von dem Vorschlag nur abweichen, wenn die Person als vorläufiger Sachwalter offensichtlich ungeeignet ist. Von der vorläufigen Sachwaltung kategorisch ausgeschlossen ist ausdrücklich der Aussteller der Bescheinigung, § 270d Abs. 2 S. 1 InsO. Der Aussteller

[522] FKR Teil 4 Kapitel 2 Rn. 202ff.

der Bescheinigung und der vorläufige Sachwalter dürfen auch nicht derselben Kanzlei angehören.[523]

Hat das Unternehmen die gerichtliche Anordnung von Vollstreckungsschutz beantragt, so ist das Gericht verpflichtet die Maßnahme zu erlassen. Schließlich soll durch den Schutzschirm die Mobiliarvollstreckung untersagt bzw. einstweilen eingestellt werden.[524] Das Unternehmen hat – vorausgesetzt es beantragt dies – einen Anspruch darauf, zum Begründen von Masseverbindlichkeiten ermächtigt zu werden.[525] 451

Ist der zulässige Antrag beim Insolvenzgericht eingegangen, hat dies zur Folge, dass das Gericht neben der Anordnung der vorläufigen Eigenverwaltung eine Frist bestimmt, in der das Unternehmen den Insolvenzplan vorzulegen hat. Die beantragten vollstreckungshindernden Maßnahmen werden angeordnet und der Sachwalter bestellt.[526] **Der Schutzschirm wird aufgespannt.** 452

§ 270d Abs. 4 S. 1 InsO verpflichtet die Verantwortlichen des Unternehmens dem Gericht den Eintritt der Zahlungsunfähigkeit ohne schuldhaftes Zögern anzuzeigen. Die Rechtsfolgen eines Verstoßes gegen diese Verpflichtung sind unklar. Eine Strafbewehrung, wie sie § 15a Abs. 4 InsO oder § 42 Abs. 3 StaRUG enthalten, gibt es nicht.[527] 453

Das Schutzschirmverfahren dauert maximal 3 Monate, § 270d Abs. 1 S. 2 InsO. Nach Ablauf dieser Frist ist der Insolvenzplan bei Gericht vorzulegen. Das Gericht entscheidet nun über die Eröffnung des Insolvenzverfahrens. In der Regel wird das Insolvenzverfahren eröffnet und die Eigenverwaltung angeordnet.[528] Tritt während des Schutzschirmverfahrens Zahlungsunfähigkeit ein, verlangt § 270 Abs. 4 S. 2 InsO die Aufhebung des Schutzschirms. Dies führt aber keineswegs dazu, dass die Sanierung aussichtslos ist. Das Gericht hat vielmehr in diesen Fall zu prüfen, ob die eingetreten Zahlungsunfähigkeit dazu führt, dass die geplanten Maß- 454

[523] BeckOK InsR/Ellers InsO § 270d Rn. 48 f.
[524] BeckOK InsR/Ellers InsO § 270d Rn. 53 f.
[525] BeckOK InsR/Ellers InsO § 270d Rn. 53 f.
[526] FKR Teil 4 Kapitel 2 Rn. 205.
[527] BeckOK InsR/Ellers InsO § 270d Rn. 67.
[528] FKR Teil 4 Kapitel 2 Rn. 214.

nahmen zur Reorganisation des schuldnerischen Unternehmens dennoch umsetzbar sind.[529]

455–459 *(einstweilen frei)*

V. Insolvenzplanverfahren

1. Allgemeines

460 Der **Insolvenzplan** ist der entscheidende Mechanismus einer Unternehmenssanierung durch Insolvenz. Sowohl die Eigenverwaltung (zum Zwecke der Sanierung) als auch das Schutzschirmverfahren dienen dem übergeordneten Zweck – **Sanierung durch einen Insolvenzplan.**

461 **Praxishinweis:** Die Gesellschaft wird zwar grundsätzlich durch Eröffnung des Insolvenzverfahrens aufgelöst. Die Gesellschafter können die Fortsetzung der Gesellschaft jedoch beschließen, wenn das Insolvenzverfahren auf Antrag des Unternehmens eingestellt wird oder nach Bestätigung des Insolvenzplans, der den Fortbestand der Gesellschaft vorsieht, aufgehoben wird (§§ 60 Abs. 1 Nr. 4 aE GmbHG; 274 Abs. 2 Nr. 1 AktG, 728 Abs. 1 S. 2 BGB, 144 Abs. 1 HGB).

462 Die Bedeutung des **Insolvenzplanverfahrens** geht bereits aus der Gesetzesbegründung hervor, so bezeichnet ihn der Gesetzgeber als das **Kernstück** der Insolvenzrechtsreform.[530] Dem Gedanken von § 1 S. 1 InsO entsprechend dient der Insolvenzplan zunächst der Befriedigung der Gläubiger. Daneben soll aber auch die Möglichkeit der Sanierung des Schuldners erreicht werden. Das „Paradebeispiel" einer Sanierung durch Insolvenzplan ist das bereits erläuterte Schutzschirmverfahren (§ 270d InsO). Das Insolvenzplanverfahren ist jedoch keineswegs auf das Schutzschirm- bzw. Eigenverwaltungsverfahren beschränkt. Ein Insolvenzplan kann in jedem Regelinsolvenzverfahren und auch

[529] FKR Teil 4 Kapitel 2 Rn. 214.
[530] BT-Drs. 12/7302, 181.

im Verbraucherinsolvenzverfahren Anwendung finden.[531] Der Insolvenzplan gibt den Beteiligten die Möglichkeit eigene Regeln über den Verlauf des Insolvenzverfahrens aufzustellen. Durch ihn kann ein – von der Insolvenzordnung – abweichender Weg eingeschlagen werden, um die Insolvenz zu überwinden. So können durch einen **Insolvenzplan** (§ 217 Abs. 1 S. 1 InsO)

- die Befriedigung der absonderungsberechtigten Gläubiger und der Insolvenzgläubiger,
- die Verwertung der Insolvenzmasse und deren Verteilung an die Beteiligten,
- die Verfahrensabwicklung und
- die Haftung des Unternehmens nach der Beendigung des Insolvenzverfahrens,

abweichend von den sonstigen Bestimmungen der Insolvenzordnung **geregelt werden.** Gerade für Insolvenzpläne, die zuvorderst das Ziel haben, das Unternehmen zu sanieren und zu erhalten, bietet die Möglichkeit der Abweichung von den allgemeinen Verwertungsvorschriften der Insolvenzordnung entscheidende Vorteile. So kann ein Insolvenzplan zB vorsehen, dass die Gläubiger nicht unverzüglich durch Verwertung der Insolvenzmasse (vgl. § 159 InsO), sondern erst später **aus den Erträgen des sanierten Unternehmens befriedigt** werden sollen.

Da nach § 217 S. 2 InsO auch die Anteils- oder Mitglied- **463**
schaftsrechte der Gesellschafter des Unternehmens in das Insolvenzplanverfahren einbezogen werden können, kann mit dem Insolvenzplanverfahren auch eine **gesellschaftsrechtliche Strukturveränderung** bewirkt werden (Satzungsänderungen, Verschmelzungen, Spaltungen, Wechsel der Rechtsform etc). Nach § 225a Abs. 2 InsO besteht insb. auch die Möglichkeit, Forderungen der Gläubiger gegen Anteils- oder Mitgliedschaftsrechte am Unternehmen zu tauschen (sog. **Debt-Equity-Swap**).[532]

---

[531] Keller InsR Teil 4 Rn. 1685.
[532] FKR Teil 4 Kapitel 1 Rn. 10.

2. Ablauf des Insolvenzplanverfahrens

464 Das **Insolvenzplanverfahren** ist kein selbstständiges Insolvenzverfahren, sondern es kann ausschließlich im Rahmen eines bereits nach den allgemeinen Regelungen der Insolvenzordnung **eröffneten** Insolvenzverfahrens durchgeführt werden. Wird der Insolvenzantrag des Unternehmens mangels Vorliegens eines Insolvenzgrundes zurückgewiesen oder wird die Eröffnung des Insolvenzverfahrens mangels Masse abgewiesen, ist die Durchführung einer Unternehmenssanierung im Wege des Insolvenzplanverfahrens ausgeschlossen.[533]

465 Das Insolvenzplanverfahren wird durch die **Vorlage des Insolvenzplans** bei Gericht eingeleitet.[534] Vorlageberechtigt sind gem. §218 Abs. 1 S. 1 InsO der Insolvenzverwalter und das Unternehmen.[535] Das insolvente Unternehmen kann den Plan bereits gleichzeitig mit dem Antrag auf Insolvenzeröffnung vorlegen, §218 Abs. 1 S. 2 InsO. Die Erstellung und Vorlage eines Insolvenzplans ist jedoch auch noch im Eröffnungsverfahren (siehe hierzu insb. die Möglichkeit des Schutzschirmverfahrens Rn. 448 ff.) und sogar noch nach Eröffnung des Insolvenzverfahrens, nämlich bis zur abschließenden Gläubigerversammlung (Schlusstermin, §197 InsO, → Rn. 407) möglich (§218 Abs. 1 S. 3 InsO).[536]

466 Wurde das Insolvenzverfahren bereits eröffnet, kann das Gericht gem. §233 InsO auf Antrag die Aussetzung der Verwertung und Verteilung der Insolvenzmasse anordnen, soweit dadurch die Durchführung des Insolvenzplans gefährdet würde.[537] Parallel dazu kann gem. §30d Abs. 1 Nr. 3, Abs. 2 ZVG die Zwangsversteigerung von Grundstücken einstweilen eingestellt werden.[538]

467 Anschließend erfolgt eine **Vorprüfung durch das Gericht.**[539] Formell fehlerhafte oder offensichtlich aussichtslose Insolvenz-

[533] Uhlenbruck/Lüer/Streit InsO §217 Rn. 2.

[534] KPBJ/Spahlinger InsO §218 Rn. 1.

[535] BeckOK InsR/Geiwitz/von Danckelmann InsO §218 Rn. 1.

[536] KPBJ/Spahlinger InsO §218 Rn. 44, 45.

[537] Nerlich/Römermann/Ober InsO §233 Rn. 1.

[538] MüKoInsO/Breuer InsO §233 Rn. 2.

[539] BeckOK InsR/Geiwitz/von Danckelmann InsO §231 Rn. 1.

pläne weist das Gericht von Amts wegen zurück (§ 231 InsO).[540] Diese Vorprüfung soll laut Gesetz nicht mehr als zwei Wochen dauern. Wird der Plan nicht zurückgewiesen, holt das Gericht **Stellungnahmen** von den in § 232 InsO genannten Personen ein (zB Gläubigerausschuss, ggf. Betriebsrat, Unternehmen usw.). Auch diese Phase soll laut Gesetz maximal 2 Wochen dauern.[541]

Das Gericht bestimmt sodann einen Termin in dem der Insol- **468** venzplan und das Stimmrecht der Beteiligten erörtert werden und anschließend über den Plan abgestimmt wird (**Erörterungs- und Abstimmungstermin,** § 235 InsO).[542] Über den Plan wird in Gruppen abgestimmt, die im gestaltenden Teil des Insolvenzplans nach ihrer Rechtsstellung gebildet wurden (§ 222 InsO).

Bei der Bildung der Gruppen wird unterschieden zwischen **469**

- absonderungsberechtigten Gläubigern, wenn durch den Plan in deren Rechte eingegriffen wird;
- nicht nachrangigen Insolvenzgläubigern;
- den einzelnen Rangklassen der nachrangigen Insolvenzgläubiger, soweit deren Forderungen nicht nach § 225 InsO als erlassen gelten sollen;
- den am Schuldner beteiligten Personen, wenn deren Anteils- oder Mitgliedschaftsrechte in den Plan einbezogen werden;
- den Inhabern von Rechten aus gruppeninternen Drittsicherheiten.

Zur Annahme des Plans ist eine einfache Kopf- und Summen- **470** mehrheit in jeder Abstimmungsgruppe ausreichend (§ 244 InsO).

Nach der Annahme des Insolvenzplans durch die Beteiligten **471** bedarf der Plan noch der **Bestätigung durch das Insolvenzgericht** (§ 248 Abs. 1 InsO).[543] Das Gericht versagt die Bestätigung des Plans, wenn wesentliche Verfahrensvorschriften nicht eingehalten wurden (§ 250 InsO) oder ein dem Plan widersprechender Gläubiger oder Gesellschafters, durch den Plan voraussichtlich

---

[540] K. Schmidt InsO/Spliedt InsO § 231 Rn. 1.
[541] KPBJ/Spahlinger InsO § 232 Rn. 1.
[542] Nerlich/Römermann/Braun InsO § 234 Rn. 1.
[543] KPBJ/Pleister InsO § 248 Rn. 2.

schlechter gestellt wird, als er ohne Antrag stünde (sog. **Minderheitenschutz,** § 251 InsO). Letzteres prüft das Gericht jedoch nur auf Antrag des betroffenen Gläubigers oder Gesellschafters.

472 Mit der Rechtskraft des Bestätigungsbeschlusses treten die im Insolvenzplan festgelegten Wirkungen ein (§ 254 Abs. 1 InsO) und das Insolvenzverfahren wird aufgehoben (§ 258 Abs. 1 InsO).[544]

473–477 *(einstweilen frei)*

VI. Insolvenzverfahren eines Einzelunternehmers

478 Für eine juristische Person ist das Insolvenzverfahren strengen Regelungen unterworfen. Bei Vorliegen von Überschuldung (§ 19 InsO) oder Zahlungsunfähigkeit (§ 17 InsO) sind ihre Geschäftsleiter verpflichtet, einen Antrag auf Eröffnung des Insolvenzverfahrens zu stellen. Andernfalls machen sie sich strafbar. Für den Einzelunternehmer gilt diese Antragspflicht nicht. Ein Insolvenzverfahren kann – gegen seinen Willen – bei Vorliegen von Zahlungsunfähigkeit oder Überschuldung von einem Gläubiger beantragt werden, der sog. Drittantrag. Kommt das Insolvenzgericht zu der Auffassung, dass der vom Gläubiger dargelegte Eröffnungsgrund besteht, wird das Insolvenzverfahren eröffnet. Bei einer Gesellschaft bewirkt die Eröffnung des Insolvenzverfahrens ihre Auflösung. Der Einzelunternehmer hat diese Konsequenz nicht zu fürchten. Er verliert bei Insolvenzeröffnung – es sei denn, Eigenverwaltung wurde angeordnet – die Befugnis über sein Vermögen zu verwalten und zu verfügen. Nach Ablauf von 3 Jahren seit Eröffnung des Insolvenzverfahrens kann ihm Restschuldbefreiung erteilt werden. Das heißt er kann wieder bei „0“ anfangen.

479 Somit ist das Insolvenzverfahren für den Einzelunternehmer auch die Chance für einen Neuanfang. Neben der Restschuldbefreiung kann auch eine Unternehmenssanierung im Insolvenzverfahren, zB durch Eigenverwaltung und Schutzschirmverfahren,

---

[544] BeckOK InsR/Freund/Stadler InsO § 258 Rn. 2.

für den Einzelunternehmer in Betracht kommen. Das Insolvenzverfahren ist somit nicht zwingend mit dem Ende eines Unternehmens gleichzusetzen, sondern kann vielmehr seinen (Neu-) Anfang bedeuten. Demnach kann auch ein Eigenantrag des Einzelunternehmers bei Zahlungsunfähigkeit, Überschuldung und vor allem auch drohende Zahlungsunfähigkeit (§ 18 InsO) durchaus sinnvoll sein.

Grundsätzlich wird die Eröffnung des Insolvenzverfahrens vom Insolvenzgericht mangels Masse abgewiesen, wenn das Vermögen des Einzelunternehmers voraussichtlich nicht ausreichen wird, um die Kosten des Verfahrens zu decken, § 26 Abs. 1 InsO. Dies würde den mittellosen Unternehmer jedoch benachteiligen, da er ohne Durchführung des Insolvenzverfahrens keine Chance auf Erteilung der Restschuldbefreiung hat. § 4a InsO ermöglicht dem Einzelunternehmer, dass ihm auf Antrag die Kosten des Insolvenzverfahrens bis zur Erteilung der Restschuldbefreiung gestundet werden können. So soll auch den Einzelunternehmern Zugang zum Verfahren eröffnet werden, die die Kosten des Insolvenzverfahrens nicht aus eigenen Mitteln tragen können.[545] **480**

1. Restschuldbefreiung

Die Erteilung der Restschuldbefreiung bewirkt nach § 286 InsO, dass der Einzelunternehmer grundsätzlich von den im Insolvenzverfahren nicht erfüllten Verbindlichkeiten gegenüber den Insolvenzgläubigern befreit wird. Der Einzelunternehmer soll den Antrag auf Restschuldbefreiung bereits mit dem Antrag auf Eröffnung des Insolvenzverfahrens verbinden. Diesem Antrag ist auch eine Abtretungserklärung beizufügen. Diese ist erforderlich, weil der Einzelunternehmer alle pfändbaren Bezüge für den Zeitraum von 3 Jahren nach Eröffnung des Insolvenzverfahrens an einen – vom Gericht zu bestimmenden – Treuhänder abtreten muss. Das Gericht hat nach § 287a InsO die Zulässigkeit des Antrags auf Restschuldbefreiung zu prüfen. Kommt es zu der **481**

[545] Uhlenbruck/Mock InsO § 4a Rn. 2.

Einschätzung, dass der Antrag zulässig ist, so entscheidet es durch Beschluss, dass die Restschuldbefreiung erteilt wird, wenn der Einzelunternehmer alle Obliegenheiten nach den §§ 295 und 295a InsO nachkommt und keine Tatbestandsvoraussetzungen eines Versagensgrundes der Restschuldbefreiung vorliegen.[546]

482 Der Antrag ist gem. § 287a Abs. 2 S. 2 InsO unzulässig, wenn
- Nr. 1 Alt. 1: dem Schuldner in den letzten 11 Jahren vor dem Antrag auf Eröffnung des Insolvenzverfahrens oder nach diesem Antrag Restschuldbefreiung erteilt worden ist,
- Nr. 1 Alt. 2: dem Schuldner die Restschuldbefreiung in den letzten 5 Jahren vor dem Antrag auf Eröffnung des Insolvenzverfahrens oder nach diesem Antrag nach § 297 InsO versagt worden ist,
- Nr. 2: dem Schuldner in den letzten 3 Jahren vor dem Antrag auf Eröffnung des Insolvenzverfahrens oder nach diesem Antrag Restschuldbefreiung nach § 290 Abs. 1 Nr. 5, 6 oder 7 bzw. § 296 InsO versagt worden ist.[547]

483 Ist der Antrag zulässig, so obliegt es dem Einzelunternehmer von Beginn der Eröffnung des Insolvenzverfahrens bis Ende der Abtretungsfrist eine angemessene Erwerbstätigkeit auszuüben oder sich um eine zu bemühen, § 287b InsO.

2. Versagung der Restschuldbefreiung

484 **Bis zum Schlusstermin im Insolvenzverfahren** kann die Restschuldbefreiung auf Antrag eines Gläubigers versagt werden, wenn einer der in § 290 Abs. 1 Nr. 1–7 InsO genannten Versagungsgründe vorliegt. **Das Gericht ist jedoch nicht von Amts wegen befugt, die Restschuldbefreiung zu versagen.** Es ist stets ein Gläubigerantrag auf Versagung der Restschuldbefreiung erforderlich.[548]

[546] Bilsdorfer/Kaufmann DStR 2022, 2275.
[547] BeckOK InsR/Riedel InsO § 287a Rn. 13.
[548] FKR 5. Teil Kap. 2 Rn. 97.

Die **Restschuldbefreiung** kann versagt werden, wenn 485

- der Unternehmer in den letzten 5 Jahren vor dem Antrag auf Eröffnung des Insolvenzverfahrens oder nach diesem Antrag wegen einer Straftat nach §§ 283–283c StGB rechtskräftig zu einer Geldstrafe von mehr als 90 Tagessätzen oder einer Freiheitsstrafe von mehr als 3 Monaten verurteilt worden ist,
- der Unternehmer in den letzten 3 Jahren vor dem Antrag auf Eröffnung des Insolvenzverfahrens oder nach diesem Antrag vorsätzlich oder grob fahrlässig schriftlich unrichtige oder unvollständige Angaben über seine wirtschaftlichen Verhältnisse gemacht hat, um einen Kredit zu erhalten, Leistungen aus öffentlichen Mitteln zu beziehen oder Leistungen an öffentliche Kassen zu vermeiden,
- der Unternehmer in den letzten 3 Jahren vor dem Antrag auf Eröffnung des Insolvenzverfahren oder nach diesem Antrag vorsätzlich oder grob fahrlässig die Befriedigung der Insolvenzgläubiger dadurch beeinträchtigt, dass er unangemessene Verbindlichkeiten begründet oder Vermögen verschwendet oder ohne Aussicht auf Besserung seiner wirtschaftlichen Lage die Eröffnung des Insolvenzverfahrens verzögert hat,
- der Unternehmer Auskunfts- oder Mitwirkungspflichten nach diesem Gesetz vorsätzlich oder grob fahrlässig verletzt hat,
- der Unternehmer in der nach § 287 Abs. 1 S. 3 InsO vorzulegenden Erklärung und in den nach § 305 Abs. 1 Nr. 3 InsO vorzulegenden Verzeichnissen seines Vermögens und seines Einkommens, seiner Gläubiger und der gegen ihn gerichteten Forderungen vorsätzlich oder grob fahrlässig unrichtige oder unvollständige Angaben gemacht hat,
- der Unternehmer seine Erwerbsobliegenheit nach § 287b InsO verletzt und dadurch die Befriedigung der Insolvenzgläubiger beeinträchtigt; dies gilt nicht, wenn ihm kein Verschulden trifft; § 296 Abs. 2 S. 2 und 3 InsO gilt entsprechend.

Die Aufzählung ist abschließend und enthält keine Generalklausel. Die Tatbestände sind weder analogiefähig noch enthalten sie ungeschriebene Tatbestandsmerkmale.

486 Der die Versagung der Restschuldbefreiung beantragende Gläubiger hat das Vorliegen eines der oben genannten Gründe **glaubhaft** zu machen. Erst wenn ihm dies gelungen ist, kann das Insolvenzgericht das Vorliegen des Versagensgrundes prüfen und die Restschuldbefreiung – durch Beschluss – versagen.[549]

487 Nach **Beendigung des Insolvenzverfahren**s kann dem Unternehmer – **während des Abtretungszeitraums von 3 Jahren** – aufgrund einer Obliegenheitsverletzung (§ 295 InsO) auf Antrag des Gläubigers die Restschuldbefreiung versagt werden, § 296 Abs. 1 S. 1 InsO.[550] Genauso führt § 297 InsO den Versagungstatbestand des § 290 Abs. 1 Nr. 1 InsO fort. Hiernach ist die Restschuldbefreiung zu versagen, wenn der Unternehmer während des Abtretungszeitraums rechtskräftig wegen einer Straftat nach den §§ 283–283c StGB zu einer Geldstrafe von mindestens 90 Tagessätzen oder zu einer Freiheitsstrafe von mindestens 3 Monaten verurteilt wird.[551] Nur am Rande sei auf den Sonderfall des § 298 InsO hingewiesen. Die Vorschrift kommt allenfalls zur Anwendung, wenn keine Stundung der Verfahrenskosten gem. §§ 4a InsO vorliegt. Nach § 298 InsO kann die Restschuldbefreiung auf Antrag des Treuhänders versagt werden, wenn die Mindestvergütung des Treuhänders nicht gedeckt ist.[552]

488 Auch **nach Ablauf des Abtretungszeitraums** kann die bereits erteile Restschuldbefreiung unter den Voraussetzungen des § 303 Abs. 1 InsO **widerrufen** werden, wenn

- Nr. 1: sich nachträglich herausstellt, dass der Unternehmer eine seiner Obliegenheiten vorsätzlich verletzt und dadurch die Befriedigung der Insolvenzgläubiger erheblich beeinträchtigt hat,
- Nr. 2: sich nachträglich herausstellt, dass der Unternehmer während der Abtretungsfrist nach Maßgabe des § 297 Abs. 1 InsO verurteilt worden ist, oder wenn er erst nach Erteilung der Restschuldbefreiung wegen einer bis zum Ende der Abtretungs-

[549] FKR 5. Teil Kap. 2 Rn. 106, 110.
[550] Keller Teil 4 Kap. 14 Rn. 2015.
[551] Keller Teil 4 Kap. 14 Rn. 2021.
[552] Keller Teil 4 Kap. 14 Rn. 2023.

frist begangenen Straftat nach Maßgabe von § 297 Abs. 1 InsO verurteilt wird,
- Nr. 3: der Unternehmer nach Erteilung der Restschuldbefreiung Auskunfts- oder Mitwirkungspflichten vorsätzlich oder grob fahrlässig verletzt hat, die ihm nach diesem Gesetz während des Insolvenzverfahren obliegen.

3. Von der Restschuldbefreiung ausgenommene Forderungen

Auch wenn die Restschuldbefreiung erteilt worden ist, muss 489
sich der Unternehmer im Klaren darüber sein, dass es von § 302 InsO privilegierte Verbindlichkeiten gibt, die von der schuldbefreienden Wirkung der Restschuldbefreiung ausgenommen sind. Die Gläubiger einer **privilegierten Verbindlichkeit** können – trotz Erteilung der Restschuldbefreiung nach Beendigung des Insolvenzverfahrens ihre Forderung dem Unternehmer gegenüber geltend machen. Eine Verbindlichkeit ist privilegiert, wenn sie einen sog. qualifizierten Grund **(sog. Forderungsattribut)** aufweist.[553] Bei den von § 302 InsO privilegierten Forderungen handelt es sich um:

- Nr. 1: Verbindlichkeiten des Unternehmers
  - aus einer vorsätzlich begangenen unerlaubten Handlung,
  - aus rückständigem gesetzlichen Unterhalt, den der Unternehmer vorsätzlich pflichtwidrig nicht gewährt hat,
  - aus einem Steuerschuldverhältnis, sofern der Unternehmer im Zusammenhang damit wegen einer Steuerstraftat nach den §§ 370, 373 oder 374 AO rechtskräftig verurteilt worden ist,
- Nr. 2: Geldstrafen und die diesen in § 39 Abs. 1 Nr. 3 InsO gleichgestellten Verbindlichkeiten des Unternehmers,
- Nr. 3 Verbindlichkeiten aus zinslosen Darlehen, die dem Unternehmer zur Begleichung der Kosten des Insolvenzverfahrens gewährt wurden.

---

[553] Gottwald/Haas/Ahrens Kap. IV § 77 Rn. 15.

490 Die Besonderheit des Forderungsattributs aus § 302 Nr. 1 InsO liegt darin, dass der Gläubiger die zugrunde liegende Forderung **unter Angabe des qualifizierten Grundes** beim Insolvenzverwalter anmelden muss, § 174 Abs. 2 InsO. Nennt der Gläubiger einen qualifizierten Grund, so muss das Insolvenzgericht den Unternehmer auf die Rechtsfolge des § 302 InsO sowie auf die Möglichkeit des Widerspruchs hinweisen.[554] Hat der Gläubiger es unterlassen, den qualifizierten Grund anzugeben, führt dies nicht dazu, dass die Forderungsanmeldung – an sich – unwirksam ist. In diesem Fall ist die Forderung jedoch – trotz Vorliegen des § 302 Nr. 1 InsO – von der Restschuldbefreiung erfasst.[555]

491 **Praxishinweis:** Wird der Gläubiger bei der Anmeldung der Forderungen anwaltlich vertreten, so kann sich dessen Rechtsanwalt dadurch schadensersatzpflichtig machen, dass er bei der Anmeldung die Angabe des qualifizierten Grundes unterlässt.[556]

492 Die Forderung ist von der Restschuldbefreiung ausgenommen, wenn sie zur Insolvenztabelle festgestellt worden ist und der Unternehmer der Forderung (bzw. beschränkt auf das Forderungsattribut) trotz gerichtlichen Hinweises **nicht widersprochen** hat. In diesem Fall kann sich der Gläubiger eine vollstreckbare Ausfertigung des Tabellenblattes erteilen lassen und die Forderung nach Ende des Insolvenzverfahrens gegen den Unternehmer geltend machen.[557]

493 Hat der Unternehmer dem Forderungsattribut **widersprochen,** so können sowohl er als auch der Gläubiger das Vorliegen des qualifizierten Grundes gerichtlich feststellen lassen.[558] Haben weder der Unternehmer noch der Gläubiger das (Nicht)Bestehen des Forderungsattributs bereits während des Insolvenzverfahrens gerichtlich feststellen lassen, so wird der Einwand im Vollstreckungsverfahren geprüft.[559]

---

554 Gottwald/Haas/Ahrens Kapitel IV § 77 Rn. 15.

555 BeckOK InsR/Zenker InsO § 174 Rn. 29.

556 LG Aachen 15.11.2019 – 8 O 70/19, BeckRS 2019, 30313 Rn. 32.

557 BeckOK InsR/Riedel InsO § 302 Rn. 12.

558 BGH 10.10.2013 – IX ZR 30/13, NZI 2013, 1025

559 BeckOK InsR/Riedel InsO § 302 Rn. 8 ff.

4. SCHUFA-Eintrag

Der Unternehmer sollte sich bei Beantragung der Restschuldbefreiung jedoch im Klaren sein, dass die Erteilung der Restschuldbefreiung keinen Persilschein darstellt. 494

Die Erteilung der Restschuldbefreiung führt nicht dazu, dass die im SCHUFA-Register eingetragene Forderung gelöscht wird. Die Forderung wird in diesem Fall vielmehr mit einem sog. **Erledigungsvermerk** versehen. Bis vor kurzem speicherte die SCHUFA Einträge über Forderungen, welche nach Erteilung der Restschuldbefreiung mit einem Erledigungsvermerk versehen sind, für den Zeitraum von 3 Jahren. Hieraus konnten zukünftige Vertragspartner Rückschlüsse über ein bereits abgeschlossenes Insolvenzverfahren ziehen. Sie erlangten Kenntnis davon, dass der Unternehmer in der Vergangenheit nicht in der Lage gewesen ist, bestehende Verbindlichkeiten vollständig zu erfüllen.[560] Dies führte in der Praxis deshalb zu erheblichen Schwierigkeiten beim Abschluss von Verträgen sowohl auf betrieblicher als auch privater Ebene. 495

Die Speicherfrist der Erteilung der Restschuldbefreiung von 3 Jahren war in der Praxis wiederholt Inhalt von Rechtsstreitigkeiten zwischen Betroffenen und der SCHUFA. So entschied das OLG Schleswig im Jahr 2021, dass ein Schuldner nach Ablauf von 6 Monaten einen Anspruch auf Löschung des Eintrags habe.[561] In dieser Sache ist die Revision beim BGH unter dem Az.: VI ZR 225/21 anhängig, sodass eine höchstrichterliche Entscheidung alsbald zu erwarten ist. Ebenfalls ist beim EuGH unter dem Az.: C 26/22 die Frage anhängig, ob die private Wirtschaftsauskunftei SCHUFA Daten aus öffentlichen Verzeichnissen (hier die Bekanntmachung der Insolvenzgerichte über Erteilung der Restschuldbefreiung) anlasslos und auf Vorrat speichern darf. Das weit über deren Löschung im öffentlichen Verzeichnis hinaus, nämlich ggfs. bis zu 3 Jahren. Anlässlich dieser Verfahren hat die SCHUFA nunmehr die Speicherfrist auf 6 Monate verkürzt.[562] 496

---

[560] Bilsdorfer/Kaufmann DStR 2022, 2275 (2276).

[561] OLG Schwesig 2.7.2021 – 17 U 15/21, NZI 2021, 794 Rn. 24.

[562] https:;//www.handelsblatt.com/finanzen/banken-versicherungen/banken/schufa-auskunftei-loescht-daten-ueber-restschuldbefreiung-bereits-nach-sechs-monaten/29063248.html (abgerufen am 19.04.2023).

497 **Zusammenfassung der Sanierungsmöglichkeiten nach StaRUG und InsO:** Abschließend werden nachfolgend die Vor- und Nachteile der einzelnen Verfahrensmöglichkeiten zur Sanierung eines Unternehmens stichpunktartig aufgezeigt:

Restrukturierungsverfahren nach StaRUG
Vorteile
- Möglichkeit des außergerichtlichen Restrukturierungsverfahrens (weniger Öffentlichkeit);
- Verhandlungen und Vorverhandlungen nur mit bestimmten Gläubigern möglich, dh Einbeziehung sämtlicher Gläubiger nicht erforderlich („Gläubiger können Gläubiger überstimmen“);
- Vermeidung des „Stigmas“ der Insolvenz.

Nachteile
- findet nur bei drohender Zahlungsunfähigkeit (§ 18 InsO) Anwendung;
- keine „echte“ Rechtssicherheit, vor allem im Verfahren ohne gerichtliche Begleitung;
- Verfahren mit geringen Gestaltungsmöglichkeiten zur Verhinderung von Nachteilen (zB keine Möglichkeit in bestehende Vertragsverhältnisse einzugreifen, keine Sonderkündigungsrechte, keine gesellschaftsrechtlichen Änderungen möglich);
- keine Gestaltung von Arbeitnehmerforderungen (wie zB betriebliche Altersvorsorge, Pensionszusagen), kein Insolvenzausfallgeld (!);
- „Mehrwert“ gegenüber Insolvenzplanverfahren oder Eigenverwaltung nicht wirklich erkennbar;
- in der Praxis aktuell noch kaum Erfahrungen mit Restrukturierungverfahren nach StaRUG.

Entschuldungsverfahren in Eigenverwaltung nach §§ 270 ff. InsO
Vorteile:
- inzwischen weit verbreitet und von Gläubigern und Gerichten gut angenommen, in der Praxis gibt es mittlerweile sehr viele funktionierende Eigenverwaltungen;
- findet auch bei Überschuldung (§ 19 InsO) und Zahlungsunfähigkeit (§ 17 InsO) Anwendung;
- Organe/Geschäftsleiter des kriselnden Unternehmens behalten die Kontrolle („Driver Seat“ bleibt beim Organ/Geschäftsleiter);
- an den Markt wird positives Signal der „Eigensanierung“ gesendet;
- Einflussnahme auf Bestellung des Sachwalters möglich, Organ/Geschäftsleiter findet Unterstützung durch einen insolvenzrechtlich erfahrenen Berater eigener Wahl;

- Eingriff in bestehende Vertragsverhältnisse möglich (§§ 279, 103 InsO), Sonderkündigungsrechte auch für Arbeitnehmer mit kurzen Fristen (§ 113 InsO), Gestaltungsrechte für Mietverträge, Leasingverträge ua;
- erhebliche Liquiditätseffekte vor allem aufgrund der Möglichkeit zur Insolvenzausfallgeldfinanzierung, aber auch zur Aussetzung bestimmter Zahlungen zumindest im Insolvenzantragsverfahren für bis zu zwei Monate;
- Kontaktaufnahme und Verhandlungen mit Gläubigern möglich unter dem Schutz des Insolvenzverfahrens und mit Sicherungsmaßnahmen des Gerichts zur Verhinderung drohender Nachteile (Einstellung der Zwangsvollstreckung, Verrechnungsverbote ua);
- insb. das Schutzschirmverfahren kann beschleunigt durchgeführt werden, wenn das Verfahren gut vorbereitet ist.

Nachteile:
- keine Möglichkeit eines außergerichtlichen Verfahrens (mehr Öffentlichkeit);
- Verhandlungen und Vorverhandlungen mit allen Gläubigern und Gläubigergruppen nötig, Mehrheitsbeschaffung dadurch unter Umständen schwieriger;
- immer noch weit verbreitetes „Stigma der Insolvenz".

Entschuldungsverfahren im Regelverfahren über einen Insolvenzplan nach §§ 217 ff. InsO
Vorteile:
- inzwischen in der Praxis weit verbreitet und von Gläubigern und Gerichten akzeptiert;
- auch vom Organ/Geschäftsleiter/Gesellschafter persönlich gestellte Sicherheiten (zB Bürgschaft), können mitgeregelt werden;
- auch bei bereits eingetretener Zahlungsunfähigkeit (§ 17 InsO) oder Überschuldung (§ 19 InsO) möglich, selbst bei angezeigter Masseunzulänglichkeit ohne Befriedigungsaussichten der Insolvenzgläubiger (dann aber nur mit Zustimmung der Massegläubiger);
- auch bei diesem Verfahren Eingriff in bestehende Vertragsverhältnisse möglich (§ 103 InsO);
- erhebliche Liquiditätseffekte analog dem Eigenverwaltungsverfahren;
- wie bei der Eigenverwaltung Vorbereitung unter vollem Schutz von Sicherungsmaßnahmen im Antragsverfahren möglich.

Nachteile:
- keine Möglichkeit eines außergerichtlichen Verfahrens (mehr Öffentlichkeit);
- Organe/Geschäftsleiter bleiben nicht auf dem „Driver Seat", Unsicherheit über die vom Gericht zu bestellende Person des Insolvenzverwalters, dessen Erfahrungen und dessen Bereitschaft zur Vorbereitung eines Insolvenzplanes statt der weit verbreiteten sog. „übertragenden Sanierung", sprich dem schnellen Verkauf des Unternehmens an einen Dritten, Rechtsträger und die Organe/Geschäftsleiter „verlieren" ihr Unternehmen;
- Verhandlungen und Vorverhandlungen mit allen Gläubigern und Gläubigergruppen nötig;
- immer noch weit verbreitetes „Stigma der Insolvenz".

498–502 *(einstweilen frei)*

F. Steuerliche und strafrechtliche Risiken

Neben den bereits erwähnten zivilrechtlichen Haftungsansprü- 503
chen bestehen steuerliche und strafrechtliche (Haftungs-)Risiken für den Unternehmer im Falle der Krise seines Unternehmens. Die daraus resultierenden Folgen sind oftmals gravierend. Im Rahmen dieses Buchs soll nachfolgend ein grundsätzlicher Überblick gegeben werden. Abgerundet wird das Kapitel durch einen Überblick über den Ablauf des strafrechtlichen Ermittlungsverfahrens.

I. Steuerliche Haftungsrisiken

1. Haftung gem. § 69 AO iVm §§ 34, 35 AO

Geschäftsleiter sowie Organmitglieder von Kapitalgesellschaf- 504
ten (zB GmbH, AG etc.) gehen regelmäßig davon aus, dass eine Haftung gleich welcher Art, insb. für Steuerschulden, auf das Vermögen der Gesellschaft beschränkt ist. Diese Grundregel wird durch die **Haftungsvorschriften der Abgabenordnung (AO)** durchbrochen. In der Krise der GmbH droht dem Geschäftsleiter die Haftung für Steuerverbindlichkeiten der Gesellschaft, wenn er seine steuerlichen Pflichten (die Abgabe von Steuererklärungen, Steueranmeldungen und Erfüllung der Steuerschulden) grob fahrlässig oder sogar vorsätzlich verletzt.[563]

Durch den in § 69 AO normierten Haftungsanspruch soll der 505
Vertreter zur ordnungsgemäßen Erfüllung der ihm obliegen-

[563] FG München 23.7.2020 – 14 K 1208/17, DStRE 2021, 558; Rev.: BFH VII R 47/20.

den steuerlichen Pflichten angehalten und das Steueraufkommen durch Schaffung einer Rückgriffsmöglichkeit gesichert werden. **Ziel der Haftung ist es danach, Steuerausfälle auszugleichen,** die durch die schuldhaften Verletzungen haftungsbegründender Pflichten der in § 34 AO und § 35 AO genannten Personen verursacht worden sind. Insoweit handelt es sich bei § 69 AO um eine Art Schadensersatzhaftung.[564]

506 Die Haftung nach § 69 S. 1 AO setzt Folgendes voraus:

- der Haftende muss dem in §§ 34, 35 AO bezeichneten Personenkreis angehören,
- er muss eine Pflichtverletzung begangen haben,
- es muss ein Haftungsschaden vorliegen,
- für diesen Schaden muss die Pflichtverletzung ursächlich sein.

507 Zu den Voraussetzungen der Haftungsinanspruchnahme im Einzelnen:

a) Haftung des Vertreters, § 34 AO

508 Gemäß § 34 Abs. 1 S. 1 AO haften die gesetzlichen Vertreter natürlicher und juristischer Personen und die Geschäftsführer von nicht rechtsfähigen Personenvereinigung und Vermögensmassen. Diese sind gesetzlich verpflichtet, für die Erfüllung der steuerlichen Pflichten des Unternehmens zu sorgen. Insbesondere sind die Steuern aus den Mitteln zu entrichten, die von den gesetzlichen Vertretern verwaltet werden.

509 Bei **juristischen Personen** des Privatrechts werden die Vertreter in den Gründungsunterlagen (Satzung etc.) benannt. Gesetzlicher Vertreter ist der berufene Vorstand (bei Aktiengesellschaft/Genossenschaft, eingetragenem Verein und Versicherungsverein sowie der Stiftung), der Geschäftsführer bei einer GmbH und der Liquidator[565]. Eine Bestellung des gesetzlichen Vertreters durch Beschluss (Gesellschafterbeschluss, Beschluss in der Hauptversammlung etc.) ist ausreichend und formlos möglich. Die Ein-

---

[564] BFH 5.6.2007 – VII R 65/05, DStR 2007, 1722.

[565] BayObLG 27.8.1982 – BReg. 3 Z 96/82, BayObLGZ 1982, 303; § 83 GenG, § 48 BGB, § 265 AktG, § 66 GmbHG, § 146 HGB.

tragung der Berufung im Handelsregister ist nicht erforderlich.[566] Dies gilt auch für die Löschung bei Beendigung der Pflichtenstellung. Mit der Bestellung/Abberufung durch Beschluss beginnt bzw. endet die Verantwortlichkeit nach § 34 AO.

Nicht rechtsfähige Personenvereinigungen wie zB die 510
OHG, KG und GbR verfügen **nicht** kraft Gesetzes über ein Vertretungsorgan. Wer zur Vertretung berufen ist, wird in der Satzung, etc. festgelegt. Die vertraglich zur Vertretung Berufenen einer OHG und KG (vgl. hierzu §§ 125, 161, 170 HGB) treffen die Pflichten gem. § 34 Abs. 1 AO nicht, denn sie sind nicht gesetzliche Vertreter. Ist bei nicht rechtsfähigen Personenvereinigungen kein Geschäftsführer bestellt, sind die Mitglieder oder Gesellschafter zur Erfüllung der steuerlichen Pflichten verpflichtet (§ 34 Abs. 2 AO). Abreden betreffend die Geschäftsführung im Innenverhältnis können von Relevanz sein.[567]

Praxishinweis: Diese Abreden, zum Beispiel ein Geschäftsverteilungsplan, 511
sind schriftlich festzuhalten.

Das Finanzamt kann grundsätzlich jedes Mitglied oder jeden 512
Gesellschafter in voller Höhe in Anspruch nehmen. Gesellschafter und Mitglieder nicht rechtsfähiger Personenvereinigungen haben nur dann steuerliche Pflichten zu erfüllen, wenn kein Geschäftsführer vorhanden ist bzw. kein Geschäftsführer bestellt wurde. Gleiches gilt allerdings, wenn bestellte oder vorhandene Geschäftsführer die entsprechenden steuerlichen Handlungen nicht vornehmen dürfen.

Eine Haftung kommt indes in Betracht, wenn beispielsweise 513
die Gesellschafter einer GbR keine klare Regelung über die Geschäftsführung gem. § 710 BGB getroffen haben und ihnen die Geschäftsführung (vgl. § 709 BGB) gemeinschaftlich zusteht. Sinngemäß gleiches gilt für die Partnerschaft (§ 7 Abs. 3 Partnerschaftsgesetz) sowie die OHG bei der grundsätzlich jeder Gesellschafter gem. §§ 114, 115 HGB zur Geschäftsführung befugt ist.

---

566 BFH 17.1.1989 – VII R 88/86, BeckRS 1989, 6368.

567 Koenig/Koenig AO § 34 Rn. 24.

Sind keine Geschäftsführer bestellt, rücken diese in die Pflichtenstellung der gesetzlichen Vertreter hinein.

514 Als Geschäftsführer nicht rechtsfähiger Personenvereinigungen und Vermögensmassen werden Personen, die tatsächlich (also praktisch und faktisch) die Geschäfte führen bzw. als Eigentümer der Vermögensmassen eingestuft. Maßgeblich ist das Auftreten im Außenverhältnis.[568] Sind Geschäftsführer aufgrund zivilrechtlicher Vereinbarung berufen, haften diese gem. § 34 AO soweit sie zur Erfüllung steuerlicher Pflichten befugt sind.

515 § 34 Abs. 3 AO verpflichtet weiter diejenigen Personen, die zur **Vermögensverwaltung** berufen sind zur Erfüllung der entsprechenden Verpflichtungen.[569] Der Begriff des Vermögensverwalters iSd § 34 Abs. 3 AO ist weit auszulegen. Unerheblich ist auf welcher Rechtsgrundlage die Begründung der Vermögensverwaltung erfolgt – ob aufgrund Rechtsgeschäfts oder Partei kraft Amtes. Hierunter fallen zB der Insolvenzverwalter (auch der starke vorläufige Insolvenzverwalter, vgl. → Rn. 380), ein Testamentsvollstrecker oder auch der Nachlassverwalter.

516 Die vorstehend genannten Personengruppen sind grundsätzlich dazu verpflichtet die Buchführungs- und Aufzeichnungspflichten, Erklärung von Auskunftspflichten sowie Vorlagefristen, Vorlagepflichten sowie Einbehaltungs- und Entrichtungsfristen, Pflichten sowie Duldungspflichten zu erfüllen. Eine Einschränkung der Pflichten je nach Bestellung bzw. Vereinbarung kommt grundsätzlich in Betracht. Als öffentliche Pflicht kann diese jedoch nicht durch Vereinbarung mit dem Vertretenen eingeschränkt werden oder ganz abgedungen werden.[570]

b) Haftung des Verfügungsberechtigten, § 35 AO

517 Diejenigen, die als Verfügungsberechtigte im eigenen oder fremden Namen auftreten, haben dieselben Verpflichtungen, wie

[568] BFH 15.10.1998 – III R 58/95, DStRE 1999, 143.

[569] Der Prokurist ist kein gesetzlicher Vertreter, sondern Vertreter aufgrund privatschriftlicher Vollmacht. Insolvenzverwalter, Nachlassverwalter und Testamentsvollstrecker haben steuerliche Pflichten nach § 34 Abs. 3 AO zu erfüllen.

[570] BFH 12.7.1983 – VII B 19/83, BeckRS 1983, 22006563.

der gesetzliche Vertreter nach § 34 Abs. 1 AO zu erfüllen, soweit sie rechtlich und tatsächlich dazu in der Lage sind. Ein klassisches Beispiel des Verfügungsberechtigten ist der faktische Geschäftsleiter.

Auch der Scheingeschäftsführer haftet, neben dem faktischen – 518
nicht bestellten – Geschäftsführer.[571] Den faktischen Geschäftsführer treffen im Rahmen der steuerlichen Haftung dieselben Verpflichtungen und Risiken, wie den bestellten Geschäftsführer. Allerdings ergibt sich die Haftung hier nicht aus § 34 AO, sondern aus § 35 AO.[572] Im Ergebnis bedeutet dies, dass neben den tatsächlich bestellten Geschäftsführern auch die faktischen Geschäftsführer in Anspruch genommen werden können. Der Umfang der haftenden Personen wird durch eine faktische Geschäftsführung erweitert.

(einstweilen frei) 519

Für die Einstufung bzw. Qualifizierung[573] als faktischer Ge- 520
schäftsführer ist das Gesamtbild des Einzelfalls maßgeblich.[574] Das bedeutet, der faktische Geschäftsführer muss im Außenverhältnis im Grunde als Geschäftsführer wahrgenommen werden. Nach der Rechtsprechung des BFH kann bereits die Unterzeichnung der Eröffnungsbilanz für die Annahme einer faktischen Geschäftsführung ausreichend sein.[575] Es ist nicht erforderlich, dass die Person tatsächlich über das fremde Vermögen verfügt. Die reine Abgabe von Erklärungen – auch von Steuererklärungen – begründet keine faktische Geschäftsführung. Denn die Abgabe von Erklärungen begründet keine Verfügungsmacht. Insbesondere bei Unternehmen in der Krise bzw. Familienunternehmen ist die Problematik, um den faktischen Geschäftsführer nicht zu unterschätzen.

Die tatsächliche Verfügungsmacht muss sich gerade mit Wirkung 521
nach außen äußern. Ferner muss eine Verfügungsbefugnis tatsächlich eingeräumt bzw. vorhanden sein. Vorgetäuschte oder irrtümlich angenommene Verfügungsbefugnisse genügen nicht. Kann

[571] BFH 11.3.2004 – VII R 52/02, DStR 2004, 907.

[572] BFH 21.2.1989 – VII R 165/85, BeckRS 1989, 22008889.

[573] BGH 11.7.2005 – II ZR 235/03, NZI 2006, 63.

[574] BGH 27.6.2005 – II ZR 113/03, NZG 2005, 755.

[575] BFH 13.8.2007 – VII B 20/07, BeckRS 2007, 25012519.

der Betreffende mittelbar seinen Verfügungswillen durchsetzen, wie zum Beispiel der Alleingesellschafter einer GmbH[576] oder der beherrschende Gesellschafter,[577] kann auf eine Verfügungsmacht zurückgeschlossen werden. Der Umstand, dass ein Geschäftsführer rechtlich bestellt wurde, steht nicht der Annahme entgegen, dass – daneben – ein Dritter als Verfügungsberechtigter iSd § 35 AO zu qualifizieren ist.[578] Eine Verfügungsbefugnis iSd § 35 AO kann auf Gesetz, behördlicher oder gerichtlicher Anordnung beruhen. Erforderlich ist eine zivilrechtliche Verfügungsmacht im Außenverhältnis aufgrund derer ein tatsächliches Handeln wirksam möglich ist.

Die Pflicht des Geschäftsführers – und damit auch der Zeitraum der Haftung – wird zeitlich begrenzt durch den Umstand, dass er im Zeitpunkt der Fälligkeit der Steuerschuld befugt war über die Mittel der GmbH zu verfügen.[579] Damit ist im Ergebnis festzuhalten, dass die steuerlichen Pflichten des Geschäftsführers mit seinem Ausscheiden bzw. mit seinem Abberufen als Geschäftsführer enden, mit der Eröffnung des Insolvenzverfahren, wenn insofern ein Verfügungsverbot besteht. Hat das Insolvenzgericht das Insolvenzverfahren eröffnet und Insolvenzverwaltung angeordnet, so tritt der **Insolvenzverwalter** in die Rolle des Geschäftsleiters. Der Insolvenzverwalter ist gem. § 34 Abs. 3 AO Vermögensverwalter sowie Verfügungsberechtigter iSd § 35 AO. Er ist verpflichtet, die steuerlichen Pflichten zu erfüllen und haftet folgerichtig gem. § 69 AO für Ansprüche aus den Steuerschuldverhältnissen. Für den **starken vorläufigen Insolvenzverwalter** gilt dies entsprechend.[580]

Anders ist es bei dem **schwachen vorläufigen Insolvenzverwalter.** Er ist weder Vertreter noch Verfügungsberechtigter (§§ 34, 35 AO) des insolventen Unternehmens. Allein die Tatsache, dass Verfügungen des Geschäftsleiters nur mit Zustimmung des schwachen vorläufigen Insolvenzverwalters wirksam sind, be-

---

[576] BFH 27.11.1990 – VII R 20/89, NJW 1991, 2511.

[577] BFH 16.1.1980 – I R 7/77, BeckRS 1980, 22005158.

[578] Klein/Rüsken AO § 35 Rn. 17.

[579] BFH 17.1.1989 – VII R 88/86, BeckRS 1989, 6368; 23.10.1990 – VII S 22/90, NVwZ 1992, 511.

[580] BeckOK InsR/Happe Steuerrecht in der Insolvenz – Steuerverfahrensrecht Rn. 184f.

gründet keine Vertretereigenschaft des schwachen vorläufigen Insolvenzverwalters. Eine Haftung gem. § 69 AO kommt demnach im Regelfall nicht in Betracht. (Fn: BeckOK InsR/Happe Steuerrecht in der Insolvenz – Steuerverfahrensrecht Rn. 186) Wird ein schwacher vorläufiger Insolvenzverwalter bestellt, wird der Geschäftsleiter nicht von seinen steuerlichen Pflichten und der daraus resultierenden Haftung nach § 69 AO befreit. Der Geschäftsleiter haftet dem Grunde nach so lange, bis das Insolvenzverfahren eröffnet wurde bzw. ein starker vorläufiger Insolvenzverwalter bestellt wurde.[581] Mit andern Worten: Der Geschäftsleiter haftet so lange, bis ihm die Verwaltungs- und Verfügungsbefugnis entzogen wird.

Die steuerliche Haftung aus § 69 AO ist lex specialis zur insolvenzrechtlichen Haftung des Insolvenzverwalters bzw. eigenverwaltenden Unternehmers nach §§ 60, 61 InsO.[582]

Praxishinweis: Die Voraussetzungen für die Annahme einer faktischen Geschäftsführung sind im Einzelfall zu prüfen. Der BFH hat ein Auftreten als Verfügungsberechtigter bereits bejaht, wenn Schecks bzw. Überweisungen auf das Konto eines anderen unterschrieben werden.[583] 522
Wann eine nach § 35 AO begründete Pflichtenstellung endet, ist in der Praxis schwer zu beurteilen. Denn ein formeller Akt – zB Abberufungsakt – fehlt. Angenommen wird eine Beendigung, wenn der Handelnde nach außen erkennbar deutlich von seiner bisherigen Position Abstand nimmt. [584] Die Beurteilung ist abhängig von den Umständen des Einzelfalls.

c) Pflichtverletzung iSv § 69 AO

Die nach § 34 und § 35 AO Verpflichteten haben die **steuerlichen Pflichten** der von ihnen vertretenen Gesellschaft zu erfüllen. Diese umfassen Erklärungspflichten (§§ 149 ff. AO), Auskunftspflichten (§§ 93 ff. AO), Nachweispflichten (§§ 137 ff. AO), Berichtigungspflichten (§ 153 AO, § 41a EStG, § 17 UStG) und Buchführungspflichten (§ 140 AO). Vor allem hat der Geschäftsleiter die Pflicht zur Einbehaltung und Abführung von Steuern 523

[581] Tipke/Kruse/Loose AO § 69 Rn. 43b.
[582] BeckOK InsR/Desch/Hochdorfer InsO § 60 Rn. 95.
[583] BFH 13.9.1988 – VII R 35/85, BeckRS 1988, 6017; 7.4.1991 – VII R 103/90, BeckRS 1992, 7635.
[584] Klein/Rüsken AO § 35 Rn. 25.

für die Rechnung eines Dritten zu beachten und zu erfüllen (zB Einbehaltung und Abführung der Lohnsteuer für den Arbeitnehmer, §§ 38 Abs. 3, 41a Abs. 1 Nr. 2, 44 Abs. 1 Nr. 4 EStG).

524 In unmittelbarem Zusammenhang mit diesen in den Steuergesetzen begründeten Pflichten stehen die **allgemeinen Pflichten** des Geschäftsleiters. In der Rechtsprechung ist anerkannt, dass ein gewissenhafter und sorgfältiger Geschäftsleiter sich über die Richtigkeit der buch- und belegmäßigen Erfassung bei herausgehobenen Geschäften vergewissern muss. Ist der Geschäftsleiter auf Grund seiner persönlichen Kenntnisse und Erfahrungen zur ordnungsgemäßen Pflichterfüllung nicht in der Lage, ist er verpflichtet, externe Hilfe in Anspruch zu nehmen. Darüber hinaus ist ein Geschäftsleiter verpflichtet, sich ein Bild über die Buchführung zu verschaffen und zu überwachen, dass die Werte der Buchführung auch in den Steuererklärungen der Gesellschaft erklärt werden.[585] Dabei erstreckt und beschränkt sich die Kontroll- und Überwachungspflicht auf die generelle Organisation der Buchführung und die Übernahme der Werte in die Steuererklärungen. Die steuerlichen Pflichten obliegen dem Geschäftsleiter von Gesetzes wegen **persönlich.** Er kann sich nicht durch individuelle Vereinbarungen von diesen Pflichten befreien.[586] Er kann (und muss ggf.) Dritte bei der Erledigung der Tätigkeiten zur Erfüllung seiner Pflichten heranziehen, bleibt aber weiterhin Adressat der steuerlichen Pflichten mit der Folge, dass er die Ausübung der Tätigkeiten Dritter zu überwachen und dafür Sorge zu tragen hat, dass die Steuerangelegenheiten pünktlich erledigt werden. Dabei braucht er nicht jeden einzelnen Geschäftsvorgang nachzuprüfen. Solange er keine konkreten Anhaltspunkte für eine nachlässige und unzulängliche Aufgabenwahrnehmung hat, darf er sich auf die ordnungsgemäße Erledigung der übertragenen Aufgaben verlassen. Dies ist allerdings nur möglich, wenn er sich vor Beginn seiner Tätigkeit als Geschäftsleiter die notwendigen Möglichkeiten verschafft, um seine Überwachungspflichten ordnungsgemäß ausüben zu können. Außerdem muss er eine ent-

[585] BFH 13.3.2003 – VII R 46/02, DStR 2003, 1022.
[586] BFH 27.3.1990 – VII R 26/89, NJW 1990, 3294.

sprechende interne Aufgabenverteilung vornehmen und sich die Kontrollrechte vorbehalten.[587] Liegen konkrete Anhaltspunkte vor, die auf Versäumnisse des beauftragen Dritten hindeuten, hat der Geschäftsleiter dafür Sorgen zu tragen, dass steuerliche Angelegenheiten ordnungs- und fristgemäß erledigt werden.[588]

Praxishinweis: Neue erstinstanzliche Rechtsprechung möchte für die Geschäftsleiterhaftung bei firmeninterner Aufgabenverteilung mildere Maßstäbe anlegen. So entschied das FG Münster, dass durch die Verteilung der Aufgaben der Geschäftsleitung auf mehrere Geschäftsleiter die Verantwortlichkeit eines Geschäftsleiters für die Erfüllung der steuerlichen Pflichten begrenzt werden kann. Vorausgesetzt wird eine im Vorfeld getroffene, schriftliche und eindeutige Vereinbarung, welcher Geschäftsleiter für welchen Bereich zuständig sei. Die Vereinbarung muss so formuliert sein, dass ausgeschlossen ist, dass im Haftungsfall jeder Geschäftsleiter auf die Verantwortlichkeit eines anderen verweist. [589] 525

Praxishinweis: Nach der Rechtsprechung des BFH[590] handelt ein Geschäftsleiter nicht grob fahrlässig, wenn er die Sachkunde eines ihm als zuverlässig bekannten Steuerberaters in Anspruch nimmt, sich auf diesen verlässt und bei gewissenhafter Ausübung seiner Überwachungspflichten keinen Anlass findet, die steuerliche Korrektheit der Arbeit des steuerlichen Beraters in Frage zu stellen. Der Geschäftsleiter darf aber nicht blind auf die Aufgabenerledigung des Beraters vertrauen und auf die eigene Überwachung verzichten. Vielmehr muss er sich fortlaufend über den Geschäftsgang unterrichten, sodass ihm Unregelmäßigkeiten nicht über einen längeren Zeitraum verborgen bleiben können.[591] Allein der Umstand, dass eine Gesellschaft von einer Steuerberatungsgesellschaft mangelhaft beraten worden ist, entlastet den Geschäftsleiter zB nicht vom Vorwurf grobfahrlässiger Nichtabführung von Umsatzsteuer, wenn er sich nicht in einem diesen Vorwurf ausschließenden Maße selbst aktiv darum bemüht hat, sich über seine umsatzsteuerlichen Erklärungspflichten zu informieren.[592] Welche Überwachungsmaßnahmen von einem Geschäftsleiter zu treffen sind, wenn er die Erledigung der steuerlichen Angelegenheiten auf Mitarbeiter überträgt, hängt weitgehend von den Umständen des Einzelfalls ab.[593] 526

---

[587] BFH 31.10.2005 – VII B 57/05, BeckRS 2005, 25009118.

[588] BFH 31.10.2005 – VII B 66/05, BeckRS 2005, 25009190.

[589] FG Münster 17.2.2021 – 7 K 63/19, BeckRS 2021, 4129; Sonnleitner/Witfeld/Sonnleitner Kap. 3 Rn. 217.

[590] BFH 26.11.2008 – V B 210/07, BeckRS 2008, 25014440 mwN.

[591] BFH 31.10.2005 – VII B 66/05, BeckRS 2005, 25009190.

[592] BFH 20.4.2006 – VII B 163/05, BeckRS 2006, 25010009.

[593] BFH 26.11.2008 – V B 210/07, BeckRS 2008, 25014440 mwN.

527 Die Haftung des Geschäftsleiters aus § 69 Abs. 1 AO ergibt sich in der Praxis regelmäßig aus der Verletzung der **Erklärungspflichten** in Form der unterlassenen oder verspäteten Abgabe von Steuererklärungen. Eine Verletzung der Erklärungspflichten liegt auch dann vor, wenn auf Grund einer falschen Steuererklärung die Steuer zu niedrig festgesetzt wird.[594] In den allermeisten Fällen beruht die Haftung des Geschäftsleiters aber auf der Verletzung der in § 34 Abs. 2 S. 2 AO normierten **Entrichtungsverpflichtung** für Steuern. Die Nichtzahlung von fälligen Steuern begründet regelmäßig eine Pflichtverletzung. Eine solche kann aber nur angenommen werden, wenn dem Geschäftsleiter im Fälligkeitszeitpunkt der zu zahlenden Steuern **ausreichende Mittel** zur Verfügung standen, um die Steuern zu begleichen.

528 Die Pflicht, die Steuern aus den verwalteten Mitteln der Gesellschaft zu entrichten, ist für die einzelnen Steuerarten unterschiedlich ausgestaltet, sodass grundsätzlich eine gesonderte Beurteilung für jede Steuerart erforderlich ist.[595] Ganz allgemein gilt aber: Eine **vorausschauende Planung** der Mittel in der Krise insb. im Hinblick auf die zu entrichtenden Steuerzahlungen ist unerlässlich. Der Geschäftsleiter ist bereits vor Fälligkeit der Steuern verpflichtet, die Mittel der Gesellschaft so zu verwalten, dass er zur pünktlichen Tilgung auch der erst künftig fällig werdenden Steuerschulden in der Lage ist **(Mittelvorsorgepflicht).**[596] Gerade in der finanziellen Krise wird von einem Geschäftsleiter verlangt und erwartet, dass er vorausschauend plant und entsprechende Mittel zur Entrichtung von Steuern bereithält, von denen er weiß, dass ihre Entstehung unmittelbar bevorsteht.[597] Die bloße Erwartung eines Geldzuflusses kann nach der Rechtsprechung den Geschäftsleiter einer GmbH nur dann entlasten, wenn er auf Grund von verbindlichen und nachweisbaren Zusagen fest mit einem Zahlungseingang rechnen konnte. Allein das Vertrauen darauf, die Steuerrückstände durch Realisierung von Außenstän-

---

594 BFH 12.4.1988 – VII R 131/85, BeckRS 1988, 22008485.

595 Beermann DStR 1994, 805 (808).

596 BFH 29.8.2018 – XI R 57/17, NZI 2019, 89 mwN; FG München 23.7.2020 – 14K 1208/17, DStRE 2021, 558.

597 BFH 20.5.2014 – VII R 12/12, BeckRS 2014, 95507.

den ausgleichen zu können, reicht für einen Haftungsausschluss nicht aus.[598]

Auch die Anhängigkeit eines Antrags auf Aussetzung der Voll- 529
ziehung und das „Stillhalten“ der Finanzbehörde bis zur Entscheidung über diesen Antrag, suspendiert nicht die Pflicht, die ggf. erforderlichen Mittel zumindest bereitzuhalten. Die Nichtbefolgung dieses Gebots kann eine **Dauerpflichtverletzung** begründen, die über den tatsächlichen Fälligkeitstermin hinaus bis zum endgültigen Schadenseintritt anhalten kann.[599] Solange die Verwaltung die streitigen Bescheide nicht aufhebt, muss mit einem negativen Ausgang des Verfahrens gerechnet werden. Der Geschäftsleiter einer GmbH verletzt seine steuerlichen Pflichten auch dann, wenn er sich durch die Vorwegbefriedigung anderer Gläubiger oder in sonstiger Weise (zB durch Entnahme liquider Mittel) schuldhaft außer Stande setzt, künftig fällig werdende Steuerschulden, deren Entstehung ihm bekannt ist, zu tilgen.[600] Dies gilt auch für Steuerforderungen, mit denen der Geschäftsleiter rechnen muss, bzw. deren Entstehen absehbar ist.[601]

Praxishinweis: Die Mittelvorsorgepflicht geht aber nicht so weit, dass 530
der Geschäftsleiter verpflichtet ist, Umsätze bzw. Geschäftstätigkeiten **zu unterlassen,** die in der Folge einen Besteuerungstatbestand auslösen. Der Geschäftsleiter einer Brauerei darf bspw. Bier aus dem Lager nehmen, auch wenn die daraus entstehende Biersteuer voraussichtlich nicht entrichtet werden kann. Die steuerliche Pflicht zur Mittelvorsorge bereits vor Fälligkeit der Steuern betrifft allein die Erfüllung bereits entstandener Steueransprüche des Fiskus, nicht aber deren Begründung.[602] Die unternehmerische Dispositionsfreiheit bleibt auch in Krisenzeiten grundsätzlich erhalten. Es besteht auch keine Verpflichtung, die auf die Biersteuer entfallenden Beträge aus dem Verkaufserlösen abzuzweigen und ausschließlich zur Begleichung der Biersteuerschuld zurückzubehalten.

Verfügt die Gesellschaft über **keine Mittel zur Zahlung** der 531
Steuern (mehr) und können diese auch nicht beschafft werden,

[598] BFH 11.3.2008 – VII B 214/06, BeckRS 2008, 25013428.
[599] BFH 11.3.2004 – VII R 19/02, DStRE 2004, 917 mwN.
[600] FG München 19.12.2012 – 3 K 55/10, DStRE 2014, 102 mwN.
[601] BFH 29.8.2018 – XI R 57/17, NZI 2019, 89.
[602] BFH 7.9.2007 – VII B 180/06, BeckRS 2007, 25012396.

handelt der Geschäftsleiter – sofern kein vorangegangener Verstoß gegen die Mittelbereitstellungspflicht vorliegt – nicht pflichtwidrig, wenn er es unterlässt, die fälligen Steuerschulden (aus eigenen Mitteln) zu tilgen. Das gilt auch, wenn die **verfügbaren Mittel** nicht zur Tilgung aller Steuerschulden ausreichen, hinsichtlich des überschießenden Betrags in der unterlassenen Zahlung. Bei der Frage der Haftung des Geschäftsleiters nach §69 Abs. 1 AO muss deshalb zwingend der Umfang der im maßgebenden Zeitpunkt verfügbaren Mittel festgestellt werden.[603]

532 **Praxishinweis:** Der gesetzliche Vertreter hat die Pflicht, alle Informationen zur Liquidität der Gesellschaft zur Verfügung zu stellen, über die er Kenntnis hat. Wenn er lediglich pauschal auf die Zahlungsunfähigkeit der GmbH verweist, kann dies nicht als vollständige Erfüllung seiner Mitwirkungspflichten angesehen werden. Er muss dann grundsätzlich die Feststellung des Finanzamts über die Liquidität der GmbH akzeptieren.

533 Entscheidend sind die tatsächlichen Verhältnisse im **Fälligkeitszeitpunkt.**[604] Zu den verfügbaren Mitteln gehören in erster Linie die Mittel der Gesellschaft, aber auch diejenigen Mittel, die der Gesellschafter oder der Geschäftsleiter der Gesellschaft zur Verfügung stellt oder die im Wege der Kreditaufnahme beschafft werden können.[605] Fehlt es daran, ist der Geschäftsleiter zur Steuerentrichtung grundsätzlich nicht verpflichtet.

534 Reichen die Mittel der Gesellschaft zur Erfüllung der sich daraus ergebenden Zahlungsverpflichtungen nicht aus, so ist der Fiskus aber angemessen zu befriedigen.[606] Nach ständiger Rechtsprechung müssen Steuerverbindlichkeiten wenigstens im gleichen Verhältnis wie die übrigen Verbindlichkeiten der Gesellschaft getilgt werden. Maßgeblich für die Berechnung der Quote ist der Zeitpunkt der Fälligkeit der Steuerzahlung **(Grundsatz der quotalen Tilgung).** Dieser Grundsatz besagt, dass aus den zur Verfügung stehenden Mitteln der Gesellschaft die fälligen Steuerforderungen zwar nicht vorrangig, jedoch zumindest im

[603] BFH 26.4.1984 – V R 128/79, BeckRS 1984, 22006857.
[604] BFH 15.6.2009 – VII B 196/08, BeckRS 2009, 25015470.
[605] Beermann DStR 1994, 805 (808 mwN).
[606] BFH 31.3.2000 – VII B 187/99, BeckRS 2000, 25004804.

gleichen Verhältnis wie die Ansprüche sonstiger Gläubiger der Gesellschaft bedient werden müssen **(Grundsatz der gleichmäßigen Befriedigung aller Gläubiger).**[607] Eine Haftung des Geschäftsleiters besteht hiernach nur hinsichtlich desjenigen Betrags, um den die tatsächlich entrichteten Steuerbeträge hinter demjenigen zurückbleiben, der bei gleichmäßiger Bedienung von Steuer- und sonstigen Forderungen getilgt worden wäre.[608] Eine vorrangige Befriedigung des Fiskus wird nicht verlangt. Diese Haftungsgrundsätze wurden von der Rechtsprechung insb. für die Haftung für nicht entrichtete Umsatzsteuer entwickelt. Sie gelten gleichermaßen aber auch für die übrigen Steuern und Nebenleistungen, mit Ausnahme der Lohnsteuer (vgl. hierzu → Rn. 537).

Praxishinweis: In einem Beschluss betreffend die Aussetzung der Vollziehung (AdV) vom 15.10.2021 hat das FG Münster[609] entschieden, dass es (bei summarischer Prüfung) ernstlich zweifelhaft sei, dass eine ausgezahlte Corona-Soforthilfe, die wegen zweckentfremdeter Verwendung nachträglich wieder zurückgezahlt werden muss, – in die Berechnung der anteiligen Tilgung einzubeziehen ist – da dieser Betrag zweckgebunden und damit nicht pfändbar sei. Daher könne die Soforthilfe auch nicht zur Tilgung von Steuerverbindlichkeiten verwendet werden. **535**

Der Geschäftsleiter kann sich im Haftungsfall aber dann nicht **536** auf den Grundsatz der anteiligen Tilgung berufen, wenn bei ordnungsgemäßer (rechtzeitiger und/oder vollständiger) Erfüllung der Steuererklärungspflicht der Steuerausfall vermieden worden wäre. Hiervon geht der BFH aus, wenn aussichtsreiche Vollstreckungsmaßnahmen vereitelt oder dem Finanzamt Aufrechnungsmöglichkeiten genommen werden.[610] In diesem Fall liegt der maßgebliche Grund für den Steuerausfall gerade nicht in der mangelnden Liquidität der Gesellschaft zum Fälligkeitszeitpunkt.[611] Die Haftung erfolgt insoweit uneingeschränkt, als bei ordnungs-

[607] BFH 11.7.2001 – I B 2/01, BeckRS 2001, 30192345.
[608] BFH 11.7.2001 – I B 2/01, BeckRS 2001, 30192345.
[609] FG Münster 15.10.2021 – 9 V 2341/21 K, BeckRS 2021, 34120.
[610] BFH 6.3.2001 – VII R 17/00, BeckRS 2001, 25005851.
[611] BFH 11.2.2002 – VII B 323/00 BeckRS 2002, 25000551; 5.8.2010 – V R 13/09, BeckRS 2010, 25016646.

gemäßer rechtzeitiger Anmeldung der Steuern das Finanzamt die verkürzten Steuern ohne weiteres hätte beitreiben können.[612]

d) Besonderheiten der Haftung bei der Lohnsteuer

537 Nach der Rechtsprechung des BFH[613] kommt der Grundsatz der anteiligen Tilgung bei der **Lohnsteuer** nur eingeschränkt zum Tragen. Der Arbeitgeber ist gem. § 41a Abs. 1 EStG verpflichtet, spätestens am zehnten Tag nach Ablauf eines jeden Lohnsteuer-Anmeldungszeitraums dem Finanzamt die Summe der in diesem Zeitraum einzubehaltenden Lohnsteuer anzugeben und die im Lohnsteuer-Anmeldungszeitraum einbehaltene Lohnsteuer an das Finanzamt abzuführen. Lohnsteuer-Anmeldungszeitraum ist dabei grundsätzlich der Kalendermonat (§ 41a Abs. 2 S. 1 EStG). Bei jeder Lohnzahlung hat der Arbeitgeber die Lohnsteuer für Rechnung des Arbeitnehmers vom Arbeitslohn einzubehalten (§ 38 Abs. 3 S. 1 EStG). Die Lohnzahlung ist erfolgt, sobald dem Arbeitnehmer der Arbeitslohn zugeflossen ist, er also über den Arbeitslohn wirtschaftlich verfügen kann. Zu diesem Zeitpunkt ist auch die Steuer entstanden (§ 38 Abs. 2 S. 2 EStG). Die Pflicht des Arbeitgebers zur Einbehaltung der Lohnsteuer beinhaltet gleichzeitig das Verbot, dem Arbeitnehmer den dem Lohnabzug entsprechenden Teil des Arbeitslohnes auszuzahlen.[614]

538 Nach Ansicht des BFH[615] begründet die gesetzliche Ausgestaltung des Lohnsteuereinbehalts, dass **die Abzugsbeträge „Gehalts- und Lohnteile des Arbeitnehmers sind“.** Aus der Sicht des Arbeitnehmers, der arbeitsrechtlich einen Anspruch auf den Bruttolohn hat, ist daher mit der Auszahlung des Nettolohns die Lohnsteuer für seine Rechnung einbehalten worden. Der Arbeitnehmer muss sich auf Grund der gesetzlichen Regelung darauf verlassen, dass der Arbeitgeber den Steuerbetrag bis zur Fälligkeit

---

[612] BFH 8.10.1991 – VII S 39/91, BeckRS 1991, 6532; 20.2.2001 – VII B 111/00, BeckRS 2001, 25005891; 6.3.2001 – VII R 17/00, BeckRS 2001, 25005851 mwN.

[613] BFH 8.5.2001 – VII B 252/00, BeckRS 2001, 25005972; 1.3.2000 – VII B 187/99, BeckRS 2000, 25004804; 1.8.2000 – VII R 110/99, DStR 2000, 1954.

[614] Beermann FR 1992, 262 (265).

[615] BFH 17.7.1984 – VII S 9/84, BFH/NV 1986, 583.

treuhänderisch für ihn verwaltet und ihn dann an das Finanzamt abführt.[616] Diese Abzugsteuern sind danach – wirtschaftlich gesehen – als treuhänderisch verwaltete Fremdgelder zwar nicht vorrangig vor sonstigen Verbindlichkeiten, aber gleichrangig mit den ausgezahlten Nettolöhnen an das Finanzamt abzuführen.[617] Der Geschäftsleiter ist daher nicht berechtigt, die einbehaltenen Steuern eigenmächtig im Interesse des Betriebs zu anderen Zwecken als zur Abführung an das Finanzamt zu verwenden.[618]

Vor diesem Hintergrund können etwaige Liquiditätsschwie- 539
rigkeiten der Gesellschaft den Geschäftsleiter nicht von seiner Verpflichtung zur Einbehaltung und Abführung von Lohnsteuer befreien. Falls die zur Verfügung stehenden Mittel zur Zahlung der vollen Löhne einschließlich des Steueranteils nicht ausreichen, darf der Geschäftsleiter **die Löhne nur gekürzt auszahlen** und muss aus den übrig gebliebenen Mitteln die darauf entfallende Lohnsteuer an das Finanzamt abführen. Nach der Rechtsprechung des BFH[619] handelt der Geschäftsleiter zumindest grob fahrlässig, wenn er seiner Verpflichtung zur **gleichrangigen Befriedigung** der Arbeitnehmer hinsichtlich der Löhne und des Finanzamts wegen der darauf entfallenden Lohnsteuer nicht nachkommt.

Praxishinweis: Ist die Liquiditätslage im Unternehmen angespannt und 540
können die Steuerzahlungen nicht sichergestellt werden, ist vor der Zahlung – insb. nicht steuerlicher Verbindlichkeiten – dringend rechtliche Beratung einzuholen.

e) Haftungsumfang und Haftungszeitraum

Verletzt der Geschäftsleiter seine steuerlichen Pflichten, haf- 541
tet er für **Steuerausfälle,** die er schuldhaft verursacht hat. Der Schaden des Finanzamtes besteht nach der Haftungsvorschrift des

[616] BFH 17.7.1984 – VII S 9/84, BFH/NV 1986, 583; 26.7.1988 – VII R 83/87, BeckRS 1988, 22008621.

[617] BFH 1.8.2000 – VII R 110/99, DStR 2000, 1954; 17.7.1984 – VII S 9/84, BFH/NV 1986, 583; Hessisches FG 2.9.2005 – 12 K 286/00, BeckRS 2005, 26019110.

[618] BFH 17.7.1984 – VII S 9/84, BFH/NV 1986, 583.

[619] BFH 1.8.2000 – VII R 110/99, DStR 2000, 1954.

§ 69 Abs. 1 AO darin, dass die Ansprüche aus dem Steuerschuldverhältnis nicht bzw. nicht rechtzeitig festgesetzt oder nicht bzw. nicht rechtzeitig erfüllt oder Steuervergütungen oder Steuererstattungen ohne rechtlichen Grund gezahlt worden sind. Der Haftungsanspruch ist **akzessorisch,** dh er hängt dem Grunde und der Höhe nach von dem Steueranspruch der Gesellschaft ab. Dieser muss nicht bereits durch einen Steuerbescheid festgesetzt worden sein.

542 Der Geschäftsleiter haftet nach § 69 S. 1 AO iVm § 37 Abs. 1 und § 3 Abs. 3 AO auch für die **Verspätungszuschläge und Säumniszuschläge,** die infolge vorsätzlicher oder grob fahrlässiger Verletzung der ihm auferlegten Pflichten nicht oder nicht rechtzeitig festgesetzt bzw. erfüllt worden sind. In der Praxis ist die volle Haftung für die Säumniszuschläge für die Beträge ausgeschlossen, die ab dem Zeitpunkt der Überschuldung und/oder Zahlungsunfähigkeit der Gesellschaft entstanden sind.[620] Die Illiquidität der Gesellschaft begründet einen Anspruch auf Erlass der Säumniszuschläge (regelmäßig 50 %),[621] der wegen der Akzessorietät der Haftung auch dem Haftungsschuldner zugutekommen muss.[622]

543 Haftet der Geschäftsleiter, weil er die Pflicht zur gleichrangigen Befriedigung der Gläubiger verletzt hat, ist die Haftungssumme **zeitraumbezogen** zu ermitteln. Dabei **beginnt** der **Haftungszeitraum** idR mit dem Tag der ältesten Fälligkeit der für die Haftung in Betracht kommenden Ansprüche. Er **endet** mit dem Zeitpunkt, zu dem die Gesellschaft als Steuerschuldner zahlungsunfähig geworden ist. Im Zweifel ist dies der Tag, an dem der Insolvenzantrag gestellt wird.[623] Ist der Geschäftsleiter vor dem Eintritt der Zahlungsunfähigkeit aus seinem Amt geschieden, endet der Haftungszeitraum mit diesem Zeitpunkt.[624]

544 Generell ist zu beachten, dass die Stellung eines Insolvenzantrags nicht von der Verpflichtung zur Zahlung fälliger Steu-

---

[620] BFH 26.7.1988 – VII R 83/87, BeckRS 1988, 22008621.

[621] BFH 19.12.2000 – VII R 63/99, DStRE 2001, 383; AEAO zu § 240 AO Nr. 5 c.

[622] BFH 26.7.1988 – VII R 83/87, BeckRS 1988, 22008621.

[623] BFH 28.3.200 – VII B 213/00, BeckRS 2001, 25005921.

[624] BFH 24.11.1987 – VII R 82/84, BFH/NV 1988, 206.

ern entbindet, sofern der Geschäftsleiter hierzu rechtlich in der Lage ist.[625] Mithin gehört zum Haftungszeitraum auch der Zeitraum, in dem ein schwacher vorläufiger Insolvenzverwalter (vgl. → Rn. 380) bestellt worden ist. In diesem Fall verbleibt die Verwaltungs- und Verfügungsbefugnis beim Geschäftsleiter. Zu der für den Geschäftsleiter günstigen Neuregelung durch § 15b Abs. 8 InsO → Rn. 552.

Berechnung der Haftungssumme: Aus dem Grundsatz der quotalen Tilgung folgt, dass die Haftung des Geschäftsleiters nur hinsichtlich desjenigen Betrages besteht, um den die tatsächlich entrichteten Steuerbeträge hinter demjenigen zurückbleiben, der bei gleichmäßiger Bedienung von Steuer- und sonstigen Forderungen getilgt worden wäre. In der Praxis wird diese abstrakte Berechnungsanweisung anhand nachstehenden Schemas berechnet:[626] 545

1.	**Berechnung der Gesamtverbindlichkeiten**	
1.1.	Schuldenstand zu Beginn des Haftungszeitraums (einschließlich Löhne und Sozialabgaben/ohne Steuern)	EUR ____
+	Zugänge bis zum Ende des Haftungszeitraums	EUR ____
./.	Abgänge ohne Berücksichtigung geleisteter Zahlungen (zB Rabatte, Boni, Skonti, Forderungsverzicht) bis zum Ende des Haftungszeitraums	EUR ____
	= Zu tilgen wären in diesem Zeitraum insgesamt	EUR ____
1.2.	Steuerschulden (ohne Lohnsteuer) zu Beginn des Haftungszeitraums, darunter nicht nur die fälligen, sondern auch die bereits entstandenen, soweit diesbezüglich Pflichtverletzungen	EUR ____
	+ Zugänge	EUR ____
	./. Abgänge ohne Berücksichtigung geleisteter Zahlungen bis zum Ende des Haftungszeitraumes	EUR ____

[625] BFH 23.9.2008 – VII R 27/07, DStRE 2009, 310.
[626] Nach KVV/Vogelsang Fach 7 Kap. 5 Rn. 56f.

	= Rückständige Steuern (ohne Lohnsteuer) insgesamt	EUR ____
1.3.	Die Gesamtverbindlichkeiten (Nr. 1.1. + Nr. 1.2.) betragen insgesamt	EUR ____
2.	**Berechnung der Mittelverwendung**	
2.1.	Summe der bezahlten Schulden iSv Nr. 1.1. bis zum Ende des Haftungszeitraums	EUR ____
2.2.	Summe der bezahlten Steuerverbindlichkeiten iSv Nr. 1.2. (einschließlich Umbuchungen) bis zum Ende des Haftungszeitraums	EUR ____
2.3.	Gesamtsumme der bezahlten Verbindlichkeiten (Nr. 2.1. + Nr. 2. 2.)	EUR ____
3.	**Berechnung der Haftungsquote**	
	Gesamtsumme der bezahlten Verbindlichkeiten gem. Nr. 2.3. dividiert durch Gesamtverbindlichkeiten gem. Nr. 1.3. x 100	____%
4.	**Berechnung der Haftungssumme**	
4.1.	Bei pflichtgemäßer Tilgung wären zu zahlen gewesen: Steuerschulden gem. Nr. 1.2. x ____% (gem. Nr. 3)	EUR ____
4.2.	./. Betrag, der tatsächlich auf diese Steuerrückstände gezahlt worden ist (einschließlich Umbuchungen) gem. Nr. 2.2.	EUR ____
4.3.	Ergebnis: Die Haftungssumme beläuft sich auf	EUR ____

f) Kausalität

546 Die Haftung des Geschäftsleiters setzt weiter voraus, dass zwischen der schuldhaften Pflichtverletzung und dem Steuerausfall ein **adäquater Kausalzusammenhang** besteht. Dh es muss feststehen, dass der Schaden ohne die Pflichtverletzung nicht eingetreten wäre.[627] Dies gilt nicht nur im Falle der Nichterfüllung einer Steuerschuld (§ 69 S. 1 Alt. 2 AO), sondern auch im Fall der Ver-

[627] BFH 11.11.2008 – VII R 19/08, NZI 2009, 405.

letzung von Steuererklärungspflichten.[628] An einem **haftungsbegründenden Ursachenzusammenhang** fehlt es zB dann, wenn alle Gläubiger in etwa gleichmäßig befriedigt worden sind und bei der Gesellschaft bei Fälligkeit keine weiteren Zahlungsmittel vorhanden waren, solche nicht beschafft werden konnten und für das Finanzamt zum Zeitpunkt der Fälligkeit auch keine aussichtsreiche Vollstreckungsmöglichkeit bestand.[629] Tritt ein Steuerausfall als Schaden mangels ausreichender Zahlungsmittel und vollstreckbaren Vermögens der GmbH unabhängig davon ein, ob die Steueranmeldung fristgerecht eingereicht wird, so ist die Verletzung der Steuererklärungspflicht für den eingetretenen Schaden nicht ursächlich.[630]

Der Haftung des Geschäftsleiters steht allerdings nicht entgegen, dass im Falle der rechtzeitigen Bezahlung der Steuerschulden ein später bestellter Insolvenzverwalter im Wege der **Anfechtung** nach **§ 130 Abs. 1 S. 1 Nr. 1 InsO** die Steuern wieder hätte zurückfordern können.[631] Nach Ansicht des BFH verbietet der Schutzzweck der Haftungsvorschriften **(Rückgriffsinstrument zur Sicherung des Steueraufkommens)** eine **hypothetische** Betrachtung des Kausalverlaufs.[632] **547**

Zu den Risiken einer steuerlichen Pflichtverletzung gehört nicht nur eine insolvenzrechtliche Anfechtung, sondern auch der Widerruf einer Überweisung durch einen vorläufigen Insolvenzverwalter.[633] **548**

g) Verschulden

Die bloße Verletzung steuerlicher Pflichten reicht für die Erfüllung des Haftungstatbestands des § 69 AO nicht aus. Vielmehr muss der Geschäftsleiter seine Pflichten vorsätzlich oder zumindest grob fahrlässig verletzen, dh **schuldhaft** handeln. Das Verschulden muss positiv festgestehen.[634] Grundsätzlich indiziert die **549**

---

[628] BFH 29.11.2006 – I R 103/05, BeckRS 2006, 25011410.
[629] BFH 21.6.1994 – VII R 34/92, DStR 1994, 1772.
[630] BFH 11.11.2008 – VII R 19/08, NZI 2009, 405.
[631] BFH 11.11.2008 – VII R 19/08, NZI 2009, 405.
[632] BFH 5.6.2007 – VII R 65/05, DStR 2007, 1722.
[633] BFH 15.6.2009 – VII B 196/08, BeckRS 2009, 25015470.
[634] BFH 16.7.1996 – VII R 133/95, DStRE 1997, 265.

Pflichtverletzung aber das Verschulden des Geschäftsleiters.[635] Die Nichtzahlung von Steuern zu den jeweiligen Fälligkeitsterminen stellt nach der ständigen Rechtsprechung des BFH regelmäßig eine zumindest grob fahrlässige Pflichtverletzung dar.[636] Dies schließt es allerdings nicht aus, dass besondere, vom Geschäftsleiter glaubhaft zu machende Gründe im Einzelfall die Pflichtverletzung entschuldigen oder nur den Vorwurf leichter Fahrlässigkeit rechtfertigen.[637] Allein der Verweis auf „wirtschaftliche Schwierigkeiten" oder der „Sicherung des Unternehmens und/oder Arbeitsplätzen" können ihn allerdings nicht entschuldigen.[638]

h) Geltendmachung der Haftung durch Haftungsbescheid

550 Der Haftungsschuldner wird durch einen **Haftungsbescheid** in Anspruch genommen (§ 191 Abs. 1 S. 1 AO). Dieser erfordert inhaltlich die Angaben über die Inanspruchnahme des Geschäftsleiters als Haftungsschuldner, die Benennung des Steuerschuldners oder des Entrichtungspflichtigen, für den die Haftung erfolgt und die Angabe der Haftungsschuld.

551 Im Haftungsverfahren trägt das Finanzamt **die Feststellungslast** (objektive Beweislast) für diejenigen Tatsachen, die vorliegen müssen, um einen Haftungsanspruch zu begründen. Die Sachverhaltsermittlung durch das Finanzamt erfolgt auf der Grundlage der §§ 88, 90 bis 93, 97 AO. Der Haftungsschuldner trägt die Feststellungslast für die Tatsachen, die zu einer Einschränkung oder gar zum Ausschluss der Haftung führen können.

i) Neuregelung durch das SanInsFoG zum 1.1.2021 in § 15b Abs. 8 InsO

552 Im Hinblick auf die Haftung des Geschäftsleiters nach § 69 Abs. 1 AO wurde mit § 15b Abs. 8 InsO mit Wirkung zum

[635] BFH 15.2.2011 – VII R 66/10, BeckRS 2011, 95104.

[636] BFH 22.10.2019 – VII R 30/18, NZI 2020, 585 mwN.

[637] BFH 23.9.2008 – VII R 27/07, DStRE 2009, 310.

[638] BFH 22.10.2019 – VII R 30/18, NZI 2020, 585 mwN; Witfeld/Danneman NZI 2021, 905.

1.1.2021 eine Entlastungnorm gesetzlich verankert. Während bisher die steuerlichen Pflichten des Geschäftsleiters, insb. die Pflicht zur Zahlung von Steuern, in der Krise der Gesellschaft mit dem Zahlungsverbot nach § 15 Abs. 1 InsO (vormals § 64 GmbHG) kollidierte, regelt nunmehr § 15b Abs. 8 InsO, dass keine Verletzung der steuerlichen Zahlungspflichten, und somit keine Haftung nach § 69 Abs. 1 AO gegeben ist, wenn zwischen dem **Eintritt der Zahlungsunfähigkeit/der Überschuldung und Stellung des Insolvenzantrags** durch den Geschäftsführer, Ansprüche aus dem Steuerschuldsteuerverhältnis nicht oder nicht rechtzeitig erfüllt werden. Voraussetzung ist, dass der Geschäftsleiter seinen Verpflichtungen nach § 15a InsO nachkommt. Der Geschäftsleiter muss also entweder Insolvenzantrag gestellt oder die Antragsfrist ausgenutzt haben, um Maßnahmen zur nachhaltigen Beseitigung der Insolvenzreife oder zur Vorbereitung eines Insolvenzantrags durchzuführen.[639] Wird entgegen der Verpflichtung nach § 15a InsO ein Insolvenzantrag verspätet gestellt, gilt dies nur für die nach Bestellung eines vorläufigen Insolvenzverwalters oder Anordnung der vorläufigen Eigenverantwortung fällig werdenden Ansprüche aus den Steuerschuldverhältnis. Wird das Insolvenzverfahren nicht eröffnet, ist dies auf eine Pflichtverletzung des Antragspflichtigen zurückzuführen und es bleibt bei der Steuerzahlungspflicht.

Zu beachten ist, dass das Haftungsprivileg nur in den gesetz- 553
lich normierten Ausnahmefällen greift und einen sehr engen Anwendungszeitraum betrifft.[640] Insbesondere kommt das Haftungsprivileg nur in Betracht, wenn die Geschäftsleitung im Falle der Insolvenzreife der Gesellschaft ohne schuldhaftes Zögern rechtzeitig einen Insolvenzantrag gestellt hat. Richterlich noch nicht entschieden ist die Frage der Anwendung des Haftungsprivilegs, soweit ein Insolvenzantrag gestellt wird, dieser aber nicht richtig oder vollständig iSd Insolvenzordnung ist. Ferner ist nicht abschließend geklärt, ob das Haftungsprivileg des § 15b Abs. 8 InsO greift, wenn der Antrag objektiv zu spät gestellt wird, aber der

[639] BeckOK InsR/Wolfer InsO § 15b Rn. 26.
[640] Witfeld/Danneman NZI 2021, 905.

Geschäftsleiter subjektiv davon ausgehen durfte, er hätte fristgerecht beantragt (bspw. weil er sich auf eine qualifizierte Beratung verlassen hat).[641]

554 **Zu beachten ist ferner,** dass eine Haftungsprivilegierung nach § 15b Abs. 8 InsO nicht für diejenigen Pflichtverletzungen Anwendung findet, die bereits vor der Insolvenzreife begangen wurden. Ebenfalls relevant ist der Umstand, dass § 15b Abs. 8 InsO nur die steuerlichen Zahlungsfristen betrifft. Nicht von dieser Regelung erfasst werden die sonstigen steuerlichen Pflichten wie zB die Erklärungspflichten.[642] Wird eine Steuererklärung verspätet abgegeben, kann Steuerhinterziehung durch Unterlassen verwirklicht werden. In der Folge ist dann sogar eine Haftung nach § 71 AO denkbar (nachfolgend unter → Rn. 557 ff.).

555 **Praxishinweis:** In der Praxis sind viele Fragen im Hinblick auf die Neuregelung des § 15b Abs. 8 InsO offen und (noch) ungeklärt. Insofern ist Vorsicht geboten, ob und in welchem Umfang das Haftungsprivileg des § 15b Abs. 8 InsO greift.[643] Die persönliche Haftung für nicht oder nicht rechtzeitig abgeführte Steuern können für den Geschäftsleiter eine erhebliche finanzielle Belastung darstellen.

2. Haftung des Steuerhinterziehers, § 71 AO

556 Gemäß § 71 AO haftet für nicht abgeführte Steuern, wer eine **Steuerhinterziehung oder eine Steuerhehlerei** begeht oder an einer solchen Tat teilnimmt. Wann eine Steuerhinterziehung vorliegt, ist in § 370 AO (siehe hierzu nachfolgend) geregelt. Der Tatbestand der Steuerhehlerei ist in § 374 AO normiert. Die Haftung umfasst die verkürzten Steuern, die zu Unrecht gewährten Steuervorteile, sowie die Hinterziehungszinsen (§ 235 AO) und die Nachzahlungszinsen (§ 233a AO) soweit diese nach § 235 Abs. 4 AO auf die Hinterziehungszinsen angerechnet werden.

557 Sowohl der Täter (Alleintäter, Mittäter oder mittelbarer Täter) als auch der Gehilfe (Anstifter oder Beihilfetäter) können seitens

[641] Witfeld/Danneman NZI 2021, 905.
[642] Witfeld/Danneman NZI 2021, 905.
[643] Sonnleitner/Witfeld InsSteuerR/Sonnleitner Kap. 3 Rn. 226–232.

des Finanzamtes in voller Höhe für die hinterzogenen Steuern in Anspruch genommen werden. Der Grad der Beteiligung bzw. der Pflichtverletzung ist unerheblich, kann allenfalls im Rahmen der Ermessensausübung eine Rolle spielen.[644]

Das Finanzamt hat die Frage, ob eine Hinterziehung vorliegt, 558 im Haftungsverfahren eigenständig zu prüfen. Dies gilt selbst dann, wenn bereits eine strafgerichtliche Verurteilung vorliegt. Das Finanzamt kann sich allerdings auf die Feststellungen des Strafgerichts berufen – und tut dies regelmäßig. Materielle Einwendungen gegen die Höhe der geltend gemachten Steuerforderung bzw. der Haftungsschaden sind und können – im Rahmen des (eigenständigen) Haftungsverfahrens – auch vorgebracht werden. Erfolgt dies, hat das Finanzgericht nochmals in die Sachverhaltsermittlungen einzusteigen.[645] Pauschale Einwendungen sind indes nicht zielführend.

Wurden im Rahmen des Veranlagungsverfahrens Steuern für 559 die strafbefangenen Veranlagungszeiträume gezahlt, reduziert dies den Haftungsbetrag. Der Haftungsanspruch kann nicht höher sein als die festgesetzte Steuerschuld als solche. Festzuhalten ist ferner, dass die Haftung gem. §71 AO sich nur auf die Mehrergebnisse (im Veranlagungsverfahren) erstreckt, **die Folge der Steuerhinterziehung** sind. Erforderlich ist ein **unmittelbarer Kausalzusammenhang.** Sonstige steuerlichen Mehrergebnisse der rein steuerlichen Betriebsprüfung fallen regelmäßig nicht darunter.

Wird ein Verfahren nach § 153a StPO gegen Geldauflage ein- 560 gestellt, führt dies nicht per se zu einer Haftung nach §71 AO. Grundsätzlich greift bei einer Verfahrensbeendigung nach § 153a StPO die Unschuldsvermutung.[646] Das Finanzamt ist jedoch nicht an die strafrechtliche (Nicht-)Verurteilung gebunden, sondern trifft seine eigene Ermessensentscheidung.[647]

---

[644] BFH 21.1.2004 – XI R 3/03, DStR 2004, 1038.

[645] BFH 21.6.1988 – VIII R 135/85, BeckRS 1988, 22008584.

[646] BVerfG 26.3.1987 – 2 BvR 589/79, 2 BvR 740/81, BeckRS 1987, 111173.

[647] Klein/Rüsken AO §71 Rn. 19; FG Münster 24.11.2010 – 8 K 4132/07, BeckRS 2011, 94811.

561 **Praxishinweis:** Der Haftungsbescheid[648] sollte immer rechtlich überprüft werden. In der Praxis sind Haftungsbescheide egal ob nach § 69 Abs. 1 AO oder § 71 AO regelmäßig fehlerhaft. Ein Haftungsbescheid sollte zB **nicht** akzeptiert werden, wenn nicht zunächst eine Beitreibung bei dem Steuerschuldner als solchem versucht wurde bzw. erfolgt ist. Gesetzlich ist dies zwar nicht normiert. Die Haftung ist jedoch ultima ratio. In der Praxis fehlt es auch häufig an einer ordnungsgemäßen Begründung der Haftung und der zwingenden Ermessensausübung durch das Finanzamt.

562–566 *(einstweilen frei)*

II. Strafrechtliche Risiken

567 Soweit Geschäftsleiter in der Krise des Unternehmens gegen die zu beachtenden Pflichten verstoßen, kann dies in der Praxis auch empfindliche (straf-)rechtliche Folgen begründen. Nachstehend werden die in einer Unternehmenskrise regelmäßig in Betracht kommenden Straftatbestände aufgezeigt und erläutert.

1. Insolvenzverschleppung (§ 15a Abs. 4 InsO)

568 Die Pflicht des Geschäftsleiters, rechtzeitig Insolvenzantrag zu stellen, ist in der Krise des Unternehmens von überragender Bedeutung. Die zivilrechtlichen Konsequenzen einer Verletzung dieser Pflicht wurden bereits dargestellt. Der Tatbestand des § 15a Abs. 4 InsO sanktioniert eine **Verletzung der Insolvenzantragspflicht** auf strafrechtlicher Ebene. Im Strafrecht spricht man vom Tatbestand der **Insolvenzverschleppung.** Sie kann mit einer Freiheitsstrafe von bis zu 3 Jahren bestraft werden.

569 Entscheidendes Tatbestandsmerkmal ist das Bestehen einer **Insolvenzantragspflicht.** So kann sich zB ein Einzelunternehmer nicht der Insolvenzverschleppung strafbar machen, da er gesetzlich nicht verpflichtet ist, bei Insolvenzreife einen Insolvenzantrag zu stellen. § 15a Abs. 1 InsO bestimmt, dass nur **juristische Perso-**

---

648 Rechtsgrundlage ist § 191 AO.

nen (GmbH, AG) bzw. **Personengesellschaften** (GmbH & Co. KG, OHG), bei denen **keine natürliche Person persönlich haftet,** insolvenzantragspflichtig sind.[649]

Die Antragspflicht trifft das jeweilige Vertretungsorgan der Gesellschaft. Mithin ist der **Geschäftsleiter** des Unternehmens verpflichtet, den Insolvenzantrag zu stellen.[650] Die Insolvenzantragspflicht und damit die strafrechtliche Verantwortlichkeit ist demnach auf die Geschäftsleiter beschränkt. Auch im Fall einer internen ressortmäßigen Aufteilung der jeweiligen Pflichten mehrerer Geschäftsleiter obliegt grundsätzlich jedem Geschäftsleiter die Pflicht zur Insolvenzantragstellung,[651] auch diejenigen Geschäftsleiter, die nicht einzelvertretungsbefugt sind.[652] In § 15a Abs. 1 und 2 InsO ist die Insolvenzantragspflicht für alle beschränkt haftenden Rechtssubjekte mit Ausnahme der Vereine und Stiftungen (§ 15a Abs. 7 InsO) geregelt, deren Verwaltungssitz und Betrieb sich im Inland befindet (Art. 3 Abs. 1 EuInsVO). Ausländische Gesellschaften, die ihren Mittelpunkt der wirtschaftlichen Interessen (COMI = center of main interest) in der Bundesrepublik Deutschland haben, sind ebenso erfasst und antragspflichtig.[653] Hat die Gesellschaft keinen Geschäftsleiter mehr, weil dieser ausgeschieden oder abberufen worden ist, trifft die Insolvenzantragspflicht die Gesellschafter bzw. den Aufsichtsrat, § 15a Abs. 3 InsO. 570

Bei der Insolvenzverschleppung handelt es sich – wie bei den meisten Insolvenzstraftaten – um ein sog. **Sonderdelikt.** Täter eines Sonderdeliktes können nur Personen sein, die bestimmte persönliche Merkmale erfüllen. So kann Täter einer Insolvenzverschleppung ausschließlich der Insolvenzantragspflichtige sein. Die hierfür erforderliche Zurechnung erfolgt über § 14 StGB, der die strafrechtlich Verantwortlichen festlegt.[654] § 14 StGB bestimmt, dass die strafbarkeitsbegründenden persönlichen Merkmale beim 571

---

[649] Pelz/Grotebrunde Teil 3 Rn. 249.

[650] BeckOK InsR/Wolfer InsO § 15a Rn. 7.

[651] BGH 8.11.1989 – 3 StR 249/89, BeckRS 1989, 31106444.

[652] MüKoStGB/Hohmann § 15a InsO Rn. 52.

[653] Heinrich NZWiSt 2020, 345 (352).

[654] Erst über § 14 StGB werden Organe und Vertreter strafrechtlich zur Verantwortung gezogen.

Organ bzw. dem Vertreter, also dem Geschäftsleiter, vorliegen müssen. Im Ordnungswidrigkeitenrecht wird in § 9 OWiG durch die Haftung von Betriebs- und Unternehmensinhabern wegen Aufsichtspflichtverletzungen (§ 130 OWiG) und die Sanktionierung von juristischen Personen und Personenvereinigungen selbst wegen betriebsbezogener Zuwiderhandlungen von Organen und bestimmten Vertretern (§ 30 OWiG) ergänzt.[655]

572 Wie bereits im Rahmen der steuerlichen Haftungstatbestände wird auch im Rahmen von strafrechtlichen Tatbeständen der **faktische Geschäftsleiter** sanktioniert.[656] Die Verantwortlichkeit ist nicht an die förmliche Bestellung geknüpft, sondern an seine formelle Stellung nach außen.[657] In der Praxis ist wohl bedeutendster Anwendungsfall der faktische Geschäftsführer einer GmbH. Die Grundsätze gelten jedoch für andere Organe entsprechend, zB für den faktischen Vorstand etc. Als Geschäftsleiter ist – neben dem formal bestellten – auch derjenige zu verstehen, der mit Einverständnis der Gesellschafter bzw. Geschäftsorgane die Geschäftsführung faktisch übernommen hat und tatsächlich ausübt. Auch der Strohmann(-geschäftsleiter) ist strafrechtlich verantwortlich.[658]

573 **Praxishinweis:** Ein Verteidigungsansatz ist regelmäßig, ob und inwieweit der Strohmann(geschäftsleiter) Kenntnis von den strafbarkeitsbegründenden Umständen hatte und zu welchem Zeitpunkt. Eine dahingehende Dokumentation ist hilfreich. Den formellen Geschäftsleiter (also auch Strohmann) treffen gleichwohl in jedem Fall **Überwachungspflichten.**[659] Die Wahrnehmung der operativen Unternehmensaufgaben durch den faktischen Geschäftsleiter ist regelmäßig zu überprüfen. Eine Verletzung dieser Überwachungspflichten ist nach der Rechtsprechung ebenfalls strafrechtlich relevant, wenn Anhaltspunkte für Fehlverhalten vorliegen und nichts unternommen wird.[660]

---

[655] Vor diesem Hintergrund sind Compliance Regelungen und Systeme von hoher Relevanz. § 14 StGB, § 9 OWiG einerseits und §§ 30, 130 OWiG sind „Kern“ des wenig ausgeprägten deutschen Unternehmensstrafrechts.

[656] Faktische Geschäftsleiter sind in der Praxis der „Macher“ oder der „Boss“.

[657] BGH 20.9.1999 – 5 StR 729/98, NStZ 2000, 34.

[658] Heinrich NZWiSt 2020, 346 (350).

[659] BGH 3.3.2020 – 5 StR 595/19, BeckRS 2020, 3814.

[660] BGH 3.3.2020 – 5 StR 595/19, BeckRS 2020, 3814; vgl. auch BGH 8.1.2020 – 5 StR 122/19, BeckRS 2020, 1453.

Die Amtsniederlegung oder Abberufung eines Geschäftsleiters beendet die strafrechtliche Verantwortlichkeit nur für die Zukunft. 574

Praxishinweis: Es ist nicht sinnvoll, ein Unternehmen bzw. eine Gesellschaft führungslos zu lassen in der Hoffnung, im Rahmen der Insolvenz nicht belangt werden zu können. Ein derartiges Vorgehen verschlimmert die Lage regelmäßig, anstatt sie zu verbessern. Eine rechtzeitige Beratung und ein strukturiertes Vorgehen sind dringend geboten. 575

Sinn und Zweck des § 15a InsO ist es, die Gläubiger von in der Haftung beschränkten juristischen Personen sowie den Rechtsverkehr im Allgemeinen vor einer Schädigung durch materiell insolvente Unternehmen zu schützen. Sanktioniert wird nicht das wirtschaftliche Scheitern, sondern die vom Rechtsverkehr missbilligte und ungeeignete Reaktion auf den Eintritt der Krise.[661] Die Insolvenzverschleppung ist **ein unechtes Unterlassungsdelikt.** Strafrechtlicher Anknüpfungspunkt ist die Untätigkeit. Ferner handelt es sich um ein **abstraktes Gefährdungsdelikt,** dh der Eintritt eines Schadens ist nicht erforderlich.[662] 576

a) Vorliegen eines Insolvenzgrundes

Eine strafbare Insolvenzverschleppung kommt nur bei Vorliegen eines **Insolvenzgrundes** in Betracht. Wie dargelegt, kennt die Insolvenzordnung Zahlungsunfähigkeit (§ 17 InsO), drohende Zahlungsunfähigkeit (§ 18 InsO) und Überschuldung (§ 19 InsO). Die **drohende Zahlungsunfähigkeit allerdings, verpflichtet nicht zur Stellung eines Insolvenzantrages** und kann somit keine Insolvenzverschleppung des Geschäftsleiters nach § 15a Abs. 4 InsO begründen. 577

Bedeutung für die insolvenzstrafrechtliche Praxis hat vor allem die liquiditätsbezogene **Zahlungsunfähigkeit.** Ein Schuldner ist zahlungsunfähig, wenn er nicht in der Lage ist, die fälligen Zahlungspflichten zu erfüllen, § 17 Abs. 2 S. 1 InsO. Gegenüberzustellen sind liquide Mittel (ua Kasse, Guthaben bei Kreditinstituten, kurzfristig liquidierbare Wertpapiere, abrufbare Kredite) und alle

[661] Klose NZWiSt 2020, 59 (61).
[662] MüKoStGB/O. Hohmann InsO § 15a Rn. 3.

fälligen – also insbesondere nicht gestundeten – Verbindlichkeiten.[663] Einschränkend (bzw. klarstellend) wird durch die Rspr. zudem verlangt, dass die Forderung ernsthaft eingefordert wird.[664] Die Übersendung einer Rechnung soll hierfür aber genügen. Entsprechendes ist für eine rechtskräftig zugesprochene Forderung oder einen bestandskräftigen (Steuer-)Bescheid anzunehmen. Auf die materielle Richtigkeit der zugrunde liegenden Entscheidung bzw. Festsetzung kommt es demgegenüber nicht an.[665] Im Übrigen wird verwiesen auf die diesbezüglichen Ausführungen unter → Rn. 171 ff.

578 **Praxishinweis:** Zahlungsunwilligkeit ist nicht tatbestandsmäßig. Ob diese nur vorgeschoben ist und tatsächlich Zahlungsunfähigkeit vorliegt, wird im Ermittlungsverfahren/Hauptverhandlung anhand objektiver Kriterien und Unterlagen bestimmt. Festzuhalten ist jedoch, dass es in der Praxis geboten ist, rechtzeitig Stundungsvereinbarungen abzuschließen. Denn durch die Stundungsvereinbarung wird die Fälligkeit der Forderung zeitlich nach hinten verlagert.

579 **Überschuldung** ist gegeben, wenn das Vermögen des Schuldners die bestehenden Verbindlichkeiten nicht mehr deckt, es sei denn, die Fortführung des Unternehmens ist nach den Umständen überwiegend wahrscheinlich (§ 19 Abs. 2 Satz 1 InsO) (vgl. ausführlich → Rn. 200 ff.). Da im Strafrecht der grundgesetzlich verankerte **Zweifelsgrundsat**z gilt („in dubio pro reo"), fällt nach hM die Prognose schon dann positiv aus, wenn die Fortführung des Unternehmens nicht ganz unwahrscheinlich erscheint.[666] Danach kann in der Praxis die Insolvenzverschleppung allein wegen Überschuldung speziell mit Blick auf den subjektiven Tatbestand häufig nur schwer belegt werden bzw. bietet sich hier für den Geschäftsleiter ein erfolgsversprechender Verteidigungsansatz → vgl. Rn. 584).

580 Der Straftatbestand des § 15a Abs. 4 InsO erfordert Insolvenzreife, dh **Zahlungsunfähigkeit oder Überschuldung müssen**

---

[663] Heinrich, NZWiSt 2020, 345 (353).
[664] BGH 14.5.2009 – IX ZR 63/08, NJW 2009, 2600.
[665] BGH 10.7.2018 – 1 StR 605/16, NZI 2018, 764.
[666] Vgl. zum Meinungsstand GJW/Reinhart InsO § 15a Rn. 74.

vorliegen. Im Rahmen von strafrechtlichen Ermittlungsverfahren wird der Nachweis der Krise regelmäßig über die wirtschaftskriminalistische Methode erbracht.[667] Das bedeutet über eine (chronologische) Gesamtbewertung von Vorgängen bzw. wirtschaftskriminalistischen Beweisanzeichen (Warnzeichen). Als wirtschaftskriminalistische Beweisanzeichen werden das Ignorieren von Rechnungen und Mahnungen, Rückstände bei Löhnen, Steuern und/oder (vor allem bei) Sozialversicherungsabgaben, (fruchtlose) Vollstreckungsversuche, Scheck- und Wechselproteste sowie Insolvenzanträge von Gläubigern gewertet.[668] Auf Basis dieser Informationen hat sich der Richter nach § 261 StPO seine Überzeugung vom Bestehen der Insolvenzgründe zu bilden.

Praxishinweis: Der wirtschaftskriminalistische Ansatz ist für den beschuldigten Geschäftsleiter regelmäßig günstiger. Gläubiger reagieren auf Zahlungsrückstände mit weiterführenden Maßnahmen meist verzögert. Dadurch wird die Zahlungsunfähigkeit regelmäßig erst zu einem späteren Zeitpunkt bejaht.[669] Strafrechtlich erfolgt die Prüfung der Krisensituation immer rückblickend. Für die strafrechtliche Bewertung ist eine ex ante-Sicht zugrunde zu legen, nämlich die Erkenntnis oder die Einschätzung des Beschuldigten zum Zeitpunkt der Vornahme der Tathandlung bzw. im Fall des Unterlassens zu dem Zeitpunkt, zu dem die unterbliebene Handlung hätte vorgenommen werden müssen. Verbleiben dabei Zweifel, wirken diese zu Gunsten des Beschuldigten (in dubio pro reo).[670] 581

b) Insolvenzverschleppungshandlungen

Der Geschäftsleiter kann sich durch 3 verschiedene Handlungen der Insolvenzverschleppung nach § 15a Abs. 4 InsO strafbar machen. Der Tatbestand der Insolvenzverschleppung ist erfüllt, wenn der Geschäftsleiter 582

- es gänzlich **unterlässt,** einen Insolvenzantrag zu stellen,
- den Insolvenzantrag **nicht rechtzeitig** stellt
  oder
- den Insolvenzantrag **nicht richtig** stellt.

---

667 BGH 21.8.2013 – 1 StR 665/12, NJW 2014, 164.
668 Heinrich NZWiSt 2020, 346 (354).
669 Brand GmbHR 2020, 96 (97).
670 Pelz/Grotebrune 1. Teil Rn. 135.

aa) Unterlassene Insolvenzantragstellung

583 Diese Begehungsvariante der Insolvenzverschleppung setzt voraus, dass der Geschäftsleiter gar keinen Insolvenzantrag gestellt hat. Die unterlassene Insolvenzantragstellung kommt insbesondere bei Fremdanträgen in Betracht, wenn zB Finanzbehörden, Sozialversicherungsträger oder sonstige Gläubiger die Eröffnung des Insolvenzverfahrens beantragt haben. Im Falle eines Fremdantrags sind die Geschäftsleiter in der Praxis häufig (irrtümlich) der Auffassung, dass sie nun nicht mehr verpflichtet sind, einen Insolvenzantrag zu stellen. Dies ist jedoch ein Irrglaube. Der Geschäftsleiter bleibt auch bei einem Fremdantrag verpflichtet, einen eigenen Insolvenzantrag zu stellen.[671]

bb) Verspätete Insolvenzantragstellung

584 Eine strafbare Insolvenzverschleppung liegt insbesondere bei einem Verstoß gegen die Pflicht zur **unverzüglichen Antragstellung** vor. Grundsätzlich ist der Geschäftsleiter bei Eintritt von Zahlungsunfähigkeit oder Überschuldung verpflichtet, **sofort Insolvenzantrag zu stellen.** Der Gesetzgeber hat sich dazu entschieden, gesetzliche Höchstfristen festzulegen, binnen derer der Geschäftsleiter den Insolvenzantrag stellen oder durch Sanierungsmaßnahmen die Insolvenzreife beseitigen kann. Liegt **Zahlungsunfähigkeit** (§ 17 InsO) vor, so beträgt die Insolvenzantragsfrist **maximal 3 Wochen** nach deren Eintritt. Im Falle der Insolvenzreife aufgrund **Überschuldung** (§ 19 InsO) hat der Geschäftsleiter grundsätzlich **höchstens 6 Wochen** (bzw. bis 31.12.2023: **8 Wochen** vgl. → Rn. 285) nach Eintritt der Überschuldung Zeit, um den erforderlichen Insolvenzantrag zu stellen.

585 Die Insolvenzantragsfrist ist eine gesetzlich festgelegte **Höchstfrist**. Die Frist darf nur ausgeschöpft werden, wenn die Sanierungsabsicht geprüft wird und erfolgversprechende Sanierungsmaßnahmen in die Wege geleitet werden. Ferner muss die Krise in der Folge binnen der Frist überwunden werden können. Bloße Hoffnungen sind keinesfalls ausreichend. Besteht keine Aussicht

---

[671] Pelz/Grotebrunde 3. Teil Rn. 254, 274.

(mehr), dass die Krise durch Sanierungsmaßnahmen überwunden wird, muss der Insolvenzantrag früher gestellt werden.[672] Die Frist darf auch dann nicht überschritten werden, dh Insolvenzantrag ist zu stellen, wenn noch Sanierungsversuche laufen, mit denen die Krise überwunden werden kann, aber außerhalb des Insolvenzantragszeitraums enden.[673]

Auch nach Ablauf der Insolvenzantragsfrist entfällt die Verpflichtung zur Antragstellung nicht. Die Verpflichtung endet 586
erst, wenn die Verpflichteten einen „richtigen" Eröffnungsantrag gestellt haben oder die wirtschaftliche Krise der Gesellschaft überwunden ist.[674] Stellt ein Gläubiger gem. §§ 13 Abs. 1 Satz 2, 14 InsO den Eröffnungsantrag, so entfällt die Pflicht ebenfalls nicht.[675] Die Verpflichtung entfällt erst, wenn aufgrund eines Fremdantrags das Insolvenzverfahren eröffnet ist oder die Eröffnung mangels Masse abgelehnt wurde. Hintergrund hierfür ist der Umstand, dass nur die gerichtliche Entscheidung als solche die Antragspflicht entfallen lässt.[676]

cc) Unrichtige Insolvenzantragstellung

Der Insolvenzantrag muss weiter **richtig** – also zutreffend – und 587
vollständig den Mindestanforderungen der §§ 13 und 15 InsO genügend gestellt werden. Wann ein Antrag im Einzelnen richtig und vollständig ist, hängt von der Schwere der Fehler etc. ab.[677] Im strafrechtlichen Ermittlungsverfahren ist dies im Zweifel zu klären. Verfügt der Geschäftsleiter nicht über die erforderliche Kenntnis, muss er einen qualifizierten Berater mit der Antragstellung beauftragen.

Aus **formeller Hinsicht** bedarf der Insolvenzantrag der Schrift- 588
form. Die Nutzung behördlicher Vordrucke bzw. Formulare ist gesetzlich nicht erforderlich. Wird der Insolvenzantrag nicht von

---

[672] BGH 30.7.2003 – 5 StR 221/03, NJW 2003, 3787.

[673] So schon BGH 5.7.1956 – 3 StR 149/56, BeckRS 1956, 31185537.

[674] MüKoStGB/Hohmann InsO § 15a Rn. 91.

[675] WJS WirtschaftsStrafR-HdB/Pelz Kap. 9 Rn. 84.

[676] Heinrich NZWiSt 2020, 345 (352).

[677] Näher WJS WirtschaftsStrafR-HdB/Pelz Kap. 9 Rn. 87.

allen gesetzlichen Vertretern gemeinsam gestellt, muss das Vorliegen eines Eröffnungsgrundes glaubhaft gemacht werden. Die Rechtsprechung verlangt, dass Tatsachen vorgetragen werden, die die wesentlichen Merkmale eines Insolvenzgrundes erkennen lassen. § 13 Abs. 1 S. 3 InsO verpflichtet den Geschäftsleiter ferner, dem Antrag auf Insolvenzeröffnung ein Schuldner- bzw. Forderungsverzeichnis beizufügen. Kommt das Insolvenzgericht zu der Auffassung, dass der Antrag diesen Anforderungen nicht genügt, mithin unzulässig ist, so hat das Gericht den Geschäftsleiter aufzufordern, den Mangel binnen angemessener Frist zu beseitigen, § 13 Abs. 3 InsO.[678] Dies ist für eine Strafbarkeit nach § 15a Abs. 4 InsO entscheidend: So hat der Gesetzgeber durch die Einführung des § 15a Abs. 6 InsO klargestellt, dass eine Strafbarkeit aufgrund **unrichtiger Insolvenzantragstellung** nur dann besteht, wenn das Insolvenzgericht den Eröffnungsantrag als unzulässig zurückgewiesen hat. Es handelt sich hierbei um eine **objektive Strafbarkeitsbedingung.** Ist der Insolvenzantrag zwar grundsätzlich unrichtig, reichen die Mängel jedoch aus Sicht des Insolvenzgerichts nicht aus, um den Antrag wegen Unzulässigkeit zurückzuweisen, so hat sich der Geschäftsleiter nicht der Insolvenzverschleppung durch unrichtige Insolvenzantragstellung strafbar gemacht.[679] Hat das Insolvenzgericht den Antrag als unzulässig zurückgewiesen, so hat der Geschäftsleiter die Möglichkeit – durch Gewährung einer angemessenen Frist – den Mangel zu beseitigen und eine Strafbarkeit zu vermeiden.[680]

589 **Praxishinweis:** Der zuweilen vom Beschuldigten bzw. seinem Verteidiger erhobene Einwand, dass durch eine unterlassene oder verspätete Stellung des Eröffnungsantrags kein Schaden eingetreten ist, ist für die Verwirklichung des Straftatbestands völlig unbeachtlich und allenfalls im Rahmen der Strafzumessung zu berücksichtigen.[681] Die Antragspflicht entfällt daher auch nicht, wenn erkennbar ist, dass das vorhandene Vermögen die Kosten des Verfahrens nicht decken wird, vor allem nicht, wenn überhaupt keine Aktiva mehr vorhanden sind, oder die Geschäftstätigkeit bereits vollkommen eingestellt wurde.

---

678 Pelz/Grotebrune 3. Teil Rn. 280, 283.
679 Pelz/Grotebrune 3. Teil Rn. 290.
680 Pelz/Grotebrune 3. Teil Rn. 287.
681 Heinrich NZWiSt 2020, 345 (352).

c) Subjektiver Tatbestand und Strafzumessung

Unter Strafe steht sowohl vorsätzliches (§ 15a Abs. 4 InsO) als auch fahrlässiges Handeln (§ 15a Abs. 5 InsO).[682] 590

Grundsätzlich verlangt das Strafrecht, dass neben dem objektiven auch ein subjektiver Tatbestand erfüllt ist. Das bedeutet, dass der Täter nicht nur eine bestimmte Handlung vorgenommen, sondern hierbei auch vorsätzlich oder zumindest fahrlässig gehandelt hat. **Vorsatz** bedeutet das Wissen und Wollen der Erfüllung des objektiven Tatbestandes. Grundsätzlich kann auch ein **bedingter Vorsatz** (sog. Eventualvorsatz) strafbar sein. Bedingter Vorsatz liegt vor, wenn der Täter die Erfüllung des objektiven Tatbestandes für möglich hält und ihn billigend in Kauf nimmt. **Fahrlässig** handelt, wer eine objektive Pflichtwidrigkeit begeht, sofern er diese nach seinen subjektiven Kenntnissen und Fähigkeiten vermeiden konnte, und wenn gerade die Pflichtwidrigkeit objektiv und subjektiv vorhersehbar den Erfolg herbeigeführt hat.[683] 591

Bedingter Vorsatz liegt vor, wenn der Täter es für möglich ansieht und in Kauf nimmt, dass die wirtschaftliche Situation zur Stellung eines Eröffnungsantrags verpflichtet und er dennoch Abstand von einer pflichtgemäßen Antragstellung nimmt.[684] Dies wird bereits dann bejaht, wenn sich der Geschäftsleiter trotz Hinweisen auf eine Krise keine detaillierten Informationen über die (wirtschaftliche) Lage verschafft.[685] Fahrlässigkeit kann nach der Rechtsprechung des BGH nicht bereits deshalb bejaht werden, weil der Nachweis des Vorsatzes nicht gelingt.[686] Im Hinblick auf das Vorliegen von Fahrlässigkeit sind gesonderte Feststellungen (zB zur sorgfaltswidrigen Verkennung der Zahlungsunfähigkeit) 592

[682] Insoweit einschränkend setzt § 15a Abs. 3 InsO im Falle der Führungslosigkeit der Gesellschaft für den antragspflichtigen Gesellschafter bzw. das antragspflichtige Mitglied des Aufsichtsrats voraus, dass diese Person vom Insolvenzgrund und von der Führungslosigkeit Kenntnis hat.

[683] BGH 13.11.2003 – 5 StR 327/03, NJW 2004, 237.

[684] BGH 4.12.2018 – 4 StR 319/18, NZI 2019, 247 (248).

[685] BGH 23.8.2017 – 2 StR 456/16, NJW 2018, 566, 568.

[686] GJW/Reinhart InsO § 15a Rn. 136.

zu treffen.[687] In der Praxis wird bei der Prüfung ein strenger Pflichtenmaßstab angelegt.[688]

593 **Beispiel:** Ein Geschäftsleiter macht sich der fahrlässigen Insolvenzverschleppung strafbar, § 15a Abs. 5 InsO, wenn er in vorwerfbarer Weise die wirtschaftliche Krise des Unternehmens für überwunden hält. Beispielsweise wenn er nach Bekanntwerden der Insolvenzreife zwar Sanierungsmaßnahmen einleitet, er jedoch schlicht auf deren Wirksamkeit vertraut, anstatt diese mit betriebswirtschaftlichen Methoden (Erstellung eines Liquiditätsplans oder Überschuldungsstatus) zu verifizieren.[689]
Eine fahrlässige Insolvenzverschleppung kommt auch dann in Betracht, wenn der Geschäftsleiter bei Auftritt von Krisenanzeichen (Ablehnung von Kreditersuchen, Absatzrückgang oder erhebliche Vermögensverluste) keinen Liquiditäts- bzw. Überschuldungsstatus erstellt bzw. erstellen lässt.[690]

594 Es wurde bereits darauf hingewiesen, dass alle Geschäftsleiter gesetzlich verpflichtet sind, den erforderlichen Insolvenzantrag zu stellen. In der Praxis gibt es zum Beispiel häufig einen technischen und einen kaufmännischen Geschäftsleiter. Der technische Geschäftsleiter ist genauso wie der kaufmännische Geschäftsleiter verpflichtet, bei Insolvenzreife den Insolvenzantrag zu stellen. Aus strafrechtlicher Hinsicht wird eine strafbare Insolvenzverschleppung des technischen Geschäftsleiters jedoch gegebenenfalls am fehlenden Vorsatz scheitern. Schließlich verlangt der Straftatbestand des § 15a Abs. 4 InsO, dass der Geschäftsleiter positive Kenntnis von der Insolvenzreife der Gesellschaft hat.[691]

595 Die **Strafzumessung** bei der Insolvenzverschleppung unterliegt den allgemeinen Regeln. Primärer Anknüpfungspunkt für die Höhe der Strafe ist die Schuld des Täters (§ 46 Abs. 1 S. 1 StGB). Zu berücksichtigen ist ferner das Ausmaß der Insolvenz (Zahl der Gläubiger und Höhe der Verbindlichkeiten), die Dauer der Verschleppung (unter Begründung weiterer Verbindlichkeiten einerseits bzw. des Teilnahmeumfangs am Rechtsverkehr andererseits), die Motive (Eigennützigkeit, Erhalt von Arbeitsplätzen) und

---

687 Vgl. hierzu GJW/Reinhart InsO § 15a Rn. 136.

688 Unkenntnis hinsichtlich der gesetzlichen Antragspflicht ist als Gebotsirrtum (§ 17 StGB) vermeidbar.

689 BGH 24.1.1961 – 1 StR 132/60, NJW 1961, 740.

690 BGH 6.6.1994 – II ZR 292/91, NJW 1994, 2220.

691 Pelz/Grotebrune 3. Teil Rn. 303.

das Nachtatverhalten (zB durch Stellung eines Insolvenzantrags, Kooperation mit dem Insolvenzverwalter, Bemühung zur Schadenswiedergutmachung).[692]

2. Verletzung der Insolvenzanzeigepflicht gem. §42 StaRUG

Die Verletzung der Anzeigepflicht des Schuldners aus §32 596
Abs. 3 StaRUG wird in §42 Abs. 2 StaRUG für den Geschäftsleiter als den organschaftlichen Vertreter gespiegelt und ihre Verletzung wird im Restrukturierungsverfahren gemäß §42 Abs. 3 StaRUG in gleicher Weise unter Strafe gestellt wie die Verletzung der Insolvenzantragspflicht nach §15a Abs. 4 und 5 InsO. Die Anzeigepflichten treten während der Restrukturierung an die Stelle der Insolvenzantragspflicht.

3. Bankrott (§283 StGB)

Ein von Geschäftsleitern in der Praxis oftmals unterschätztes 597
Strafbarkeitsrisiko bergen die **Bankrottdelikte** (§283 StGB). Neben der Insolvenzverschleppung ist der Bankrott einer der zentralen Straftatbestände in der Krise des Unternehmens. In diesem Sinne ist der Bankrott eine der häufigsten Straftaten im Zusammenhang mit der Krise eines Unternehmens. So kann sich der Unternehmer durch die Begehung von 8 unterschiedlicher Tatbestandsvarianten des Bankrotts strafbar machen. Zum einen kann sich der Geschäftsleiter dadurch strafbar machen, dass seine Handlung zu einer **Verringerung der Insolvenzmasse** führt. Die §283 Nr. 1–4, 8 StGB sanktionieren vermögensbezogene Handlungen, durch die unmittelbar auf den Vermögensstamm eingewirkt wurde. Zum anderen begründen aber auch mittelbare Einwirkungen auf den Vermögensbestand durch **unterlassene bzw. unzureichende Dokumentation** von Vorgängen zur Beurteilung des Vermögensstandes (Buchführungs- und Bilanzver-

[692] Näher Gutfleisch NZWiSt 2016, 309.

stöße) einen strafbaren Bankrott (§ 283 Abs. 1 Nr. 5–7 StGB).[693] Sinn und Zweck des § 283 StGB ist es, die Insolvenzmasse vor (unwirtschaftlichen) Verringerungen, Verheimlichungen und ungerechtfertigter Verteilung zum Nachteil der Gesamtgläubigerschaft sowie den Schutz des Rechtsverkehrs zu schützen.[694]

598 **Täter** des § 283 StGB[695] ist grundsätzlich der Schuldner, dh die Gesellschaft oder das Einzelunternehmen. Gemäß § 14 Abs. 1 Nr. 3 StGB trifft den Geschäftsleiter an dieser Stelle die strafrechtliche Verantwortung des Schuldners. Die Schuldnereigenschaft muss im Zeitpunkt der Vornahme der Tathandlung bzw. bei Unterlassungsdelikten innerhalb des Zeitraums bzw. zu dem Zeitpunkt vorliegen, in der die gebotene Handlung zu erbringen gewesen wäre.[696] Auch für die täterschaftsbegründende Organ- bzw. Vertreterstellung nach § 14 StGB ist die **Tatzeit** maßgebend.[697]

a) Die Krise – als objektives Tatbestandsmerkmal

599 In einer wirtschaftlichen Krise hat der Geschäftsleiter besondere Sorgfaltspflichten gegenüber den Gesellschaftsgläubigern. Eine Verletzung dieser Sorgfaltspflichten stellt für den Gläubiger eine (wirtschaftliche) Gefährdung dar, sodass es der Gesetzgeber für notwendig erachtet hat, die Nichtbeachtung dieser Sorgfaltspflichten unter Strafe zu stellen. Hieraus ergibt sich folgende Systematik des Bankrotttatbestandes: Eine der in § 283 Abs. 1 Nr. 1–8 StGB genannten Tathandlungen ist nur dann strafbar, wenn sich das Unternehmen **augenblicklich in einer Krise befindet.**[698] Der objektive Tatbestand des § 283 Abs. 1 StGB erfordert demnach neben der Tathandlung zusätzlich das Vorliegen

---

693 Pelz/Grotebrune 4. Teil Rn. 328

694 Vgl. insoweit auch die Klassifizierung von MüKoStGB/Petermann/Sackreuther vor § 283 Rn. 40 zu bestands- und informationsbezogenen Insolvenzdelikten; Fischer StGB vor § 283 Rn. 3.

695 Gemäß Abs. 3 ist der Versuch strafbar. Gemäß Abs. 4 und 5 kann der Straftatbestand des Bankrotts auch fahrlässig verwirklicht werden.

696 BGH 3.9.1980 – 1 StR 407/80, BeckRS 1980, 31107301.

697 Zum Zeitpunkt der (späteren) Insolvenzeröffnung muss der Täter also nicht mehr Inhaber dieser Position sein.

698 Pelz/Grotebrune 4. Teil Rn. 328.

eines aus der Insolvenzordnung bekannten **Eröffnungsgrundes**, also drohende Zahlungsunfähigkeit (§ 18 InsO), Zahlungsunfähigkeit (§ 17 InsO) oder Überschuldung (§ 19 InsO). Ausreichend ist ein bloßer **zeitlicher Zusammenhang.** Der Geschäftsleiter macht sich des Bankrotts strafbar, wenn im **Zeitpunkt der Vornahme der Tathandlung** ein insolvenzrechtlicher Eröffnungsgrund vorliegt.[699]

Ebenso macht sich der Geschäftsleiter gem. § 283 Abs. 2 StGB strafbar, **wenn die Tathandlung zum Eintritt eines Insolvenzgrundes** geführt hat. Es ist irrelevant, ob sich das Unternehmen bereits zuvor schon in einer Krise befunden hat. § 283 Abs. 2 StGB erfordert einen Kausalzusammenhang zwischen der Tathandlung und dem Eintritt des Insolvenzgrundes. Zu beachten ist jedoch, dass das Verursachen der drohenden Zahlungsunfähigkeit im Gegensatz zu § 283 Abs. 1 StGB nicht strafbar ist.[700] **600**

Beispiel: So kann die von dem Geschäftsleiter vorgenommene Gewinnausschüttung an die Gesellschafter den von § 283 Abs. 2 StGB erforderten Kausalzusammenhang begründen, wenn er nahezu sämtliche liquide Geldmittel auskehrt und die Gesellschaft infolgedessen außerstande ist, ein in der Zwischenzeit fällig gewordenes Bankdarlehen zu tilgen (Eintritt der Zahlungsunfähigkeit).[701] **601**

b) Objektive Strafbarkeitsbedingung

Eine Besonderheit des Bankrotttatbestandes liegt darin, dass die Strafvorschrift in § 283 Abs. 6 StGB eine sog. **objektive Strafbarkeitsbedingung** enthält. Dies bedeutet, dass neben dem objektiven Tatbestandsmerkmal **„Krise“** und dem Vorliegen einer Tathandlung, der Einritt einer zusätzlichen Bedingung erforderlich ist. Ohne den Eintritt dieser Bedingung kann die Bankrotttat strafrechtlich nicht verfolgt werden.[702] **602**

§ 283 Abs. 6 StGB bestimmt, dass das Verhalten des Täters nur dann bestraft werden kann, wenn

---

[699] Pelz/Grotebrune 4. Teil Rn. 329.
[700] GJW/Reinhart StGB § 283 Rn. 64 f.
[701] Pelz/Grotebrune 4. Teil Rn. 332.
[702] GJW/Reinhart § 283 StGB Rn. 74.

- Zahlungen eingestellt wurden,
- über sein Vermögen das Insolvenzverfahren eröffnet ist oder
- der Eröffnungsantrag mangels Masse abgewiesen wurde.

603 **Zahlungseinstellung** (vgl. → Rn. 178 ff.) wird angenommen, wenn der Schuldner nach außen allgemein erkennbar und voraussichtlich auf Dauer aufgehört hat, seine fälligen Verbindlichkeiten zu begleichen.[703] Als Zahlungseinstellung gilt auch, wenn der Schuldner keine Geschäftstätigkeit mehr entfaltet oder über einen Zeitraum von einem Monat mehr als 50% der Verbindlichkeiten (auch eines einzelnen Gläubigers) nicht begleicht.[704] Zahlungen in untergeordnetem Umfang an einzelne Gläubiger schließen eine Zahlungseinstellung nicht aus.

604 Im Gegensatz zu § 283 Abs. 2 StGB bedarf es zwischen der Bankrotthandlung und der objektiven Strafbarkeitsbedingung keines Kausalzusammenhangs. Erforderlich ist lediglich ein **zeitlicher oder tatsächlicher Zusammenhang.** Liegt zwischen Bankrotthandlung und Bedingungseintritt ein großer Zeitabstand, so ist der erforderliche Zusammenhang besonders kritisch zu hinterfragen.[705] Der Zusammenhang zwischen Bankrotthandlung und Bedingungseintritt ist insoweit erforderlich, als dass dieselben Gläubiger sowohl durch die Bankrotthandlung benachteiligt als auch durch den Bedingungseintritt (zB Zahlungseinstellung) betroffen sind. Die objektive Strafbarkeitsbedingung ist auch dann erfüllt, wenn die Bankrotthandlung erst nach Bedingungseintritt vorgenommen wurde.[706]

605 Bei der objektiven Strafbarkeitsbedingung handelt es sich um kein Tatbestandsmerkmal. Das bedeutet, dass sich der Vorsatz nicht auf die objektive Strafbarkeitsbedingung beziehen muss. Der Geschäftsleiter muss also gar nicht wissen, dass beispielsweise Zahlungseinstellung vorliegt oder das Insolvenzverfahren eröffnet bzw. mangels Masse abgewiesen worden ist.[707]

---

703 BGH 5.3.2020 – IX ZR 171/18BGH BeckRS 2020, 5125.

704 BeckOK StGB/Beukelmann StGB § 283 Rn. 18.

705 BeckOK StGB/Beukelmann StGB § 283 Rn. 35.

706 BGH 15.8.2018 – 5 StR 381/18, NStZ 2019, 212.

707 Pelz/Grotebrune 4. Teil Rn. 341.

c) Tathandlungen

Die Tathandlung kann gem. Abs. 1 **nach** Eintritt der wirtschaftlichen Krise erfolgen[708] oder die Tathandlung ist gem. Abs. 2 wenigstens mitursächlich für die Krise („seine Überschuldung oder Zahlungsunfähigkeit herbeiführt") und die Insolvenzreife ohne die Tathandlung später eingetreten wäre.[709] 606

Nachstehende Übersicht verschafft einen Überblick über die verschiedenen Begehungsmodalitäten des Bankrotts nach § 283 StGB: 607

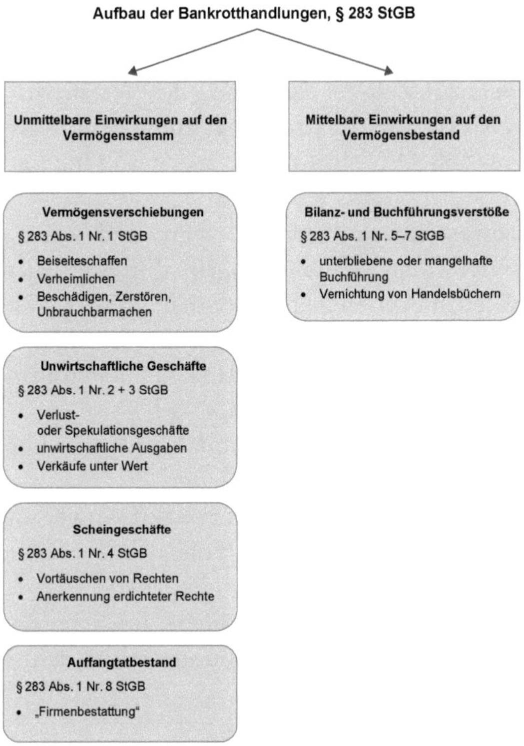

Abb. 11: Aufbau der Bankrotthandlungen

---

[708] Eine Krisensituation ist hier nicht allein bei Überschuldung und eingetretener Zahlungsunfähigkeit gegeben. Auch ein Handeln bei drohender Zahlungsunfähigkeit ist strafbewehrt.

[709] BGH 6.2.2019 – 3 StR 239/18, BGH BeckRS 2019, 3376.

Zu den Tathandlungen im Einzelnen:

aa) Vermögensverschiebungen, §283 Abs. 1 Nr. 1 StGB

608 Eine Bankrotthandlung nach §283 Abs. 1 Nr. 1 StGB begeht, *wer Bestandteile seines Vermögens, die im Falle der Eröffnung des Insolvenzverfahrens zur Insolvenzmasse gehören, beiseiteschafft oder verheimlicht oder in einer den Anforderungen einer ordnungsgemäßen Wirtschaft widersprechenden Weise zerstört, beschädigt oder unbrauchbar macht.*

609 §283 Abs. 1 Nr. 1 StGB schützt die Insolvenzmasse – und im Ergebnis die Gläubiger – vor nicht gerechtfertigten Abgängen. In die Insolvenzmasse fällt das gesamte Vermögen (bewegliche und unbewegliche Sachen, Forderungen sowie sonstige Rechte) des Schuldners zur Zeit der Eröffnung des Verfahrens. Ferner ist Gegenstand der Insolvenzmasse das während des Insolvenzverfahrens Erlangte (§35 Abs. 1 InsO), soweit es der Pfändung unterliegt (§36 InsO).[710]

610 Ein **Beiseiteschaffen** liegt vor, wenn und sofern der Täter Vermögenswerte dem Gläubigerzugriff durch einen dinglichen oder tatsächlichen Akt entzieht oder den Zugriff wesentlich erschwert.[711] Dadurch muss das Vermögen des Schuldners geschmälert werden: Erforderlich ist mithin eine Vermögensminderung.[712] Ein Beiseiteschaffen wird bejaht bei,

- Überweisung eines Geldbetrags vom Konto des Unternehmens auf das Privatkonto des Geschäftsleiters,[713]
- Überweisung eines Drittschuldners – auf Anweisung des Geschäftsleiters – auf ein nicht dem Unternehmen zuzuordnendes Konto.

611 Die Erfüllung **fälliger** Forderungen des Schuldners ist indes strafrechtlich unproblematisch und erfüllt den Tatbestand

[710] Fischer StGB §283 Rn. 17.

[711] BeckOK StGB/Beukelmann §283 Rn. 38.

[712] MüKoStGB/Petermann StGB §283 Rn. 9.

[713] Fischer StGB §283 Rn. 4; Nach Aufgabe der Interessentheorie durch den BGH können §283 Abs. 1 Nr. 1 StGB und §266 Abs. 1 StGB hier auch in Tateinheit stehen, vgl. BGH 15.5.2012 – 3 StR 118/11, BeckRS 2012, 14980.

des §283 Abs. 1 Nr. 1 StGB nicht (zur zivilrechtlichen Haftung → Rn. 289ff. bzw. steuerlichen Haftung → Rn. 552ff.).

Ein **Verheimlichen** – im Sinne von Verbergen – liegt vor, wenn ein Vermögensbestandteil oder dessen Zugehörigkeit zur Insolvenzmasse der Kenntnis des Insolvenzverwalters und/oder der Gläubiger entzogen wird.[714] Verheimlichen ist zu bejahen bei: 612

- Behauptung, dass ein Vermögenswert/-gegenstand mit den Gläubigerzugriff hindernden Rechts belastet ist;
- Falsche Auskunft gegenüber dem Insolvenzverwalter über die Voraussetzungen eines Anfechtungsrechts;
- Falsche Angaben im Rahmen der Abgabe einer eidesstaatlichen Versicherung;[715]
- Rückzahlung eines Gesellschafterdarlehens durch den Gesellschafter-Geschäftsführer an sich selbst (oder eine von ihm kontrollierte andere Gesellschaft) entgegen dem Zahlungsverbot aus § 15b InsO.[716]

Praxishinweis: Verheimlicht der Schuldner bei Vorlage des Vermögensverzeichnisses und der diesbezüglichen Versicherung an Eides Statt[717] einen „beiseitegeschaffte" Vermögensgegenstand, so verwirklicht er neben dem Bankrott nach §283 StGB den Tatbestand der falschen eidesstattlichen Versicherung (§156 StGB).[718] 613

Die Tatbestandsalternativen des **Zerstörens, Beschädigens** und **Unbrauchbarmachens** haben nur geringe praktische Bedeutung. Erforderlich ist, dass die Handlung des Geschäftsleiters den Grundsätzen des ordnungsgemäßen Wirtschaftslebens widerspricht. So fällt beispielsweise der Abbruch einer baufälligen Lagerhalle nicht unter §283 Abs. 1 Nr. 1 StGB.[719] 614

---

[714] Diese Tathandlung kann nach der Rechtsprechung des BGH auf verschiedene Arten verwirklicht werden.

[715] BGH 12.5.2016 – 1 StR 114/16, NZI 2016, 749.

[716] BGH 9.3.2017 – 3 StR 424/16, NZI 2017, 542.

[717] §305 Abs. 1 Nr. 3 InsO.

[718] BGH 9.5.2017 – 1 StR 626/16, NStZ-RR 2017, 250.

[719] Pelz/Grotebrune 4. Teil Rn. 387, 390.

bb) Eingehen von Verlust-, Spekulations- oder Differenzgeschäften; Spiel und Wette, §283 Abs. 1 Nr. 2 StGB

615 Nach §283 Abs. 1 Nr. 2 StGB macht sich der Geschäftsleiter strafbar, wenn *er in einer den Anforderungen einer ordnungsgemäßen Wirtschaft widersprechenden Weise Verlust- oder Spekulationsgeschäfte oder Differenzgeschäfte mit Waren oder Wertpapieren eingeht* ***oder*** *durch unwirtschaftliche Ausgaben, Spiel oder Wette übermäßige Beträge verbraucht oder schuldig wird.*

616 Ein **Verlustgeschäft** umfasst solche Geschäfte, die von vornherein auf einen Vermögensverlust oder eine Vermögensminderung angelegt sind. Stellt sich jedoch erst im Nachhinein heraus, dass das Geschäft verlustträchtig ist, ist §283 Abs. 1 Nr. 2 StGB nicht erfüllt. Ein klassisches Verlustgeschäft ist das „Verschleudern" eines Gegenstandes unter Einstandspreis, um „jeden Preis" zur Schaffung von Liquidität.[720] **Spekulationsgeschäfte** sind Geschäfte mit besonders hohem Verlustrisiko. Endet das eigentliche Spekulationsgeschäft jedoch gewinnbringend, macht sich der Geschäftsleiter nach hM nicht strafbar.[721] Unter **Differenzgeschäfte** sind sog. Finanz- und Warentermingeschäfte gemeint.[722] Dies umfasst Geschäfte, die mit der Absicht geschlossen werden, die Differenz zwischen dem vereinbarten Preis und dem Börsen- bzw. Marktpreis zum vereinbarten Zeitpunkt zu erhalten, ohne dass tatsächlich die Lieferung von Waren bzw. Wertpapieren erfolgt.[723] Die drei vorgenannten Begehungsvarianten von §283 Abs. 1 Nr. 2 StGB sind nur strafbar, wenn die Geschäfte den Anforderungen einer **ordnungsgemäßen Wirtschaft** nicht entsprechen. Das heißt die Handlung ist nicht strafbar, wenn auch ein ordentlicher Kaufmann diese in Ausnahmesituationen eingehen würde.[724]

617 **Unwirtschaftliche Ausgaben** stehen in keinem Verhältnis zum Vermögen des Unternehmens und übersteigen die notwen-

[720] GJW/Reinhart StGB §283 Rn. 27.
[721] Fischer StGB §283 Rn. 10.
[722] BeckOK StGB/Beukelmann StGB §283 Rn. 45.2, 45.3.
[723] Pelz/Grotebrune 4. Teil Rn. 394.
[724] Pelz/Grotebrune 4. Teil Rn. 395.

digen und üblichen Ausgaben. Die Begriffe **Spiel** und **Wette** entsprechen den Begriffen von §762 BGB. Hierunter fällt auch die Teilnahme an einer Lotterie.[725] Auch diese Begehungsvarianten sind nur dann strafbar, wenn der Geschäftsleiter durch dieses Verhalten übermäßige Beträge verbraucht oder schuldig wird.[726] **Übermäßige Beträge** sind **verbraucht,** wenn sie die Leistungsfähigkeit des Unternehmens in unvertretbarer Weise übersteigen. Maßgebend hierfür ist der Vermögensstand des Unternehmens zur kritischen Zeit. Ein **Schuldigwerden** liegt in dem Eingehen von Verbindlichkeiten begründet.[727]

cc) Verschleudern von kreditierten Waren oder Wertpapieren, §283 Abs. 1 Nr. 3 StGB

Eine Bankrotthandlung nach §283 Abs. 1 Nr. 3 StGB begeht, *wer Waren oder Wertpapiere auf Kredit beschafft und sie oder die aus diesen Waren hergestellten Sachen erheblich unter ihrem Wert in einer den Anforderungen einer ordnungsgemäßen Wirtschaft widersprechenden Weise veräußert oder sonst abgibt.* **618**

Auch diese Bankrotthandlung hat zwei Voraussetzungen. Zunächst müssen eine Ware oder Wertpapiere **auf Kredit beschafft werden.** Werden eine Ware oder Wertpapiere im Anschluss unter Wert veräußert, so liegt eine an sich strafbare Bankrotthandlung vor. Entscheidend ist ein Missverhältnis von Veräußerungspreis und Marktwert. Auch ein Verschenken der Ware oder der Wertpapiere fällt unter diesen Tatbestand.[728] **619**

dd) Vortäuschen oder Anerkennen von Rechten, §283 Abs. 1 Nr. 4 StGB

Nach §283 Abs. 1 Nr. 4 StGB macht sich strafbar, wer *Rechte anderer vortäuscht oder erdichtete Rechte anerkennt.* **620**

§283 Abs. 1 Nr. 4 StGB sanktioniert das künstliche Vergrößern der Passiva, was einer Verkürzung der Befriedigungsquote der **621**

---

[725] Fischer StGB §283 Rn. 11 f.

[726] Pelz/Grotebrune 4. Teil. Rn. 402.

[727] Fischer StGB §283 Rn. 13.

[728] Pelz/Grotebrune 4. Teil. Rn. 406, 409.

Gläubiger gleichkommt. Es handelt sich also um ein Täuschungsdelikt. Ein **Vortäuschen Rechte anderer** stellt zum Beispiel eine falsche eidesstattliche Versicherung, eine unrichtige Buchung oder das Erhöhen tatsächlich existierender Forderungen dar. Die Rechte müssen in diesem Fall frei erfunden sein.[729] Eine Anerkennung von Gewährleistungsansprüchen aus Kulanzgründen stellt keine **Anerkennung erdichteter Rechte** dar. Bei § 283 Abs. 1 Nr. 4 StGB handelt es sich um ein Gefährdungsdelikt. Das heißt, es ist nicht erforderlich, dass das Recht in einem späteren Insolvenzverfahren auch tatsächlich geltend gemacht wird bzw. nachteilige Folgen für die Insolvenzmasse hat.[730]

ee) Nichtführen bzw. mangelhaftes Führen von Handelsbüchern, § 283 Abs. 1 Nr. 5 StGB

622 Von § 283 Abs. 1 (Nr. 5–7) StGB wird die Verletzung von Buchführungs- und Bilanzpflichten in verschiedenen Varianten unter Strafe gestellt. Gem. § 283 Abs. 1 Nr. 5 StGB wird bestraft, *wer gesetzlich zum Führen von Handelsbüchern verpflichtet ist und dies unterlässt. Ferner wird derjenige bestraft, der die Handelsbücher so führt oder verändert, dass die Übersicht über seinen Vermögensstand erschwert wird.*

623 Zum Führen von Handelsbüchern ist jeder Kaufmann gem. §§ 1 ff., 238 ff. HGB verpflichtet.[731] Handelsgesellschaften[732] sind Kaufleute kraft Rechtsform (§ 6 Abs. 1 HGB).[733] Zu einer Strafbarkeit führt nur die Verletzung handelsrechtlicher Buch-

---

729 BeckOK StGB/Beukelmann StGB § 283 Rn. 50–52.

730 Fischer StGB § 283 Rn. 17; Pelz/Grotebrune 4. Teil Rn. 415.

731 Hinzuweisen ist in diesem Zusammenhang aber auf § 241a Satz 1 HGB. Einzelkaufleute, die an den Abschlussstichtagen von zwei aufeinander folgenden Geschäftsjahren nicht mehr als jeweils 600.000 EUR Umsatzerlöse und jeweils 60.000 Euro Jahresüberschuss aufweisen, brauchen die §§ 238–241 HGB nicht anzuwenden.

732 OHG, KG, AG, GmbH, EWIV.

733 Im Gegensatz zum Istkaufmann oder Kannkaufmann ist eine Handelsgesellschaft Kaufmann unabhängig davon, ob ein Handelsgewebe im Sinne des § 1 Abs. 2 HGB betrieben wird. Der Gesetzgeber unterstellt die Kaufmannseigenschaft aufgrund der Rechtsform. Ein Gegenbeweis ist nicht möglich.

führungspflichten.[734] Welche Handelsbücher zu führen sind, ist gesetzlich nicht definiert. § 238 Abs. 1 HGB legt fest, dass eine Dokumentation der Handelsgeschäfte und der Vermögenslage nach den Grundsätzen ordnungsmäßiger Buchführung erforderlich ist. Die Grundsätze der ordnungsgemäßen Buchführung ergeben sich aus dem Handelsbrauch und dem Gewohnheitsrecht.[735] Die Buchführung muss so beschaffen sein, dass sie es einem sachverständigen Dritten innerhalb angemessener Zeit ermöglicht, sich einen Überblick über die Geschäftsvorfälle und über die (wirtschaftliche) Lage des Unternehmens zu verschaffen. Die einzelnen Geschäftsvorfälle müssen sich in ihrer Entstehung und Abwicklung verfolgen lassen. Eine geordnete Ablage von Belegen oder auf Datenträgern genügt diesen Vorgaben (§ 239 Abs. 4 Satz 1 HGB). Die Anforderungen an eine ordnungsgemäße Buchführung im Sinne des § 283 Abs. 1 Nr. 5 StGB sind relativ gering. Nicht erforderlich ist eine Buchführung im Sinne einer steuerlichen Buchhaltung bzw. betriebswirtschaftlichen Auswertung. Den Anforderungen ist grundsätzlich Genüge getan, wenn die Möglichkeit besteht, sich einen Überblick über die wirtschaftliche Situation der Gesellschaft zu verschaffen.

Praxishinweis: Eine Übersicht über den Vermögensstand können auch Belege ermöglichen. Dies gilt auch, wenn die Bücher zeitweilig nicht geführt werden.[736] 624
Jeder Unternehmensleiter hat unabhängig von der internen Geschäftsverteilung grundsätzlich dafür Sorge zu tragen, dass die Buchführungs- und Bilanzierungspflichten eingehalten werden. In jedem Fall treffen die einzelnen Geschäftsleiter Überwachungs- bzw. Kontrollpflichten.[737]

Ein Nichtführen liegt vor, wenn eine Buchführung komplett 625
unterlassen wird, mithin nicht Buch geführt wird.[738] Eine mangelhafte Buchführung liegt regelmäßig vor, wenn einzelne Bücher

---

[734] Etwaige Buchführungspflichten aufgrund von steuerrechtlicher oder gewerberechtlicher Regelungen (zB aufgrund der Abgabenordnung) sind unerheblich, vgl. hierzu Pelz/Grotebrune StrafR Teil 5 Rn. 478.

[735] Hopt/Merkt HGB § 238 Rn. 12.

[736] Schönke/Schröder/Heine/Schuster StGB § 283 Rn. 36.

[737] MüKoStGB/Petermann/Sackreuther StGB § 283 Rn. 41.

[738] MüKoStGB/Petermann/Sackreuther StGB § 283 Rn. 42.

(zB das Kassenbuch) nicht oder über einen gewissen Zeitraum nicht geführt werden. Ferner wenn einzelne Positionen nicht zeitnah gebucht werden. Eine mangelhafte Buchführung wird auch angenommen, wenn Vermögensgegenstände mit falschen Werten erfasst werden.[739]

626 **Exkurs: Führen von Handelsbüchern, §239 Abs. 2 HGB**
Die Anforderungen dahingehend, wie Bücher nach handelsrechtlichen Vorschriften **zu führen** sind, finden sich in §239 HGB. Eintragungen in (Buchführungs-) Büchern sowie die erforderlichen Aufzeichnungen sind vollständig, richtig, zeitgerecht und geordnet vorzunehmen. Den Buchungen haben Belege zu Grunde zu liegen. Die Belege sind gesondert aufzubewahren.[740] Falsche Belege begründen eine nicht ordnungsgemäße Buchführung.[741] Bei einer Führung der Buchhaltung bzw. Archivierung von Belegen in digitaler Form muss sichergestellt sein, dass die Daten während der Dauer der Aufbewahrungsfrist verfügbar sind und innerhalb einer angemessenen Frist lesbar gemacht werden können (§239 Abs. 4 Satz 2 HGB).

ff) Verstoß gegen Aufbewahrungspflichten, §283 Abs. 1 Nr. 6 StGB

627 Strafbar ist ferner das *Beiseiteschaffen, Verheimlichen, Zerstören sowie Beschädigen* – ***vor Ablauf*** *der für Buchführungspflichtige bestehenden* ***Aufbewahrungsfristen*** – *von Handelsbüchern oder sonstiger Unterlagen, zu deren Aufbewahrung ein Kaufmann nach Handelsrecht verpflichtet ist.* Neben den Handelsbüchern sind auch Inventar(listen), Bilanzen, Jahresabschlüsse, Handelsbriefe und Buchungsbelege aufzubewahren. Die Verletzung der Aufbewahrungsfrist muss dazu führen, dass die Übersicht über den Vermögensstand erschwert wird (§283 Abs. 1 Nr. 6 StGB).

628 Die Dauer der Aufbewahrungspflichten sind in §257 HGB geregelt. Die Aufbewahrungsfristen betragen danach zehn bzw. sechs Jahre. Substanzbeschädigungen, die den Inhalt unberührt lassen, oder das Beiseiteschaffen bzw. Verheimlichen einzelner

[739] MüKoStGB/Petermann/Sackreuther StGB §283 Rn. 45 mwN.

[740] BGH 23.3.1954 – 3 StR 232/53, NJW 1954, 1010.

[741] Schönke/Schröder/Heine/Schuster StGB §283 Rn. 34. Im Übrigen kann dadurch eine Urkundenfälschung verwirklicht werden.

Unterlagen (Belege), durch die der Vermögensgesamtüberblick nicht berührt wird, erfüllen den Tatbestand nicht.[742]

gg) Verletzung der Bilanzierungs- und Inventarisierungspflicht, § 283 Abs. 1 Nr. 7 StGB

Gem. § 283 Abs. 1 Nr. 7 StGB ist es strafbar, *(a) Bilanzen so aufzustellen, dass die Übersicht über das Vermögen erschwert wird, oder (b) die Bilanz oder das Inventar in der vorgeschriebenen Zeit nicht aufzustellen.* Es handelt sich um ein echtes Unterlassungsdelikt. Eine Strafbarkeit steht nicht im Raum, wenn dem Täter die Bilanzerstellung aus persönlichen (insbesondere fachlichen) Gründen nicht möglich ist und er über die finanziellen Mittel, einen Sachkundigen mit der Durchführung der Buchhaltungsarbeiten zu beauftragen, nicht verfügt.[743] Bei einem Einzel- bzw. Großhandelskaufmann wird angenommen, dass dieser zur Führung der Bücher und zur Erstellung der Bilanz selbst in der Lage ist.[744] Verfügt der Schuldner über Geldmittel – die nicht zum Begleichen aller Verbindlichkeiten ausreichen – muss er diese grundsätzlich vorrangig für die Durchführung der Bilanz- und Buchhaltungsarbeiten verwenden.[745] 629

Von der Norm erfasst werden die Aufstellung unrichtiger und verschleierter Bilanzen, Falschbewertungen bei Vermögensgegenständen, Einstellen nicht vorhandener Aktivposten oder das Nichtansetzen von Passivposten.[746] 630

In § 243 Abs. 3 HGB ist nur geregelt, dass der Jahresabschluss innerhalb eines ordnungsgemäßen Geschäftsgangs erstellt werden muss. Die Vorschrift wird durch spezialgesetzliche Regelungen präzisiert. Kapitalgesellschaften und Personengesellschaften, bei denen nicht wenigstens ein persönlich haftender Gesellschafter eine natürliche Person ist, haben die handelsrechtliche Bilanz binnen einer Frist von drei bis sechs Monaten nach Ablauf des 631

---

[742] Fischer § 283 Rn. 24.; Allerdings steht ein Versuch gem. § 283 Abs. 3 StGB im Raum.

[743] BGH 30.1.2003 – 3 StR 437/02, NStZ 2003, 546 mwN.

[744] BGH 20.10.2011 – 1 StR 354/11, NStZ 2012, 511.

[745] WJS WirtschaftsStrafR-HdB/Pelz Kap. 9 Rn. 170.

[746] Schönke/Schröder/Heine/Schuster StGB § 283 Rn. 44.

jeweiligen Geschäftsjahres aufzustellen.[747] Ein Unternehmen in der Krise hat die Bilanz indes unverzüglich aufzustellen.[748] Die Dreimonatsfrist gemäß § 264 Abs. 1 Satz 3 HGB für Unternehmen in der Krise stellt in diesem Fall die Maximalfrist dar. Die Sechsmonatsfrist greift bei einem Unternehmen in der Krise nicht.[749] Eine Verlängerung der Frist durch Gesellschaftsvertrag ist nicht möglich.[750] Die Tat ist mit Fristablauf vollendet.[751]

632 **Praxishinweis:** Zeichnen sich zum Ende des Geschäftsjahres Liquiditätsengpässe ab, sind Rücklagen für die Erstellung der Jahresabschlüsse etc. zu bilden. Denn auch schuldhaftes Vorverhalten kann strafrechtlicher Anknüpfungspunkt sein.[752] Ein solches wird angenommen, wenn keine Rücklagen gebildet werden, wenn sich Engpässe abzeichnen. Grundsätzlich sind Geldmittel vorrangig zur Durchführung der Bilanz- und Buchhaltungsarbeiten zu verwenden.[753]
Dies gilt nicht bei Bestehen bzw. Entrichten von Zahlungspflichten, deren Nichterfüllung ebenfalls strafbedroht ist. Dazu zählt zB das Vorenthalten und Veruntreuen von Arbeitsentgelt nach § 266a Abs. 1 StGB.[754] Ist der Geschäftsleiter über einen längeren Zeitraum nicht in der Lage, der Bilanzierungs- und Buchführungspflicht nachzukommen, hat er die Geschäftstätigkeit einzustellen.[755] Ein fortgesetztes Berufen auf Unmöglichkeit schützt ihn nicht vor Strafe.

633 Ein Jahresabschluss etc. ist aufgestellt (242 Abs. 1 HGB), wenn ein förmlicher Anerkennungsakt durch den Verantwortlichen

---

[747] §§ 264 Abs. 1 Satz 3 und 4, 267 Abs. 1 HGB; für die Abgabe der steuerlichen Bilanz und Steuerklärung gelten längere Fristen.

[748] NK-StGB/Kindhäuser StGB § 283 Rn. 85.

[749] MüKoHGB/Reiner HGB § 264 Rn. 20; daraus ergibt sich (soweit Kalender- und Geschäftsjahr übereinstimmen): Bei einer vor dem 31.12. eingetretenen Krise muss die Jahresbilanz bis zum 31.3. des Folgejahres erstellt werden. Liegt die Krise am 30.1. vor, so ist die Jahresbilanz für das vorangegangene Jahr hiernach bis spätestens zum 30.4. zu erstellen. Besteht die Krise erst ab dem 1.6., verbleibt es bei der Frist bis zum 30.6., da der Kriseneintritt die gesetzliche Frist nicht verlängert.

[750] MüKoHGB/Reiner HGB § 264 Rn. 20.

[751] MüKoStGB/Petermann/Sackreuther StGB § 283 Rn. 59.

[752] BGH 30.8.2011 – 2 StR 652/10, NJW 2011, 3733; Vgl. hierzu Mader/Seitz DStR 2020, 996 (999 f.).

[753] Pelz/Grotebrune StrafR Teil 5 Rn. 475.

[754] WJS WirtschaftsStrafR-HdB/Pelz Kap. 9 Rn. 313.

[755] Schönke/Schröder/Heine/Schuster StGB § 283 Rn. 33a.

erfolgt ist. Liegt dieser nicht vor handelt es sich um einen bloßen Entwurf. Ein Anerkennungsakt kann zB in der Unterzeichnung unter Angabe des Datums (§245 HGB) oder in der Vorlage bei einem Kreditinstitut liegen.[756] Das Vorliegen eines Entwurfes, wird strafmildernd im Rahmen des §49 StGB berücksichtigt.

Laufende Bilanzierungs- und Inventarisierungsfristen gelten auch für neu berufene Geschäftsleiter.[757] Ist die Erstellungsfrist beim Eintritt in die Organstellung bereits abgelaufen, kommt eine Strafbarkeit nicht mehr in Betracht. **634**

hh) Firmenbestattung, §283 Abs. 1 Nr. 8 StGB

Nach §283 Abs. 1 Nr. 8 StGB macht sich strafbar, *wer in einer anderen, den Anforderungen einer ordnungsgemäßen Wirtschaft grob widersprechenden Weise seinen Vermögensstand verringert oder seine wirklichen geschäftlichen Verhältnisse verheimlicht oder verschleiert.* **635**

§283 Abs. 1 Nr. 8 StGB ist der **Auffangtatbestand** für Tathandlungen, die denen des §283 Abs. 1 Nr. 1–7 StGB vergleichbar sind, aber vorstehend nicht erfasst werden. Sanktioniert werden soll danach, wer in einer, den Anforderungen einer ordnungsgemäßen Wirtschaft grob widersprechenden Weise sein Vermögen verliert oder seine wirklichen geschäftlichen Verhältnisse verheimlicht oder verschleiert. **636**

Firmen- bzw. Unternehmensbestatter werden von §283 Abs. 1 Nr. 8 StGB erfasst.[758] Unter einer Firmenbestattung werden alle Handlungen verstanden, die darauf abzielen, Gläubigerschutzvorschriften zu umgehen und die Durchführung eines ordnungsgemäßen Insolvenzverfahrens zu vereiteln, um Gläubiger von der Verfolgung ihrer Rechte abzuhalten.[759] In der Praxis versuchen Firmenbestatter regelmäßig, den Rechtsträger (die Gesellschaft) nach Entzug aller Vermögenswerte unter der Missachtung der gesetzlichen Verpflichtungen zu entsorgen. Praktisch erfolgt die Unternehmensbestattung in der Weise, dass die Gesellschafter das **637**

---

[756] WJS WirtschaftsStrafR-HdB/Pelz Kap. 9 Rn. 184.
[757] GJW/Reinhart StGB §283 Rn. 58.
[758] BGH 15.11.2012 – 3 StR 199/12, NJW 2013, 1892.
[759] Schütz wistra 2016, 53 (53 mwN).

Unternehmen/die Gesellschaft an einen zumeist vermögenslosen Käufer gegen ein geringes Entgelt „verkaufen". Der vermögenslose Käufer übernimmt formal die Stellung des Gesellschafters/Geschäftsführers. Die Übergabe von Unterlagen- und Datenbestand wird vom Erwerber quittiert, eine Übertragung der Betriebs- und Geschäftsausstattung sowie eine Quittung über die Zahlung des Kaufpreises wird ausgestellt. In der Folge wiederholen sich diese Vorgänge teilweise mehrfach.

638 Von den Firmenbestattern werden regelmäßig folgende Handlungen vorgenommen:

- Abberufung des alten und Berufung eines neuen Geschäftsleiters,
- Sitzverlegung (auch mehrmals),
- Änderung der Geschäftsanschrift (auch ggfs. mehrmals),
- Umfirmierung,
- Beiseiteschaffen sämtlicher Geschäftsunterlagen.

639 **Praxishinweis:** Warnzeichen sind zB neuberufene Geschäftsleiter, die keinen Bezug zu Deutschland haben, offenkundig nicht geeignete Personen, zB Rentner, mittellose Personen ohne Wohnsitz in Deutschland.[760] Ausüben von Geschäftsleiterfunktionen bei verschiedenen Unternehmen in verschiedenen Geschäftsbereichen.

640 Wird ein Firmenbestatter eingeschaltet, bleibt der alte Geschäftsleiter haftungs- und strafrechtlich in der Verantwortung. In der Regel wird sich auch der neue Geschäftsleiter strafbar machen, es sei denn, er stellt unmittelbar nach Bestellung zum neuen Geschäftsführer Insolvenzantrag. Handeln der neue und alten Geschäftsleiter auf der Grundlage eines gemeinsamen Tatplanes und wird die Umsetzung desselben arbeitsteilig ausgeführt, so machen sich beide als Mittäter gem. § 25 Abs. 2 StGB strafbar. Auch der Gesellschafter als Verkäufer macht sich regelmäßig strafbar. Neben dem Bankrott stehen bei einer Firmenbestattung auch Insolvenzverschleppung,

---

[760] Verwiesen sei hier beispielhaft auf die Recherchemöglichkeiten über https://www.northdata.de/. Dort finden sich regelmäßig Hinweise dahingehend bei welchen weiteren Unternehmen die Personen bereits als Geschäftsführer bestellt sind.

Betrug und Steuerhinterziehung im Raum. In tatsächlicher Hinsicht bestehen aber erhebliche Strafverfolgungshindernisse und Beweisprobleme: Unterlagen sind bei einem der „vielen Umzüge" verschwunden, die vermögenslosen Gesellschafter/Geschäftsführer sind nicht mehr auffindbar oder haben ihren Wohnsitz ins Ausland verlegt und sind somit nicht mehr erreichbar.[761]

d) Subjektiver Tatbestand

§ 283 Abs. 1 und 2 StGB erfordert das Vorliegen von (bedingten) Vorsatz. Der Geschäftsleiter muss also ua auch Kenntnis von dem Tatbestandsmerkmal „Krise" (Überschuldung bzw. (drohende) Zahlungsunfähigkeit) haben. Durch die Einführung von § 1 S. 1 StaRUG haben die Krisenmerkmale für den Geschäftsleiter eine (noch) wichtigere Bedeutung erhalten. So hat er sich bei Anzeichen einer Krise, einen Überblick über den Vermögensstand der Gesellschaft durch Aufstellung einer Liquiditätsbilanz zu verschaffen. Er hat – notfalls – unter fachkundiger Prüfung zu entscheiden, ob eine positive Fortführungsprognose besteht. Der Geschäftsleiter handelt mit bedingtem Vorsatz, wenn er dies trotz Krisenanzeichen unterlässt.[762] 641

Hat der Geschäftsleiter einen prüfenden Dritten zur Frage des Vorliegens von Insolvenzgründen beauftragt und kommt dieser zu der Erkenntnis, dass keine Insolvenzgründe vorliegen, so wird dem Geschäftsleiter kein Vorsatz in Bezug auf das Tatbestandmerkmal „Krise" nachgewiesen werden können (vgl. hierzu im Einzelnen unter → Rn. 147). 642

4. Verletzung der Buchführungspflicht, § 283b StGB

Gem. § 283b StGB macht sich der Geschäftsleiter der Verletzung von Buchführungspflichten strafbar, wenn er 643

---

[761] Kraemer/Vallender/Vogelsang/Lehmkühler/Banse Fach 7 Kapitel 1 Rn. 117.

[762] MüKoStGB/Petermann/Sackreuther StGB § 283 Rn. 71, 73.

1. *Handelsbücher, zu deren Führung er gesetzlich verpflichtet ist, zu führen unterlässt oder so führt, dass die Übersicht über seinen Vermögensstand erschwert wird,*
2. *Handelsbücher oder sonstige Unterlagen, zu deren Aufbewahrung er nach Handelsrecht verpflichtet ist, vor Ablauf der gesetzlichen Aufbewahrungsfristen beiseiteschafft, verheimlicht, zerstört oder beschädigt und dadurch die Übersicht über seinen Vermögensstand erschwert,*
3. *entgegen dem Handelsrecht*
   a) *Bilanzen so aufstellt, dass die Übersicht über seinen Vermögensstand erschwert wird, oder*
   b) *es unterlässt, die Bilanz seines Vermögens oder das Inventar in der vorgegebenen Zeit aufzustellen.*

644 Erkennbar ähneln diese Tatbestandsvarianten denen der Bankrottdelikte. Dies ist kein Zufall. So sanktioniert § 283b StGB die Verstöße gegen die Buchführungs- und Bilanzierungsvorschriften, (vgl. insoweit § 283 Abs. 1 Nr. 5–7 StGB), die außerhalb einer Krisensituation begangen wurden bzw. bei denen der Zusammenhang mit der Krise nicht feststellbar ist. § 283b StGB ist somit ein **Auffangtatbestand für Buchführungs- und Bilanzierungsverletzungen,** die vor Eintritt von Überschuldung oder (drohender) Zahlungsunfähigkeit begangen wurden. Die Vorschrift sanktioniert auch den Geschäftsleiter, dessen Ahndung nach § 283 Abs. 1 Nr. 5–7 StGB nur deswegen unterblieb, weil ihm die Kenntnis von der Krise nicht nachgewiesen werden konnte.[763] Genau wie bei § 283 StGB ist die Tat nur dann strafbar, wenn die objektive Strafbarkeitsbedingung des § 283 Abs. 6 StGB eingetreten ist (§ 283b Abs. 3 StGB). Das Verhalten des Geschäftsleiters kann also nur dann bestraft werden kann, wenn

- Zahlungen eingestellt wurden,
- über sein Vermögen das Insolvenzverfahren eröffnet ist oder,
- der Eröffnungsantrag mangels Masse abgewiesen wurde.

Für Einzelheiten wird auf die Ausführungen unter → Rn. 591 ff. verwiesen.

---

[763] Pelz/Grotebrune 5. Teil Rn. 519.

5. Betrugsdelikte (§§ 263, 264, 265b StGB)

Im Rahmen von Insolvenzverfahren sind regelmäßig die allgemeinen Straftatbestände, die dem Schutz fremden Vermögens dienen (insb. die Betrugsdelikte nach §§ 263, 264, 265 StGB), von Relevanz. Allen Betrugsdelikten immanent ist der Umstand, dass eine Täuschung erforderlich ist, die zu einer Vermögensverschiebung zu Lasten von Gläubigern führt. Relevant werden diese Delikte vornehmlich bei der Beschaffung von Fremdkapital, wenn und sofern Neu- bzw. Altgläubiger durch entsprechende Täuschungshandlungen „motiviert“ werden sollen, sich an der Sanierung des kriselnden Unternehmens zu beteiligen. Mittel der Täuschung sind regelmäßig unzutreffende Unterlagen (Bilanzen, Vermögensaufstellungen, Prüfungsberichte, Bewertungsgutachten etc.), die die Sanierungschancen bzw. die tatsächliche Lage des Unternehmens falsch darstellen. Werden entsprechend „geschönte“ Unterlagen vorgelegt, liegt darin bereits die Täuschungshandlung. Ferner ist in der Praxis das Abschließen von Verträgen in Kenntnis der Zahlungsunfähigkeit eine häufige Täuschungshandlung.[764] 645

Sind öffentliche Förderinstrumente, zB Zuschüsse aus öffentlichen Kassen etc. in das Sanierungskonzept einbezogen, kann ferner der Tatbestand des Subventionsbetruges gemäß § 264 StGB erfüllt sein, wenn der Geschäftsleiter über subventionserhebliche Tatsachen unrichtige oder unzutreffende Angaben macht.[765] Ein Strafbarkeitsrisiko wird hier bereits in einem relativ frühen Krisenstadium begründet. 646

Praxishinweis: Derzeit kommt es in der Praxis zu Rückforderungen von Corona-Soforthilfen. Dies begründet für das eine oder andere Unternehmen nicht nur ein insolvenzrechtliches Risiko, sondern auch die Gefahr der strafrechtlichen Verantwortung des Geschäftsleiters im Hinblick auf einen möglichen Subventionsbetrug.[766] 647

---

764 Klose NZWiSt 2020, 16 (19).

765 Cyrus/Köllner NZI 2016, 288 (290).

766 Gundlach LKV 2022, 337; Bosbach LSWB 1/2023, 35.

6. Untreue (§ 266 StGB)

648 Als Auffangtatbestand von durchaus praktischer Bedeutung ist in der Unternehmenskrise der Tatbestand der Untreue gemäß § 266 StGB. Der Tatbestand ist erfüllt, wenn ein Missbrauch einer Vermögensbetreuungspflicht vorliegt bzw. die Verpflichtung zur Wahrung fremder Vermögensinteressen verletzt wird und dadurch einem Dritten Nachteile entstehen. Der Anwendungsbereich der Vorschrift wird im Wesentlichen von der Rechtsprechung geprägt und ist deutlich weiter als im Allgemeinen üblicherweise angenommen. Dem vertretungsberechtigten Organ einer Gesellschaft ist aufgrund seiner Stellung eine **Vermögensbetreuungspflicht** für das Gesellschaftsvermögen immanent. Ein Treuebruch im Sinne der Vorschrift setzt ein pflichtwidriges Handeln voraus.[767] Den Geschäftsleitern steht grundsätzlich ein weiter Entscheidungsspielraum zu, der in strafrechtlicher Hinsicht durch die Sorgfalt eines ordentlichen und gewissenhaften Kaufmanns begrenzt wird. Auch hier wird die Business Judgement Rule angewandt. Die Schwere der Pflichtverletzung ist entscheidendes Kriterium für die Frage, ob der objektive Tatbestand verwirklicht ist.[768] Vorsicht ist insbesondere bei Restrukturierungsmaßnahmen, wie zB den Verkauf nicht betriebsnotwendiger Aktiva, Sale-and-Lease-back und dem Abbau von Forderungen aus Lieferungen und Leistungen geboten. Ein angemessener Preis bzw. angemessene Konditionen können unter hohem Zeitdruck regelmäßig nicht erzielt werden. Eine Pflichtverletzung liegt vor, wenn bei einer Gesamtsaldierung des Vermögens vor und nach der Tat unter lebensnaher wirtschaftlicher Betrachtung eine Vermögensminderung festzustellen ist.

649 Bei Zahlungen, die von Geschäftsleitern nach Eintritt von Zahlungsunfähigkeit oder Überschuldung unter Verstoß gegen das gesetzliche Zahlungsverbot (vgl. → Rn. 269 ff.) geleistet werden, kommt auch eine Strafbarkeit wegen Untreue gem. § 266 StGB in Betracht.

[767] Klose NZWiSt 2020, 16 (21).
[768] BGH 12.10.2016 – 5 StR 134/15, NJW 2017, 578.

Praxishinweis: Ein Nachteil wird in der Regel dann angenommen, wenn die Vermögensgegenstände unter Verkehrswert verkauft werden. Vorsicht ist ebenfalls bei der Beauftragung bzw. dem Honorar von Beratern geboten. Dieses muss fremdüblich sein. Sind die Honorare überhöht, kommt ebenfalls eine Pflichtverletzung im Sinne einer Untreue in Betracht. 650

7. Gläubiger- (§ 283c StGB) und Schuldnerbegünstigung (§ 283d StGB)

Der **Gläubigerbegünstigung** nach § 283c StGB macht sich strafbar, wer in Kenntnis seiner Zahlungsunfähigkeit einem Gläubiger eine Sicherheit oder Befriedigung gewährt, die dieser nicht oder nicht in der Art oder nicht zu der Zeit zu beanspruchen hat, und ihn dadurch absichtlich oder wissentlich vor den übrigen Gläubigern begünstigt.[769] Das Gegenstück hierzu ist die **Schuldnerbegünstigung** nach § 283d StGB. Hiernach macht sich strafbar, wer Bestandsteile des Vermögens eines anderen, die im Falle der Eröffnung des Insolvenzverfahrens zur Insolvenzmasse gehören, mit dessen Einwilligung oder zu dessen Gunsten beiseiteschafft oder verheimlicht oder in einer den Anforderungen einer ordnungsgemäßen Wirtschaft widersprechenden Weise zerstört, beschädigt oder unbrauchbar macht (vgl. insoweit die Ausführungen zum Bankrott § 283 Abs. 1 Nr. 1 StGB → Rn. 591). Diese Tathandlungen erfüllen den Straftatbestand der Schuldnerbegünstigung nur dann, wenn der Täter in Kenntnis der dem anderen drohenden Zahlungsunfähigkeit **oder** nach Zahlungseinstellung, in einem Insolvenzverfahren bzw. in einem Verfahren zur Herbeiführung der Entscheidung über die Eröffnung des Insolvenzverfahrens handelt. 651

Eine Besonderheit der Gläubiger- und Schuldnerbegünstigung besteht darin, dass die Tat nur bestraft wird, wenn der Geschäftsleiter die Zahlungen der Gesellschaft eingestellt hat, über das Vermögen der Gesellschaft das Insolvenzverfahren eröffnet oder der Eröffnungsantrag mangels Masse abgewiesen worden ist. Es 652

[769] Der Versuch ist strafbar. § 283 Abs. 6 gilt entsprechend.

handelt sich hierbei – genau wie bei § 283 StGB – um eine objektive Strafbarkeitsbedingung.[770] Insoweit sei auf die Ausführungen unter → Rn. 591 ff. zum Bankrott verwiesen.

653 In der Krise kann der Geschäftsleiter nicht mehr nach Ermessen entscheiden, welchen Gläubiger er befriedigt bzw. in welcher Reihenfolge Gläubiger befriedigt werden. Wichtig ist insbesondere, dass die Masse nicht zugunsten einzelner Gläubiger geschmälert wird. Im Ergebnis dürfen einzelne Gläubiger weder bevorzugt bezahlt noch dürfen einzelne Gläubiger durch Sicherheitengestellung bevorzugt werden. Riskant sind in diesem Zusammenhang insbesondere Asset Deals, die mit Gläubigern abgeschlossen werden, denen gleichzeitig eine Forderung gegen die Gesellschaft zusteht. Regelmäßig werden in diesem Fall Verrechnungen mit dem Kaufpreis vorgenommen, sodass eine Gläubigerbegünstigung im Raum steht.[771]

654 **Beispiel:** Eine Privilegierung im Sinne des § 283c StGB liegt ferner vor, wenn der Geschäftsleiter nicht nur irgendeinen Gläubiger begünstigt, sondern auch, wenn er sich selbst oder einem von ihm kontrollierten Unternehmen auf Kosten der Masse einen Vorteil verschafft.[772]

655 Weiter ist bei Geschäftsbetrieben in der Krise der Umgang mit Lieferanten und Dienstleistern kritisch zu würdigen bzw. ist hier Zurückhaltung geboten. Bisweilen drohen Lieferanten bzw. Dienstleister mit der Einstellung ihrer Tätigkeiten, soweit Forderungen nicht beglichen werden. Um diese letztendlich – endgültige – existenzvernichtende Situation zu verhindern bzw. um den Geschäftsbetrieb weiter aufrechterhalten zu können, werden oftmals Sicherheiten (Sicherungsübereignung von Inventarabtretung von Forderungen etc.) durch den Geschäftsleiter bzw. das Unternehmen eingeräumt. Darin kann eine Schuldnerbegünstigung (§ 283d StGB) liegen.

---

[770] Pelt/Grotebrune 4. Teil Rn. 337.

[771] Niesert/Hohler NZI 2010, 127 (130).

[772] An sich hat der Schuldner auch in diesem Fall den Tatbestand des § 283 Abs. 1 Nr. 1 StGB erfüllt.

8. Vorenthalten und Veruntreuen von Arbeitsentgelt (§ 266a StGB)

a) Allgemeines

Von Geschäftsleitern kriselnder Unternehmen wird regelmäßig der Straftatbestand des Vorenthaltens und Veruntreuens von Arbeitsentgelt verwirklicht (§ 266a StGB). Sinn und Zweck des § 266a StGB ist der Schutz der Versicherten- bzw. Solidargemeinschaft an der Sicherstellung des Aufkommens der Mittel für die Sozialversicherung.[773] 656

Täter kann nur der Arbeitgeber sein.[774] Wer „Arbeitgeber" und wer „Arbeitnehmer" ist, bestimmt sich nach dem Sozialversicherungsrecht (§ 7 Abs. 1 SGB IV).[775] Arbeitgeber ist derjenige, dem der Arbeitnehmer zur Erbringung von Arbeitsleistungen verpflichtet ist und zu dem er in einem persönlichen Abhängigkeitsverhältnis steht, das vor allem durch die Eingliederung des Arbeitnehmers in den Betrieb des Arbeitgebers gekennzeichnet ist.[776] Arbeitgeber kann jede natürliche und juristische Person sein.[777] Im Lichte des § 14 Abs. 1 Nr. 3 StGB ist der Geschäftsleiter als gesetzlicher Vertreter des Arbeitgebers Täter iSd § 266a StGB. 657

§ 266a Abs. 1 StGB erfasst aus dem vom Arbeitgeber und Arbeitnehmer gemeinsam aufzubringenden Gesamtsozialversicherungsbeitrag (Beiträge zur Kranken-, Pflege-, Rentenversicherung und zur Arbeitsförderung, § 28d SGB IV) lediglich den Teil, zu deren Einbehaltung vom Bruttolohn der Arbeitgeber als der gegenüber der Einzugsstelle – also der zuständigen Krankenkasse, § 28i Abs. 1 Satz 1 SGB IV – verpflichtet ist. **Strafbefangen sind die Arbeitnehmeranteile, nicht die Arbeitgeberanteile.** Nicht 658

---

[773] BGH 21.9.2005 – 5 StR 263/05, NStZ 2006, 227.

[774] Die Gleichstellung nach § 266a Abs. 5 StGB hat in der insolvenzstrafrechtlichen Praxis – soweit erkennbar – keine Bedeutung.

[775] BGH 23.3.2022 – 1 StR 511/21, BeckRS 2022, 19707.

[776] BGH 23.3.2022 – 1 StR 511/21, BeckRS 2022, 19707.

[777] Auch der Geschäftsführer einer GmbH kann der Sozialversicherungspflicht unterfallen und damit Arbeitnehmer sein. Ein Fremdgeschäftsführer bzw. ein Minderheitsgesellschaftergeschäftsführer gilt grundsätzlich als abhängig beschäftigt und mithin sozialversicherungspflichtig.

geschützt werden Ansprüche einzelner Arbeitnehmer.[778] Nicht von § 266a StGB erfasst werden zB die Sozialversicherungsbeiträge bei geringfügig Beschäftigten (§ 8 SGB IV, § 249b SGB V, § 168 Abs. 1 Nr. 1b SGB VI) oder zB bei der Ableistung eines freiwilligen sozialen Jahres (vgl. § 20 Abs. 3 Nr. 2 SGB IV). Im Ergebnis nicht von § 266a StGB erfasst werden die Tätigkeitsverhältnisse, bei den der gesamte Betrag zur Sozialversicherung allein vom Arbeitgeber aufzubringen ist.

659 Auslagen der Einzugsstelle, Geldbußen, Zinsen und Zwangsgelder sind keine „Beiträge" im Sinne des § 266a StGB.[779]

b) Vorenthalten

660 Ein **Vorenthalten** iSd § 266a StGB liegt in der schlichten Nichtzahlung des Arbeitnehmeranteils zur Sozialversicherung im Fälligkeitszeitpunkt. Täuschungshandlungen (oÄ) sind nicht erforderlich.[780]

661 Die Fälligkeit der Beiträge bestimmt sich nach dem SGB IV. Die Beiträge zur Sozialversicherung sind in – voraussichtlicher – Höhe der Beitragsschuld spätestens am drittletzten Bankarbeitstag des Monats fällig, in dem die Tätigkeit ausgeübt worden ist oder als ausgeübt gilt (§ 23 Abs. 1 Satz 2 SGB IV). Vollendet ist die Tat, sobald die Beiträge erstmals trotz Fälligkeit nicht abgeführt werden. Eine **spätere Nachentrichtung** wird nur bei der **Strafzumessung** berücksichtigt.[781] Von einer Bestrafung wird nur ausnahmsweise gem. § 266a Abs. 5 StGB abgesehen, wenn der Arbeitgeber – freiwillig – der Einzugsstelle im Fälligkeitszeitpunkt oder danach die Höhe der vorenthaltenen Beträge und die Gründe, warum eine fristgemäße Zahlung nicht erfolgen konnte, und die unternommenen Bemühungen zur Zahlung mitteilt. Weiter müssen die Beträge in angemessener Frist nachentrichtet werden.

662 Ein Vorenthalten im strafrechtlichen Sinn kann durch **Abschluss von Stundungsvereinbarungen** (§ 76 Abs. 2 und 3 SGB

---

[778] Schönke/Schröder/Perron StGB § 266a Rn. 2.

[779] MüKoStGB/Radtke StGB § 266a Rn. 47.

[780] Fischer StGB § 266a Rn. 11.

[781] BeckOK StGB/Wittig StGB § 266a Rn. 37.

IV) vermieden werden. Diese müssen jedoch vor Fälligkeit – also **rechtzeitig** – abgeschlossen werden. Die Stundung verlagert die Fälligkeit auf einen späteren Zeitpunkt, so dass ein Nichtentrichten bei Fälligkeit **nicht** vorliegt.[782] Ein bloßer Stundungs**antrag** genügt nicht.[783] Eine – stillschweigende – Duldung einer verspäteten Zahlung durch die Einzugsstelle ist keine Stundung.[784]

Die Verantwortung des Geschäftsleiters beginnt mit seiner Be- **663**
stellung. Das pflichtwidrige Verhalten vorheriger Geschäftsführer kann dem nachfolgenden Geschäftsleiter nicht zugerechnet werden.[785] Die Verantwortung endet regelmäßig mit der Abberufung oder mit der grundsätzlich wirksamen einseitigen Niederlegung der Organstellung.[786] Unabhängig von internen Zuständigkeitsregelungen und -verteilungen ist jeder von mehreren Geschäftsleitern verpflichtet, für die Abführung der Sozialversicherungsbeiträge Sorge zu tragen bzw. diese zu überwachen.[787]

c) Teilzahlungen

Ist das Unternehmen nicht in der Lage die Arbeitgeber- und **664**
Arbeitnehmeranteile in voller Höhe abzuführen, bieten sich Teilzahlungen an. In diesem Fall sind bei der Überweisung der Gesamtsozialversicherungsbeiträge **Tilgungsbestimmungen** dahingehend zu treffen, dass vorrangig die Arbeitnehmeranteile getilgt werden. Ein entsprechendes Recht, Tilgungsbestimmungen zu treffen, ist in § 4 BVV geregelt. Ist ein Strafverfahren eingeleitet, so kann vorgetragen werden, dass Teilzahlungen vorrangig auf die Arbeitnehmeranteile gerichtet sind.[788]

Praxishinweis: Praktische Relevanz hat diese Frage der Teilzahlung nur **665**
selten. Üblicherweise werden die geschuldeten Gesamtsozialversicherungsbeiträge vollständig nicht entrichtet. Zur Vermeidung einer Strafbarkeit nach

---

[782] GJW/Wiedner StGB § 266a Rn. 33.
[783] BGH 15.10.1996 – VI ZR 319/95, NJW 1997, 130.
[784] BGH 1.10.1991 – VI ZR 374/90, NJW 1992, 177.
[785] BGH 11.12.2001 – VI ZR 350/00, NJW 2002, 1122.
[786] BGH 30.7.2003 – 5 StR 221/03, NJW 2003, 3787.
[787] MüKoStGB/Radtke StGB § 266a Rn. 35.
[788] Schönke/Schröder/Perron StGB § 266a Rn. 10a.

§ 266a StGB, sollte die Möglichkeit der Teilzahlung mit Tilgungsbestimmung nur für Arbeitnehmeranteile aber im Hinterkopf behalten werden.

d) Unmöglichkeit und Unzumutbarkeit

666 Bei § 266a Abs. 1 StGB handelt es sich um ein **echtes Unterlassungsdelikt.** Ein tatbestandsmäßiges Handeln liegt nur vor, wenn das Abführen der Gesamtsozialversicherungsbeiträge möglich und zumutbar war.[789] Die Unmöglichkeit kann auf tatsächlichen und auf rechtlichen Gründen beruhen. Tatsächliche Unmöglichkeit liegt zB vor bei einer schwerwiegenden Krankheit, ohne Möglichkeit der Delegation der Pflichterfüllung.[790] Eine Zahlungsunfähigkeit macht ein pflichtgemäßes Handeln ebenfalls grundsätzlich unmöglich.[791] Eine insolvenzrechtliche Zahlungsunfähigkeit (Geldilliquidität) steht einer Unmöglichkeit der Zahlung nicht gleich.[792] Die Abführung der Arbeitnehmerbeiträge ist so lange nicht unmöglich, wie dem Arbeitgeber noch irgendwelche Mittel zur Verfügung stehen. Unbeachtlich ist in diesem Zusammenhang, ob eine Zahlungsunfähigkeit im Sinne des § 17 InsO vorliegt.[793] Neue Verbindlichkeiten zur Erfüllung der Beitragsschuld muss der Arbeitgeber nur im Rahmen eines ordnungsgemäßen Geschäftsganges, nicht aber dann eingehen, wenn ihre Begleichung nicht gewährleistet ist.[794] Ist der Täter nicht selbst Beitragsschuldner, sondern wie der gesetzliche Vertreter nur über § 14 StGB zur Abführung der Beiträge verpflichtet, muss er keine eigenen Mittel zur Zahlung der Sozialversicherungsbeiträge einsetzen.[795] Stehen dem Handlungspflichtigen keinerlei Mittel zur Verfügung, kann sich seine strafrechtliche Haftung aber wiederum

[789] BGH 11.10.2018 – 1 StR 257/18, BeckRS 2018, 33540.
[790] MüKoStGB/Radtke StGB § 266a Rn. 66.
[791] BGH 11.10.2018 – 1 StR 257/18, BeckRS 2018, 33540.
[792] Heinrich NZWiSt 2020, 346 (362).
[793] MüKoStGB/Radtke StGB § 266a Rn. 66 mwN.
[794] Heinrich NZWiSt 2020, 346 (362).
[795] Schönke/Schröder/Perron StGB § 266a Rn. 10.

unter dem Gesichtspunkt der unzureichenden Mittelvorsorge ergeben.[796]

Praxishinweis: Eine tatsächliche Unmöglichkeit ist nicht gegeben, wenn dem formellen Geschäftsführer neben einem faktischen Geschäftsführer die Abführung mangels Berechtigung im Innenverhältnis verwehrt ist. Er muss gerichtliche Hilfe in Anspruch nehmen, um seinen Einfluss geltend zu machen, anderenfalls ist er gehalten, sein Amt niederzulegen.[797] **667**

Das Abführen der Beiträge nach Eröffnung des Insolvenzverfahrens ist rechtlich unmöglich. Nach Eröffnung des Insolvenzverfahrens hat der Schuldner die Befugnis verloren, über das zur Insolvenzmasse gehörende Vermögen zu verfügen (§ 80 Abs. 1 InsO).[798] Nach hM gilt das Gleiche vor Eröffnung des Insolvenzverfahrens, wenn und soweit das Insolvenzgericht ein allgemeines Verfügungsverbot verhängt hat (§ 21 Abs. 2 Satz 1 Nr. 2 Alt. 1 InsO) oder wenn Zahlungen nur mit Zustimmung des vorläufigen Insolvenzverwalters zulässig sind (§ 21 Abs. 2 Satz 1 Nr. 2 Alt. 2 InsO) und dieser aber – was in der Praxis wohl regelmäßig der Fall ist – das Einvernehmen verweigert.[799] Unzumutbarkeit kommt in Betracht, wenn die Bezahlung zu einer Gefahr für höchstpersön-liche Rechtsgüter des Pflichtigen oder ihm nahestehender Personen führt, wozu auch die Gefährdung des notwendigen Lebensbedarfs gehört.[800] **668**

e) Sonstige Hinweise

Im Hinblick auf den subjektiven Tatbestand ist zumindest dolus eventualis (Eventualvorsatz) erforderlich. Dieser liegt vor, wenn der Geschäftsleiter die Pflicht zur Abführung der Beiträge zur Sozialversicherung sowie Fälligkeitszeitpunkte kannte und wenigstens billigend in Kauf nahm, dass diese Pflicht – also Abführung – nicht erfüllt wird.[801] Darüberhinausgehende subjektive **669**

---

796 Ausführlich MüKoStGB/Radtke StGB § 266a Rn. 65 ff.
797 BGH 13.10.2016 – 3 StR 352/16, NStZ 2017, 149.
798 OLG Dresden 18.1.2010 – 3 Ss 603/09, NStZ 2011, 163.
799 WJS WirtschaftsStrafR-HdB/Pelz Kap. 9 Rn. 317.
800 Schönke/Schröder/Perron StGB § 266a Rn. 10.
801 BGH 8.1.2020 – 5 StR 122/19, BeckRS 2020, 1453.

Merkmale, zB eine Bereicherungsabsicht u. a., sind nicht erforderlich.[802] Vorsätzlich pflichtwidrig handelt der Geschäftsleiter, für den sich erkennbar ein Liquiditätsengpass abzeichnet, der zu einer Gefährdung der Abführung der Arbeitnehmerbeiträge führt, und er es dennoch unterlässt, die Abführung der Beiträge seiner Arbeitnehmer sicherzustellen, obwohl ihm dies im Zeitpunkt des Offenbarwerdens der Liquiditätsprobleme durch angemessene, rechtlich zulässige finanztechnische Maßnahmen möglich gewesen wäre.[803]

670 **Praxishinweis:** Rechtfertigungsgründe sowie Gründe auf Ebene des subjektiven Tatbestandes haben in der Praxis regelmäßig nur wenig Bedeutung. Festzuhalten ist, dass die Pflicht zur Abführung der Sozialversicherungsbeiträge der Arbeitnehmer der Erfüllung anderer Verbindlichkeiten vorgeht. Dies gilt auch dann, wenn die anderen Verbindlichkeiten für die Sicherung der Existenz des Unternehmens relevant sind.

9. Verstoß gegen Verlustanzeigepflicht nach § 84 Abs. 1 u. 2 GmbHG, § 401 AktG, § 148 GenG

671 Gemäß § 49 Abs. 3 GmbHG, § 92 AktG sowie § 33 Abs. 3 GenG sind die Geschäftsleiter verpflichtet, den Verlust des Eigenkapitals unverzüglich gegenüber den jeweiligen Anteilsinhabern etc. anzuzeigen. Sinn und Zweck der Regelung ist es, Gesellschaftern die Möglichkeit zu geben, Sanierungsmaßnahmen einzuleiten. Bei einem Verstoß hiergegen machen sich die Geschäftsleiter strafbar. Auch eine verspätete Anzeige führt zur Strafbarkeit. Die Motivation der Geschäftsleiter für das Unterlassen oder die Verspätung ist unerheblich – und allenfalls bei der Strafzumessung zu beachten.[804]

---

[802] Schönke/Schröder/Perron StGB § 266a Rn. 17.
[803] BGH 11.10.2018 – 1 StR 257/18, BeckRS 2018, 33540.
[804] Cyrus/Köllner NZI 2016, 288.

10. Unrichtige Darstellung und falsche Angaben (§ 331 HGB, § 82 GmbHG, § 400 AktG)

Strafbar ist die unrichtige Darstellung der wirtschaftlichen Verhältnisse der Gesellschaft in der Eröffnungsbilanz, im Jahresabschluss, im Lagebericht sowie das Machen falscher Angaben (§ 82 GmbHG, § 400 AktG, § 331 HGB). Sinn und Zweck der Normen ist der Schutz des Vertrauens in die Richtigkeit und Vollständigkeit (auch als **Bilanzwahrheit** bzw. **Bilanzklarheit** bezeichnet). In der Sanierungssituation geschützt werden sollen insbesondere potenzielle Investoren, Kreditinstitute, Gesellschafter, Lieferanten und sonstige Gläubiger. Tatbestandsmäßig handelt, wer die (wirtschaftlichen) Verhältnisse unrichtig wiedergibt, verschleiert bzw. unrichtige Darstellungen offenlegt. **672**

Eine Verschleierung der tatsächlichen Verhältnisse der Gesellschaft ist bereits dann gegeben, wenn die Verhältnisse grundsätzlich richtig dargestellt werden, einzelne Tatsachen oder Positionen indes so schwer erkennbar sind, dass sich der tatsächliche Sachverhalt auch für den Sachverständigen schwer bis überhaupt nicht erkennen lässt. Daraus muss die Gefahr einer unzutreffenden Bilanzbeurteilung entstehen. **673**

Eine unrichtige Darstellung liegt beispielsweise vor bei einer falschen Inventur, Umsatzerlösen durch Scheingeschäfte mit Tochterunternehmen ohne Konsolidierung, Missachtung des strengen Niederwertprinzips bei Umlaufvermögen, Unterlassen der Wertberichtigungen von Forderungen, Verstoß gegen das Gebot der Vorsicht bei Rückstellungen und Abschreibungen im erheblichen Umfang, Ausübung relevanter Wahlrechte, Wechsel der Abschreibung(-sart) etc. Die vorstehend genannten Maßnahmen können dazu dienen die wirtschaftliche Lage des Unternehmens durch entsprechende Bilanzierungsmaßnahmen und Anhangserstellungen zu beschönigen. Ziel ist, eine bilanzielle Überschuldung zu beseitigen, um ein gerichtliches Insolvenzverfahren zu verhindern. Denn dies erschwert Sanierungen. **674**

675 **Praxishinweis:** Eine Strafbarkeit gemäß §331 HGB beruht in der Praxis regelmäßig auf dem Einstellen fiktiver Beträge, Ausweis fragwürdiger Forderungen zum Nennwert, zu hoher Bewertung von Vermögensgegenständen.[805]

11. Verletzung der Berichtspflicht (§332 HGB)

676 Eine Verletzung der Berichtspflicht liegt vor, wenn und sofern unrichtige Berichte erstellt werden, erhebliche Umstände verschwiegen werden sowie unrichtige Bestätigungsvermerke erteilt werden. Strafrechtlich relevant sind willkürlich angesetzte Bilanzpositionen.

677 Verwirklichung der Straftatbestände des Betruges oder Kreditbetruges nach §265b StGB steht gleichzeitig im Raum.

12. Steuerhinterziehung

678 In der Krise und Insolvenz kann sich das Unternehmen bzw. sein Vertretungsorgan der **Steuerhinterziehung** schuldig machen. Ein besonderes Steuerstrafrecht in der Krise oder Insolvenz kennt das deutsche Recht allerdings nicht, es gelten die allgemeinen Vorschriften der AO (§§369f AO). Danach macht sich der Steuerhinterziehung strafbar, wer gegenüber den Finanzbehörden unrichtige oder unvollständige Angaben macht und dadurch Steuern verkürzt, **§370 Abs. 1 Nr. 1 AO** oder die Steuerbehörden pflichtwidrig über steuerlich erhebliche Tatsachen in Unkenntnis lässt, **§370 Abs. 1 Nr. 2 AO.** Der Tatbestand der Steuerhinterziehung kann also entweder durch **aktives Tun oder durch Unterlassen** verwirklicht werden. Bei einem Unternehmen in der Krise wird regelmäßig die Tatbegehung in Form des Unterlassens relevant. In der Praxis ist festzustellen, dass es Geschäftsleiter und Unternehmer in der Krise in Anbetracht des Druckes unterlassen, Steuererklärungen bzw. Steueranmeldungen (zB Umsatzsteuervoranmeldungen) rechtzeitig abzugeben. Je nach Steuerart liegt in diesem Unterlassen nach Ablauf einer bestimmten Frist – zB

[805] Cyrus/Köllner NZI 2016, 288 (292).

bei den Ertragsteuern mit Ablauf des 31.5. des übernächsten dem Veranlagungszeitraum folgenden Jahres – eine Steuerhinterziehung durch Unterlassen vor. Werden seitens der Finanzämter zuvor Schätzbescheide erlassen, liegt regelmäßig der Versuch einer Steuerhinterziehung vor.

Auch im Rahmen des **Erhebungs- und Vollstreckungs-** 679
verfahrens kann grundsätzlich eine Steuerhinterziehung verwirklicht werden. Diese kommt immer dann in Betracht, wenn im Rahmen des Erhebungs- und Vollstreckungsverfahrens unrichtige oder unvollständige Angaben gemacht werden, um eine Vollstreckung von bereits festgesetzten Steueransprüchen in das (Gesellschafts-)Vermögen zu verhindern. Gleichzeitig kommt eine Strafbarkeit gemäß § 288 StGB wegen Vereitelung der Zwangsvollstreckung in Betracht.[806]

13. Schädigung des Umsatzsteueraufkommens (§ 26a Abs. 1 UStG)

Gem. § 26a Abs. 1 UStG handelt ordnungswidrig, wer ent- 680
gegen den Entrichtungsgeboten (§ 18 Abs. 1 S. 4, Abs. 4 S: 1 oder 2, Abs. 4c S. 2, Abs. 4e S. 4 oder Abs. 5a S. 4, § 18i Abs. 3 S. 3, § 18j Abs. 4 S. 3 oder § 18k Abs. 4 S. 3 UStG) die Umsatzsteuer nicht bezahlt. Der Geschäftsleiter erfüllt den Bußgeldtatbestand aus § 26a Abs. 1 UStG, wenn er eine Vorauszahlung, einen Unterschiedsbetrag oder eine festgesetzte Steuer nicht, nicht vollständig oder nicht rechtzeitig entrichtet. Relevant wird dies in den Fällen, in denen zwar Umsatzsteuervoranmeldungen abgegeben werden, die Umsatzsteuer aus Gründen der Liquidität jedoch in der Folge nicht abgeführt werden kann. Der Geschäftsleiter kann sich in der Praxis nicht darauf berufen, dass Mittel nicht in der erforderlichen Höhe zur Verfügung standen. Seitens der Behörde wird hier der Vorhalt gemacht, man habe mit der vereinnahmten Umsatzsteuer

[806] Madauß NZWiST 2016, 468 (469).

besser zu haushalten bzw. diese zur Abführung auszusondern sog. Mittelvorsorgepflicht.[807]

III. Ablauf des strafrechtlichen Ermittlungsverfahrens

1. Allgemeines

681 Im Grunde führt jedes Insolvenzverfahren zu einem strafrechtlichen Ermittlungsverfahren bzw. zu einer Mitteilung über den Insolvenzantrag an die Staatsanwaltschaft. In der Anordnung über die Mitteilung in Zivilsachen (MiZi) ist geregelt, dass die Eröffnung von Insolvenzverfahren sowie die Eröffnung eines Insolvenzverfahrens mit der Anordnung der Eigenverwaltung unter Aufsicht eines Sachverwalters der zuständigen Staatsanwaltschaft zu melden ist (IX 3 I Nr. 1, 2 MiZi). Die Einleitung eines Ermittlungsverfahrens in Folge eines Insolvenzantrags ist damit in der Praxis die Regel. Nachfolgend einige grundsätzliche Hinweise zum Vorgehen bei bzw. nach Einleitung eines Ermittlungsverfahrens.

2. Akteneinsicht

682 Wird gegen einen Geschäftsleiter ein Strafverfahren eingeleitet, hat er zwingend vor einer Einlassung bzw. Stellungnahme erst Einsicht in die Ermittlungsakte – im besten Fall durch seinen Verteidiger – zu nehmen.

683 Auch die Insolvenzverwalter beantragen regelmäßig Einsicht in die Ermittlungsakten. Nach hM ist der Insolvenzverwalter nicht Verletzter im Sinne des § 406 e StPO.[808] Dem Insolvenzverwalter wird jedoch regelmäßig nach § 475 Abs. 1 Satz 1 iVm

[807] BFH 20.5.2014 – VII R 12/12, BB 2014, 2470.
[808] KK-StPO/Zabeck StPO § 406e Rn. 2.

Abs. 2 StPO[809] Einsicht in die Akten gewährt, denn zur Prüfung von Ansprüchen im Rahmen des Insolvenzverfahrens besteht ein berechtigtes Interesse. Dies gilt nicht, wenn bloße Auskunftserteilung ausreichend erscheint.[810] Schutzwürdige Interessen des Beschuldigten stehen der Einsicht im Regelfall nicht entgegen (§ 475 Abs. 1 Satz 2 StPO).[811]

Ausnahmsweise wird dem Insolvenzverwalter keine Akten- 684
einsicht gewährt, wenn höchstpersönliche Umstände nichtvermögensrechtlicher Art gefährdet sind. Möglicherweise steht dem Anspruch des Insolvenzverwalters auf Akteneinsicht das Steuergeheimnis (§ 30 AO) entgegen.[812] Die entsprechenden Aktenteile werden von der Akteneinsicht ausgenommen.

3. Durchsuchung

Ist ein Ermittlungsverfahren eingeleitet, kann beim Beschul- 685
digten (§ 102 StPO) oder einem Dritten (§ 103 StPO), zB dem Berater, eine Durchsuchung der Wohnung, Geschäftsräume etc. angeordnet werden, um Beweismittel sicherzustellen. Der Durchsuchungsbeschluss muss grundsätzlich vom Ermittlungsrichter unterzeichnet werden. Ein Verteidiger kann bzw. sollte zwingend hinzugezogen werden.

4. Beschlagnahmeverbote

Ein Beschlagnahmeverbot im Hinblick auf die dem Insolvenz- 686
verwalter übergebenen Unterlagen des Beschuldigten nach § 97 Abs. 1 StPO besteht nicht. Unabhängig davon sind die Insolvenzverwalter in der Regel gegenüber den Ermittlungsbehörden

[809] Wenn dem Gesuch nicht Zwecke des Strafverfahrens entgegenstehen, § 479 Abs. 1 StPO.

[810] AG Bochum 2.11.2016 – 64 Gs 35 Js 206/053370/16, NZI 2017, 276 mit Anm. Köllner.

[811] Dies gilt schon, weil dieser dem Insolvenzverwalter gem. § 97 Abs. 1 Satz 1 InsO (iVm § 101 Abs. 1 Satz 1 InsO) zur Auskunft verpflichtet ist.

[812] OLG Rostock 13.7.2017 – 20 Ws 146/17, BeckRS 2017, 117335.

kooperationswillig. Sie kommen Herausgabeverlangen als auch Auskunftsersuchen uneingeschränkt nach. Nur in seltenen Einzelfällen dürfte daher eine gerichtliche Durchsuchungsanordnung (mit Abwendungsbefugnis) beim Insolvenzverwalter erfolgen.[813]

5. Zeugnisverweigerungsrecht

687 Dem im Insolvenzeröffnungsverfahren bestellten Gutachter, dem (vorläufigen) Insolvenzverwalter und dem Treuhänder steht **kein** Zeugnisverweigerungsecht nach §53 Abs. 1 Satz 1 Nr. 3 StPO zu.

688 Bei juristischen Personen als Insolvenzschuldner war lange Zeit umstritten, ob der Insolvenzverwalter in einem Strafverfahren gegen eine ehemalige vertretungsberechtigte Person einen (vormals) für die juristische Person tätigen Berufsgeheimnisträger (zB Rechtsanwalt oder Steuerberater) allein von seiner Schweigepflicht entbinden kann oder ob es einer zusätzlichen Entbindungserklärung durch frühere oder gegenwärtige Organe bedarf. Der BGH hat diesen Streit mittlerweile entschieden: Entbindungsbefugt ist allein das zum Entscheidungszeitpunkt aktiv tätige Organ. Diese Dispositionsbefugnis geht – soweit es um Angelegenheiten der Insolvenzmasse geht – gem. §80 Abs. 1 InsO auf den Insolvenzverwalter über. Der BGH begründet dies damit, dass die Schweigepflicht (der Geheimnisschutz) allein zugunsten der juristischen Person begründet wird, persönliche Verhältnisse sowie Interessen des Organs mithin nicht Gegenstand des Mandats werden.[814]

---

[813] Vgl. LG Berlin 9.4.2008 – 523 Qs 35/08, BeckRS 2009, 06178.

[814] BGH 27.1.2021 – StB 44/20, NJW 2021, 1022.

6. Notwendige Verteidigung

Insolvenzstraftaten bzw. Insolvenzdelikte sind nicht immer Fälle der notwendigen Verteidigung.[815] Ein Fall der notwendigen Verteidigung liegt ua gem. § 140 Abs. 2 StPO immer dann vor, wenn das Verfahren „schwierig" ist.[816] Der Umfang der Akten als solcher begründet keine schwierige Sachlage. Der Vorwurf der Insolvenzverschleppung nach § 15a Abs. 4 bzw. Abs. 5 InsO wird regelmäßig nicht schwierig iSd § 140 Abs. 2 StPO sein. 689

Selbstverständlich gibt es Ausnahmen, zB bei Vorliegen widersprüchlicher bzw. zumindest mehrdeutiger Informationen, wenn Geschäftsunterlagen (vor allem Bilanzen, Gewinn- und Verlustrechnungen oder Betriebswirtschaftliche Auswertungen) in die Prüfung einbezogen werden müssen. 690

Unabhängig hierzu ist jedoch festzuhalten, dass **eine Verteidigung** regelmäßig geboten ist. Denn die drohenden Folgen, zB Berufsverbot etc sind einschneidend. 691

7. Vermögensabschöpfung

Vermögensabschöpfende Maßnahmen kommen bei Bankrott-, Betrugs- und/oder Untreuehandlungen in Betracht. Die Vermögensabschöpfung ist in den §§ 73–76a StGB geregelt (sog. Einziehung).[817] Beim Vorenthalten und Veruntreuen von Arbeitsentgelt nach § 266a Abs. 1 StGB wird gemäß § 421 Abs. 1 Nr. 3, Abs. 3 692

[815] So für Wirtschaftsstraftaten im Allgemeinen aber KK-StPO/Willnow StPO § 140 Rn. 28.

[816] § 140 Abs. 2 StPO: Ein Fall der notwendigen Verteidigung liegt auch vor, wenn wegen der Schwere der Tat, der Schwere der zu erwartenden Rechtsfolge oder wegen der Schwierigkeit der Sach- oder Rechtslage die Mitwirkung eines Verteidigers geboten erscheint oder wenn ersichtlich ist, dass sich der Beschuldigte nicht selbst verteidigen kann.

[817] Die Regelungen zur Vermögensabschöpfung wurden zum 1.1.2017 grundlegend reformiert. Das Ziel der Vermögensabschöpfung besteht darin, dem Täter sämtliche Vorteile aus seiner rechtswidrigen Tat zu entziehen. Mithin soll der Täter nicht wirtschaftlich von seiner Tat profitieren. Die entsprechenden Maßnahmen werden vom Gericht angeordnet.

StPO regelmäßig von der Einziehung abgesehen werden können, da die Sozialversicherungsträger eigene Festsetzungs- und Vollstreckungsmöglichkeiten besitzen.

693 **Zusammenfassung der steuerlichen und strafrechtlichen Risiken des Geschäftsleiters in der Krise:** Werden Steuerverbindlichkeiten infolge einer Pflichtverletzung des Geschäftsleiters nicht bzw. nicht rechtzeitig festgesetzt oder erfüllt, haftet der Geschäftsleiter persönlich, § 69 AO. Eine grundsätzlich haftungsbegründende Verletzung steuerlicher Zahlungspflichten scheidet gem. § 15b Abs. 8 InsO aus, wenn der Geschäftsleiter seinen insolvenzrechtlichen Pflichten nachgekommen ist.

Nach Eintritt der Insolvenzreife bzw. drohender Zahlungsunfähigkeit drohen dem Geschäftsleiter insolvenzstrafrechtliche Risiken. Wirkt der Geschäftsleiter in diesem Krisenstadium unmittelbar auf den Vermögensstamm ein oder bewirkt er durch unterlassene bzw. unzureichende Dokumentation eine unzutreffende Beurteilung des Vermögensstamms, macht er sich des Bankrott, §§ 283 ff. StGB strafbar. Zudem droht regelmäßig die Insolvenzverschleppung nach § 15a InsO. Die gesetzlichen Insolvenzantragsfristen des § 15a InsO dürfen nur ausgeschöpft werden, wenn binnen der drei- bzw. sechs (bis 31.12.2013: acht) Wochen Frist die Krise überwunden werden kann, andernfalls muss unverzüglich Insolvenzantrag gestellt werden.

694–698 *(einstweilen frei)*

G. Sonstige Risiken für den Unternehmer

I. Abberufung als Geschäftsleiter, §38 GmbHG, §84 Abs. 4 AktG

Verletzt der Geschäftsleiter die Pflichten zur Krisenfrüherkennung und/oder Krisenmanagement, so droht ihm die Abberufung (§38 GmbHG, §84 Abs. 4 AktG). Ferner auch – je nach Art und Schwere der Pflichtverletzung die außerordentliche Kündigung des Dienstvertrages nach §626 BGB.[818] Die unterlassene Einrichtung eines Krisenfrüherkennungssystems bzw. mangelhaftes Krisenmanagement kann die fristlose Kündigung bzw. den Widerruf der Bestellung als Vorstand (§84 Abs. 4 S. 1 AktG) nach sich ziehen.[819] 699

(einstweilen frei) 700–703

II. Tätigkeitsverbot als Geschäftsleiter, §6 Abs. 2 Nr. 3 GmbHG, §76 Abs. 3 Nr. 3 AktG

Für Geschäftsleiter hat vor allem die sog. **Amtsunwürdigkeit** (auch: Organsperre oder Registersperre genannt) im Hinblick auf die Organstellung bei juristischen Personen (vgl. §6 Abs. 2 S. 2 Nr. 3 GmbHG, §76 Abs. 3 S. 2 Nr. 3 AktG) als Rechtsfolge einer 704

[818] BeckOK GmbHG/Pöschke GmbHG §43 Rn. 368.

[819] LG Berlin 3.7.2002 – 2 O 358/01, BKR 2002, 969; BeckOGK AktG/Fleischer AktG §84 Rn. 136.

Verurteilung eine große Bedeutung. Geschäftsführer bzw. Mitglied des Vorstandes kann nicht sein, wer

- wegen des Unterlassens der Stellung des Antrags auf Eröffnung des Insolvenzverfahrens (Insolvenzverschleppung),
- nach den §§ 283 bis 283d StGB (Bankrottdelikte),
- falsche Angaben nach § 82 GmbH oder § 399 AktG macht,
- wegen unrichtiger Darstellung nach § 400 AktG, § 331 HGB, § 313 UmwG oder § 17 PublG oder
- nach §§ 263 bis 264a oder den §§ 265b bis 266a StGB (Betrug und Vorenthalten und Veruntreuen von Arbeitsentgelt) zu einer Freiheitsstrafe **von mindestens einem Jahr** verurteilt wurde.

705 Die Sperre gilt für die Dauer von fünf Jahren. Die Frist beginnt mit der Rechtskraft des Urteils zu laufen. Der Geschäftsleiter bzw. das Mitglied des Vorstandes verliert mit Rechtskraft des Urteils oder des Strafbefehls (§ 410 Abs. 3 StPO) – kraft Gesetzes sein Amt. Gerichte und Staatsanwaltschaften sind von Amts wegen zur Mitteilung (§ 379 Abs. 1 FamFG) verpflichtet. Die rechtskräftige Verurteilung als Teilnehmer (§§ 26, 27 StGB) einer solchen Straftat reicht aus, dh steht einer weiteren bzw. zukünftigen Tätigkeit als Geschäftsleiter für fünf Jahre entgegen.[820] Auch aus einer Verwarnung mit Strafvorbehalt soll Entsprechendes folgen.[821]

706–710 *(einstweilen frei)*

III. Anordnung eines Berufsverbots nach § 70 StGB

711 Wird der Geschäftsleiter wegen einer rechtswidrigen Tat, die er unter Missbrauch seines Berufs oder unter grober Verletzung der hiermit verbundenen Pflichten begangen hat, verurteilt, kann ihm das Strafgericht ua die **Ausübung des Berufs** für die Dauer von einem Jahr bis fünf Jahren verbieten, wenn die Gesamtwürdigung

---

[820] BGH 3.12.2019 – II ZB 18/19, NZG 2020, 145.

[821] OLG Naumburg 30.1.2017 – 5 Wx 2/17, NZWiSt 2018, 114.

des Geschäftsleiters und der Tat die Gefahr erkennen lässt, dass er bei weiterer Berufsausübung erhebliche rechtswidrige Taten begehen wird. Der praktische Anwendungsbereich dieser Maßregel ist allerdings gering.[822]

(einstweilen frei) **712–716**

IV. Gewerbeuntersagung wegen Unzuverlässigkeit

717 Dem Geschäftsleiter kann zudem aufgrund einer strafrechtlichen Verurteilung die **Gewerbeausübung** untersagt werden, § 35 Abs. 1 S. 1 GewO. Im Gegensatz zum Bestellungshindernis als Geschäftsleiter begründet die strafrechtliche Verurteilung für sich genommen nicht automatisch die Gewerbeuntersagung. Wird das behördliche Untersagungsverfahren eingeleitet, kann der Geschäftsleiter Gründe vorbringen, welche die gewerberechtliche Zuverlässigkeit trotz strafrechtlicher Verurteilung begründen.[823]

(einstweilen frei) **718–722**

V. Entzug der Gaststättenerlaubnis

723 Aufgrund einer strafrechtlichen Verurteilung droht dem Geschäftsleiter auch der Entzug der Gaststättenerlaubnis. Die Gaststättenerlaubnis ist nicht zu entziehen, wenn der Geschäftsleiter eine positive Zuverlässigkeitsprognose aufweist. Hierfür sprechen beispielsweise tatkräftiges Mitwirken an der vollständigen Aufklärung des strafrechtlichen Sachverhalts, Einsichtigkeit und Schadenswiedergutmachung.[824]

(einstweilen frei) **724–728**

---

822 BeckOK StGB/Stoll StGB § 70 Rn. 2; KNP/Pollähne StGB § 70 Rn. 4.
823 Müller/Müller Kap. 4 Rn. 1432.
824 VGH München 12.12.2017 – 22 ZB 17.2147, BeckRS 2017, 138431.

VI. Entzug der Waffenbesitzkarte sowie Jagdschein, § 5 Abs. 2 Nr. 1a WaffG, § 17 Abs. 1 S. 2 BJagdG

729 Im Regelfall droht dem Geschäftsleiter der **Entzug der Waffenbesitzkarte bzw. des Jagdscheins,** wenn er wegen einer vorsätzlichen Straftat zu einer Freiheitsstrafe oder Geldstrafe von mindestens 60 Tagessätzen bzw. mindestens zweimal zu einer geringeren Geldstrafe verurteilt worden ist.[825]

730–734 *(einstweilen frei)*

VII. Ausschluss aus öffentlichen Ausschreibungen

735 Nach § 124 Abs. 1 Nr. 2 GWB kann ein Unternehmen von einem öffentlichen **Vergabeverfahren** ausgeschlossen werden, wenn es zahlungsunfähig ist, über sein Vermögen ein Insolvenzverfahren oder ein vergleichbares Verfahren beantragt oder eröffnet worden ist, sich das Unternehmen im Verfahren der Liquidation befindet oder seine Tätigkeit eingestellt hat.[826] Von Relevanz ist zudem § 124 Abs. 1 Nr. 3 GWB, wonach ein Unternehmen vom Vergabeverfahren ausgeschlossen werden kann, wenn das Unternehmen im Rahmen der beruflichen Tätigkeit nachweislich eine schwere Verfehlung begangen hat, durch die die Integrität des Unternehmens infrage gestellt wird. Hauptanwendungsfall dürfte wohl die Begehung einer Straftat oder (entsprechend schweren) Ordnungswidrigkeit im Bereich des Wirtschaftsstrafrechts sein.[827] Der Verstoß gegen § 266a Abs. 1 StGB führt für die Dauer von bis zu drei Jahren zum Ausschluss von öffentlichen Aufträgen (§ 21 Abs. 1 Nr. 4 SchwarzArbG), wenn das Strafmaß Freiheitsstrafe von

[825] Müller/Müller Kap. 4 Rn. 1437.

[826] Beck VergabeR/Opitz GWB § 124 Rn. 29.

[827] BeckOK Vergaberecht/Friton GWB § 124 Rn. 32a.

mehr als 3 Monate oder eine Geldstrafe von mehr als 90 Tagessätzen ist. Eine Verurteilung nach § 266a StGB wird im Gewerbezentralregister erfasst (§ 149 Abs. 2 S. 1 Nr. 4 GewO.

(einstweilen frei) 736–740

VIII. Versagung der Restschuldbefreiung

In einem eigenen Insolvenzverfahren des Geschäftsleiters sind 741 Verbindlichkeiten des Geschäftsleiters aus vorsätzlich begangenen unerlaubten Handlungen nicht von der Restschuldbefreiung umfasst. Hierunter fallen vorwiegend Ansprüche, die ihre Grundlage in § 823 Abs. 2 BGB haben und auf Ersatz des erlittenen Schadens gerichtet sind, § 302 Nr. 1 InsO. Relevant kann dies für Verbindlichkeiten im Zusammenhang mit Betrugsdelikten (§§ 263, 264, 264a StGB), Vorenthalten von Sozialversicherungsbeiträgen (§ 266a StGB) sowie Insolvenzverschleppung (§ 15a InsO) sein.[828]

(einstweilen frei) 742–746

[828] BeckOK InsR/Riedel InsO § 302 Rn. 1 f.

Zweiter Teil
Pflichten des Beraters in der Krise

A. Die Pflichten des Beraters in der Krise des Unternehmens

Der Steuerberater/Wirtschaftsprüfer bzw. der steuerlich beratende Anwalt (im Folgenden „der Berater“) ist idR der fachlich qualifizierte, unabhängige Interessenvertreter des Unternehmens. Gerade in kleineren und mittleren Unternehmen ist er häufig die erste Anlaufstelle für die Geschäftsleitung in der Krise des Unternehmens.[829] Die Rolle des steuerlichen Beraters und die daraus erwachsenden Pflichten und damit verbundenen Haftungs- und strafrechtlichen Risiken bei der Beratung von kriselnden Unternehmen können vielfältig sein. Daneben droht dem Berater uU – vor allem dem Sanierungsberater – die insolvenzrechtliche Anfechtung erhaltener Honorarzahlungen Auch in Bezug auf die mögliche Haftung des Beraters gilt das bereits zum Geschäftsleiter Gesagte, nur wer seine Pflichten kennt, vermeidet seine Haftung. 747

I. Pflichten des Beraters ergeben sich aus dem Geschäftsbesorgungsvertrag

Welche Aufgaben der steuerliche Berater zu erfüllen hat, richtet sich nach Inhalt und Umfang des erteilten Mandats.[830] Maßgebend ist im Zweifel der konkrete Auftrag. Grundlage hierfür ist der zwischen dem Berater und dem Mandanten geschlossene Vertrag, der die vereinbarten Pflichten beschreibt und idealerweise entsprechende Haftungsbeschränkungen enthält. Der **schriftliche Steuerberatungsvertrag** hat damit eine **zentrale Funktion.** 748

---

[829] Kruth SteuK 2014, 225 (226).

[830] OLG Koblenz 15.4.2014 – 3U 633/13, NJOZ 2014, 956.

Es muss dort klar geregelt werden, was zum Inhalt des Auftrags gehört und wie die Haftung ausgestaltet ist. Je genauer der Auftrag beschrieben ist, desto bestimmter ist für alle Beteiligten der Pflichtenkreis des Beraters.

749 Der zwischen dem steuerlichen Berater und dem Mandanten geschlossene Vertrag beschränkt sich üblicherweise auf die Wahrnehmung der steuerlichen Interessen. Ganz generell gilt: Wird der Berater mit speziellen Fragestellungen (zB wirtschaftliche Beratung, Erstellung einer Überschuldungsbilanz oder Prüfung der Insolvenzantragspflicht) beauftragt, ist dies nicht Teil des üblichen Beratungsmandates. Es ist darauf zu achten, dass hierüber ein eigenständiger Auftrag erteilt wird.[831]

750 Bei der Beauftragung durch ein Unternehmen in der Krise muss sich der steuerliche Berater des Risikos bewusst sein und die Annahme der Beauftragung abwägen.[832] So erfordert beispielsweise die Erstellung des Jahresabschlusses mit Beurteilungen[833] eine intensivere Befassung des Steuerberaters mit der eventuell erforderlichen Fortführungsprognose für die Geschäftsleitung. Zu beachten ist auch, dass die Aufstellung des Jahresabschlusses bei Unternehmen, die sich in einer wirtschaftlichen Krise befinden, innerhalb von zwei bis drei Monaten nach dem Schluss des Geschäftsjahres zu erfolgen hat. Entsprechende (personelle) Kapazitäten muss der steuerliche Berater haben, wenn er ein solches Mandat annimmt.[834]

---

[831] BGH 13.2.2003 – IX ZR 62/02, BeckRS 2003, 2646.

[832] Rn. 73 der Hinweise zu den Verlautbarungen der BStBK zu den Grundsätzen für die Erstellung von Jahresabschlüssen in Bezug auf Gegebenheiten, die der Annahme der Unternehmensfortführung entgegenstehen, abrufbar unter https://www.bstbk.de/downloads/bstbk/steuerrecht-und-rechnungslegung/fachinfos/BStBK_FAQs_Krisenunternehmen.pdf (Abrufdatum: 20.9.2022).

[833] Vgl. zu den drei Auftragsarten im Einzelnen Rn. 102 ff. der Hinweise zu den Verlautbarungen der BStBK zu den Grundsätzen für die Erstellung von Jahresabschlüssen in Bezug auf Gegebenheiten, die der Annahme der Unternehmensfortführung entgegenstehen Stand 7.9.2021, abrufbar unter https://www.bstbk.de/downloads/bstbk/steuerrecht-und-rechnungslegung/fachinfos/BStBK_FAQs_Krisenunternehmen.pdf (Abrufdatum: 20.9.2022).

[834] Rn. 76 der Hinweise zu den Verlautbarungen der BStBK zu den Grundsätzen für die Erstellung von Jahresabschlüssen in Bezug auf Gegebenheiten, die

Praxishinweis: Die Bundessteuerberaterkammer empfiehlt zur Haftungsprävention folgendes:[835] 751
- Abschluss eines schriftlichen Beratungsvertrags bei jedem Mandanten,
- Klare Bezeichnung der übernommenen Pflichten,
- Benennung und Vereinbarung etwaiger Haftungsbeschränkungen,
- Schriftliche Fixierung auch bei zusätzlichen Beratungsleistungen.

(einstweilen frei) 752–756

II. Allgemeine Pflichten des steuerlichen Beraters

In der Praxis ist der steuerliche Berater üblicherweise – gerade bei mittelständischen Mandaten – mit einem allgemeinen Steuerberatungsmandat (sog. „Dauermandat“) betraut. In der Regel umfasst dieses die steuerliche Beratung, die Buchhaltung und die Erstellung des Jahresabschlusses. Bei einem solchen Mandat ist der steuerliche Berater im Rahmen seines Auftrags zu einer **umfassenden steuerlichen Beratung und Betreuung** des Mandanten verpflichtet.[836] Er hat dabei seinen Mandanten ungefragt über alle bedeutsamen steuerlichen Einzelheiten und deren Folgen zu unterrichten, die für die Bearbeitung des Auftrags von Relevanz sind.[837] Alle im Rahmen des Dauermandats anfallenden Fragen hat der steuerliche Berater von sich aus aufzugreifen und mit dem Mandanten zu besprechen. Im Rahmen seiner **Aufklärungs- und Informationspflicht** hat der Berater den steuerlich relevanten Sachverhalt umfassend zu erforschen. Notwendige oder fehlende Unterlagen sind beim Mandanten substantiiert an- 757

der Annahme der Unternehmensfortführung entgegenstehen, abrufbar unter https://www.bstbk.de/downloads/bstbk/steuerrecht-und-rechnungslegung/fachinfos/BStBK_FAQs_Krisenunternehmen.pdf (Abrufdatum: 20.9.2022).

[835] Homepage BStBK, Berufsrechtliches Handbuch Stand April 2022, Ziffer 5.6.

[836] BGH 20.2.2003 – IX ZR 384/99, NJW-RR 2003, 190.

[837] BGH 16.10.2003 – IX ZR 167/02, NJW-RR 2004, 1210.

zufordern.[838] Die für die Besteuerung maßgeblichen Fakten hat der steuerliche Berater ggf. durch Nachfrage aufzuklären und festzustellen.[839]

758 Zur ordnungsgemäßen Beratung gehört auch, dass der steuerliche Berater die mandatsbezogene Rechtsprechung des Bundesfinanzhofs **und die Erlasse der Finanzverwaltung kennt.** Zusätzlich muss er sich über die **Entwicklung der steuerlichen Rechtsprechung und der Gesetzgebung** unterrichten, wenn ein steuerliches Thema ersichtlich in der Entwicklung ist und Änderungen zu erwarten sind.[840]

759 Selbst bei einem „beschränkten Mandat", dh, wenn der steuerliche Berater nur mit einer ganz speziellen Fragestellung beauftragt wurde, ist er noch verpflichtet, den Mandanten auf eine außerhalb seines Auftrags liegende steuerliche Fehlentscheidung **hinweisen,** wenn diese für einen durchschnittlichen steuerlichen Berater auf den ersten Blick ersichtlich ist oder er die Sach- und Rechtslage positiv kennt.[841] Im Fall des OLG Köln ging es um den Schadenersatzanspruch im Zusammenhang mit einem Unternehmensverkauf. Es kam zur Besteuerung von stillen Reserven beim Gesellschafter, da es durch den Verkauf zur Beendigung einer Betriebsaufspaltung gekommen war. Die beklagten Steuerberater waren zwar nicht mit der steuerlichen Betreuung des veräußerten Gesellschafters beauftragt, aber hatten durch die steuerliche Beratung der GmbH und des Besitzunternehmens sowie durch die (rechtliche) Beratung im Zusammenhang mit dem Unternehmensverkauf, vollumfängliche Kenntnis über die steuerliche Situation und die steuerlichen Konsequenzen bei Veräußerung der GmbH-Anteile. Das Gericht bejahte die Hinweispflicht im konkreten Fall unabhängig von dem Umstand, dass der veräußernde GmbH-Gesellschafter selbst steuerlich beraten war.[842]

760 Über den Mandatsgegenstand hinaus kann es anlassbezogene Hinweispflichten des steuerlichen Beraters geben. Bei **Abschluss-**

---

[838] BeckStB-HdB 2021/2022/Koslowski Rn. 18 mwN.

[839] BGH 22.4.1999 – IX ZR 112/98, NJW 1999, 3482.

[840] BGH 15.7.2004 – IX ZR 472/00, DStR 2004, 1607.

[841] OLG Köln 12.4.2017 – 16 U 94/15, DStRE 2018, 700.

[842] OLG Köln 12.4.2017- 16 U 94/15, DStRE 2018, 700.

arbeiten ohne Buchführungsauftrag ist der steuerliche Berater beispielsweise verpflichtet, stichprobenartig die Übereinstimmung von Buchung und Beleg zu prüfen,[843] das Vorhandensein von Saldenlisten festzustellen[844] und allgemein sich zu vergewissern, ob zusätzliche steuerrechtliche Anforderungen für Steuervergünstigungen oder die steuerliche Anerkennung von Betriebsausgaben erfüllt sind.[845] Im Rahmen des **Auftrages zur Erstellung der Buchführung und Steuererklärungen** ist beispielsweise ein Hinweis erforderlich, dass aus der USt-Voranmeldung eines Rechtsanwaltes ersichtliche Einnahmen aus einer Maklertätigkeit zur GewSt auf die übrigen Einkünfte führen können.[846]

Als **Nebenpflicht** des Beratungsvertrags hat der steuerliche Be- 761
rater seinen Mandanten vor Schaden zu bewahren. Bei mehreren steuerlichen Optionen ist er deshalb verpflichtet, seinem Mandanten zum **rechtssicheren Weg** zu raten.[847] Gleichwohl muss er dabei auch auf die für den Mandanten **günstigsten Gestaltungsmöglichkeiten** abstellen.[848] In schwierigen Fällen besteht die **Pflicht zur Einholung einer verbindlichen Auskunft.**[849]

Den (steuerlichen) Berater trifft eine **Warnpflicht,** wenn sich 762
ihm das Vorliegen einer Gefahr für den Mandanten bei ordnungsgemäßer Bearbeitung aufdrängt[850] und er Grund zu der Annahme hat, dass der Mandant sich dieser Gefahr – möglicherweise – nicht bewusst ist.[851]

(einstweilen frei) 763–767

[843] BGH 8.12.1964 – VI ZR 202/63, VersR 65, 292.
[844] BGH 1.7.1971 – VII ZR 295/69, DStR 1972, 58.
[845] BeckStB-HdB 2021/2022/Koslowski Rn. 16 mwN.
[846] BGH 7.7.2005 – IX ZR 425/00, NJW-RR 2005, 1654.
[847] BGH 8.2.2007 – IX ZR 188/05, DStRE 2007, 992.
[848] BGH 1.3.2007 – IX ZR 261/03, NJW 2007, 2485.
[849] BGH 8.2.2007 – IX ZR 188/05, DStRE 2007, 992.
[850] BGH 29.11.2001 – IX ZR 278/00, NJW 2002, 1117.
[851] BGH 9.7.1998 – IX ZR 324/97, WM 1998, 2246.

III. Pflichten des steuerlichen Beraters im Krisenmandat

1. Pflicht zur Erstellung einer Überschuldungsbilanz nur bei gesondertem Auftrag

768 Die Feststellung der bilanziellen Überschuldung im Rahmen der Erstellung einer Überschuldungsbilanz, einer Fortführungsprognose oder die Prüfung der rechtlichen Überschuldung sowie der Insolvenzantragspflicht sind nicht Teil des üblichen Mandats. Vielmehr ist hierfür eine gesonderte Beauftragung erforderlich, auch wenn der steuerliche Berater mit der Erstellung des Jahresabschlusses beauftragt ist.[852]

769 Von einer **stillschweigenden Mandatserweiterung** ist allerdings auszugehen, wenn sich der steuerliche Berater im Rahmen seines Dauermandats zur Insolvenzreife äußert, zB Fragen des Mandanten hierzu beantwortet.[853] In einem solchen Fall müssen seine Aussagen richtig sein, da der Mandant sich aufgrund der Sachkunde des steuerlichen Beraters darauf verlassen darf. Gleiches gilt für Fälle, in denen der steuerliche Berater nicht nur eine Bilanz erstellt, sondern darüber hinaus (unrichtige) Erklärungen hinsichtlich der Insolvenzantragspflicht abgibt.[854] Eine **Redepflicht** trifft den steuerlichen Berater auch dann, wenn er bei einem steuerrechtlichen Mandat, welches zunächst nur auf steuerliche Beratung gerichtet gewesen ist, mit dem Mandanten über seine mögliche Insolvenzantragspflicht diskutiert.[855]

770 Wird der Steuerberater vom Mandanten konkret auf seine Insolvenzantragspflichten angesprochen, muss der Steuerberater dem Mandanten Hinweise erteilen, wie er hinsichtlich der Überprüfung etwaiger Insolvenzantragspflichten vorzugehen hat und insb. dazu, dass der Mandant zum Zwecke der Überprüfung ggf.

[852] OLG Schleswig 29.11.2019 – 17 U 80/19, NZI 2020, 539.
[853] BGH 6.2.2014 – IX ZR 192/13, NZI 2014, 308.
[854] BGH 6.6.2013 – IX ZR 204/12, NZI 2013, 793.
[855] Vgl. Kruth SteuK 2014, 225.

einem in Insolvenzsachen erfahrenen geeigneten Dritten einen entsprechenden Auftrag erteilen muss.[856]

Praxishinweis: In schwierigen Fällen ist dem steuerlichen Berater dringend anzuraten, **spezialisierte Berufsangehörige** einzuschalten. Eine Selbstverständlichkeit im Hinblick auf die eigene Haftungsfreizeichnung muss es hierbei sein, dass der Mandant den spezialisierten Kollegen direkt beauftragt. Wichtig ist auch, dass der steuerliche Berater sich das Gutachten des Spezialisten nicht zu eigen macht, in dem er zB hierzu Stellung nimmt. Anderenfalls läuft der steuerliche Berater Gefahr, auch für Fehler der Spezialisten zu haften. Ungeachtet dessen hat er weiterhin eine **Warnpflicht,** wenn für ihn erkennbar ist, dass die Beratung des Spezialisten an einem Mangel leidet, den der Mandant nicht sieht.[857] Gerade bei interdisziplinär arbeitenden Sozietäten ist zu erwarten, dass ein Wissensaustausch stattfindet bzw. die Informationslage des laufenden steuerlichen Beraters auch dem Spezialisten zur Verfügung steht. 771
Es ist dem Berater dringend anzuraten, Gespräche mit dem Mandanten zum Thema Insolvenz- bzw. Insolvenzantragspflicht schriftlich zu dokumentieren.

2. Pflicht zur Prüfung der Fortführungsprognose bei Erstellung des Jahresabschlusses

Nach der Rechtsprechung des BGH[858] besteht für den steuerlichen Berater im Rahmen der Erstellung von Jahresabschlüssen eine **Pflicht zur Prüfung der Fortführungsprognose,** wenn sich bei der Bearbeitung des Jahresabschlusses Anhaltspunkte ergeben, die der Fortführung der Unternehmenstätigkeit entgegenstehen können. Den steuerlichen Berater trifft zwar keine Verpflichtung, von sich aus die für die Fortführungsannahme erheblichen Tatsachen zu ermitteln. Liegen ihm aber Informationen und Unterlagen vor, die Zweifel begründen, dass das Unternehmen **fortführungsfähig ist,** muss er diesen nachgehen. Tut er dies nicht, handelt er pflichtwidrig. Der Bundesgerichtshof geht hierbei davon aus, dass der steuerlichen Berater nicht nur auf der Grundlage der ihm im Rahmen des Abschlusses zur Verfügung gestellten Unterlagen 772

[856] Heyd/Kautenburger-Behr/Wind Insolvenz/Maschlanka Rn. 208.
[857] OLG Hamm 26.1.2016 – 25 U 82/13, BeckRS 2016, 131460.
[858] BGH 26.1.2017 – IX ZR 285/14, DStR 2017, 956.

eine Bewertung vornehmen muss, sondern alle ihm bekannten Informationen heranzuziehen hat (zB Kenntnisse aus dem Dauermandant, Presse, allgemein bekannte Umstände).

773 Der Bundesgerichtshof leitet diese Pflicht aus dem zwischen dem steuerlichen Berater und seinem Mandanten zur Abschlusserstellung regelmäßig geschlossenen **Werkvertrag** ab. Demnach schuldet der mit der Abschlusserstellung betraute Berater dem Mandanten im Rahmen seiner werkvertraglichen Pflichten grundsätzlich einen mangelfreien, dh einen den handelsrechtlichen Vorschriften vollumfänglich entsprechenden Jahresabschluss. Hiervon umfasst ist auch die für **alle Kaufleute** zu beachtende Vorschrift des § 252 Abs. 1 Nr. 2 HGB. Danach kann der steuerliche Berater bei der Jahresabschlusserstellung zwar regelmäßig von Fortführungswerten ausgehen, aber nur so lange wie keine gegenteiligen Indizien vorliegen, die Zweifel an der Fähigkeit zur Fortführung der Unternehmenstätigkeit aufwerfen. Nach Auffassung des BFH ist die Fortführungsprognose zB kritisch zu hinterfragen, wenn das Unternehmen erhebliche Verluste erwirtschaftet, eine zu geringe Kapitalausstattung aufweist, in Liquiditätsschwierigkeiten gerät oder eine bilanzielle Überschuldung vorliegt. Das Institut der Wirtschaftsprüfer e.V. hat im Prüfungsstandard **IDW PS 270 „Die Beurteilung der Fortführung der Unternehmenstätigkeit im Rahmen der Abschlussprüfung“**[859] für die Abschlussprüfung einen umfassenden Katalog von Indizien aufgestellt, die einzeln oder insgesamt bedeutsame Zweifel an der Fähigkeit zur Fortführung der Unternehmenstätigkeit begründen können (vgl. → Rn. 206). Daran sollte sich der steuerliche Berater bereits bei Erstellung des Jahresabschlusses orientieren. Liegen vorgenannte Indizien vor, so muss der steuerliche Berater klären, ob diese Umstände der Fortführungsprognose entgegenstehen. Im Zweifel muss er von den gesetzlichen Vertretern des Unternehmens eine explizite Fortführungsprognose einfordern.[860]

---

[859] IDW Prüfungsstandard:“ Die Beurteilung der Fortführung der Unternehmenstätigkeit im Rahmen der Abschlussprüfung“ (IDW PS 270) (Stand: 2.2.2021).

[860] BGH 26.1.2017 – IX ZR 285/14, DStR 2017, 956 Rn. 36; Eisenhardt/Berbuer DStR 2017, 2075.

Grundsätzlich gilt: Wenn das Unternehmen 774

- in der Vergangenheit nachhaltige Gewinne erzielt hat,
- leicht auf finanzielle Mittel zurückgreifen kann und
- keine bilanzielle Überschuldung droht,

kann die Geschäftsleitung und damit auch der Berater von der gesetzlichen Regelvermutung der Fortführungsprognose ausgehen.[861] Insoweit wird auch von **„Sonnenscheinkriterien"** oder **„Schönwetterkriterien"** gesprochen.[862]

(einstweilen frei) 775

3. Pflicht auf Insolvenzgründe hinzuweisen, § 102 StaRUG

Der mit Wirkung zum 1.1.2021 eingeführte § 102 StaRUG statuiert eine **Pflicht,** bei der Erstellung von Jahresabschlüssen **auf Insolvenzgründe hinzuweisen.** Mit § 102 StaRUG wird die Rechtsprechung des BGH[863] zu den Hinweis- und Warnpflichten des steuerlichen Beraters ausdrücklich gesetzlich normiert. Sie sind jetzt Teil der Krisenfrüherkennung des StaRUG.[864] 776

In § 102 StaRUG werden im Hinblick auf die Mandatsausübung weder für den Wirtschaftsprüfer noch für den Steuerberater neue Pflichten begründet. Bereits im Nachgang zu dem Urteil des BGH vom 26.1.2017 hat die Bundessteuerberaterkammer „Hinweise zur Erläuterung ihrer Verlautbarungen zu den Grundsätzen für die Erstellung von Jahresabschlüssen in Bezug auf die Gegebenheiten, die der Annahme der Unternehmensfortführung entgegenstehen" veröffentlicht und dabei auf die Hinweis- und Warnpflicht der Steuerberater bei einer möglichen Insolvenzreife hingewiesen. Im Hinblick auf § 102 StaRUG wurden diese Hinweise im Septem- 777

[861] BGH 26.1.2017 – IX ZR 285/14, DStR 2017, 956 Rn. 30; zur unterschiedlichen Auslegung dieser Prognoseerstellungslast Frystatzki DStR 2017, 1494 (1496).

[862] Hillebrand WPH Edition Sanierung und Insolvenz D 14.

[863] BGH 26.1.2017 – IX ZR 285/14, DStR 2017, 956.

[864] Nerlich/Römermann/Hillebrand StaRUG § 102 Rn. 1.

ber 2021 aktualisiert.[865] Entsprechende Hinweispflichten ergeben sich auch für einen mit der Jahresabschlusserstellung beauftragten Wirtschaftsprüfer. Gemäß dem IDW Standard S7 (Rn. 29, 78) und PS 270 (Rn. 12) hat der Wirtschaftsprüfer über ihm bekannte Tatsachen zu berichten, die den Bestand des Unternehmens gefährden. In §317 Abs. 2 und Abs. 4, §321 Abs. 1 S. 2 und 3 sowie §323 Abs. 2 S. 3 und Abs. 6 S. 2 HGB sind umfangreiche Prüfungs-, Berichts- und Hinweispflichten der Wirtschaftsprüfer bereits kodifiziert. Durch die gesetzliche Verankerung der Hinweis- und Warnpflicht hat der Gesetzgeber aber verdeutlicht, dass den in § 102 StaRUG genannten Berufsgruppen im Rahmen ihrer Tätigkeitausübung eine **besondere Sorgfalt** im Hinblick auf das Erkennen einer (möglichen) Insolvenzreife obliegt.[866]

a) Anwendungsbereich von § 102 StaRUG

778 Der Anwendungsbereich des § 102 StaRUG erstreckt sich berufsgruppenübergreifend auf Angehörige „verkammerter“ beratender Berufe. Steuerberater, Steuerbevollmächtigte, Wirtschaftsprüfer, vereidigte Buchprüfer und Rechtsanwälte sind von der Hinweispflicht erfasst. Andere Dienstleister (beispielsweise Unternehmensberater) fallen nicht unter diese Vorschrift und auch dann nicht, wenn sie bei der Erstellung des Jahresabschlusses mitwirken. Eine bloße Nebentätigkeit oder eine untergeordnete Berührung mit dem Erstellungsvorgang eröffnet den persönlichen Anwendungsbereich des § 102 StaRUG nicht.[867]

779 Die Hinweis- und Warnpflichten bestehen nur bei der Erstellung von Jahresabschlüssen iSd §§ 238 ff. HGB. Bei der Erstellung anderer Abschlüsse (beispielsweise Einzelabschluss nach § 325

[865] Hinweise zu den Verlautbarungen der BStBK zu den Grundsätzen für die Erstellung von Jahresabschlüssen in Bezug auf Gegebenheiten, die der Annahme der Unternehmensfortführung entgegenstehen, abrufbar unter https://www.bstbk.de/downloads/bstbk/steuerrecht-und-rechnungslegung/fachinfos/BStBK_FAQs_Krisenunternehmen.pdf (Abrufdatum: 20.9.2022).

[866] Frystatzki DStR 2017, 1494.

[867] BT-Drs. 19/24181, 186.

Abs. 2a HGB, Konzernabschluss, Zwischenabschluss, Steuerbilanz) bestehen keine Hinweis- und Warnpflichten.[868]

b) Inhalt und Umfang der Hinweispflichten

Der Berater, der mit der Erstellung des Jahresabschlusses be- 780
auftragt ist, hat auf das Vorliegen von Insolvenzgründen nach den §§ 17–19 InsO und die sich hieraus ergebenden Pflichten für die Geschäftsleiter und Mitglieder der Überwachungsorgane hinzuweisen, wenn entsprechende Anhaltspunkte **offenkundig** sind und er annehmen muss, dass dem Mandanten die mögliche Insolvenzreife **nicht bewusst** ist.[869]

Offenkundig sind Anhaltspunkte dann, wenn der steuerliche 781
Berater im Zuge der Erstellung des Jahresabschlusses rechtliche oder tatsächliche Umstände erkennen muss, die der Fortführung der Unternehmenstätigkeit iSd § 252 Abs. 1 Nr. 2 HGB entgegenstehen können. Solche offenkundigen Anhaltspunkte liegen nach Ansicht des Bundesgerichtshofs etwa dann vor, wenn in aufeinanderfolgenden Jahresabschlüssen wiederholt nicht durch Eigenkapital gedeckte Fehlbeträge ausgewiesen werden oder die bilanziell überschuldete Gesellschaft über keine stillen Reserven verfügt.[870] Der Berater muss anhand der ihm zur Verfügung gestellten Informationen und der ihm ansonsten bekannten Umstände prüfen, ob sich daraus ernsthafte Hinweise auf einen möglichen Insolvenzgrund ergeben und damit eine Hinweis- und Warnpflicht auslösen. Er darf sich auch hierbei nicht auf die ihm bekannten Informationen und Unterlagen beschränken, vielmehr wird ihm seine Kenntnis des Unternehmens aus der laufenden Beratungstätigkeit zugerechnet.[871]

Anhaltspunkte oder ernsthafte Indizien für einen möglichen 782
Insolvenzgrund können im Prozess der Jahresabschlusserstellung zu jedem Zeitpunkt offenkundig werden. Verdichten sich solche

[868] BeckOK StaRUG/Mock StaRUG § 102 Rn. 8, 9.

[869] BeckOK StaRUG/Mock StaRUG § 102 Rn. 10 ff.

[870] BGH 26.1.2017 – IX ZR 285/14, DStR 2017, 956 Rn. 34.

[871] BGH 26.1.2017 – IX ZR 285/14, DStR 2017, 956 Rn. 22; hierzu auch Eisenhardt/Berbuer DStR 2017, 2075 (2078).

Anhaltspunkte im fortgeschrittenen Erstellungsprozess und können sie voraussichtlich nicht bis zur Beendigung des Prozesses ausgeräumt werden, hat die Krisenwarnung zu erfolgen.[872]

783 Die Prüfungspflicht nach § 101 StaRUG ist unabhängig davon, in welcher Auftragsart der Berater sich bewegt (ohne Beurteilungen/mit Plausibilitätsbeurteilungen/mit umfassenden Beurteilungen).[873] Die BStBK geht in ihren Hinweisen zu Krisenunternehmen aber davon aus, dass der Maßstab der „Offenkundigkeit" dadurch beeinflusst wird. Die Auftragsarten unterscheiden sich hinsichtlich der erforderlichen Unterlagen und der Würdigungstiefe durch den Berater.[874] Bei der Erstellung eines Jahresabschlusses mit umfassenden Beurteilungen findet sowieso eine Überprüfung statt, ob die Annahme der Unternehmensfortführung durch die Geschäftsleitung angemessen ist und ob die Risiken, die den Fortbestand gefährden, sachgerecht im Jahresabschluss berücksichtig sind.[875]

---

[872] Rn. 122 der Hinweise zu den Verlautbarungen der BStBK zu den Grundsätzen für die Erstellung von Jahresabschlüssen in Bezug auf Gegebenheiten, die der Annahme der Unternehmensfortführung entgegenstehen Stand 7.9.2021, abrufbar unter https://www.bstbk.de/downloads/bstbk/steuerrecht-und-rechnungslegung/fachinfos/BStBK_FAQs_Krisenunternehmen.pdf (Abrufdatum: 20.9.2022).

[873] Vgl. zu den drei Auftragsarten im Einzelnen Rn. 102ff. der Hinweise zu den Verlautbarungen der BStBK zu den Grundsätzen für die Erstellung von Jahresabschlüssen in Bezug auf Gegebenheiten, die der Annahme der Unternehmensfortführung entgegenstehen Stand 7.9.2021, abrufbar unter https://www.bstbk.de/downloads/bstbk/steuerrecht-und-rechnungslegung/fachinfos/BStBK_FAQs_Krisenunternehmen.pdf (Abrufdatum: 20.9.2022).

[874] Rn. 133ff. der Hinweise zu den Verlautbarungen der BStBK zu den Grundsätzen für die Erstellung von Jahresabschlüssen in Bezug auf Gegebenheiten, die der Annahme der Unternehmensfortführung entgegenstehen Stand 7.9.2021, abrufbar unter https://www.bstbk.de/downloads/bstbk/steuerrecht-und-rechnungslegung/fachinfos/BStBK_FAQs_Krisenunternehmen.pdf (Abrufdatum: 20.9.2022).

[875] Rn. 109 der Hinweise zu den Verlautbarungen der BStBK zu den Grundsätzen für die Erstellung von Jahresabschlüssen in Bezug auf Gegebenheiten, die der Annahme der Unternehmensfortführung entgegenstehen Stand 7.9.2021, abrufbar unter https://www.bstbk.de/downloads/bstbk/steuerrecht-und-rechnungslegung/fachinfos/BStBK_FAQs_Krisenunternehmen.pdf (Abrufdatum: 20.9.2022).

Die Hinweispflicht setzt ferner voraus, dass der beauftragte Berater annehmen muss, dem Mandanten sei die mögliche Insolvenzreife **nicht bewusst.** Daran fehlt es, wenn der Berater davon ausgehen darf, sein Mandant kenne nicht nur die tatsächlichen Umstände, die auf einen Insolvenzgrund hinweisen, sondern sei auch in der Lage, daraus die richtigen Schlüsse zu ziehen. Insoweit kommt es auf das konkrete tatsächliche und rechtliche Wissen des Mandanten an. Hierzu ist bereits ausreichend, wenn dem Mandanten das Problem der bilanziellen Überschuldung bekannt ist.[876] 784

Praxishinweis: Im Zweifel wird der Mandant immer behaupten, ihm sei eine Insolvenzreife nicht bewusst gewesen. Die Hinweis- und Warnpflichten gem. § 102 StaRUG lassen die Pflicht zur Prüfung des Vorliegens der Insolvenzreife durch die gesetzlichen Vertreter nicht entfallen. Der Mandant kann sich somit zur eigenen Entlastung nicht darauf berufen, dass sein Berater ihm den entsprechenden Hinweis nicht gegeben habe, obwohl dies nötig gewesen wäre.[877] Dennoch ist dem Berater anzuraten, im Zweifel vom Beratungsbedarf des Mandanten auszugehen. Im Haftungsprozess müsste er den Beweis dafür bringen, dass der Mandant von der Insolvenzreife wusste.[878] 785

Der beauftragte Berater ist aber nicht verpflichtet, über die ihm zur Verfügung gestellten Informationen oder Umstände hinaus umfassend Nachforschungen oder Untersuchungen anzustellen oder von sich aus nach möglichen Insolvenzgründen zu forschen. Zu weitergehenden Überprüfung ist er nach dem StaRUG nicht verpflichtet. Er ist vor allen Dingen nicht verpflichtet, von sich aus eine Überschuldungsprüfung vorzunehmen. Vielmehr hat der Geschäftsleiter – wenn ihm die entsprechenden Indizien genannt werden – die erforderliche Überprüfung selbst vorzunehmen oder gesondert in Auftrag zu geben.[879] 786

---

876 Nerlich/Römermann/Hillebrand StaRUG § 102 Rn. 1.

877 BeckOK StaRUG/Mock StaRUG § 102 Rn. 14; BT-Drs. 19/24181, 184.

878 Eisenhardt/Berbuer DStR 2017, 2075.

879 Rn. 118 der Hinweise zu den Verlautbarungen der BStBK zu den Grundsätzen für die Erstellung von Jahresabschlüssen in Bezug auf Gegebenheiten, die der Annahme der Unternehmensfortführung entgegenstehen, abrufbar unter https://www.bstbk.de/downloads/bstbk/steuerrecht-und-rechnungslegung/fachinfos/BStBK_FAQs_Krisenunternehmen.pdf (Abrufdatum: 20.9.2022).

787 **Praxishinweis:** Die Prüfung der Insolvenzreife und die sich daran eventuell anschließenden Maßnahmen (zB Antrag auf Insolvenzeröffnung) liegen weiterhin im alleinigen Verantwortungsbereich des jeweiligen Geschäftsleiters. Der Berater sollte seinem Mandanten dringend anraten, sich qualifizierte rechtliche Beratung im Rahmen eines gesonderten Auftrags zu suchen. Selbstverständlich kann auch der steuerliche Berater im Rahmen eines separaten Auftrags hierzu umfassend beraten. In den Verlautbarungen der Bundesteuerberaterkammer heißt es dazu, dass die Sanierungs- und Insolvenzberatung eine mit dem Berufsbild des Steuerberaters vereinbare Tätigkeit nach § 57 Abs. 3 Nr. 3 StBerG sei, die sich an der Grenze zwischen wirtschaftlicher und rechtlicher Beratung bewegt. Neben der grundsätzlichen Empfehlung, im Zweifel einen Rechtsanwalt zur Beratung hinzuziehen, weist die Bundesteuerberaterkammer ausdrücklich darauf hin, dass der Steuerberater nur dann Leistungen erbringen darf, wenn er auch die erforderliche Sachkunde besitzt. Das Krisenmanagement sei eine interdisziplinäre Aufgabe, die betriebswirtschaftliche, steuer-, arbeits-, gesellschafts- und insolvenzrechtliche Kompetenzen erfordere. Der Steuerberater müsse deshalb geeignete Partner aus anderen Fachdisziplinen einbinden, wenn er den notwendigen Sachverstand in Spezialfragen nicht aufweise (§ 57 Abs. 1 StBerG).[880]

c) Adressaten der Hinweispflicht

788 Die Hinweis- und Warnpflichten gegenüber den gesetzlichen Vertretern und ggf. den Mitgliedern des Überwachungsorgans gelten uneingeschränkt und folgen keinem Subsidiaritätsverhältnis. Bei Vorliegen der Voraussetzungen hat der Berater beide Gruppen direkt zu informieren. Ein Hinweis an die gesetzlichen Vertreter – mit der Bitte um Weiterleitung an das Überwachungsorgan – reicht hier nicht aus.[881]

d) Inhalt der Hinweispflicht

789 Die Geschäftsleiter – und ggf. die Mitglieder des Überwachungsorgans – sind auf die **handels- und insolvenzrechtlichen Prüfungs- und Handlungspflichten** hinzuweisen. Dabei reicht ein einfacher Hinweis auf eine mögliche Insolvenzreife ohne

---

[880] 5.1.3 Hinweise für die Tätigkeit des Steuerberaters als Sanierungs- und Insolvenzberater, Stand April 2022.

[881] BeckOK StaRUG/Mock StaRUG § 102 Rn. 10.

nähere Erläuterung nicht aus.[882] Der Hinweis muss die Umstände, die auf einen Insolvenzgrund hinweisen, im Einzelnen bezeichnen. Konkret ist darauf hinzuweisen, dass diese Umstände Anlass zu einer expliziten (insolvenzrechtlichen) Prüfung einer möglichen Insolvenzreife geben.[883] Der Hinweis hat auch unmissverständlich klarzustellen, dass die Geschäftsleiter vor dem Hintergrund der im Hinweis konkret beschriebenen wesentlichen Anhaltspunkte und maßgeblichen Umstände, die Prüfung einer möglichen Insolvenzreife (§§ 17–19 InsO) zu verantworten und zeitnah zu veranlassen haben.[884]

Der steuerliche Berater hat in seinem Hinweis auch auf die 790
Rechtsfolgen für den Jahresabschluss hinzuweisen, insb. dass bei Vorliegen eines Insolvenzgrundes die Fortführungsvermutung nach § 252 Abs. 1 Nr. 2 HGB möglicherweise entfällt und eine Bilanzierung mit Zerschlagungswerten erforderlich sein kann.[885]

Nach Auffassung der Bundessteuerberaterkammer braucht der 791
Berater nicht zu prüfen, ob die von ihm erteilten Hinweise vom

[882] Rn. 123 der Hinweise zu den Verlautbarungen der BStBK zu den Grundsätzen für die Erstellung von Jahresabschlüssen in Bezug auf Gegebenheiten, die der Annahme der Unternehmensfortführung entgegenstehen, abrufbar unter https://www.bstbk.de/downloads/bstbk/steuerrecht-und-rechnungslegung/fachinfos/BStBK_FAQs_Krisenunternehmen.pdf (Abrufdatum: 20.9.2022).

[883] Rn. 125 der Hinweise zu den Verlautbarungen der BStBK zu den Grundsätzen für die Erstellung von Jahresabschlüssen in Bezug auf Gegebenheiten, die der Annahme der Unternehmensfortführung entgegenstehen, abrufbar unter https://www.bstbk.de/downloads/bstbk/steuerrecht-und-rechnungslegung/fachinfos/BStBK_FAQs_Krisenunternehmen.pdf (Abrufdatum: 20.9.2022).

[884] Ab Rn. 124 der Hinweise zu den Verlautbarungen der BStBK zu den Grundsätzen für die Erstellung von Jahresabschlüssen in Bezug auf Gegebenheiten, die der Annahme der Unternehmensfortführung entgegenstehen, abrufbar unter https://www.bstbk.de/downloads/bstbk/steuerrecht-und-rechnungslegung/fachinfos/BStBK_FAQs_Krisenunternehmen.pdf (Abrufdatum: 20.9.2022).

[885] Rn. 124 der Hinweise zu den Verlautbarungen der BStBK zu den Grundsätzen für die Erstellung von Jahresabschlüssen in Bezug auf Gegebenheiten, die der Annahme der Unternehmensfortführung entgegenstehen, abrufbar unter https://www.bstbk.de/downloads/bstbk/steuerrecht-und-rechnungslegung/fachinfos/BStBK_FAQs_Krisenunternehmen.pdf (Abrufdatum: 20.9.2022).

Mandanten auch verstanden worden sind.[886] Das OLG Schleswig hat sogar entschieden, dass wenn der Berater den Mandanten unmissverständlich auf seine Insolvenzantragspflicht hinweist und der Mandant sich trotzdem für eine Fortführung des Unternehmens entscheidet, ihn der Berater nicht daran hindern muss. Der steuerliche Berater sei nicht der „Lebensberater" des Mandanten.[887]

792 Nach der Rechtsprechung ist der steuerliche Berater nicht einmal verpflichtet, das Mandat niederzulegen. Der Bundesgerichtshof hat in der Entscheidung vom 26.1.2017 unter Verweis auf das Werkvertragsrecht sogar auf die Möglichkeit verwiesen, dass eine ausdrückliche Weisung des Geschäftsleiters, zu Fortführungswerten zu bilanzieren, die Haftung entfallen lassen könne.[888]

793 Dieser Rechtsauffassung kann aber nicht gefolgt werden. Der Berater muss sich des damit **verbundenen Risikos** bewusst sein. Erstellt er den Jahresabschluss weiterhin unter den Fortführungswerten, ist der Abschluss falsch. Eine Haftungsfreizeichnung entlastet ihn allenfalls gegenüber dem Auftraggeber, nicht aber gegenüber Dritten.[889] In der später festgestellten Insolvenz läuft er zum einen Gefahr, dass seine Honorarzahlungen später vom Insolvenzverwalter angefochten werden können (vgl. → Rn. 875). Zum anderen setzt er sich schlimmstenfalls dem Vorwurf der Beihilfe zur Insolvenzverschleppung oder gar der sittenwidrigen oder strafbaren Täuschung des Rechtsverkehrs aus (vgl. → Rn. 964 ff.).[890]

e) Dokumentation der Hinweispflicht

794 Der Hinweis an den Mandanten muss dokumentiert und von dem jeweiligen Berater unter Angabe des Datums der Übersendung oder Aushändigung an den Mandanten unterzeichnet wer-

---

[886] Rn. 129 der Hinweise der BStBK zu den Grundsätzen für die Erstellung von Jahresabschlüssen.

[887] OLG Schleswig 29.11.2019 – 17 U 80/19, NZI 2020, 539.

[888] BGH 26.1.2017 – IX ZR 285/14, DStR 2017, 956 Rn. 34; Eisenhardt/Berbuer DStR 2017, 2075.

[889] Rn. 129 der Hinweise der BStBK zu den Grundsätzen für die Erstellung von Jahresabschlüssen.

[890] OLG Schleswig 29.11.2019 – 17 U 80/19, NZI 2020, 539.

den. Aus Gründen der Beweissicherung ist zu empfehlen, sich den Erhalt durch den Mandanten schriftlich bestätigen zu lassen.[891]

Praxishinweis: Durch § 102 StaRUG rückt der steuerliche Berater noch stärker in den **haftungsrechtlichen Fokus.** An seine Arbeit sind in der Krise des Unternehmens hohe Anforderungen gestellt. Er muss die Fortführungsprognose anhand der ihm zur Verfügung gestellten Unterlagen prüfen. Wichtig ist dabei auch, dass die Jahresabschlüsse rechtzeitig erstellt werden, bzw. den Bilanzen von Krisenmandanten sogar der Vorrang bei der Bearbeitung einzuräumen sein wird.[892] Eingedenk der hohen Belastung, der viele Berater schon heute ausgesetzt sind und im Hinblick auf den Fachkräftemangel, unter dem gerade auch der Berufsstand der Steuerberater/Wirtschaftsprüfer leidet, ist die zeitnahe Erstellung des Jahresabschlusses in der Praxis nicht immer gewährleistet. Arbeitsüberlastung wird den steuerlichen Berater im Fall der Haftung aber nicht exkulpieren. **795**

(einstweilen frei) **796–798**

IV. Spezielle Pflichten des Sanierungsberaters

In der Krise muss der Geschäftsleiter – wie aufgezeigt – versuchen, das Unternehmen zu sanieren. Gleichzeitig muss er seine rechtlichen Verpflichtungen im Auge haben, um im Falle des Scheiterns der Sanierung nicht selbst in die Haftung zu geraten. Um diese Maßgaben einzuhalten, bedient sich der Geschäftsleiter in der Krisenberatung der Hilfe von Rechtsanwälten, Wirtschaftsprüfern und Steuerberatern (nachfolgend **„der Sanierungsberater“**). **799**

[891] Rn. 128 der Hinweise zu den Verlautbarungen der BStBK zu den Grundsätzen für die Erstellung von Jahresabschlüssen in Bezug auf Gegebenheiten, die der Annahme der Unternehmensfortführung entgegenstehen, abrufbar unter https://www.bstbk.de/downloads/bstbk/steuerrecht-und-rechnungslegung/fachinfos/BStBK_FAQs_Krisenunternehmen.pdf (Abrufdatum: 20.9.2022).

[892] Farr PG 2022, 436.

1. Gegenstand der Beauftragung

800 Die Sanierungsberatung ist eine dienstvertragliche Geschäftsbesorgung (§§ 675, 611 BGB). Der Sanierungsberater erbringt Beratungsleistungen, im Zusammenhang mit der Sanierung und Insolvenz des Unternehmens.[893] Von einem Geschäftsbesorgungsvertrag mit werkvertraglichem Charakter (§§ 675, 631 BGB) ist auszugehen, wenn der Sanierungsberater ein Gutachten zur Sanierung zu erstellen oder Jahresabschlüsse oder eine Überschuldungsbilanz zu erstellen hat.[894]

801 Auch beim Sanierungsberater ergibt sich der Umfang seiner Tätigkeit aus dem mit dem Mandanten abgeschlossen Vertrag. Auch wenn das Mandant häufig unter hohem zeitlichem Druck zustande kommt, muss der Sanierungsberater schon zu eigenem Schutz großen Wert auf eine Dokumentation seiner Beauftragung legen. Diese **Mandatsvereinbarung** sollte folgende Gesichtspunkte regeln:

- Gegenstand des Auftrags,
- Ziel des Auftrags,
- Abgrenzung von nicht zu erbringenden Leistungen,
- Zeitraum der Tätigkeit,
- vorhandene Informationen und Dokumente,
- Benennung der für Informationen zur Verfügung stehenden Personen.[895]

802 Nicht immer wird sich bei der **Annahme eines Sanierungsmandates** der Umfang des Mandates genau festlegen lassen.[896] Hier ergeben sich im Verlauf des Mandates durch weitere Erkenntnisse und Zeitablauf jeweils neue Situationen und damit ein anderer Beratungsbedarf. Umso wichtiger ist es, dass der Sanierungsberater seine Aufgaben und seine Arbeitsleistungen unter Verwendung der **berufstypischen Standards** dokumentiert. Er hat die ordnungsgemäße Befragung und Belehrung des

---

[893] Frege NZI 2006, 545.
[894] Altmeppen GmbHG Vorbemerkung zu § 64 Rn. 148 mwN.
[895] Frege NZI 2006, 545.
[896] Frege NZI 2006, 545.

Mandanten zB durch Checklisten[897] und Gesprächsprotokolle nachzuweisen. Der Verlauf der Sanierungsberatung ist anhand von Gesprächsprotokollen zu belegen.[898] Idealerweise sollte das Mandat in Form einer schriftlichen Beendigungserklärung beendet werden. Der Sanierungsberater muss sich darüber bewusst sein, dass die von ihm gefertigten Unterlagen später ggf. herausverlangt werden.[899] Sind mehrere Berater eingeschaltet, zB Steuerberater, Wirtschaftsprüfer und Rechtsanwälte, sollten die von den jeweiligen Beratern zu erbringenden Leistungen voneinander abgegrenzt werden. Jeder Berater muss sicherstellen, dass in seinem Mandatsvertrag exakt beschrieben wird, welche Beratungsleistungen er zu erbringen hat, für welche Beratungsfelder er also zuständig ist und in welchen Feldern er nicht zu beraten hat.

Der Sanierungsberater hat darauf zu achten, nicht in die Posi- 803
tion **eines faktischen Geschäftsführers** zu gelangen.[900] Der Sanierungsberater ist dann als faktischer Geschäftsführer anzusehen, wenn er nach innen und nach außen tatsächlich das Unternehmen leitet und alle wesentlichen wirtschaftlichen und kaufmännischen Entscheidungen trifft, zB mit den Gläubigerbanken verhandelt, alle Verfügungen des Unternehmens freigibt und auf Briefpapier des Unternehmens Vereinbarungen trifft.[901]

Praxishinweis: Gerade im Hinblick auf die Beratung zu einer möglichen 804
Insolvenzantragspflicht, der Geltendmachung von Haftungsansprüchen sowie des Auftretens gegenüber Dritten muss klar erkennbar sein, wer tatsächlich das Mandat erteilt hat. Generell kommt eine faktische Geschäftsführung des Sanierungsberaters nur unter sehr engen Voraussetzungen in Betracht. Strittig ist, ob ein faktischer Geschäftsführer im Rahmen von §§ 60, 611 InsO überhaupt haftbar gemacht werden kann.[902]

[897] Vgl. die hilfreiche Checkliste in BeckStB-HdB 2021/2022/Rohde Rn. 192.

[898] Frege NZI 2006, 545.

[899] BGH 25.10.1988 – XI ZR 3/88, NJW 1989, 1216.

[900] Frege NZI 2006, 545.

[901] OLG München 6.8.2004 – 2 Ws 660/04, 2 Ws 694/04, ZIP 2004, 2438.

[902] Gottwald/Haas/Haas, § 88 Rn. 88.

2. Krisenspezifische Beratungsanforderungen

805 Es werden Mindestanforderungen an die betriebswirtschaftlichen Beratungsleistungen für insolvenzgefährdete Unternehmen gestellt. Der Sanierungsberater muss zur Sanierungsprüfung **fundierte betriebswirtschaftliche Kenntnisse** aufweisen und die grundlegenden Maßgaben an ein Sanierungskonzept einhalten. Zugleich erfordert eine Sanierungsberatung gute Kenntnisse vor allem im Gesellschafts-, Arbeits-, Insolvenz- und Steuerrecht.[903] Nach dem Urteil des *OLG Celle* 23.10.2003[904] sind folgende betriebswirtschaftliche Mindeststandards einzuhalten:

- Beschreibung und Analyse des Unternehmens, insb. Krisenursachen,
- Lagebeurteilung,
- gründliche Schwachstellenanalyse, Stärken und Schwächen des Unternehmens,
- Maßnahmen zur Sanierung des Unternehmens,
- Entwicklung von Sanierungsstrategien,
- Sicherung der Liquidität,
- Vermögensstatus,
- Verbindlichkeitenstatus,
- Gewinn- und Verlustberechnungen,
- Planrechnungen und deren Verprobung,
- Prüfung,
- Beurteilung,
- Neuaufstellung.

806 Bei einer ordnungsgemäßen Krisenberatung muss der Berater hinweisen auf

- gesellschaftsrechtliche Anzeige- und Einberufungspflichten, zB bei einem Verlust in Höhe der Hälfte des Stammkapitals (§ 49 Abs. 3 GmbHG) bzw. Grundkapitals (§ 92 Abs. 1 AktG, § 33 Abs. 3 GenG),

[903] Frege NZI 2006, 545 (547).
[904] OLG Celle 23.10.2003 – 16 U 199/02, NJW 2003, 3638.

- insolvenzrechtliche Antragspflichten einschließlich der gesetzlichen Antragsfristen,
- wertpapierrechtliche Anzeigepflichten (§ 15 WpHG, „ad hoc-Publizität"),
- Hinweis auf die Strafbewehrung nach § 84 Abs. 1 Nr. 1 GmbHG, § 401 Abs. 1 Nr. 1 AktG, § 148 Abs. 1 Nr. 1 GenG,
- Hinweis auf das Verbot zur Rückgewähr der Einlagen nach § 57 Abs. 1 Nr. 1 AktG und § 30 GmbHG,
- Aufklärung über die Maßgaben des Zahlungsverbots nach § 15b InsO und § 92 Abs. 3 AktG.[905]

Der Sanierungsberater muss die Möglichkeiten kennen und **807** empfehlen, mit denen die im Einzelfall bestehende Krise tatsächlich beseitigt werden kann (zB Zuführung neuen Kapitals, Zusage neuer Kredite, Stundung, Forderungsverzicht, Inanspruchnahme staatlicher Hilfe).[906]

Die in der Praxis entwickelten Modelle nachhaltiger, außer- **808** gerichtlicher Sanierungen (wie zB Verkauf notleidender Kredite, Management-Buy-out ua) muss der Sanierungsberater angepasst an den konkreten Einzelfall anwenden bzw. anwenden können.[907]

In den Grenzen des erteilten Mandats hat der Sanierungsberater **809** umfassend und erschöpfend zu beraten, dh der Sanierungsberater muss alle Zweifel und Bedenken, zu denen die Sach- und Rechtslage Anlass gibt und die mit der Sanierung verbundenen Risiken darlegen. Es gelten die zum Berater dargelegten Hinweis- und Warnpflichten entsprechend.

Beabsichtigt der Mandant eine rechtlich bedenkliche Maß- **810** nahme, hat der Sanierungsberater ihn auf die Rechtslage hinzuweisen, die gegen den beabsichtigten Weg sprechenden Gründe zu erläutern und über die bei Verstoß gegen die gesetzliche Regelung drohenden Risiken zu belehren. Dazu gehört auch, den Mandanten über das in etwa abschätzbare Ausmaß des Risikos zu unterrichten. Der Mandant wird idR lediglich auf Grund einer

---

[905] Frege NZI 2006, 545.
[906] Frege NZI 2006, 545.
[907] Frege NZI 2006, 545.

Einschätzung des Risikoumfangs über sein weiteres Vorgehen entscheiden können.

811 Der Sanierungsberater hat darauf zu achten, dass er jeweils die Interessen der ihn beauftragenden Gesellschaft wahrt; verfolgen zB Geschäftsleiter und Gesellschafter ihre eigenen Interessen im Gegensatz zu den Interessen der Gesellschaft, darf der Berater hierbei nicht mitwirken.[908]

812 Ein Sanierungsberater muss berücksichtigen, dass er **als Organ der Rechtspflege** ein besonderes allgemeines Vertrauen in seine Unparteilichkeit und in seine Kenntnis von Rechtsprechung und Lehre genießt. Erkennbar falsche Angaben des Unternehmens darf er nicht nach außen vertreten. Vielmehr muss er, wenn er Anlass hat, die Richtigkeit der ihm gemachten Angaben zu bezweifeln, nachforschen und wenn möglich, die Richtigkeit der Angaben sicherstellen. Gelingt ihm dies nicht, weil zB die Zeit fehlt oder weil es keine Möglichkeit gibt, die Angaben näher zu verifizieren, hat er dies gegenüber den Beteiligten offenzulegen.[909]

813 Diese **Offenbarungspflichten** sind insb. wahrzunehmen, wenn der Berater ein Gutachten, zB zu Unternehmenswerten, zur Sanierungsfähigkeit oder zu den Voraussetzungen einer Insolvenz zu erstellen hat. Als Gutachter haftet er dem Auftraggeber und Dritten gegenüber für die Richtigkeit der in seinem Gutachten enthaltenen Angaben.

814 Diejenigen gelangen in den Schutzbereich des Gutachtenauftrags, bei denen der Gutachter damit rechnen musste, dass das von ihm erstellte Gutachten den Beteiligten übergeben wird (zB Banken).[910]

815 Obgleich häufig in Sanierungsmandaten ein hoher Zeitdruck besteht und auch die Kommunikation zwischen den Unternehmensverantwortlichen und dem zur Sanierung eingeschalteten Berater nicht immer optimal läuft, hat der Sanierungsberater die Richtigkeit der Angaben seines Auftraggebers zu überprüfen, wenn sie wenig plausibel sind oder sich Widersprüche zeigen. Er

---

[908] Frege NZI 2006, 545.

[909] BGH 13.11.1997 – X ZR 144/94, NJW 1998, 1059.

[910] BGH 14.11.2000 – X ZR 203/98, NJW 2001, 514.

darf ins „Blaue" hinein gemachte Angaben nicht ohne weiteres übernehmen. Besteht für ihn keine Gelegenheit, die Angaben zu prüfen, hat er dies in seinem Gutachten ausdrücklich zu verzeichnen. Verwendet er in seinem Gutachten Tatsachenmaterial, das er nicht oder nur teilweise selbst ermittelt oder nicht oder nur teilweise überprüft hat, muss er dies mit Angabe der Quellen im Gutachten jedenfalls dann eindeutig vermerken, wenn er weiß oder wissen muss, dass das Gutachten auch als Entscheidungshilfe für andere als den Auftraggeber dienen soll.[911]

Praxishinweis: Bereits in dem Gutachten sollte genau verzeichnet werden, welche Informationen dem Gutachten zu Grunde liegen, welche Personen Informationen erteilt haben und welche Bereiche nicht vom Gutachter überprüft worden sind.[912] 816

Zusammenfassung der Pflichten des Beraters in der Krise: Die Pflichten des Beraters richten sich nach dem Umfang des erteilten Mandats. Das Dauermandat umfasst grundsätzlich die steuerliche Beratung, Buchhaltung sowie Erstellung des Jahresabschlusses. Äußert sich der Berater über Themen, die über seine Beauftragung hinausgehen, müssen diese inhaltlich richtig sein. Wünscht der Mandant die Beantwortung dieser speziellen Fragestellungen, ist dem Berater zu raten eine gesonderte Beauftragung einzuholen. 817

Ergeben sich bei Erstellung des Jahresabschlusses Anhaltspunkte, die der Fortführung des Unternehmens entgegenstehen können, ist der Berater verpflichtet die Fortführungsprognose zu prüfen. Sollte der Berater bei Erstellung des Jahresabschlusses offenkundige Anhaltspunkte für das Vorliegen von Insolvenzgründen feststellen, ist er gem. § 102 StaRUG gesetzlich verpflichtet, seinen Mandanten sowohl auf das Vorliegen an sich als auch auf die sich hieraus ergebenden Pflichten hinzuweisen. 818

Ein Sanierungsberater sollte auf umfassende Kenntnisse im Gesellschafts-, Arbeits-, Insolvenz- und Steuerrecht zurückgreifen können. Denn er ist ua verpflichtet seinen Mandanten auf gesellschaftsrechtliche Anzeige- und Einberufungspflichten; insolvenzrechtliche Antragspflichten sowie ggf. strafrechtliche Risiken hinzuweisen. Bei der Erstellung von Sanierungsgutachten sollte oberste Priorität auf die inhaltliche Richtigkeit gelegt werden. 819

(einstweilen frei) 820–824

[911] BGH 13.11.1997 – X ZR 144/94, NJW 1998, 1059.
[912] Vgl. hierzu auch Frege NZI 2006, 545 (550 mwN).

B. Zivilrechtliche Haftung des Beraters in der Krise

Die Unternehmenskrise ist ein haftungsträchtiges Umfeld für alle Beteiligen. Oder wie es Gräfe[913] ausdrückt: „jede Insolvenz sucht nach ihrem Schuldigen". Verstärkt nehmen Insolvenzverwalter, aber auch Gläubiger des insolventen Unternehmens, Steuerberater und Wirtschaftsprüfer ins Visier der Haftung. Während Ansprüche gegen Gesellschafter und Geschäftsleiter häufig wirtschaftlich nicht realisierbar sind, verfügen Steuerberater und Wirtschaftsprüfer über eine Berufshaftpflichtversicherung. Auch wenn der Fall „Wirecard" einmalig spektakulär und sicherlich mit den sonst üblichen Insolvenzverfahren nicht vergleichbar ist, zeigt er doch, dass Insolvenzverwalter bemüht sind, möglichst viel Masse für die Gläubiger zu sichern. Schon allein deshalb, weil sich der Insolvenzverwalter sonst selbst haftbar machen kann. Im nachfolgenden Kapitel werden die unterschiedlichen Haftungsrisiken erläutert. Neben der vertraglichen Haftung stellt auch die deliktische Haftung ein nicht zu unterschätzendes Risiko dar. Der Berater kann von seinem Mandanten, einem Gesellschafter bzw. Geschäftsleiter und/oder von den Gläubigern der Gesellschaft in Anspruch genommen werden. **825**

I. Vertragliche Haftung gegenüber dem Mandanten

Verletzt der Berater eine der vorstehend beschriebenen Pflichten, so ist er seinem Mandanten aufgrund vertraglicher Ver- **826**

[913] Gräfe DStR 2010, 618.

pflichtung gem. §§280 Abs. 1, 634 Nr. 4, 675 Abs. 1 BGB zum Schadensersatz verpflichtet. Die Gesellschaft bzw. der Insolvenzverwalter hat das Vorliegen der haftungsbegründenden Tatbestandsmerkmale darzulegen und ggf. zu beweisen.[914]

1. Vertrag

827 Es wird den Insolvenzverwalter grundsätzlich vor keine großen Schwierigkeiten stellen, nachzuweisen, dass ein Vertrag zwischen dem Berater und der Gesellschaft geschlossen worden ist. Anders wird dies zu beurteilen sein, wenn zB der Dauerberater einen konkreten Auftrag zur Prüfung der Insolvenzreife erhalten hat. In diesem Fall muss der Insolvenzverwalter die Erteilung und den Umfang des konkreten Prüfauftrags darlegen und beweisen.[915]

2. Anweisung der Gesellschaft

828 Die vertragliche Haftung kann entfallen, wenn der Berater auf Anweisung der Gesellschaft einen fehlerhaften Jahresabschluss erstellt oder wider besseres Wissen von Fortführungswerten ausgeht. Beruht der Mangel des Jahresabschlusses auf einer Anweisung oder verbindlichen Vorgabe der Gesellschaft bzw. des Geschäftsleiters, entfällt die Innenhaftung für diesen Mangel. Der Berater muss in diesem Fall beweisen, dass er eine Fortführungsprognose durchgeführt hat und zu dem Ergebnis gekommen ist, dass Zweifel an der Fortführung der Gesellschaft bestehen. Zudem muss er beweisen, dass er die Gesellschaft darauf hingewiesen hat. Die vom Mandanten erteilte Anweisung hat der Berater in dem von ihm erstellten Jahresabschlussentwurf zu dokumentieren.[916]

829 Dem Berater ist jedoch von so einem Vorgehen dringend abzuraten. Eine Anweisung des Mandanten entlastet den Berater nicht von dem Vorwurf, gegen seine berufs- und handelsrechtlichen

[914] BGH 26.1.2017 – IX ZR 285/14, NZI 2017, 312 (313).
[915] BGH 20.7.2006 – IX ZR 47/04, NJW 2006, 3496.
[916] BGH 26.1.2017 – IX ZR 285/14, NZI 2017, 312 (316).

Pflichten verstoßen zu haben. Dies kann ggf. sogar strafrechtliche Konsequenzen nach sich ziehen (vgl. → Rn. 934 ff.). Es drohen auch haftungsrechtliche Konsequenzen, wenn der Mandant die Bilanz gegenüber Dritten verwendet, um damit eine nicht mehr vorhandene Überlebensfähigkeit vorzutäuschen (vgl. → Rn. 859 f.).[917]

3. Kausalität

Der Nachweis der Kausalität stellt – aus Sicht des Insolvenzver- 830
walters – eine große Hürde dar. Schließlich muss der Insolvenzverwalter den Ursachenzusammenhang zwischen der fehlerhaften Auskunft über die Insolvenzreife und dem eingetretenen Schaden darlegen und beweisen. Mit anderen Worten muss er nachweisen, dass die Gesellschaft bei pflichtgemäßen Verhalten des Beraters unmittelbar Insolvenzantrag gestellt hätte. Die Schwierigkeit hieran ist, dass der Insolvenzverwalter – im Falle der fehlerhaften Auskunft über die Insolvenzreife – nicht von den Grundsätzen des Anscheinsbeweises für beratungsgemäßes Verhalten profitieren kann. Nach Rechtsprechung des BGH gilt in Verträgen mit rechtlichen Beratern zwar grundsätzlich die Vermutung, dass der Mandant beratungsgemäß gehandelt hätte, wenn nach Lebenserfahrung bei vertragsgemäßer Leistung des Beraters nur ein bestimmtes Verhalten naheliegt. Der vorliegende Fall unterscheidet sich von diesem Grundsatz, weil der Gesellschaft bei vertragsgemäßer Leistung zwei Handlungsalternativen offenstehen. Erkennt der Berater die Insolvenzreife, kann die Gesellschaft zum einen Antrag auf Eröffnung des Insolvenzverfahrens stellen. Zum anderen besteht die Möglichkeit innerhalb der Antragsfrist Sanierungsmaßnahmen vorzunehmen, um die Insolvenz abzuwenden. Bei einer solchen Sachlage ist nach Rechtsprechung des BGH kein Raum für die Beweiserleichterung des Anscheinsbeweises. Der Insolvenzverwalter muss also beweisen, dass die Gesellschaft den Schaden durch rechtzeitige Einleitung des Insolvenzverfahrens verhindert hätte. Dieser Nachweis ist schwer zu führen.[918]

---

[917] Pape NZI 2019, 260 (263).

[918] BGH 14.6.2012 – IX ZR 145/11, NJW 2012, 3165 (3170).

831 Diese Schwierigkeit stellt sich für den Insolvenzverwalter allerdings nicht, wenn die Sanierungsfähigkeit der Gesellschaft von vornherein ausgeschlossen ist. In diesem Fall ist die einzig naheliegende Handlungsmöglichkeit der Gesellschaft der Antrag auf Eröffnung des Insolvenzverfahrens. Sodann sind die Grundsätze der Vermutung beratungsgemäßen Verhaltens anwendbar und die Kausalität wird aufgrund des Anscheinsbeweises vermutet. Nun hat der Berater nachzuweisen, dass der Schaden auch bei rechtzeitiger Stellung des Insolvenzantrags eingetreten wäre.[919]

4. Mitverschulden

832 Ist der Gesellschaft ein Mitverschulden nach § 254 Abs. 1 BGB anzulasten, so kann die Haftung (zumindest teilweise) entfallen. Schließlich sind die Organe der Gesellschaft auch bei Beratung durch einen Dritten nicht von ihrer Selbstprüfungspflicht entbunden.[920] Trifft den Geschäftsleiter ein eigenes Verschulden, so wird sein Verschulden der Gesellschaft nach § 31 BGB analog zugerechnet. In diesem Fall haftet der Berater nicht vollumfänglich. Verletzen sowohl Berater als auch Geschäftsleiter ihre Pflichten, so können beide vom Insolvenzverwalter als Gesamtschuldner in Anspruch genommen werden.[921] Der Haftungsumfang bemisst sich anhand des Gewichts der jeweiligen Mitverantwortung.[922]

833 Verdeutlicht wird diese Thematik am Beispiel der Erstellung des Jahresabschlusses durch den Berater: Einerseits ist es die vertraglich geschuldete Pflicht des Beraters, Fehler in der Buchführung der Gesellschaft zu erkennen. Andererseits soll der Jahresabschluss auch nicht die gesellschaftsinterne Buchführung ersetzen. Gerade bei der Jahresabschlusserstellung ohne Beurteilung hat der Abschlussersteller nur eingeschränkte Kenntnisse und Einsicht in die Unterlagen, was für Mitverschulden des Mandanten sprechen

[919] BGH 14.6.2012 – IX ZR 145/11, NJW 2012, 3165 (3170).
[920] BGH 6.6.2013 – IX ZR 204/12, NJW 2013, 2345.
[921] Pape NZI 2019, 260 (264).
[922] MüKoBGB/Oetker BGB § 254 Rn. 106.

kann.[923] Generell gilt: Bei der Bewertung des wechselseitigen Verschuldensgrads ist die Schwere der dem Berater vorzuwerfenden Pflichtverletzung, also etwa das Ausmaß, in dem das Ergebnis der Prüfung von den tatsächlichen Verhältnissen abweicht, von Bedeutung:[924]

Beispiel 1: Hat der Berater der Gesellschaft anstelle der tatsächlich verwirk- **834**
lichten Überschuldung einen erheblichen Vermögensüberschuss attestiert, kann dies der Geschäftsleitung Anlass geben, die gebotene Selbstprüfung der wirtschaftlichen Lage zu vernachlässigen und risikoträchtige Geschäfte einzugehen. Beispielsweise indem bei der Preiskalkulation großzügig verfahren und nicht genau auf die Kostendeckung Bedacht genommen wird. Hier dürfte von einem überwiegenden Verschulden des Beraters auszugehen sein, weil er bei der Gesellschaft das irrige Vertrauen weckt, sich nicht in einer wirtschaftlichen Schieflage zu befinden.[925]

Beispiel 2: Anders verhält es sich, wenn dem Berater lediglich anzulasten ist, das **835**
Vermögen der Gesellschaft infolge einer Überbewertung der stillen Reserven gleich hoch wie ihre Verbindlichkeiten angesetzt und deswegen eine Überschuldung abgelehnt zu haben. Auf der Grundlage eines solchen Ergebnisses muss dem Geschäftsleiter bewusst sein, den Geschäftsbetrieb nur bei Vermeidung weiterer Verluste unter strikter Wahrung der Kostendeckung fortsetzen zu dürfen. Dann trägt er die primäre Verantwortung dafür, dass keine weiteren Einbußen entstehen. Wird hierdurch die Überschuldung vertieft, kann in Betracht kommen, ein ganz überwiegendes Mitverschulden der Gesellschaft oder gar eine Haftungsfreistellung des Beraters zu Grunde zu legen.[926]

Das OLG Koblenz hat in einer Entscheidung die Haftung **836**
des Beraters aufgrund des überwiegenden Mitverschuldens des Geschäftsleiters gänzlich entfallen lassen. Begründet wurde dies damit, dass der Geschäftsleiter schon seit geraumer Zeit die Zahlungsunfähigkeit der Gesellschaft kannte. Angesichts verspäteter bzw. ausbleibender Zahlungen von Sozialversicherungsbeiträgen und Mieten, nicht eingehaltener Ratenzahlungsvereinbarungen und zahlreicher offengebliebener fälliger Verbindlichkeiten war

---

923 Str. vgl. Eisenhardt/Berbuer DStR 2017, 2075 mwN.

924 BGH 6.6.2013 – IX ZR 204/12, NJW 2013, 2345 (2347).

925 BGH 6.6.2013 – IX ZR 204/12, NJW 2013, 2345 (2347) (für den Abschlussprüfer).

926 BGH 6.6.2013 – IX ZR 204/12, NJW 2013, 2345 (2347) (für den Abschlussprüfer).

die eigene Kenntnis des Geschäftsleiters von der Zahlungsunfähigkeit der Gesellschaft offensichtlich.[927]

5. Vertraglicher Haftungsausschluss

837 Der Berater kann durch Vereinbarung eines Haftungsausschlusses die Haftung für Schäden bis zu einer Höhe von EUR 1 Mio. vertraglich ausschließen, § 67a StBerG. Dies gilt nur für fahrlässig begangene Pflichtverletzungen. Ein Haftungsausschluss für vorsätzliche Pflichtverletzungen ist nicht möglich.[928]

6. Berufshaftpflichtversicherung

838 Hat sich der Berater schadensersatzpflichtig gemacht, kann er sich im Regelfall bei seiner Haftpflichtversicherung schadlos halten. Hiervon gibt es jedoch eine wichtige Ausnahme. Der Versicherungsschutz wird ausgeschlossen sein, wenn dem Berater eine strafrechtlich relevante, vorsätzliche Beihilfe zur Insolvenzverschleppung zur Last gelegt wird. Wann im Einzelfall eine strafbare Teilnahme an der Insolvenzverschleppung vorliegt, wird ausführlich unter → Rn. 964 ff. erläutert.

7. Rechtsfolge: Schadensersatz

839 Rechtsfolge der vertraglichen Pflichtverletzung ist die Schadensersatzverpflichtung des Beraters. Im Falle des mit der Überprüfung der Insolvenzreife beauftragten Beraters bemisst sich der Schaden nach der Differenz zwischen der Vermögenslage der Gesellschaft im (hypothetischen) Zeitpunkt der rechtzeitigen Antragstellung im Vergleich zu ihrer Vermögenslage im Zeitpunkt des tatsächlich gestellten Insolvenzantrags. Mit anderen Worten besteht der Schadensersatzanspruch in der Höhe des Betrags, um

---

[927] OLG Koblenz 30.10.2020 – 3 U 47/20, BeckRS 2020, 31779 Rn. 37 ff.
[928] BeckStB-HdB 2021/2022/Koslowski Kap U Rn. 79.

den sich die Überschuldung infolge der verspäteten Insolvenzantragstellung erhöht hat (sog. **Verschleppungsschaden**).[929] Der Verschleppungsschaden umfasst die Vergrößerung der Verbindlichkeiten, welche durch die Fortführung der Unternehmenstätigkeit entstanden sind. Der Berater haftet also für alle Verbindlichkeiten, welche nach Eintritt der Insolvenzreife entstanden sind.[930]

Der Berater kann sich der Haftung entziehen, indem er darlegt, **840** dass zwischen dem Entstehen der Verbindlichkeiten und der Fortsetzung der Geschäftstätigkeit (aufgrund des unterlassenen Hinweises auf die Insolvenzreife) kein kausaler Zusammenhang besteht. Dies kommt in Betracht, wenn die Verbindlichkeiten durch wirtschaftlich nicht vertretbare Entscheidungen der Geschäftsleitung entstanden sind. Der Berater haftet nicht für unvorhersehbare Risikogeschäfte des Unternehmers, wie Spekulationsgeschäfte, welche eine finanzielle Notlage abwenden sollen.[931]

(einstweilen frei) **841–845**

II. Vertragliche Haftung gegenüber Dritten

Grundsätzlich kommt eine vertragliche Haftung nur im Verhält- **846** nis Berater und Gesellschaft bzw. Insolvenzverwalter in Betracht. Etwas anderes gilt, wenn Dritte (Gesellschafter, Geschäftsleiter und Gläubiger) in den **Schutzbereich des Beratungsvertrages** einbezogen worden sind.

1. Vertrag mit Schutzwirkung zugunsten Dritter

Voraussetzung ist zunächst, dass es sich um einen Beratungs- **847** vertrag mit Schutzwirkung zugunsten Dritter (VSD) handelt. Bei einem VSD steht der Leistungsanspruch (= Beratungsleistung)

---

929 Kruth SteuK 2014, 225 (226f.).
930 Pape NZI 2019, 260 (264).
931 Pape NZI 2019, 260 (264).

weiterhin ausschließlich dem Gläubiger (Gesellschaft) zu. Der Dritte wird jedoch in die vertraglichen Sorgfalts- und Obhutspflichten einbezogen, sodass er bei deren Verletzung vertragliche Schadensersatzansprüche gegen den Berater geltend machen kann.[932]

848 Wie bereits zur Haftung gegenüber der Gesellschaft ausgeführt, ist die Voraussetzung der vertraglichen Haftung zunächst die Pflichtverletzung des Beraters. Insofern kann an dieser Stelle auf die bisherigen Ausführungen verwiesen werden. Die für den Berater entscheidende Frage ist die Einbeziehung des Dritten in den Schutzbereich des Beratungsvertrages. Folgende Voraussetzungen müssen hierfür erfüllt sein:

- Vertrags- oder Leistungsnähe des Dritten (= Dritter kommt mit der Leistung des Beraters an die Gesellschaft typischerweise und nicht nur zufällig in Berührung),
- Einbeziehungsinteresse (= die Leistung soll nach dem Parteiwillen auch dem Dritten zugutekommen),
- Erkennbarkeit für den Berater (= die mögliche Einbeziehung von Dritten in den Schutzbereich sowie der Kreis der einzubeziehenden Dritten muss erkennbar sein).[933]

849 Schutzwirkungen zugunsten Dritter sind grundsätzlich bei Verträgen zu bejahen, mit denen der Auftraggeber von einer Person, die über eine besondere, vom Staat anerkannte Sachkunde verfügt (zB Wirtschaftsprüfer, Steuerberater), ein Gutachten oder eine gutachterliche Äußerung bestellt, um davon gegenüber Dritten Gebrauch zu machen.[934]

2. „Dritter“

850 Ob und inwiefern der Berater einem Dritten gegenüber ersatzpflichtig ist, hängt zunächst davon ab, wer Dritter ist.

---

[932] BGH 14.6.2012 – IX ZR 145/11, NJW 2012, 3165 (3166).
[933] BeBiKo/Justenhoven/Feldmüller HGB § 323 Rn. 175.
[934] BGH 14.6.2012 – IX ZR 145/11, NJW 2012, 3165 (3167) Rn. 18.

a) Geschäftsleiter

Ist der Berater mit der Prüfung der Insolvenzreife der Gesellschaft beauftragt worden, ist ebenfalls der Geschäftsleiter in den Schutzbereich des Prüfauftrags einbezogen. Der Drittschutz beruht darauf, dass der Geschäftsleiter vom Inhalt der Prüfung maßgeblich betroffen ist: Kommt der Berater zu dem Ergebnis, dass Insolvenzreife vorliegt, ist es die Aufgabe und Verpflichtung des Geschäftsleiters die gesetzlichen Folgerungen durch Stellung des Insolvenzantrags zu ziehen. Ein weiterer Grund für die Einbeziehung des Geschäftsleiters ist, dass dem Geschäftsleiter bei Missachtung der Insolvenzantragspflicht auch die zivilrechtliche Haftung droht.[935] **851**

Wird der Geschäftsleiter vom Insolvenzverwalter auf Ersatz von masseschmälernden Zahlungen nach § 15b Abs. 4 S. 1 InsO oder für den Insolvenzverschleppungsschaden aus §§ 823 Abs. 2 BGB iVm § 15a Abs. 1 S. 1 InsO herangezogen, so besteht die Höhe der Schadensersatzverpflichtung des Beraters in Höhe der Ersatzverpflichtung des Geschäftsleiters.[936] Der Berater kann dieselben Einwände vorbringen wie bei der vertraglichen Haftung (vgl. → Rn. 831 ff.). Insbesondere kann ein Mitverschulden des Geschäftsleiters haftungsausschließend wirken. **852**

Der BGH hat jüngst nun auch die Einbeziehung des (auch faktischen) Geschäftsleiters in den Schutzbereich des allgemeinen Beratungsvertrags (dh ohne konkreten Prüfauftrag zur Insolvenzreife) bejaht. Wird eine Gesellschaft regelmäßig beraten, muss der Berater bei einer drohenden Insolvenz den Geschäftsleiter auch vor dessen eigener Haftung warnen. Vorausgesetzt er ist bei Bearbeitung des Mandats mit der wirtschaftlichen Krise der Gesellschaft befasst. Die Haftung des Beraters kommt jedoch nur dann in Betracht, wenn **853**

- ihm der mögliche Insolvenzgrund bekannt wird,
- dieser für ihn offenkundig ist oder
- der Insolvenzgrund sich ihm bei ordnungsgemäßer Bearbeitung des Mandats aufdrängt.

---

[935] BGH 14.6.2012 – IX ZR 145/11, NJW 2012, 3165 (3168).
[936] Kruth SteuK 2014, 225 (227).

Die bloße Erkennbarkeit reicht nicht aus. Zusätzliche Haftungsvoraussetzung ist, dass der Berater Grund zu der Annahme hat, der Geschäftsleiter habe keine Kenntnis über das Vorliegen des Insolvenzgrundes und den hieraus resultierenden Handlungspflichten. Aus der Hinweis- und Warnpflicht folgt im Übrigen nicht die Verpflichtung des Beraters, eine eigenständige Prüfung und Ermittlung des Insolvenzgrundes vorzunehmen.[937]

b) Gesellschafter

854 Genau wie der Geschäftsleiter ist der Gesellschafter in den Prüfauftrag zur Feststellung der Insolvenzreife als Dritter eingebunden. Begründet wird dies damit, dass die Beantwortung der Frage, ob Insolvenzreife vorliegt, regelmäßig zu Vermögensdispositionen des Gesellschafters führt. Da zum Beispiel die Sanierung einer Gesellschaft ohne Mitwirkung ihrer Gesellschafter nicht gelingen kann, sind die Interessen der Gesellschaft und des Gesellschafters bei der Feststellung einer etwaigen Insolvenzreife – gerade auch aus dem Blickwinkel eines Beraters – aufs Engste miteinander verwoben.[938]

855 Der Gesellschafter kann den Berater für den Ersatz des Schadens in Anspruch nehmen, der dadurch entstanden ist, dass er auf Grundlage der fehlerhaften Hinweise, in die nicht mehr sanierungsfähige Gesellschaft investiert hat. Er kann ihn auch für den Wertverlust der Geschäftsanteile in Regress nehmen, wenn er aufgrund der Falschberatung keine Gelegenheit mehr hatte, bei einem sanierungsfähigen Unternehmen rechtzeitig Sanierungsmaßnahmen einzuleiten.[939]

c) Gläubiger

856 Grundsätzlich kommt auch eine Einbeziehung von Gläubigern in den Schutzbereich des Beratungsvertrages – und damit auch eine Haftung des Beraters gegenüber Gläubigern seines Mandanten (!) – nach den Grundsätzen der sog. „Expertenhaftung“

---

[937] BGH 29.6.2023 – IX ZR 56/22, BeckRS 2023, 19515.

[938] BGH 14.6.2012 – IX ZR 145/11, NJW 2012, 3165 (3168).

[939] Kruth SteuK 2014, 225 (227).

in Betracht.[940] Eine Ausdehnung der Haftung auf Gläubiger der Gesellschaft droht, wenn dem Berater deutlich geworden ist, dass von ihm im Drittinteresse eine besondere Leistung erwartet wird, die über die Erbringung der vertraglichen Leistung für den Mandanten hinausgeht.[941] Der Gläubiger muss nachweisen, dass der Berater zumindest konkludent zu verstehen gegeben hat, es sei ihm bewusst gewesen, dass Gläubigerinteressen in den Vertrag miteinbezogen worden seien.[942] Es kann nicht angenommen werden, dass der Berater bei Erstellung des Jahresabschlusses bzw. Prüfung der Insolvenzreife dazu bereit ist, ein so weites Haftungsrisiko zu übernehmen, dass eine Vielzahl von Gläubigern, Gesellschaftern und Anteilserwerber in den Schutzbereich des Beratungsvertrags einbezogen werden. Die Haftung gegenüber Gläubigern erfordert vielmehr, dass der Berater davon ausgehen musste, dass die Prüfung im Interesse eines **bestimmten** Dritten durchgeführt würde und das Ergebnis diesem bestimmten Dritten als Entscheidungsgrundlage dienen solle. Nach Rechtsprechung des Bundesgerichtshofs kommt ein Vertrag mit Schutzwirkung zugunsten Gläubigern beispielsweise in Betracht, wenn der Jahresabschluss mit Blick auf einen Anteilserwerb durch einen bestimmten Dritten[943] oder mit Blick auf die Kreditvergabe durch einen bestimmten Dritten[944] verwendet werden soll.[945]

Dem Berater droht also die Haftung gegenüber Gläubigern der **857**
Gesellschaft, wenn er auf Anweisung des Mandanten einen fehlerhaften Jahresabschluss erstellt hat und der Mandant die Bilanz gegenüber Dritten verwendet, um damit eine nicht mehr vorhandene Überlebensfähigkeit vorzutäuschen.[946]

---

[940] MüKoInsO/Klöhn InsO § 15a Rn. 282.

[941] Kruth SteuK 2014, 225 (227).

[942] Fischer/Zastrow GWR 2020, 351 (357); Lettl NJW 2006, 2817 (2819).

[943] BGH 2.4.1998 – III ZR 245/96, NJW 1998, 1948 (1949).

[944] BGH 19.12.1996 – IX ZR 327/95, NJW 1997, 1235 (1235).

[945] BGH 14.6.2012 – IX ZR 145/11, NJW 2012, 3165 (3167).

[946] Pape NZI 2019, 260 (263).

3. Haftungsausschluss

858 Grundsätzlich kann die Haftung gegenüber Dritten aus denselben Gründen wie gegenüber der Gesellschaft entfallen. Insbesondere ist ein etwaiges Mitverschulden des Geschäftsleiters zu berücksichtigen.

859 Der Berater kann sich auch gegenüber Dritten durch individualvertraglichen Haftungsausschluss von der Haftung freizeichnen.[947] Sofern Geschäftsleiter und Gesellschafter bei Vertragsschluss miteingebunden sind, ist ein Haftungsausschluss gegenüber diesen als „Dritte" denkbar. Ob aber sämtliche Haftungsrisiken gegenüber Dritten, die von dem Haftungsausschluss keine Kenntnis haben, verhindert werden können, ist bislang von der Rechtsprechung nicht beantwortet worden.[948]

860 **Praxishinweis:** Es ist zumindest zweifelhaft, ob ein vertraglicher Haftungsausschluss gegenüber Dritten – ohne deren Kenntnis – wirksam sein kann. Der Berater sollte sich nicht auf dessen Wirksamkeit verlassen.

861–865 *(einstweilen frei)*

III. Deliktische Haftung

1. Schutzgesetzverletzung – Haftung nach § 823 Abs. 2 BGB

866 Begeht der Berater eine Straftat, haftet er für den dadurch entstandenen Vermögensschaden. Als Haftungsgrundlage für die Inanspruchnahme kommt zum Beispiel § 823 Abs. 2 BGB iVm § 266 StGB (Untreue) in Betracht.[949] Fälle, in denen das Fehlverhalten eines Beraters unter einen Straftatbestand fällt, sind jedoch aus-

947 BGH 14.6.2012 – IX ZR 145/11, NJW 2012, 3165 (3167).
948 Pape NZI 2019, 260 (266).
949 MüKoInsO/Klöhn InsO § 15a Rn. 279.

gesprochen selten.[950] Für Einzelheiten sei auf die Ausführungen unter → Rn. 945 ff. verwiesen.

867 Häufiger anzutreffen sind Fälle, in denen sich der Berater der **Beihilfe zur Insolvenzverschleppung** strafbar gemacht hat. Begeht der Berater gemeinsam mit dem Geschäftsleiter eine strafbare Insolvenzverschleppung, kann er von den Gesellschaftsgläubigern – neben dem Geschäftsleiter – als Gesamtschuldner für den dadurch erlittenen Schaden in Anspruch genommen werden, §§ 823 Abs. 2 BGB iVm § 15a Abs. 1 S. 1 InsO, § 830 BGB. Für Einzelheiten zur Teilnahme an der Insolvenzverschleppung sei auf die Ausführungen unter → Rn. 964 ff. verwiesen. Der Umfang der Schadensersatzverpflichtung des Beraters entspricht der des Geschäftsleiters, vgl. → Rn. 342 ff. Aus der gesamtschuldnerischen Haftung von Berater und Geschäftsleiter gem. § 840 Abs. 1 BGB folgt, dass der Gläubiger im Außenverhältnis von jeweils beiden den ganzen Betrag verlangen kann (§ 421 S. 1 BGB). Berater und Geschäftsleiter müssen sich sodann im Innenverhältnis untereinander ausgleichen (§ 426 BGB).[951] Der Innenausgleich orientiert sich an den Verursachungs- bzw. Verschuldensbeiträgen.[952]

2. Vorsätzliche sittenwidrige Schädigung – Haftung nach § 826 BGB

868 Dem Berater droht die Haftung nach § 826 BGB, wenn ihm eine vorsätzliche sittenwidrige Schädigung nachgewiesen werden kann. Das hierfür erforderliche sittenwidrige Verhalten liegt vor, wenn ein Berater derart leichtfertig handelt, dass sein Verhalten als gewissenlos zu werten ist.[953] Dies kann im Ausnahmefall vorliegen, wenn der Berater die Prüfung der Insolvenzreife einem nicht ausreichend qualifizierten Mitarbeiter überlassen hat und dessen Prüfergebnisse unbesehen übernommen hat.[954] Der Be-

950 BeBiKo/Justenhoven/Feldmüller HGB § 323 Rn. 145.
951 BeckOGK BGB/Förster BGB § 830 Rn. 72.
952 MüKoBGB/Heinemeyer BGB § 426 Rn. 38.
953 BGH 26.9.2000 – X ZR 94/98, DStR 2000, 2197 (2200).
954 OLG Karlsruhe 7.2.1985 – 12 U 132/82, ZIP 1985, 409 (412).

rater handelt auch sittenwidrig, wenn er wichtige Angaben der Gesellschaft, die überprüfbar waren und mit Rücksicht auf ihre Bedeutung unbedingt hätten überprüft werden müssen, ungeprüft übernommen hat.[955]

869 Der Bundesgerichtshof hat mit Entscheidung vom 27.7.2021 erneut betont, dass die vorsätzliche Insolvenzverschleppung des Geschäftsleiters in der Absicht, das als unabwendbar erkannte Ende der Gesellschaft hinauszuzögern, eine sittenwidrige Schädigung des benachteiligten Gläubigers nach § 826 BGB darstellt.[956] Nimmt der Berater an dieser Insolvenzverschleppungshandlung seines Mandanten teil, so droht auch ihm die Haftung nach § 826 BGB.[957] Kann der Berater jedoch nachweisen, dass die Gläubiger die Insolvenzreife der Gesellschaft kannten oder er bzw. der Geschäftsleiter von realistischen Rettungsmöglichkeiten ausgegangen ist, entfällt die Haftung.[958] Bezüglich des Umfangs der Schadensersatzverpflichtung wird auf die Ausführungen in Teil 1 unter → Rn. 348 verwiesen.

870–874 *(einstweilen frei)*

IV. Anfechtung des Beraterhonorars

875 Wurde das Insolvenzverfahren über das Vermögen seines Mandanten eröffnet, kann der Berater im Nachhinein verpflichtet werden, bereits erhaltenes Honorar aufgrund Anfechtung an den Insolvenzverwalter zurückzuzahlen.

---

[955] BeBiKo/Justenhoven/Feldmüller HGB § 323 Rn. 154 (zum Abschlussprüfer).

[956] BGH 27.7.2021 – II ZR 164/20, NZI 2021, 940.

[957] Zugehör NZI 2008, 652 (658); Graupke NZI 2021, 940 (944).

[958] Nerlich/Römermann/Mönning InsO § 15a Rn. 42c.

1. Kenntnis des Beraters von Zahlungsunfähigkeit des Mandanten

Hatte der Berater Kenntnis von der Zahlungsunfähigkeit seines Mandanten, kann der Insolvenzverwalter gem. § 130 Abs. 1 Nr. 1 InsO Honorarzahlungen der letzten drei Monate vor Insolvenzeröffnung anfechten. Naturgemäß weiß zum Beispiel der Sanierungsberater um die Zahlungsunfähigkeit der Gesellschaft. Dem Insolvenzverwalter wird es wohl auch gelingen, die Kenntnis des laufenden steuerlichen Beraters von der Zahlungsunfähigkeit der Gesellschaft nachzuweisen. So lässt beispielsweise die Vereinbarung einer Ratenzahlungsvereinbarung auf die Kenntnis des Beraters von der Zahlungsunfähigkeit schließen. Dies ist ein Indiz für die Kenntnis der Benachteiligungsabsicht, § 133 Abs. 1 S. 2 InsO.[959] Will der Insolvenzverwalter die Zahlung an den Berater anfechten, so muss grundsätzlich er nachweisen, dass der Berater Kenntnis von der Zahlungsunfähigkeit der Gesellschaft hatte. Etwas anderes gilt, wenn der Berater als eine der Gesellschaft nahestehende Person iSd § 138 Abs. 2 Nr. 2 InsO gilt. In diesem Fall des besonderen Näheverhältnisses wird die Kenntnis des Beraters von der Zahlungsunfähigkeit vermutet.[960] Der Bundesgerichtshof hat in jüngerer Rechtsprechung Grundsätze festgelegt, nach welchen der Berater **eine der Gesellschaft nahestehende Person** sein kann. Grundsätzlich ist dies der Fall, wenn der Berater aufgrund einem Vertragsverhältnis die Möglichkeit hatte, sich – wie ein Geschäftsleiter oder Gesellschafter – über die wirtschaftlichen Verhältnisse der Gesellschaft zu informieren. Der Insolvenzverwalter muss hierfür nachweisen, dass dem Berater alle Daten, die über die wirtschaftliche Lage der Gesellschaft erheblich sind, regelmäßig im normalen Geschäftsgang zugeflossen sind. Das Beratungsverhältnis muss dem Berater also einen Wissensvorsprung vermittelt haben, welchen sonst beispielsweise nur leitende Angestellte der Gesellschaft haben können. Werden dem Berater planmäßig be- 876

[959] Nerlich/Kreplin/Riering § 22 Rn. 3.
[960] MüKoInsO/Kirchof/Gerhlein InsO § 138 Rn. 1.

stimmte Tatsachen vorenthalten, besteht hingegen kein Näheverhältnis iSd § 138 Abs. 2 Nr. 2 InsO.[961]

2. Ausschluss der Anfechtbarkeit bei angemessenem Honorar

877 Die Anfechtung von Beraterhonorar ist gem. § 142 InsO ausgeschlossen, wenn der Berater nachweisen kann, dass das Honorar angemessen ist und die erbrachte Gegenleistung gleichwertig ist. Im Beispiel eines Sanierungsberaters liegt die erforderliche Gleichwertigkeit nicht vor, wenn es sich um eine von vornherein aussichtslose Sanierungsberatung handelt. Die Untauglichkeit des Sanierungsversuchs ist vom Insolvenzverwalter nachzuweisen.[962] Ist die Beratung mit hohen Schwierigkeiten verbunden, ist auch eine Vergütung über den gesetzlichen Gebühren als angemessen zu betrachten. Sofern der Insolvenzverwalter nachweisen kann, dass die Vergütung unangemessen ist, kann jedoch nicht die gesamte Vergütung angefochten werden, sondern ausschließlich der unangemessene Teilbetrag.[963]

878 Der Ausschluss der Anfechtbarkeit nach § 142 InsO setzt weiter voraus, dass Leistung und Gegenleistung zeitnah ausgetauscht werden. Dies ist nach Rechtsprechung des Bundesgerichtshofs der Fall, wenn die Zahlung innerhalb von 30 Tagen nach Beginn der Beratungstätigkeit erfolgt. Demnach fehlt bei einer Vorschusszahlung die zeitnahe Gegenleistung, wenn die Vergütung die voraussichtliche Gegenleistung der nächsten 30 Tage wertmäßig überschreitet.[964]

879 **Praxishinweis:** Um eine Anfechtung zu vermeiden, sollte der Berater in regelmäßigen Abständen Vorschüsse einfordern, die in etwa dem Wert der in den nächsten 30 Tagen zu erbringenden Tätigkeit entsprechen.[965]

[961] BGH 3.3.2022 – IX ZR 78/20, NZI 2022, 385 (391 Rn. 68).
[962] BGH 3.3.2022 – IX ZR 78/20, NZI 2022, 385.
[963] Nerlich/Kreplin/Riering § 22 Rn. 5.
[964] BGH 13.4.2006 – IX ZR 158/05, NJW 2006, 2701.
[965] Riggert FD-InsR 2006, 187438.

Erfahrungsgemäß wird die Sanierungsberatung von dem Berater vorgenommen, der bereits vorher mit der rechtlichen Betreuung des Unternehmens beauftragt war. In solchen Konstellationen wird häufig das für die Sanierungsberatung gezahlte Honorar mit noch offenen Forderungen aus den vorangegangenen Mandaten verrechnet. Hierdurch verliert die Honorarzahlung jedoch ihren Gegenleistungscharakter iSd § 142 InsO, womit die Zahlung anfechtbar wäre. Der Berater sollte daher darauf achten, dass die Zahlung des Honorars unter deutlicher Benennung der Sanierungsberatung erfolgt und jeweils für maximal 30 Tage geleistet wird.[966]

(einstweilen frei) **880–884**

V. Haftung des Sanierungsberaters

Besonders hervorzuheben ist die Haftung des Sanierungsberaters. **885**

1. Haftung als Organ

Im Gegensatz zur bisher beschriebenen Beraterhaftung kann **886** der Sanierungsberater auch als Organ in Anspruch genommen werden. In diesem Fall treffen ihn dieselben Haftungsrisiken wie den Geschäftsleiter (vgl. Teil 1). Voraussetzung hierfür ist, dass sich der Sanierungsberater formell wirksam als sog. **„Insolvenzgeschäftsleiter“** bestellen lässt. Dieser Schritt soll eine rasche und ordnungsgemäße Sanierung gewährleisten. Es ist unzweifelhaft, dass den Sanierungsberater dieselben Rechte und Pflichten treffen, wie den ursprünglichen Geschäftsleiter.[967]

Eine Organhaftung kommt auch in Betracht, wenn sich der **887** Sanierungsberater zwar nicht als „Insolvenzgeschäftsleiter“ hat bestellen lassen, aber dennoch sämtliche wesentliche Aufgaben der Geschäftsleitung zum Zwecke der Sanierung übernommen hat. Hintergrund ist, dass er aufgrund der umfassenden Aufgaben-

[966] Nerlich/Kreplin/Riering § 22 Rn. 7.
[967] Frege NZI 2006, 545 (548).

wahrnehmung als **„faktischer Geschäftsleiter“** gesehen werden könnte. Dies gilt es für den Sanierungsberater unbedingt zu vermeiden. Schließlich haftet der faktische Geschäftsleiter ebenso wie der formell wirksam bestellte Geschäftsleiter. Der Sanierungsberater muss sicherstellen, dass die wesentlichen Kernelemente der Geschäftsleitung nicht von ihm wahrgenommen werden. Hierbei handelt es sich namentlich um:[968]

- Bestimmung der Unternehmenspolitik,
- Bestimmung der Unternehmensorganisation,
- Einstellung und Entlassung von Mitarbeitern, Ausstellung von Zeugnissen,
- Gestaltung der Geschäftsbeziehungen zu Vertragspartnern einschließlich der Vereinbarungen von Vertrags- und Zahlungsmodalitäten,
- Verhandlungen mit Kreditgebern und Gläubigern,
- Entscheidung in Steuerangelegenheiten,
- Steuerung von Buchhaltung und Bilanzierung,
- Entscheidung über die Auszahlung von Geldern,
- Höhe des Gehalts.

888 Erscheint es zwar zum Zwecke der Sanierung am effektivsten, die Gesellschaft „selbst aus der Krise“ zu führen, so muss sich der Sanierungsberater hierbei im Klaren sein, dass er bei „Verdrängung“ der formellen Geschäftsleitung selbst als Haftungssubjekt in Betracht kommt.[969]

2. Vertragliche Haftung gegenüber der Gesellschaft

889 Aber auch wenn der Sanierungsberater „nur“ als Berater gegenüber der Gesellschaft auftritt, droht in bestimmten Konstellationen die zivilrechtliche Haftung. Der Sanierungsberater schließt mit der Gesellschaft im Regelfall einen Geschäftsbesorgungsvertrag.

---

[968] Frege NZI 2006, 545 (550).
[969] Frege NZI 2006, 545 (550).

Hat der Sanierungsberater falsch beraten bzw. unbrauchbare oder wertlose Beratungsleistungen erbracht, haftet er für den hierdurch entstandenen Schaden nach §§280 Abs. 1, 241 Abs. 2 BGB. Ist der Berater zum Beispiel mit der Erstellung eines Sanierungsgutachtens (zB über Unternehmenswerte, Sanierungsfähigkeit) beauftragt, haftet er für Mängel an dem Gutachten zunächst gegenüber der Gesellschaft als Auftraggeber.[970]

3. Vertragliche Haftung gegenüber Dritten

Die Haftung des Sanierungsberaters droht jedoch nicht nur im 890
Innenverhältnis. So können auch Gesellschafter und Geschäftsleiter in den Schutzbereich des Sanierungsberatungsvertrages einbezogen werden und den Berater für dessen Pflichtverletzungen in Anspruch nehmen. Dies wird deutlich am Beispiel des **Sanierungsgutachtens.** Die Feststellung des Krisenstadiums und damit auch eine etwaige Insolvenzreife ist zwingender Bestandteil eines Sanierungsgutachtens.[971] Legt man die oben beschriebenen Grundsätze zum VSD zugrunde, so sind bei konsequenter Fortentwicklung der Rechtsprechung des Bundesgerichtshof sowohl Geschäftsleiter als auch Gesellschafter in den Schutzbereich von Sanierungsberatungsverträgen miteinbezogen.[972] So entschied das LG Aachen, dass der Geschäftsleiter zwar nicht in vertraglicher Beziehung mit dem Sanierungsberater steht. Jedoch ist er in den Schutzbereich des Sanierungsberatungsvertrags einbezogen. Das Gericht hat die Grundsätze des BGH zum Abschlussprüfer auf den Sanierungsberater übertragen. Dies stellt ein erhebliches Haftungsrisiko für den Berater dar. Oftmals wird es dem Insolvenzverwalter wohl nicht gelingen einen Schaden der Gesellschaft aufgrund der unzureichenden Sanierungsberatung zu beziffern. Der Geschäftsleiter kann jedoch hingegen den Sanierungsberater dafür in Regress nehmen, dass er selbst vom Insolvenzverwalter

---

[970] Frege NZI 2006, 545 (549f.); OLG Celle 23.10.2003 – 16 U 199/02, NJW 2003, 3638.

[971] Prütting ZIP 2013, 203.

[972] Kruth SteuK 2014, 225 (227).

gem. § 15b Abs. 4 S. 1 InsO in Anspruch genommen werden kann. Der Sanierungsberater haftet in diesem Fall aus VSD gegenüber dem Geschäftsleiter dafür, dass dieser aufgrund der unzureichenden Sanierungsberatung nicht auf die Insolvenzreife hingewiesen wurde und infolgedessen gegen das Zahlungsverbot verstoßen hat.[973] Zum grundsätzlichen Umfang des Haftungsrisikos des Sanierungsberaters sei auf die Ausführung zum allgemeinen Berater → Rn. 846 ff. verwiesen.

891 Auch das Risiko einer vertraglichen Dritthaftung gegenüber Gesellschaftsgläubigern ist hoch. Schließlich können Gläubiger in den Schutzbereich des Vertrags einbezogen werden, wenn der Gutachter damit rechnen musste, dass das von ihm erstellte Gutachten den Beteiligten übergeben wird.[974] Dies kommt beispielsweise bei Darlehensgebern in Betracht, denen zur Darlehensgewährung ein fehlerhaftes (positives) Sanierungsgutachten vorgelegt wurde.

892 **Praxishinweis:** Der Sanierungsgutachter sollte bereits in dem Gutachten genau darlegen, welche Informationen dem Gutachten zu Grunde liegen, wer die Informationen erteilt hat und welche Bereiche nicht überprüft worden sind. Hiermit soll vermieden werden, dass der Sanierungsgutachter für unrichtige Angaben des Mandanten haftet.[975]

893 **Zusammenfassung der zivilrechtlichen Haftung des Beraters in der Krise:** Die zivilrechtlichen Haftungsrisiken des Beraters im Krisenmandant sind vielschichtig.

Zunächst haftet er seinem Mandanten gegenüber, wenn die Erstellung des Jahresabschlusses oder die Prüfung der Insolvenzreife fehlerhaft war. Mit der Rechtsprechungsänderung des BGH zur Fortführungsprognose hat die Beraterhaftung zusätzlich an Brisanz gewonnen. Schwierigkeiten bei der Anspruchsbegründung wird vor allem der Kausalitätsnachweis bereiten. Gegen eine Inanspruchnahme kann der Berater ein Mitverschulden des Geschäftsleiters vorbringen. Oftmals haben Geschäftsleiter bereits Kenntnis von der Zahlungsunfähigkeit der Gesellschaft.

Nach Rechtsprechung des BGH droht die vertragliche Haftung auch gegenüber Gesellschafter und Geschäftsleiter. Die Einbeziehung in den Schutzbereich des Prüfauftrags zur Insolvenzreife hat der Bundesgerichtshof bereits

[973] LG Aachen 14.4.2021 – 11 O 241/17, ZRI 2021, 598.

[974] Frege NZI 2006, 545 (550).

[975] Frege NZI 2006, 545 (550).

ausdrücklich bejaht. Der Bundesgerichtshof hat bereits anklingen lassen, dass Dritte auch in den allgemeinen Beratungsvertrag einbezogen werden könnten. Es droht unter Umständen gar eine Haftung gegenüber Gläubigern der Gesellschaft. Hierfür muss dem Berater aber bekannt sein, dass sein Gutachten einem bestimmten Dritten zu dienen bestimmt ist. Relevanz hat dies insb. für den Sanierungsberater.
Nicht zu vernachlässigen ist das Risiko der insolvenzrechtlichen Anfechtung des Beraterhonorars. Der Berater muss sich im Klaren sein, dass er als eine der Gesellschaft nahestehende Person iSd § 138 InsO behandelt werden kann. In diesem Fall wird seine Kenntnis von der Zahlungsunfähigkeit der Gesellschaft vermutet. Dies erleichtert die Anfechtung für den Insolvenzverwalter. Der Berater kann das Anfechtungsrisiko durch das Privileg des Bargeschäfts nach § 142 InsO umschiffen.

(einstweilen frei) **894–898**

C. Steuerliche Haftungsrisiken und strafrechtliche Risiken des Beraters

I. Allgemeines

Die Beratung eines kriselnden Unternehmens birgt neben zivilrechtlichen Haftungsrisiken weitere Risiken für den Berater. Der Berater kann unter bestimmten Voraussetzungen für die Steuern des Unternehmens nach der AO in Haftung genommen werden. In rein finanzieller bzw. wirtschaftlicher Hinsicht kann dies existenzgefährdend sein. **899**

Daneben drohen strafrechtliche Konsequenzen, die nicht minder existenzgefährdend sind bzw. sein können. Der Berater kann sich entweder als Täter (Alleintäter, Mittäter, eher selten: mittelbarer Täter) oder als Teilnehmer (Anstifter oder Gehilfe) strafbar machen. **900**

In der Praxis mündet - wie bereits ausgeführt - praktisch jedes Insolvenzverfahren zwangsläufig in ein strafrechtliches Ermittlungsverfahren. Hintergrund hierfür ist die „Anordnung über die Mitteilung in Zivilsachen" (MiZi).[976] Danach sind sowohl die Eröffnung eines Insolvenzverfahrens als auch die Eröffnung eines Insolvenzverfahrens mit der Anordnung der Eigenverwaltung unter Aufsicht eines Sachwalters an die zuständige Staatsanwaltschaft mitzuteilen (IX 3 I Nr. 1,2 MiZi). In Bayern ist die Mitteilung an die für Wirtschaftsstrafsachen zuständige Schwerpunktstaatsanwaltschaft zu richten. Im Zuge der staatsanwaltlichen Überprüfung wird selbstverständlich auch der Berater bzw. dessen Tätigkeit in strafrechtlicher Hinsicht – zwingend – überprüft. Der Staatsanwaltschaft steht in diesem Zusammenhang weder ein **901**

---

[976] BMJV 9.8.2021, BAnz AT 16.9.2021 B3.

Wahlrecht noch eine Ermessensentscheidung zu. Im Strafverfahren/Ermittlungsverfahren **ist von Amts wegen** zu ermitteln, es gilt das Legalitätsprinzip.

902 Für die Berater sind in der Praxis die Tatbestände Betrug (Kreditbetrug), Untreue, Bankrott, Vorenthalten und Veruntreuen von Arbeitsentgelt, Insolvenzverschleppung, Steuerhinterziehung und Bilanzfälschung relevant.

903 Im Nachfolgenden soll ein grober Überblick über die steuerlichen Haftungsrisiken und strafrechtlichen Risiken für den Berater gegeben werden. Nachfolgend werden Aspekte aufgegriffen, die speziell für den Berater relevant werden können. Detaillierte Ausführungen zu den Straftatbeständen finden sich in Teil I (→ Rn. 1 ff.), auf den wir zur Vermeidung von Dopplungen verweisen.

904–908 *(einstweilen frei)*

II. Steuerliche Haftung

909 Eine Haftung nach den steuerlichen Haftungstatbeständen kommt für den laufenden Berater nur nach den allgemeinen Vorschriften der AO in Betracht. In der Praxis relevant ist insb. eine Haftung gem. § 69 AO iVm § 35 AO (Haftung wegen Pflichtverletzung) sowie die Haftung nach § 71 AO (Haftung wegen Steuerhinterziehung).

1. Haftung wegen Pflichtverletzung (§ 69 AO)

910 Gemäß § 69 AO haften die in § 34 und § 35 AO bezeichneten Personen, soweit Ansprüche aus dem Steuerschuldverhältnis (§ 37 AO) infolge vorsätzlicher oder grob fahrlässiger Verletzung der ihnen auferlegten Pflichten nicht oder nicht rechtzeitig festgesetzt oder erfüllt werden oder soweit infolgedessen Steuervergütungen oder Steuererstattungen ohne rechtlichen Grund gezahlt werden. Die Haftung umfasst neben der Steuer die zu zahlenden Säumniszuschläge.

Die steuerliche Haftung des Beraters wird im Regelfall daran scheitern, dass er nicht den in §§ 34, 35 AO bezeichnetem Personenkreis angehört. Demnach kommt eine Haftung des Beraters nur im Ausnahmefall in Betracht, wenn der Berater entweder als Vertreter oder Verfügungsberechtigter iSd §§ 34, 35 AO anzusehen ist. 911

a) Gesetzliche Vertreter und Vermögensverwalter, § 34 AO

Grundsätzlich fallen Steuerberater nicht in den persönlichen Anwendungsbereich des § 34 AO, da dieser auf Organe begrenzt ist. Lässt sich ein Berater – oder Sanierungsberater – als Organ bestellen, gelten die Ausführungen zur Haftung des Unternehmers (§ 34 AO) entsprechend. 912

b) Verfügungsberechtigter, § 35 AO

Der Berater fällt grundsätzlich auch nicht in den Anwendungsbereich des § 35 AO, soweit er übliche Aufgaben im Rahmen eines normalen Auftrags- und Vollmachtsverhältnisses wahrnimmt. Werden über das übliche Auftragsverhältnis hinausgehende Aufgaben wahrgenommen, Vereinbarungen getroffen bzw. Verfügungsbefugnisse eingeräumt, kommt die Haftung nach § 35 AO in Betracht.[977] Von der Rechtsprechung wurde dies bislang bejaht bei der Einsetzung des Beraters als Treuhänder, Offenlegung der (expliziten oder schlüssigen) Verfügungsbefugnisse im Außenverhältnis, Auftreten wie ein faktischer Geschäftsführer.[978] Problematisch sind auch Konstellationen, in denen der laufende Berater als Testamentsvollstrecker eingesetzt ist. Denn der Testamentsvollstrecker ist Verfügungsberechtigter. 913

Praxishinweis: Der steuerliche Berater sollte sich davor hüten, dem Geschäftsleiter des Unternehmens in der Krise außerhalb bzw. über die übliche Mandatierung hinausgehend im Außenverhältnis ohne explizite Aufträge zur Seite zu stehen. Eine Erweiterung der Beauftragung im Rahmen einer Sanierungsberatung ist selbstverständlich unproblematisch. Vor allem der Be- 914

[977] FG Berlin 17.1.1989 – V 95/86, EFG 1990, 28; Rev. unbegründet, BFH 11.8.1993 – II R 14/90, BeckRS 1993, 22010799.

[978] Diese Aufzählung ist weder abschließend noch verbindlich. Die Gerichte können weitere Entscheidungen treffen.

rater mittelständischer (Familien-)Unternehmen läuft Gefahr, sich mit dem Mandanten aufgrund der oft langjährigen Zusammenarbeit zu identifizieren und gerade in der Krise als erste Anlaufstelle Hilfestellungen an „jeder Front zu leisten."

c) Haftungsumfang

915 Die Haftung umfasst die Steuern, die infolge der Pflichtverletzung nicht entrichtet werden. Eine Pflichtverletzung – und damit die Voraussetzung für eine steuerliche Haftung – liegt **nicht** vor, wenn das Unternehmen im Zeitpunkt der Fälligkeit der Steuern **nicht** mehr über die erforderliche Liquidität verfügt. Problematisch ist der Fall, wenn zwar noch Liquidität vorhanden war, diese aber nicht ausreicht, um alle Verbindlichkeiten zu tilgen. Verbindlichkeiten sind quotal – das bedeutet für alle Gläubiger im gleichen Verhältnis – zu tilgen (**Grundsatz der anteiligen Tilgung** vgl. Rn. 537). Dies erfolgt in der Praxis regelmäßig nicht.

916 Der Haftungsumfang beschränkt sich im Grundsatz auf den anteiligen bzw. quotalen Schaden. Seitens des Finanzamtes wird indes zunächst regelmäßig der gesamte Steuerausfall geltend gemacht. Der quotale Schaden muss vom Haftenden dargelegt und vorgebracht werden. Zur Ermittlung des quotalen Schadens sei auf die Ausführungen in Teil I (vgl. → Rn. 343) verwiesen.

d) Sonderregelung (§ 15b Abs. 8 InsO)

917 Eine Ausnahmeregelung gilt für Steuern, die zwischen dem Eintritt der Zahlungsunfähigkeit/Überschuldung und der Entscheidung des Insolvenzgerichtes über den Insolvenzantrag zu tilgen sind.

918 Für die Erfüllung der steuerlichen Pflichten wurde mit § 15b Abs. 8 InsO eine Enthaftung der Geschäftsleitung gesetzlich verankert: Danach liegt eine Verletzung der steuerlichen Zahlungspflicht nicht vor, wenn zwischen dem Eintritt der Zahlungsunfähigkeit und der Überschuldung und der Entscheidung des Insolvenzgerichts über den Insolvenzantrag Ansprüche aus dem Steuerschuldverhältnis nicht rechtzeitig erfüllt werden, sofern die Antragspflichtigen ihren Verpflichtungen nach § 15a nachgekommen sind. Wird entgegen der Verpflichtung nach § 15a InsO ein Insolvenzantrag verspätet gestellt, gilt dies nur für die nach Bestellung eines vorläufigen Insolvenzverwalters oder Anordnung der vorläufigen Eigenverantwortung fällig werdenden Ansprüche aus dem Steuerschuldverhältnis. Wird das Insolvenzverfahren nicht eröffnet und ist dies auf eine Pflichtverletzung des Antragspflichtigen zurückzuführen, gelten die Sätze 1 und 2 nicht.

Damit ist festzuhalten, dass das Haftungsprivileg nur in den ge- 919
setzlich bestimmten Ausnahmefällen greift. Insbesondere kommt das Haftungsprivileg nur in Betracht, wenn die Geschäftsleitung im Falle der Insolvenzreife der Gesellschaft und ohne schuldhaftes Zögern einen nicht rechtzeitigen und vollständigen Insolvenzantrag gestellt hat. Bei § 15b Abs. 8 InsO handelt es sich um ein noch sehr junges Gesetz. Insoweit sind mangels Rechtsprechung noch einige Fragestellungen ungeklärt:

- Rechtsfolge eines „unrichtigen" Insolvenzantrages,
- Auswirkung der Kenntnis der Geschäftsleitung über das Vorliegen der Insolvenzgründe.

Ferner ist problematisch und in der Praxis noch nicht abschlie- 920
ßend geklärt, ob das Haftungsprivileg des § 15b Abs. 8 InsO nicht greift – wenn ein Insolvenzverfahren nicht eröffnet wird – und dieser Umstand auf eine Pflichtverletzung der Geschäftsleitung zurückzuführen ist.

Festzuhalten ist ferner, dass eine Haftungsprivilegierung nach 921
§ 15b Abs. 8 InsO nicht für diejenigen Pflichtverletzungen greift, die bereits vor der Insolvenzreife begangen wurden. Ebenfalls relevant ist der Umstand, dass § 15b Abs. 8 InsO nur die steuerlichen Zahlungspflichten betrifft. Nicht von dieser Regelung erfasst werden die sonstigen steuerlichen Pflichten wie zB die Erklärungspflichten. Insofern ist Vorsicht geboten, ob und in welchem Umfang das Haftungsprivileg des § 15b Abs. 8 InsO greift.[979]

[979] Sonnleitner/Witfeld InsSteuerR/Sonnleitner Kap. 3 Rn. 226–232.

2. Haftung des Steuerhinterziehers (§ 71 AO)

922 Gemäß § 71 AO haftet für nicht abgeführte Steuern, wer eine Steuerhinterziehung (§ 370 AO) oder eine Steuerhehlerei (§ 374 AO) begeht oder an einer solchen Tat teilnimmt. Für den **Berater** wird dies in der Praxis relevant, wenn er als **Gehilfe** verurteilt wird. Denkbar ist dies, wenn **keine berufsneutrale Handlung** vorliegt (hierzu im Einzelnen → Rn. 938). Die Haftung umfasst die verkürzten Steuern, die zu Unrecht gewährten Steuervorteile, sowie die Zinsen nach § 235 AO und die Zinsen nach § 233 AO soweit diese nach § 235 Abs. 4 AO auf die Hinterziehungszinsen angerechnet werden.

923 Sowohl der Täter (Alleintäter, Mittäter oder mittelbarer Täter) als auch der Gehilfe (Anstifter oder Beihilfetäter) können seitens des Finanzamtes in voller Höhe für die hinterzogenen Steuern in Anspruch genommen werden. Der Grad der Beteiligung bzw. der Pflichtverletzung ist unerheblich.[980]

924 Das Finanzamt hat die Frage, ob eine Hinterziehung vorliegt, im Haftungsverfahren eigenständig zu prüfen. Dies gilt selbst dann, wenn bereits eine strafgerichtliche Verurteilung vorliegt. Das Finanzamt kann sich allerdings auf die Feststellungen des Strafgerichts berufen – und wird dies regelmäßig tun. Materielle Einwendungen gegen die Höhe der geltend gemachten Steuerforderung bzw. der Haftungsschaden sind und können – im Rahmen des (eigenständigen) Haftungsverfahrens – vorgebracht werden. Erfolgt dies, hat das Finanzgericht nochmals in Sachverhaltsermittlungen einzusteigen.[981]

925 Der Haftungsbescheid[982] sollte dringend rechtlich überprüft werden. Denn Haftungsbescheide sind oftmals fehlerhaft. Ein Haftungsbescheid sollte zB **nicht** akzeptiert werden, wenn nicht zunächst eine Beitreibung bei dem Steuerschuldner als solchem versucht wurde bzw. erfolgt ist. Gesetzlich ist dies zwar nicht normiert, die Haftung ist jedoch Ultima Ratio. Wurden im Rahmen

---

980 BFH 21.1.2004 – XI R 3/03, DStR 2004, 1038.

981 BFH 21.6.1988 – VIII R 135/85, BeckRS 1988, 22008584.

982 Rechtsgrundlage ist § 191 AO.

des Veranlagungsverfahrens Steuern für die strafbefangenen Veranlagungszeiträume gezahlt, reduziert dies den Haftungsbetrag. Der Haftungsanspruch kann nicht höher sein als die festgesetzte Steuerschuld als solche. Festzuhalten ist ferner, dass die Haftung gem. §71 AO sich nur auf die Mehrergebnisse (im Veranlagungsverfahren) erstreckt, **die Folge der Steuerhinterziehung** sind. Erforderlich ist ein unmittelbarer Kausalzusammenhang. Sämtliche Mehrergebnisse einer strafrechtlichen Ermittlung bzw. eines Prüfungsergebnisses fallen regelmäßig nicht darunter.

(einstweilen frei) **926–930**

III. Strafrechtliche Risiken

Die strafrechtlichen Risiken im **Zusammenhang mit der** **931** **Beratung** kriselnder Unternehmen werden von den Beratern häufig unterschätzt bzw. sind ihnen diese häufig nicht bekannt. Hinzu kommt, dass der laufende Berater oftmals unter erheblichem Druck seitens seines Mandanten steht. Dadurch besteht zudem die Gefahr, dass die Grenzen des Machbaren ausgereizt und teilweise sogar überschritten werden.

Anknüpfungspunkt einer strafrechtlichen Verantwortlichkeit **932** des Beraters sind entweder aktives Tun, Unterlassen oder Unterstützungshandlungen. Unterschieden wird also zunächst nach der Art der Begehung der Tat. Zunächst ist zu unterscheiden, ob eine Tat als Täter (Alleintäter, Mittäter oder mittelbarer Täter) oder als Gehilfe (Anstifter oder Beihilfetäter) begangen wird. Alleintäter einer Straftat ist gem. §25 Abs. 1 Alt. 1 StGB, wer die Straftat selbst begeht. Eine Strafbarkeit des Beraters als **Alleintäter** wird regelmäßig nicht verwirklicht werden.[983] Übernimmt der Berater als Sanierer oder als Liquidator weitere Aufgaben bzw. ist er als

[983] Mittelbarer Täter ist gem. §25 Abs. 1 Alt. 2 StGB derjenige, der sich bei der Tatausführung eines anderen Menschen als doloses Werkzeug bedient. Die mittelbare Täterschaft ist für die vorliegend relevanten Straftatbestände in der Praxis von untergeordneter Bedeutung, sodass nicht weiter auf diese eingegangen wird.

faktischer Geschäftsführer anzusehen, erfüllt er regelmäßig weitere persönliche Merkmale iSd § 14 StGB. Sollte dies der Fall sein, so gelten die Ausführungen zu den strafrechtlichen Risiken der Unternehmer weitgehend identisch. In diesem Fall kommt auch eine Alleintäterschaft des Beraters in Betracht.

933 Eine **Mittäterschaft** iSd § 25 Abs. 2 StGB liegt vor, wenn ein Täter eine Tat gemeinschaftlich mit einem anderen auf Basis eines gemeinsamen Tatplans begeht. Die Tatbeiträge des einen werden dem anderen zugerechnet. Im Hinblick auf den Berater ist eine Tatherrschaft sowie eine tatsächliche und willentliche Hilfeleistung zur Verwirklichung der Tat und des Taterfolges erforderlich. Erforderlich ist regelmäßig ein eigenes Interesse am Erfolg der Tat. Dies wurde bereits angenommen, wenn es sich um ein wichtiges bzw. lukratives Mandat handelt.

934 Als **Anstifter** gem. (§ 26 StGB) macht sich strafbar, wer vorsätzlich einen anderen zu dessen vorsätzlich begangener rechtswidriger Tat bestimmt hat. Eine Strafbarkeit des Beraters wegen Anstiftung setzt voraus, dass sich der Geschäftsleiter einer Vorsatztat strafbar gemacht hat.[984]

935 Als Gehilfe **(Beihilfe)** gem. § 27 StGB macht sich strafbar, wer vorsätzlich einem anderen zu dessen vorsätzlich begangener rechtswidriger Tat Hilfe geleistet hat. Relevant ist dabei sowohl die physische als auch die psychische Hilfeleistung. Beim laufenden Berater ist in der Praxis die psychische Beihilfe relevant. Ein Hilfeleisten iSd § 27 StGB setzt voraus, dass der Eintritt des (tatbestandlichen) Erfolgs durch den Beitrag des Gehilfen gefördert wurde.[985] Für die Beurteilung der Frage, ob eine relevante Beihilfehandlung vorliegt, hat der BGH die **Grundsätze zum berufstypischen Verhalten** entwickelt.[986] Danach gilt, dass berufstypische Handlungen wie sie der Berater im Rahmen seines Mandatsverhältnisses erbringt, nicht per se neutral sind, dh grundsätzlich auch als berufstypische Handlung eine Beihilfeleistung

---

[984] MAH WirtschaftsStrafR/Böttger § 19 Rn. 360; nicht möglich ist die Anstiftung zu einer fahrlässigen Tat, wie beispielsweise einer fahrlässigen Insolvenzverschleppung gem. § 15a Abs. 5 InsO.

[985] BGH 1.8.2000 – 5 StR 624/99, NJW 2000, 3010.

[986] BGH 19.12.2017 – 1 StR 56/17, NStZ 2018, 328.

zu einer Straftat darstellen können. Die Schwelle zur Strafbarkeit bei berufstypischen Verhalten ist aber erst dann überschritten, wenn die konkrete Handlung über das „übliche Maß" hinausgeht, dh die Beratungshandlung den Alltagscharakter verliert. Dies ist der Fall, wenn der Mandant für den Berater erkennbar tatgeneigt gewesen ist und der Berater durch sein Verhalten die Tat „gezielt gefördert hat".[987] Der laufende Berater muss sich die Tat des Mandanten „zu eigen" machen; sich durch sein Verhalten mit dem Mandanten „solidarisieren"[988]. Angenommen wurde dies beispielsweise für Mitarbeiter von schweizerischen Banken, wenn und sofern sie nichtdeklarierte Kundengelder unter Ausnutzung der Struktur der Bank in Verschleierungsabsicht weiter ins Ausland transferiert haben. Bestätigt wurde dies ebenfalls bereits in Konstellationen, in denen dem laufenden Berater bekannt war, dass ein Sachverhalt nicht ganz zutreffend bzw. grenzwertig gegenüber dem Finanzamt offengelegt wurde. Die wertfreie Darstellung der Rechtslage und die Erörterung der den Mandanten treffenden Pflichten sowie das bloße Aufzeigen der bestehenden Handlungsalternativen sind stets straflos.[989]

In der Praxis zeigt sich, dass die laufenden Berater jedenfalls 936
zunehmend auch strafrechtlich in die Verantwortung genommen werden.

Nachfolgend werden klassische Straftatbestände beschrieben, 937
die dem Berater eines sich in der Krise befindenden Unternehmens zur Last gelegt werden könnten:

1. Insolvenzverschleppung § 15a InsO

Die Insolvenzantragspflicht gem. § 15a InsO ist zentrale Norm 938
des Insolvenzrechts. Gleiches gilt in der Folge für die Verwirklichung des Straftatbestandes der Insolvenzverschleppung (§ 15 Abs. 4 InsO). Täter können danach nur die Geschäftsleiter sein, weil idR nur sie insolvenzantragspflichtig sind.

---

987 BGH 21.12.2005 – 3 StR 470/04, NStZ 2006, 214.

988 BGH 19.12.2017 – 1 StR 56/17, NStZ 2018,328.

989 Pelz/Grotebrune, StR, 11. Teil, Rn. 869 mwN.

939 Eine Strafbarkeit des Beraters als Gehilfe oder Anstifter ist allerdings denkbar. Nach der Rechtsprechung des BGH ist der Berater zur pflichtgemäßen Beratung – also umfassend und vollständig – verpflichtet. Eine Strafbarkeit des Beraters als Gehilfe wird allerdings nicht schon angenommen, wenn der Berater im ersten Gespräch den Geschäftsleiter über die Insolvenzreife und Antragspflicht belehrt. Ferner nicht, wenn der Berater Alternativen in Form von Sanierungsmaßnahmen aufzeigt. Auch dann, wenn absehbar ist, dass diese nicht innerhalb der Dreiwochenfrist realisierbar sein dürften. Entschließt sich der Geschäftsleiter gleichwohl zur Fortführung des Unternehmens, bleibt der Berater straffrei. Es liegt gerade keine, der vom Gesetz missbilligten, Einwirkung auf den Mandanten vor.[990]

940 Anders ist die Situation dagegen zu beurteilen, wenn der Geschäftsleiter Kenntnis von seiner Insolvenzantragspflicht in der Krise des Unternehmens hat. Der Berater rät zu einer aussichtsreichen Sanierung, die aber nicht innerhalb der Dreiwochenfrist die Insolvenz zu beseitigen vermag. Empfiehlt der Berater in dieser Konstellation von einer Antragstellung nach Ablauf der Dreiwochenfrist abzusehen und die Sanierung durchzuführen, macht er sich der Anstiftung strafbar. Dies gilt nicht, wenn beide – Berater und Geschäftsleiter – davon überzeugt waren, dass die Sanierung innerhalb der Dreiwochenfrist gelingen wird. Eine Beweisführung ist allerdings in der Praxis schwierig.[991]

941 Kritisch ist die Situation – vor allem für den Berater –, wenn der Geschäftsleiter entgegen dem ausdrücklichen Rat des laufenden Beraters keinen Insolvenzantrag stellt. Mit Beschluss des OLG Köln 3.12.2010[992] hat dieses zwar entschieden, dass sich der Berater auch dann nicht der Beihilfe zur Insolvenzverschleppung strafbar gemacht hat, wenn er in der Folge das Mandat weitergeführt hat. Strittig ist gleichwohl die Frage, ob die Fortführung des Mandats in Kenntnis der Antragspflicht durch den Berater als psychische Beihilfe bewertet werden muss. Es wird die Meinung

[990] BGH 20.9.1999 – 5 StR 729/98, NStZ 2000, 34.

[991] Cyrus/Köllner NZI 2016, 288 (289).

[992] OLG Köln 3.12.2010 – III-1 Ws 146/10, DStR 2011, 1195.

vertreten, dass allein der Umstand, dass das Mandat weitergeführt wird, den Geschäftsleiter darin ermutigt, die Insolvenzverschleppung weiter zu betreiben bzw. ihn in der Ausführung bestärkt.[993]

Praxishinweis: Die Haftungsrisiken für den laufenden Berater reduzieren sich durch das Insolvenzaussetzungsgesetz (COVInsAG) zum 1.3.2020 nicht. Mit diesem Gesetz wurde die Insolvenzantragspflicht zunächst befristet bis zum 30.9.2020 ausgesetzt. Die Regelungen greifen hier für Unternehmen, die am 31.12.2019 noch zahlungsfähig waren. Ferner muss die Insolvenzreife auf den Folgen der Coronapandemie beruhen und Aussicht bestehen, dass die Zahlungsunfähigkeit beseitigt wird. Im Ergebnis führt das Insolvenzaussetzungsgesetz dazu, dass weitere Umstände zu überprüfen und zu beachten sind. Insbesondere ist zu prüfen, zu welchem Zeitpunkt Zahlungsunfähigkeit vorgelegen hat und auf welche Umstände diese kausal beruht.[994]

2. Bankrott, §§ 283 ff. StGB

Der Tatbestand des Bankrotts (§ 283 StGB) sanktioniert im Wesentlichen das „Beiseiteschaffen" von Vermögenswerten des Schuldners sowie in verschiedenen Formen das Verursachen, Verschärfen oder Verschleiern einer Krisensituation des Unternehmens.[995] Vom Bestehen oder der Herbeiführung einer Krisensituation unabhängig ergänzt § 283b StGB den Katalog der Insolvenzstraftaten um die Verletzung bestimmter Buchführungs- und Bilanzierungspflichten, die der Übersicht über den Vermögensstand dienen sollen. 942

Werden im Rahmen von Restrukturierungsmaßnahmen, wie zB dem Verkauf nicht notwendiger Aktiva, Sale-and-Lease-back und dem Abbau von Forderungen aus Lieferungen und Leistungen durch Factoring etc aufgrund des hohen Zeitdrucks keine angemessenen Preise und/oder Konditionen erzielt, kann – im schlimmsten Fall auch durch den Berater – der Tatbestand des Bankrotts durch die Tathandlung des Beiseiteschaffens verwirk- 943

[993] Cyrus/Köllner NZI 2016, 288 (290).

[994] Matz/Hömig DStR 2020, 1642 (1642 f.).

[995] Den Straftatbestand des Bankrotts ergänzende Regelungen enthalten die Straftatbestände der Gläubiger- und Schuldnerbegünstigung (§§ 283c, 283d StGB).

licht werden. Eine Strafbarkeit liegt nicht vor, wenn der erlangte Erlös dem Wert des Veräußerten entspricht. Bei einer Veräußerung und Übertragung von Vermögenswerten ist entscheidend, dass der wirtschaftliche Wert dem vereinbarten Erlös entspricht und die Zugriffsrechte der Gläubiger in der Folge gewahrt bleiben. Strafrechtlich relevant werden derartige Rechtsgeschäfte nur in der Krise – also bei Überschuldung oder bei drohender oder eingetretener Zahlungsunfähigkeit. Die Zahlungsunfähigkeit im Strafverfahren wird – anders als im Rahmen der Insolvenzordnung – anhand wirtschaftskriminalistischer Beweisanzeichen ermittelt. Der Nachweis ist leichter zu führen. Als wirtschaftskriminalistische Beweisanzeichen werden von der Rechtsprechung angesehen: Ignorieren von Rechnungen und Mahnungen, Rückstände auf die Sozialversicherung etc.[996]

944 Mögliche Beihilfehandlungen durch den laufenden Berater sind mannigfaltig. Von der Rechtsprechung bejaht wurde dies beispielsweise bereits beim Ausarbeiten von Verträgen bzw. bei Mitwirkung an (Sanierungs-)Verhandlungen.[997]

945 Neben dem Unternehmer selbst kann sich auch der steuerliche Berater gem. §283 Abs.1 Nr.5, Nr.7 iVm §27 StGB der Beihilfe zum Bankrott wegen unterlassener Buchführung und nicht rechtzeitiger Bilanzerstellung strafbar machen. Tatsächlich kann er selbst **Täter** dieser Straftat sein. Nach § 14 Abs. 2 Nr. 2 StGB ist jeder strafrechtlich verantwortlich, der eigenverantwortlich Aufgaben wahrnimmt, die ihm der Inhaber des Betriebes übertragen hat. Dies gilt dann, wenn die Buchführung/Bilanzierung auf den Berater übertragen wurde und der Berater dieser pflichtwidrig nicht nachkommt oder nur unzulänglich erfüllt.

Praxishinweis: Eine Nichterfüllung bzw. unzugängliche Erfüllung von Buchführungspflichten liegt auch dann vor, wenn der laufende Berater seine Tätigkeit wegen ausstehender Honorare einstellt. Ein Steuerberater ist selbstverständlich **nicht** verpflichtet, ohne Bezahlung zu arbeiten. Allerdings ist der Mandant über die Einstellung der Tätigkeit zu informieren. Die Information – und der Zugang – sind zu dokumentieren.

---

[996] BGH 23.7.2015 – 3 StR 518/14, NStZ-RR 2015, 341.

[997] Grundsätzlich ist auch für den Berater hier eine täterschaftliche Begehung möglich.

3. Gläubigerbegünstigung (§ 283c StGB) und Untreue (§ 266 StGB) im Zusammenhang mit Honorar

Führt der Berater seine Tätigkeit nur noch gegen Vorschüsse aus bzw. lässt sich Sicherheiten einräumen – was wirtschaftlich nachvollziehbar ist – läuft er Gefahr, sich der Gläubigerbegünstigung gem. § 283c StGB strafbar zu machen. 946

Beispiel: Seitens des OLG München[998] wurde eine Untreue durch den laufenden Berater wegen überhöhter Honorare bejaht. Der Berater hatte in der relevanten Konstellation die Organstellung übernommen und war in der Folge als (faktischer) Geschäftsführer aufgetreten. Sein Honorar war nicht fremdüblich, sondern höher.

Praxishinweis: Gerade bei einem bestehenden Näheverhältnis bzw. einer langjährigen Mitarbeit ist darauf zu achten, dass die Honorare für ein Unternehmen in der Krise bzw. die Beratung in der Krise fremdüblich sind und bleiben.

4. Bankrott und Gläubigerbegünstigung beim Asset-Deal (§ 283 StGB, § 283c StGB)

Im Zuge von Sanierungsmaßnahmen werden regelmäßig Übertragungen von Vermögensteilen bzw. des gesamten Vermögens vorgenommen. Bei Erstellung der Verträge hat der Berater besonders darauf zu achten, dass die vertragliche Grundlage für die Realisierung der Kaufpreisforderung gesichert ist. 947

Das Amtsgericht Ingolstadt[999] hat einen Rechtsanwalt wegen Beihilfe zum Bankrott verurteilt, da die Durchsetzung der aus einem Asset-Deal resultierenden Kaufpreisforderung auf Grundlage der vertraglichen Ausgestaltung mit erheblichen Risiken behaftet war. 948

Zurückhaltung ist auch geboten bei Asset-Deals mit Gläubigern. Wird ein Asset-Deal mit einem Gläubiger abgeschlossen 949

[998] OLG München 6.8.2004 – 2 Ws 660, 694/04, ZIP 2004, 2438.
[999] AG Ingolstadt 28.5.2004 – 8 Ls 31 Js 5828/04, EWiR 2004, 1245.

und die Verbindlichkeit des Gläubigers durch Verrechnung ausgeglichen, kommt eine Anstiftung oder Beihilfe zur Gläubigerbegünstigung gem. § 283c StGB in Betracht.[1000]

5. Betrugsdelikte (§§ 263, 264, 265b StGB)

950 Daneben kommt eine Strafbarkeit nach den allgemeinen Straftatbeständen in Betracht, die dem Schutz fremden Vermögens dienen. Insbesondere die Betrugsdelikte (§§ 263, 264, 265b StGB) können – auch vom Berater – nicht nur als Gehilfe, sondern auch als Täter verwirklicht werden. Geschädigte der Betrugsdelikte sind regelmäßig potenzielle Neu- bzw. Altgläubiger, die sich, durch die entsprechenden Täuschungshandlungen motiviert, an der Sanierung beteiligen.

951 Im Rahmen von Sanierungsmaßnahmen bzw. bei der Beschaffung von Fremdkapital werden Bilanzen, Testate, Vermögensaufstellungen, Prüfungsberichte, Bewertungsgutachten oder weitere gutachterliche Stellungnahmen verschiedensten Gesprächs-/Vertragspartnern vorgelegt. Stellen diese Unterlagen die Sanierungschancen und/oder die tatsächliche Lage des Unternehmens falsch dar, liegt eine relevante Täuschungshandlung iSd § 263 StGB sowie des § 265b StGB (Kreditbetrug) vor. In diesem Fall können verschiedene Handlungen des Beraters eine Strafbarkeit begründen. Zum einen, wenn der Berater diese unzutreffenden Unterlagen erstellt bzw. bei der Erstellung mitgewirkt hat. Zum anderen, wenn er diese bei Verhandlungen mit Kapitalgebern oder Gläubigern vorlegt und erläutert oder gar selbst die Verhandlungen mitführt. Werden öffentliche Förderungen im Rahmen des Sanierungskonzepts beantragt (oÄ), kann in diesem Fall auch der Tatbestand des Subventionsbetruges gem. § 264 StGB erfüllt werden.[1001]

952 Der Berater muss Kenntnis davon haben, dass die Unterlagen, an deren Erstellung bzw. Bearbeitung er beteiligt war, die wahren wirtschaftlichen Verhältnisse nur unzutreffend wiedergeben. Bei einem langjährigen Berater ist dies idR anzunehmen. Ferner

---

[1000] Miesert/Hohler NZI 2010, 127 (130).

[1001] Cyrus/Köllner NZI 2016, 288 (292).

ist ihm dann auch bekannt, dass die Unterlagen im Zuge von Sanierungsmaßnahmen bzw. von Gesprächen zur Fremdkapitalbeschaffung verwendet werden.

6. Untreue (§ 266 StGB)

Regelmäßig relevant im Zusammenhang mit Insolvenzverfah- 953
ren bzw. Unternehmen in der Krise ist der Tatbestand der Untreue iSd § 266 StGB. Ausweislich des Wortlautes ist der Tatbestand verwirklicht, wenn ein Missbrauch einer Vermögensbetreuungspflicht vorliegt bzw. die Verpflichtung zur Wahrung fremder Vermögensinteressen verletzt wird und dadurch einem Dritten ein Nachteil entsteht. § 266 StGB ist im Grunde ein Auffangtatbestand, der unerwünschtes Verhalten sanktionieren soll, welches von keinem weiteren Tatbestand erfasst wird. Der Anwendungsbereich wird wesentlich von der Rechtsprechung geprägt und ist deutlich weiter, als Praktiker regelmäßig annehmen.

Für den Berater wird in der Praxis die Verletzung der Treue- 954
pflicht (§ 266 Abs. 1 Alt. 2 StGB) relevant. Eine Treuepflichtverletzung[1002] wurde seitens der Rechtsprechung angenommen, wenn der Berater Kontakt mit den Gläubigern im Zuge von Sanierungsmaßnahmen/Vergleichsmaßnahmen aufnimmt, Gelder verwaltet und diese sodann nicht zur Auszahlung gelangen.[1003]

Wie bereits beim Unternehmer ausgeführt, ist Vorsicht geboten 955
bei Restrukturierungs- bzw. Sanierungsmaßnahmen, wie zB dem Verkauf nicht betriebsnotwendiger Aktiva, Sale-and-Lease-back sowie dem Abbau von Forderungen aus Lieferung und Leistung durch Factoring. Im Zusammenhang mit der Veräußerung und Übertragung von Aktiva wurde eine Strafbarkeit gem. § 266 Abs. 1 StGB des Beraters gegenüber dem beratenen Unternehmen bejaht, wenn dieser im Einzelfall tatsächlich Entscheidungsmacht in Bezug auf das Vermögen hat bzw. die Stellung eines faktischen Geschäftsführers erlangt hatte.[1004]

[1002] BGH 12.5.2011 – III ZR 107/10, NJW-RR 2011, 1426.

[1003] Schönke/Schröder/Perron StGB § 266 Rn. 25.

[1004] OLG München 6.8.2004 – 2 Ws 660, 694/04, ZIP 2004, 2438.

7. Vorenthalten von Arbeitnehmerbeiträgen zur Sozialversicherung (§ 266a StGB)

956 Das Vorenthalten von Arbeitnehmerbeiträgen zur Sozialversicherung gem. § 266a Abs. 1 StGB ist ein Sonderdelikt. Eine Begehung durch den laufenden Berater kommt regelmäßig nicht in Betracht.

957 Eine Ausnahme gilt nur, wenn er im Rahmen der Betreuung des Mandats darüber hinausgehende Tätigkeiten übernommen hat. Relevant könnte dies beispielsweise werden, wenn der laufende Berater die Überweisung der Gehälter sowie der Beiträge an die Sozialversicherung bzw. Krankenkassen übernommen hat.

8. Verstoß gegen Verlustanzeigepflicht nach § 84 Abs. 1 u. 2 GmbHG, § 401 AktG, § 148 GenG

958 Gemäß § 49 Abs. 3 GmbHG, § 92 AktG sowie § 33 Abs. 3 GenG sind die Geschäftsleiter verpflichtet, den Verlust des Eigenkapitals unverzüglich gegenüber den jeweiligen Anteilsinhabern etc. anzuzeigen. Bei einem Verstoß hiergegen machen sich die Geschäftsleiter strafbar. Empfiehlt der Berater dem Geschäftsleiter, mit einer gebotenen Anzeige zu warten bzw. diese zu unterlassen – zB, um den Sanierungsprozess nicht zu gefährden – macht sich der Berater der Anstiftung strafbar. Ist der laufende Berater dabei behilflich die Zahlen über das „vertretbare Maß hinaus" zu dehnen, um das Erfordernis einer Anzeigepflicht zu umgehen, kommt regelmäßig eine Beihilfehandlung des Beraters in Betracht. Das Gleiche gilt, wenn der Berater das Mandat fortführt, obwohl er den Geschäftsleiter auf dessen Anzeigeverpflichtung hingewiesen hat, sofern das Mandat nicht unverzüglich niedergelegt wird.[1005]

[1005] OLG Köln 3.12.2010 – III 1 Ws 146/10, DStR 2011, 1195; Cyrus/Köllner NZI 2016 288 (290).

9. Unrichtige Darstellung und falsche Angaben (§ 331 HGB, § 82 GmbHG, § 400 AktG)

Strafbar ist im Ergebnis die unrichtige Darstellung der wirtschaftlichen Verhältnisse der Gesellschaft in der Eröffnungsbilanz, im Jahresabschluss, im Lagebericht sowie das Machen falscher Angaben (§ 82 GmbHG, § 400 AktG, § 331 HGB). Sinn und Zweck der vorstehend genannten Normen ist der Schutz des Vertrauens in die Richtigkeit und Vollständigkeit bestimmter Informationen über die Verhältnisse der Gesellschaft bzw. des Konzerns (auch als Bilanzwahrheit bzw. Bilanzklarheit bezeichnet). In der Sanierungssituation geschützt werden sollen insbesondere potenzielle Investoren, Kreditinstitute, Gesellschafter, Lieferanten und sonstige Gläubiger. Tatbestandsmäßig handelt, wer die (wirtschaftlichen) Verhältnisse unrichtig wiedergibt, verschleiert oder unrichtige Darstellungen offenlegt. 959

Eine Verschleierung der tatsächlichen Verhältnisse der Gesellschaft ist gegeben, wenn die Verhältnisse grundsätzlich richtig dargestellt werden, einzelne Tatsachen oder Prognosen jedoch so schwer erkennbar sind, dass sich der tatsächliche Sachverhalt auch für den sachverständigen Bilanzleser schwer bis überhaupt nicht erkennen lässt. Daraus muss die Gefahr einer unzutreffenden Bilanzbeurteilung entstehen.[1006] 960

Eine unrichtige Darstellung liegt beispielsweise vor bei einer falschen Inventur, Umsatzerlösen durch Scheingeschäfte mit Tochterunternehmen ohne Konsolidierung, Missachtung des strengen Niederwertprinzips bei Umlaufvermögen, Unterlassen der Wertberichtigungen von Forderungen, Verstoß gegen das Gebot der Vorsicht bei Rückstellungen und Abschreibungen im erheblichen Umfang, Ausübung relevanter Wahlrechte, Wechsel der Abschreibungs(-art), etc. Die vorstehend genannten Maßnahmen sollen dazu durch die wirtschaftliche Lage des Unternehmens durch entsprechende Bilanzierungsmaßnahmen und Anhangserstellungen zu beschönigen. Ziel ist es, eine bilanzielle Überschuldung zu beseitigen, um ein gerichtliches Insolvenzverfahren zu verhindern. 961

[1006] MüKoHGB/Klinger HGB § 331 Rn. 48.

Praxishinweis: Eine Strafbarkeit gem. § 331 HGB beruht regelmäßig auf dem Einstellen fiktiver Beträge, Ausweis fragwürdiger Forderungen zum Nennwert, Überbewertung von Vermögensgegenständen.[1007]

10. Verletzung der Berichtspflicht (§ 332 HGB)

962 Der steuerliche Berater kann höchstpersönlich Täter einer Falschbilanzierung iSd § 283 Abs. 1 Nr. 7 StGB iVm § 331 HGB iVm § 14 StGB sein. Strafrechtlich relevant sind willkürlich angesetzte Bilanzpositionen. Ob die Schwelle zu einer willkürlichen Bilanzposition überschritten ist, wird letztendlich dann häufig erst von den Gerichten entschieden.

Eine Verletzung der Berichtspflicht liegt vor bei unrichtiger Berichterstellung, Verschweigen erheblicher Umstände sowie Erteilen eines unrichtigen Bestätigungsvermerks.

Relevant wird es für den steuerlichen Berater dann, wenn ihm nicht vertretbare Ansätze nachgewiesen und vorgeworfen werden können. In diesem Fall steht gleichzeitig die Verwirklichung der Straftatbestände des Betruges (§ 263 StGB) oder Kreditbetruges (§ 265b StGB) im Raum.[1008]

Praxishinweis: Gerade in Bewertungs- und Prognosefragen muss sich der Berater bewusst sein, dass die Grenze zwischen „bewertungsrechtlich vertretbar" und einer „Gefälligkeitsbewertung" fließend ist.

Zusammenfassung der steuerlichen und strafrechtlichen Risiken des Beraters in der Krise: Die steuerliche Haftung des Beraters aufgrund einer Pflichtverletzung gem. § 69 AO kommt nur im Ausnahmefall in Betracht. Zu beachten ist jedoch insoweit, dass § 15b Abs. 8 InsO – bei Wahrung der insolvenzrechtlichen Pflichten – die steuerliche Haftung entfallen lassen kann. Nimmt der Berater an einer Steuerhinterziehung seines Mandanten teil, haftet er für die hinterzogene Steuer nach § 71 AO.
Der Berater kann sich in Form der psychischen Beihilfe an der Straftat seines Mandanten beteiligen. Eine strafbare Beihilfehandlung des Beraters kommt nach Rechtsprechung des BGH in Betracht, wenn die konkrete Handlung über das übliche Maß hinausgeht, sein Mandant für ihn erkennbar tatgeneigt

---

[1007] Cyrus/Köllner NZI 2016, 288 (292).
[1008] Ehlers DStR 1999, 461 (462).

gewesen ist oder der Berater die Tat gezielt gefördert hat. Neben Bankrott (§ 283 ff. StGB) und Untreue (§ 266 StGB) ist vor allem die Insolvenzverschleppung (§ 15a InsO) ein in der Krise immanentes Risiko. Dem Berater droht die Teilnahme an einer Insolvenzverschleppung, wenn er seinem Mandanten zu Sanierungsmaßnahmen rät, welche aber offensichtlich nicht binnen der Insolvenzantragsfrist die Insolvenzreife beseitigen können.

(einstweilen frei) **963–967**

D. Berufsrechtliche Risiken

Neben den haftungs- und strafrechtlichen Risiken muss der Berater unter Umständen berufsrechtliche Sanktionen fürchten. Im schlimmsten Fall droht ihm gar ein Berufsausübungsverbot. Zunächst sind zwei berufsrechtliche Verfahren voneinander abzugrenzen: 968

In dem sog. **berufsaufsichtlichen Verfahren** prüft die Steuerberaterkammer, ob eine Berufspflichtverletzung vorliegt. Stellt die Kammer die Verletzung einer Berufspflicht fest, so kann sie die Verletzung in eigener Zuständigkeit sanktionieren oder bei der zuständigen Generalstaatsanwaltschaft Antrag auf Einleitung des **berufsgerichtlichen Verfahrens** stellen. Das berufsgerichtliche Verfahren ist verfahrenstechnisch eher einem Strafverfahren angenähert und hat einschneidendere Konsequenzen für den Berater.[1009] Es kann unabhängig von einem berufsaufsichtlichen Verfahren eingeleitet werden. 969

I. Kenntnis der Berufskammern/ Generalstaatsanwaltschaften von der Berufspflichtverletzung

Die Berufskammern bzw. Generalstaatsanwaltschaften können wie folgt Kenntnis von der Berufspflichtverletzung erlangen: 970

[1009] Willerscheid DStR 2022, 1124 (1126).

1. Strafverfahren gegen Berater

971 Wurde gegen den Berater ein Strafverfahren eingeleitet, so sind die Justizbehörden unter gewissen Voraussetzungen verpflichtet, dies der zuständigen Berufskammer und der Generalstaatsanwalt mitzuteilen. Die Behörde kann nicht im Rahmen eigenen Ermessen entscheiden, ob der Sachverhalt mitzuteilen ist. Eine Mitteilungspflicht besteht u.a., wenn die Staatsanwaltschaft Anklage gegen den Berater erhoben oder den Erlass eines Strafbefehls beantragt hat, Nr. 24 MiStrA.

2. Bußgeldbescheid gegen Berater

972 Zudem ist die Finanzbehörde vor Erlass eines Bußgeldbescheids wegen einer Steuerordnungswidrigkeit, die der Berater in Ausübung seines Berufes bei der Beratung begangen hat, gem. § 411 AO verpflichtet, den Sachverhalt der zuständigen Berufskammer mitzuteilen, Nr. 115 AStBV.

3. Mitteilungspflicht über Berufspflichtverletzungen nach § 10 Abs. 1 StBerG

973 Daneben sind Gerichte und Behörden einschließlich der Berufskammern gem. § 10 Abs. 1 StBerG verpflichtet, der für das berufsrechtliche Verfahren zuständigen Stelle Tatsachen mitzuteilen, die den Verdacht begründen, dass eine Berufspflichtverletzung begangen worden ist. Diese Mitteilungspflicht soll den Berufskammern und den sonst zuständigen Stellen ermöglichen, die Aufsicht über den Berufstand wirksam auszuüben und ggf. berufsrechtliche Schritte einzuleiten.[1010]

974 Für den Steuerberater relevant ist demnach, ob eine Mitteilungspflicht nach § 10 Abs. 1 StBerG besteht: Hierbei ist zu berücksichtigen, dass nicht jede berufliche Fehlleistung eine Berufspflichtverletzung darstellt. Vielmehr muss der konkrete Verdacht

[1010] Mutschler DStR 2009, 1665 (1667).

bestehen, dass der Berater seine Berufsplichten schuldhaft verletzt hat. In der Regel ist das der Fall, wenn der Berater unter Berücksichtigung der gebotenen Sorgfalt fahrlässig, leichtfertig oder gar vorsätzlich gehandelt hat. Der Verdacht muss so stark sein, dass er aus Sicht der übermittelnden Stelle die Einleitung eines Verfahrens durch die zuständige Stelle rechtfertigen würde. Eine darüberhinausgehende Sicherheit ist nicht erforderlich. Ein außerhalb des Berufs liegendes Verhalten des Beraters kann nur dann eine berufsgerichtlich zu ahndende Pflichtverletzung darstellen, wenn es nach den Umständen des Einzelfalls in besonderem Maße geeignet ist, Achtung und Vertrauen in einer für die Ausübung der Berufstätigkeit oder für das Ansehen des Berufs bedeutsamen Weise zu beeinträchtigen.[1011]

(einstweilen frei) 975–979

II. Berufsaufsichtliches Verfahren durch die Steuerberaterkammer

Die Steuerberaterkammer prüft, ob dem Berater eine Berufs- 980
pflichtverletzung vorzuwerfen ist. Kommt sie hierbei zu dem Ergebnis, dass die Schuld des Beraters gering und ein berufsgerichtliches Verfahren nicht erforderlich ist, kann sie eine Rüge iSd § 81 StBerG aussprechen.[1012] Bevor die Steuerberaterkammer eine Rüge ausspricht, ist der Berater anzuhören (§ 81 Abs. 4 StBerG). Gegen die Rüge kann der Berater binnen einen Monats Einspruch einlegen.

981

Praxishinweis: Bereits im Rahmen der Anhörung durch die Steuerberaterkammer sollte der Berater sich von einem Rechtsanwalt beraten lassen. Bereits die Äußerung in dem berufsaufsichtlichen Verfahren kann in einem späteren berufsgerichtlichen Verfahren entscheidend sein.

1011 Oberste Finanzbehörden der Länder 1.9.2021, BeckVerw 560946.
1012 Willerscheid DStR 2022, 1124 (1125).

982 In der Praxis wird das berufsaufsichtliche Verfahren oftmals iVm einem belehrenden Hinweis eingestellt. Hiermit bezweckt die Steuerberaterkammer dem Berater mitzuteilen, dass ein bestimmtes Verhalten für objektiv pflichtwidrig gehalten wird. Diese „einfache" Belehrung (§ 76 Abs. 2 Nr. 1 StBerG) ist nicht mit einem Schuldvorwurf verbunden. Ist die Steuerberaterkammer der Auffassung, dass eine einfache Belehrung nicht ausreicht, eine Rüge aber noch nicht gerechtfertigt erscheint, kann sie eine missbilligende Belehrung aussprechen. Die missbilligende Belehrung enthält den Vorwurf einer begangenen Pflichtverletzung und oftmals die Aufforderung das missbilligte Verhalten zur Vermeidung einer ansonsten gerechtfertigten Rüge zu unterlassen. Der Vorstand der Steuerberaterkammer hat hingegen bei der zuständigen Generalstaatsanwaltschaft die Einleitung eines berufsgerichtlichen Verfahrens zu beantragen, wenn er zu der Einschätzung gelangt, dass eine Pflichtverletzung vorliegt und die Schuld nicht als gering anzusehen ist, § 113 StBerG.[1013]

983–987 *(einstweilen frei)*

III. Berufsgerichtliches Verfahren durch die Generalstaatsanwaltschaft/ das Berufsgericht

1. Ermittlungen der Generalstaatsanwaltschaft

988 Nachdem die Generalstaatsanwaltschaft über den Sachverhalt in Kenntnis gesetzt wurde, ermittelt sie den Sachverhalt nach den Vorschriften der Strafprozessordnung, § 153 Abs. 1 StBerG. Nach dem Ende der Ermittlungen wird entweder von der Generalstaatsanwaltschaft das berufsgerichtliche Verfahren eingeleitet oder aber eingestellt. [1014]

1013 Willerscheid DStR 2022, 1124 (1125).
1014 Willerscheid DStR 2022, 1124 (1126).

Praxishinweis: Auch im berufsgerichtlichen Verfahren wird dem Steuerberater die Möglichkeit gewährt, sich zum Sachverhalt zu äußern. Üblicherweise wird der Berater (unter Mitwirkung der Steuerberaterkammer) von der Generalstaatsanwaltschaft selbst angehört. Zudem wird von der Steuerberaterkammer eine Stellungnahme zum Schuldvorwurf eingeholt, in dessen Rahmen ebenfalls eine Anhörung des Beraters erfolgt. Allerspätestens zu diesem Zeitpunkt sollte sich der Berater von einem Rechtsanwalt beraten und vertreten lassen. **989**

Sieht die Generalstaatsanwaltschaft keinen hinreichenden Tatverdacht, so wird das Verfahren nach §§ 170 Abs. 2 StPO, 153 Abs. 1 StBerG eingestellt. Es besteht auch die Möglichkeit – mit Zustimmung des Berufsgerichts – einer Einstellung des Verfahrens nach §§ 153a StPO, § 153 Abs. 1 StBerG wegen Geringfügigkeit des berufswidrigen Verhaltens. Die Einstellung wegen Geringfügigkeit ist oftmals mit der Zahlung eines Geldbetrags an eine gemeinnützige Einrichtung verbunden. Kommt eine Einstellung des Verfahrens nicht in Betracht, leitet die Generalstaatsanwaltschaft das berufsgerichtliche Verfahren mit Einreichung der Anschuldigungsschrift bei dem zuständigen Berufsgericht ein.[1015] **990**

Praxishinweis: Gegen den Berater kann schon vor Einleitung des berufsgerichtlichen Verfahrens ein vorläufiges Berufs- oder Vertretungsverbot ausgesprochen werden, wenn dringende Gründe die Annahme stützen, dass das Verfahren mit der Ausschließung aus dem Beruf sanktioniert wird, § 134 StBerG. Der Berater kann sich gegen das vorläufige Verbot mittels sofortiger Beschwerde zur Wehr setzen, § 141 StBerG. **991**

2. Gerichtliches Hauptverfahren

Das zuständige Landgericht prüft nach Eingang der Anschuldigungsschrift, ob das Verfahren zur Hauptverhandlung zugelassen wird, § 118 Abs. 1 StBerG. In der Hauptverhandlung entscheidet das Gericht über die Verhängung von berufsgerichtlichen Maßnahmen. Der Berater kann und sollte sich von einem Rechtsanwalt vertreten lassen. **992**

[1015] Willerscheid DStR 2022, 1124 (1126).

993 Das berufsgerichtliche Verfahren kann gem. §90 StBerG mit folgenden Sanktionen gegen den Berater beendet werden:

- Warnung
- Verweis (wird meistens mit einer Geldbuße verbunden)
- Geldbuße bis zu EUR 50.000
- Berufsverbot für die Dauer von einem bis zu fünf Jahren
- Ausschließung aus dem Beruf.

994 Bei Wahl der Maßnahme steht nicht das Ausmaß der Schuld im Vordergrund; vielmehr soll die Schwere des Fehlverhaltens und die dadurch entstandene Schädigung des Ansehens des Berufsstandes entscheidend sein. Nachstehendes Schaubild soll einen groben Überblick über die drohenden Konsequenzen vermitteln:[1016]

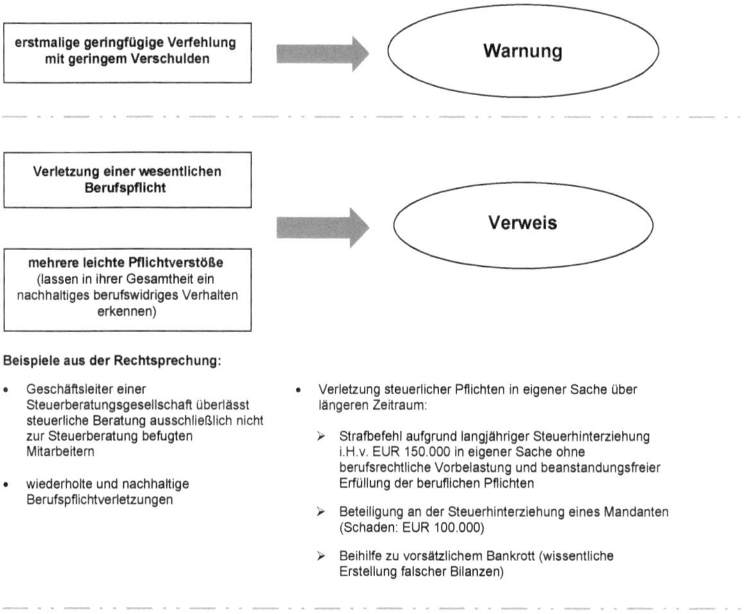

1016 Nach Willerscheid DStR 2022, 1124 (1126ff.).

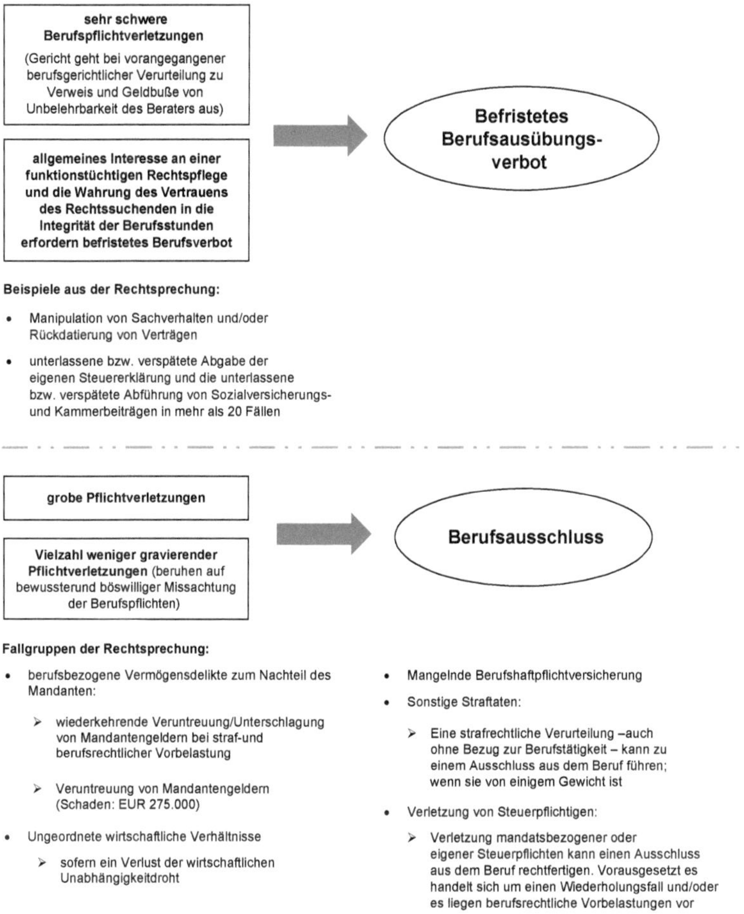

Abb. 12: Berufsrechtliche Risiken

3. Rechtsschutz

Der Berater kann binnen einer Frist von einer Woche Berufung gegen das Urteil des Berufsgericht einlegen, § 127 StBerG. Die Berufungsschrift ist beim Landgericht einzureichen. Gegen das Berufungsurteil des Oberlandesgerichts kann – unter den Voraussetzungen des § 129 StBerG – Revision beim Bundesgerichtshof eingelegt werden. **995**

(einstweilen frei) **996–1001**

AO

§ 34 AO Pflichten der gesetzlichen Vertreter und der Vermögensverwalter

(1) [1]Die gesetzlichen Vertreter natürlicher und juristischer Personen und die Geschäftsführer von nicht rechtsfähigen Personenvereinigungen und Vermögensmassen haben deren steuerliche Pflichten zu erfüllen. [2]Sie haben insbesondere dafür zu sorgen, dass die Steuern aus den Mitteln entrichtet werden, die sie verwalten.

(2) [1]Soweit nicht rechtsfähige Personenvereinigungen ohne Geschäftsführer sind, haben die Mitglieder oder Gesellschafter die Pflichten im Sinne des Absatzes 1 zu erfüllen. [2]Die Finanzbehörde kann sich an jedes Mitglied oder jeden Gesellschafter halten. [3]Für nicht rechtsfähige Vermögensmassen gelten die Sätze 1 und 2 mit der Maßgabe, dass diejenigen, denen das Vermögen zusteht, die steuerlichen Pflichten zu erfüllen haben.

(3) Steht eine Vermögensverwaltung anderen Personen als den Eigentümern des Vermögens oder deren gesetzlichen Vertretern zu, so haben die Vermögensverwalter die in Absatz 1 bezeichneten Pflichten, soweit ihre Verwaltung reicht.

§ 35 AO Pflichten des Verfügungsberechtigten

Wer als Verfügungsberechtigter im eigenen oder fremden Namen auftritt, hat die Pflichten eines gesetzlichen Vertreters (§ 34 Abs. 1), soweit er sie rechtlich und tatsächlich erfüllen kann.

§ 69 AO Haftung der Vertreter

[1]Die in den §§ 34 und 35 bezeichneten Personen haften, soweit Ansprüche aus dem Steuerschuldverhältnis (§ 37) infolge vorsätzlicher oder grob fahrlässiger Verletzung der ihnen auferlegten Pflichten nicht oder nicht rechtzeitig festgesetzt oder erfüllt oder soweit infolgedessen Steuervergütungen oder Steuererstattungen ohne rechtlichen Grund gezahlt werden. [2]Die Haftung umfasst auch die infolge der Pflichtverletzung zu zahlenden Säumniszuschläge.

§ 71 AO Haftung des Steuerhinterziehers und des Steuerhehlers

Wer eine Steuerhinterziehung oder eine Steuerhehlerei begeht oder an einer solchen Tat teilnimmt, haftet für die verkürzten Steuern und die zu Unrecht gewährten Steuervorteile sowie für die Zinsen nach § 235 und die Zinsen nach § 233a, soweit diese nach § 235 Absatz 4 auf die Hinterziehungszinsen angerechnet werden.

§ 370 AO Steuerhinterziehung

(1) Mit Freiheitsstrafe bis zu fünf Jahren oder mit Geldstrafe wird bestraft, wer

1. den Finanzbehörden oder anderen Behörden über steuerlich erhebliche Tatsachen unrichtige oder unvollständige Angaben macht,
2. die Finanzbehörden pflichtwidrig über steuerlich erhebliche Tatsachen in Unkenntnis lässt oder
3. pflichtwidrig die Verwendung von Steuerzeichen oder Steuerstemplern unterlässt

und dadurch Steuern verkürzt oder für sich oder einen anderen nicht gerechtfertigte Steuervorteile erlangt.

(2) Der Versuch ist strafbar.

(3) [1]In besonders schweren Fällen ist die Strafe Freiheitsstrafe von sechs Monaten bis zu zehn Jahren. [2]Ein besonders schwerer Fall liegt in der Regel vor, wenn der Täter

1. in großem Ausmaß Steuern verkürzt oder nicht gerechtfertigte Steuervorteile erlangt,
2. seine Befugnisse oder seine Stellung als Amtsträger oder Europäischer Amtsträger (§ 11 Abs. 1 Nr. 2a des Strafgesetzbuchs) missbraucht,
3. die Mithilfe eines Amtsträgers oder Europäischen Amtsträgers (§ 11 Abs. 1 Nr. 2a des Strafgesetzbuchs) ausnutzt, der seine Befugnisse oder seine Stellung missbraucht,
4. unter Verwendung nachgemachter oder verfälschter Belege fortgesetzt Steuern verkürzt oder nicht gerechtfertigte Steuervorteile erlangt,

5. als Mitglied einer Bande, die sich zur fortgesetzten Begehung von Taten nach Absatz 1 verbunden hat, Umsatz- oder Verbrauchssteuern verkürzt oder nicht gerechtfertigte Umsatz- oder Verbrauchssteuervorteile erlangt oder
6. eine Drittstaat-Gesellschaft im Sinne des § 138 Absatz 3, auf die er alleine oder zusammen mit nahestehenden Personen im Sinne des § 1 Absatz 2 des Außensteuergesetzes unmittelbar oder mittelbar einen beherrschenden oder bestimmenden Einfluss ausüben kann, zur Verschleierung steuerlich erheblicher Tatsachen nutzt und auf diese Weise fortgesetzt Steuern verkürzt oder nicht gerechtfertigte Steuervorteile erlangt.

(4) [1]Steuern sind namentlich dann verkürzt, wenn sie nicht, nicht in voller Höhe oder nicht rechtzeitig festgesetzt werden; dies gilt auch dann, wenn die Steuer vorläufig oder unter Vorbehalt der Nachprüfung festgesetzt wird oder eine Steueranmeldung einer Steuerfestsetzung unter Vorbehalt der Nachprüfung gleichsteht. [2]Steuervorteile sind auch Steuervergütungen; nicht gerechtfertigte Steuervorteile sind erlangt, soweit sie zu Unrecht gewährt oder belassen werden. [3]Die Voraussetzungen der Sätze 1 und 2 sind auch dann erfüllt, wenn die Steuer, auf die sich die Tat bezieht, aus anderen Gründen hätte ermäßigt oder der Steuervorteil aus anderen Gründen hätte beansprucht werden können.

(5) Die Tat kann auch hinsichtlich solcher Waren begangen werden, deren Einfuhr, Ausfuhr oder Durchfuhr verboten ist.

(6) [1]Die Absätze 1 bis 5 gelten auch dann, wenn sich die Tat auf Einfuhr- oder Ausfuhrabgaben bezieht, die von einem anderen Mitgliedstaat der Europäischen Union verwaltet werden oder die einem Mitgliedstaat der Europäischen Freihandelsassoziation oder einem mit dieser assoziierten Staat zustehen. [2]Das Gleiche gilt, wenn sich die Tat auf Umsatzsteuern oder auf die in Artikel 1 Absatz 1 der Richtlinie 2008/118/EG des Rates vom 16. Dezember 2008 über das allgemeine Verbrauchsteuersystem und zur Aufhebung der Richtlinie 92/12/EWG (ABl. L 9 vom 14.1.2009, S. 12) genannten harmonisierten Verbrauchsteuern bezieht, die von einem anderen Mitgliedstaat der Europäischen Union verwaltet werden.

(7) Die Absätze 1 bis 6 gelten unabhängig von dem Recht des Tatortes auch für Taten, die außerhalb des Geltungsbereiches dieses Gesetzes begangen werden.

§ 371 AO Selbstanzeige bei Steuerhinterziehung

(1) [1]Wer gegenüber der Finanzbehörde zu allen Steuerstraftaten einer Steuerart in vollem Umfang die unrichtigen Angaben berichtigt, die unvollständigen Angaben ergänzt oder die unterlassenen Angaben nachholt, wird wegen dieser Steuerstraftaten nicht nach § 370 bestraft. [2]Die Angaben müssen zu allen unverjährten Steuerstraftaten einer Steuerart, mindestens aber zu allen Steuerstraftaten einer Steuerart innerhalb der letzten zehn Kalenderjahre erfolgen.

(2) [1]Straffreiheit tritt nicht ein, wenn

1. bei einer der zur Selbstanzeige gebrachten unverjährten Steuerstraftaten vor der Berichtigung, Ergänzung oder Nachholung
   a) dem an der Tat Beteiligten, seinem Vertreter, dem Begünstigten im Sinne des § 370 Absatz 1 oder dessen Vertreter eine Prüfungsanordnung nach § 196 bekannt gegeben worden ist, beschränkt auf den sachlichen und zeitlichen Umfang der angekündigten Außenprüfung, oder
   b) dem an der Tat Beteiligten oder seinem Vertreter die Einleitung des Straf- oder Bußgeldverfahrens bekannt gegeben worden ist oder
   c) ein Amtsträger der Finanzbehörde zur steuerlichen Prüfung erschienen ist, beschränkt auf den sachlichen und zeitlichen Umfang der Außenprüfung, oder
   d) ein Amtsträger zur Ermittlung einer Steuerstraftat oder einer Steuerordnungswidrigkeit erschienen ist oder
   e) ein Amtsträger der Finanzbehörde zu einer Umsatzsteuer-Nachschau nach § 27b des Umsatzsteuergesetzes, einer Lohnsteuer-Nachschau nach § 42g des Einkommensteuergesetzes oder einer Nachschau nach anderen steuerrechtlichen Vorschriften erschienen ist und sich ausgewiesen hat oder

2. eine der Steuerstraftaten im Zeitpunkt der Berichtigung, Ergänzung oder Nachholung ganz oder zum Teil bereits entdeckt war und der Täter dies wusste oder bei verständiger Würdigung der Sachlage damit rechnen musste,
3. die nach § 370 Absatz 1 verkürzte Steuer oder der für sich oder einen anderen erlangte nicht gerechtfertigte Steuervorteil einen Betrag von 25.000 EUR je Tat übersteigt, oder
4. ein in § 370 Absatz 3 Satz 2 Nummer 2 bis 6 genannter besonders schwerer Fall vorliegt.

[2]Der Ausschluss der Straffreiheit nach Satz 1 Nummer 1 Buchstabe a und c hindert nicht die Abgabe einer Berichtigung nach Absatz 1 für die nicht unter Satz 1 Nummer 1 Buchstabe a und c fallenden Steuerstraftaten einer Steuerart.

(2a) [1]Soweit die Steuerhinterziehung durch Verletzung der Pflicht zur rechtzeitigen Abgabe einer vollständigen und richtigen Umsatzsteuervoranmeldung oder Lohnsteueranmeldung begangen worden ist, tritt Straffreiheit abweichend von den Absätzen 1 und 2 Satz 1 Nummer 3 bei Selbstanzeigen in dem Umfang ein, in dem der Täter gegenüber der zuständigen Finanzbehörde die unrichtigen Angaben berichtigt, die unvollständigen Angaben ergänzt oder die unterlassenen Angaben nachholt. [2]Absatz 2 Satz 1 Nummer 2 gilt nicht, wenn die Entdeckung der Tat darauf beruht, dass eine Umsatzsteuervoranmeldung oder Lohnsteueranmeldung nachgeholt oder berichtigt wurde. [3]Die Sätze 1 und 2 gelten nicht für Steueranmeldungen, die sich auf das Kalenderjahr beziehen. [4]Für die Vollständigkeit der Selbstanzeige hinsichtlich einer auf das Kalenderjahr bezogenen Steueranmeldung ist die Berichtigung, Ergänzung oder Nachholung der Voranmeldungen, die dem Kalenderjahr nachfolgende Zeiträume betreffen, nicht erforderlich.

(3) [1]Sind Steuerverkürzungen bereits eingetreten oder Steuervorteile erlangt, so tritt für den an der Tat Beteiligten Straffreiheit nur ein, wenn er die aus der Tat zu seinen Gunsten hinterzogenen Steuern, die Hinterziehungszinsen nach § 235 und die Zinsen nach § 233a, soweit sie auf die Hinterziehungszinsen nach § 235 Absatz 4 angerechnet werden, sowie die Verzugszinsen nach Artikel 114 des Zollkodex der Union innerhalb der ihm bestimmten

angemessenen Frist entrichtet. [2]In den Fällen des Absatzes 2a Satz 1 gilt Satz 1 mit der Maßgabe, dass die fristgerechte Entrichtung von Zinsen nach § 233a oder § 235 unerheblich ist.
(4) [1]Wird die in § 153 vorgesehene Anzeige rechtzeitig und ordnungsmäßig erstattet, so wird ein Dritter, der die in § 153 bezeichneten Erklärungen abzugeben unterlassen oder unrichtig oder unvollständig abgegeben hat, strafrechtlich nicht verfolgt, es sei denn, dass ihm oder seinem Vertreter vorher die Einleitung eines Straf- oder Bußgeldverfahrens wegen der Tat bekannt gegeben worden ist. [2]Hat der Dritte zum eigenen Vorteil gehandelt, so gilt Absatz 3 entsprechend.

§ 378 AO Leichtfertige Steuerverkürzung
(1) [1]Ordnungswidrig handelt, wer als Steuerpflichtiger oder bei Wahrnehmung der Angelegenheiten eines Steuerpflichtigen eine der in § 370 Abs. 1 bezeichneten Taten leichtfertig begeht. [2]§ 370 Abs. 4 bis 7 gilt entsprechend.
(2) Die Ordnungswidrigkeit kann mit einer Geldbuße bis zu fünfzigtausend Euro geahndet werden.
(3) [1]Eine Geldbuße wird nicht festgesetzt, soweit der Täter gegenüber der Finanzbehörde die unrichtigen Angaben berichtigt, die unvollständigen Angaben ergänzt oder die unterlassenen Angaben nachholt, bevor ihm oder seinem Vertreter die Einleitung eines Straf- oder Bußgeldverfahrens wegen der Tat bekannt gegeben worden ist. [2]Sind Steuerverkürzungen bereits eingetreten oder Steuervorteile erlangt, so wird eine Geldbuße nicht festgesetzt, wenn der Täter die aus der Tat zu seinen Gunsten verkürzten Steuern innerhalb der ihm bestimmten angemessenen Frist entrichtet. [3]§ 371 Absatz 4 gilt entsprechend.

BGB

§ 31 BGB Haftung des Vereins für Organe
Der Verein ist für den Schaden verantwortlich, den der Vorstand, ein Mitglied des Vorstands oder ein anderer verfassungsmäßig berufener Vertreter durch eine in Ausführung der ihm zustehenden

Verrichtungen begangene, zum Schadensersatz verpflichtende Handlung einem Dritten zufügt.

§ 48 BGB Liquidatoren

(1) [1]Die Liquidation erfolgt durch den Vorstand. [2]Zu Liquidatoren können auch andere Personen bestellt werden; für die Bestellung sind die für die Bestellung des Vorstands geltenden Vorschriften maßgebend.
(2) Die Liquidatoren haben die rechtliche Stellung des Vorstands, soweit sich nicht aus dem Zwecke der Liquidation ein anderes ergibt.
(3) Sind mehrere Liquidatoren vorhanden, so sind sie nur gemeinschaftlich zur Vertretung befugt und können Beschlüsse nur einstimmig fassen, sofern nicht ein anderes bestimmt ist.

§ 276 BGB Verantwortlichkeit des Schuldners

(1) [1]Der Schuldner hat Vorsatz und Fahrlässigkeit zu vertreten, wenn eine strengere oder mildere Haftung weder bestimmt noch aus dem sonstigen Inhalt des Schuldverhältnisses, insbesondere aus der Übernahme einer Garantie oder eines Beschaffungsrisikos, zu entnehmen ist. [2]Die Vorschriften der §§ 827 und 828 finden entsprechende Anwendung.
(2) Fahrlässig handelt, wer die im Verkehr erforderliche Sorgfalt außer Acht lässt.
(3) Die Haftung wegen Vorsatzes kann dem Schuldner nicht im Voraus erlassen werden.

§ 278 BGB Verantwortlichkeit des Schuldners für Dritte

[1]Der Schuldner hat ein Verschulden seines gesetzlichen Vertreters und der Personen, deren er sich zur Erfüllung seiner Verbindlichkeit bedient, in gleichem Umfang zu vertreten wie eigenes Verschulden. [2]Die Vorschrift des § 276 Abs. 3 findet keine Anwendung.

§ 726 BGB Auflösung wegen Erreichens oder Unmöglichwerdens des Zweckes

Die Gesellschaft endigt, wenn der vereinbarte Zweck erreicht oder dessen Erreichung unmöglich geworden ist.

§727 BGB Auflösung durch Tod eines Gesellschafters

(1) Die Gesellschaft wird durch den Tod eines der Gesellschafter aufgelöst, sofern nicht aus dem Gesellschaftsvertrag sich ein anderes ergibt.

(2) [1]Im Falle der Auflösung hat der Erbe des verstorbenen Gesellschafters den übrigen Gesellschaftern den Tod unverzüglich anzuzeigen und, wenn mit dem Aufschub Gefahr verbunden ist, die seinem Erblasser durch den Gesellschaftsvertrag übertragenen Geschäfte fortzuführen, bis die übrigen Gesellschafter in Gemeinschaft mit ihm anderweit Fürsorge treffen können. [2]Die übrigen Gesellschafter sind in gleicher Weise zur einstweiligen Fortführung der ihnen übertragenen Geschäfte verpflichtet. Die Gesellschaft gilt insoweit als fortbestehend.

§728 BGB Auflösung durch Insolvenz der Gesellschaft oder eines Gesellschafters

(1) [1]Die Gesellschaft wird durch die Eröffnung des Insolvenzverfahrens über das Vermögen der Gesellschaft aufgelöst. [2]Wird das Verfahren auf Antrag des Schuldners eingestellt oder nach der Bestätigung eines Insolvenzplans, der den Fortbestand der Gesellschaft vorsieht, aufgehoben, so können die Gesellschafter die Fortsetzung der Gesellschaft beschließen.

(2) [1]Die Gesellschaft wird durch die Eröffnung des Insolvenzverfahrens über das Vermögen eines Gesellschafters aufgelöst. [2]Die Vorschrift des §727 Abs. 2 Satz 2, 3 findet Anwendung.

§823 BGB Schadensersatzpflicht

(1) Wer vorsätzlich oder fahrlässig das Leben, den Körper, die Gesundheit, die Freiheit, das Eigentum oder ein sonstiges Recht eines anderen widerrechtlich verletzt, ist dem anderen zum Ersatz des daraus entstehenden Schadens verpflichtet.

(2) [1]Die gleiche Verpflichtung trifft denjenigen, welcher gegen ein den Schutz eines anderen bezweckendes Gesetz verstößt. [2]Ist nach dem Inhalt des Gesetzes ein Verstoß gegen dieses auch ohne Verschulden möglich, so tritt die Ersatzpflicht nur im Falle des Verschuldens ein.

§ 826 BGB Sittenwidrige vorsätzliche Schädigung

Wer in einer gegen die guten Sitten verstoßenden Weise einem anderen vorsätzlich Schaden zufügt, ist dem anderen zum Ersatz des Schadens verpflichtet.

§ 830 BGB Mittäter und Beteiligte

(1) [1]Haben mehrere durch eine gemeinschaftlich begangene unerlaubte Handlung einen Schaden verursacht, so ist jeder für den Schaden verantwortlich. [2]Das Gleiche gilt, wenn sich nicht ermitteln lässt, wer von mehreren Beteiligten den Schaden durch seine Handlung verursacht hat.
(2) Anstifter und Gehilfen stehen Mittätern gleich.

HGB

§ 238 HGB Buchführungspflicht

(1) [1]Jeder Kaufmann ist verpflichtet, Bücher zu führen und in diesen seine Handelsgeschäfte und die Lage seines Vermögens nach den Grundsätzen ordnungsmäßiger Buchführung ersichtlich zu machen. [2]Die Buchführung muß so beschaffen sein, daß sie einem sachverständigen Dritten innerhalb angemessener Zeit einen Überblick über die Geschäftsvorfälle und über die Lage des Unternehmens vermitteln kann. [3]Die Geschäftsvorfälle müssen sich in ihrer Entstehung und Abwicklung verfolgen lassen.
(2) Der Kaufmann ist verpflichtet, eine mit der Urschrift übereinstimmende Wiedergabe der abgesandten Handelsbriefe (Kopie, Abdruck, Abschrift oder sonstige Wiedergabe des Wortlauts auf einem Schrift-, Bild- oder anderen Datenträger) zurückzubehalten.

§ 239 HGB Führung der Handelsbücher

(1) [1]Bei der Führung der Handelsbücher und bei den sonst erforderlichen Aufzeichnungen hat sich der Kaufmann einer lebenden Sprache zu bedienen. [2]Werden Abkürzungen, Ziffern, Buchstaben oder Symbole verwendet, muß im Einzelfall deren Bedeutung eindeutig festliegen.

(2) Die Eintragungen in Büchern und die sonst erforderlichen Aufzeichnungen müssen vollständig, richtig, zeitgerecht und geordnet vorgenommen werden.
(3) [1]Eine Eintragung oder eine Aufzeichnung darf nicht in einer Weise verändert werden, daß der ursprüngliche Inhalt nicht mehr feststellbar ist. [2]Auch solche Veränderungen dürfen nicht vorgenommen werden, deren Beschaffenheit es ungewiß läßt, ob sie ursprünglich oder erst später gemacht worden sind.
(4) [1]Die Handelsbücher und die sonst erforderlichen Aufzeichnungen können auch in der geordneten Ablage von Belegen bestehen oder auf Datenträgern geführt werden, soweit diese Formen der Buchführung einschließlich des dabei angewandten Verfahrens den Grundsätzen ordnungsmäßiger Buchführung entsprechen. [2]Bei der Führung der Handelsbücher und der sonst erforderlichen Aufzeichnungen auf Datenträgern muß insbesondere sichergestellt sein, daß die Daten während der Dauer der Aufbewahrungsfrist verfügbar sind und jederzeit innerhalb angemessener Frist lesbar gemacht werden können. [3]Absätze 1 bis 3 gelten sinngemäß.

§ 252 HGB Allgemeine Bewertungsgrundsätze

(1) Bei der Bewertung der im Jahresabschluß ausgewiesenen Vermögensgegenstände und Schulden gilt insbesondere folgendes:

1. Die Wertansätze in der Eröffnungsbilanz des Geschäftsjahrs müssen mit denen der Schlußbilanz des vorhergehenden Geschäftsjahrs übereinstimmen.
2. Bei der Bewertung ist von der Fortführung der Unternehmenstätigkeit auszugehen, sofern dem nicht tatsächliche oder rechtliche Gegebenheiten entgegenstehen.
3. Die Vermögensgegenstände und Schulden sind zum Abschlußstichtag einzeln zu bewerten.
4. Es ist vorsichtig zu bewerten, namentlich sind alle vorhersehbaren Risiken und Verluste, die bis zum Abschlußstichtag entstanden sind, zu berücksichtigen, selbst wenn diese erst zwischen dem Abschlußstichtag und dem Tag der Aufstellung des Jahresabschlusses bekanntgeworden sind; Gewinne sind nur zu berücksichtigen, wenn sie am Abschlußstichtag realisiert sind.

5. Aufwendungen und Erträge des Geschäftsjahrs sind unabhängig von den Zeitpunkten der entsprechenden Zahlungen im Jahresabschluß zu berücksichtigen.
6. Die auf den vorhergehenden Jahresabschluss angewandten Bewertungsmethoden sind beizubehalten.

(2) Von den Grundsätzen des Absatzes 1 darf nur in begründeten Ausnahmefällen abgewichen werden.

GmbHG

§ 30 GmbHG Kapitalerhaltung

(1) [1]Das zur Erhaltung des Stammkapitals erforderliche Vermögen der Gesellschaft darf an die Gesellschafter nicht ausgezahlt werden. [2]Satz 1 gilt nicht bei Leistungen, die bei Bestehen eines Beherrschungs- oder Gewinnabführungsvertrags (§ 291 des Aktiengesetzes) erfolgen, oder durch einen vollwertigen Gegenleistungs- oder Rückgewähranspruch gegen den Gesellschafter gedeckt sind. [3]Satz 1 ist zudem nicht anzuwenden auf die Rückgewähr eines Gesellschafterdarlehens und Leistungen auf Forderungen aus Rechtshandlungen, die einem Gesellschafterdarlehen wirtschaftlich entsprechen.

(2) [1]Eingezahlte Nachschüsse können, soweit sie nicht zur Deckung eines Verlustes am Stammkapital erforderlich sind, an die Gesellschafter zurückgezahlt werden. [2]Die Zurückzahlung darf nicht vor Ablauf von drei Monaten erfolgen, nachdem der Rückzahlungsbeschluß nach § 12 bekanntgemacht ist. [3]Im Fall des § 28 Abs. 2 ist die Zurückzahlung von Nachschüssen vor der Volleinzahlung des Stammkapitals unzulässig. [4]Zurückgezahlte Nachschüsse gelten als nicht eingezogen.

§ 31 GmbHG Erstattung verbotener Rückzahlungen

(1) Zahlungen, welche den Vorschriften des § 30 zuwider geleistet sind, müssen der Gesellschaft erstattet werden.

(2) War der Empfänger in gutem Glauben, so kann die Erstattung nur insoweit verlangt werden, als sie zur Befriedigung der Gesellschaftsgläubiger erforderlich ist.

(3) [1]Ist die Erstattung von dem Empfänger nicht zu erlangen, so haften für den zu erstattenden Betrag, soweit er zur Befriedigung der Gesellschaftsgläubiger erforderlich ist, die übrigen Gesellschafter nach Verhältnis ihrer Geschäftsanteile. [2]Beiträge, welche von einzelnen Gesellschaftern nicht zu erlangen sind, werden nach dem bezeichneten Verhältnis auf die übrigen verteilt.
(4) Zahlungen, welche auf Grund der vorstehenden Bestimmungen zu leisten sind, können den Verpflichteten nicht erlassen werden.
(5) [1]Die Ansprüche der Gesellschaft verjähren in den Fällen des Absatzes 1 in zehn Jahren sowie in den Fällen des Absatzes 3 in fünf Jahren. [2]Die Verjährung beginnt mit dem Ablauf des Tages, an welchem die Zahlung, deren Erstattung beansprucht wird, geleistet ist. [3]In den Fällen des Absatzes 1 findet § 19 Absatz 6 Satz 2 entsprechende Anwendung.
(6) [1]Für die in den Fällen des Absatzes 3 geleistete Erstattung einer Zahlung sind den Gesellschaftern die Geschäftsführer, welchen in betreff der geleisteten Zahlung ein Verschulden zur Last fällt, solidarisch zum Ersatz verpflichtet. [2]Die Bestimmungen in § 43 Abs. 1 und 4 finden entsprechende Anwendung.

§ 35 GmbHG Vertretung der Gesellschaft

(1) [1]Die Gesellschaft wird durch die Geschäftsführer gerichtlich und außergerichtlich vertreten. [2]Hat eine Gesellschaft keinen Geschäftsführer (Führungslosigkeit), wird die Gesellschaft für den Fall, dass ihr gegenüber Willenserklärungen abgegeben oder Schriftstücke zugestellt werden, durch die Gesellschafter vertreten.
(2) [1]Sind mehrere Geschäftsführer bestellt, sind sie alle nur gemeinschaftlich zur Vertretung der Gesellschaft befugt, es sei denn, dass der Gesellschaftsvertrag etwas anderes bestimmt. [2]Ist der Gesellschaft gegenüber eine Willenserklärung abzugeben, genügt die Abgabe gegenüber einem Vertreter der Gesellschaft nach Absatz 1. [3]An die Vertreter der Gesellschaft nach Absatz 1 können unter der im Handelsregister eingetragenen Geschäftsanschrift Willenserklärungen abgegeben und Schriftstücke für die Gesellschaft zugestellt werden. [4]Unabhängig hiervon können die Abgabe und die Zustellung auch unter der eingetragenen Anschrift der empfangsberechtigten Person nach § 10 Abs. 2 Satz 2 erfolgen.

(3) [1]Befinden sich alle Geschäftsanteile der Gesellschaft in der Hand eines Gesellschafters oder daneben in der Hand der Gesellschaft und ist er zugleich deren alleiniger Geschäftsführer, so ist auf seine Rechtsgeschäfte mit der Gesellschaft § 181 des Bürgerlichen Gesetzbuchs anzuwenden. [2]Rechtsgeschäfte zwischen ihm und der von ihm vertretenen Gesellschaft sind, auch wenn er nicht alleiniger Geschäftsführer ist, unverzüglich nach ihrer Vornahme in eine Niederschrift aufzunehmen.

§ 43 GmbHG Haftung der Geschäftsführer

(1) Die Geschäftsführer haben in den Angelegenheiten der Gesellschaft die Sorgfalt eines ordentlichen Geschäftsmannes anzuwenden.

(2) Geschäftsführer, welche ihre Obliegenheiten verletzen, haften der Gesellschaft solidarisch für den entstandenen Schaden.

(3) [1]Insbesondere sind sie zum Ersatze verpflichtet, wenn den Bestimmungen des § 30 zuwider Zahlungen aus dem zur Erhaltung des Stammkapitals erforderlichen Vermögen der Gesellschaft gemacht oder den Bestimmungen des § 33 zuwider eigene Geschäftsanteile der Gesellschaft erworben worden sind. [2]Auf den Ersatzanspruch finden die Bestimmungen in § 9b Abs. 1 entsprechende Anwendung. [3]Soweit der Ersatz zur Befriedigung der Gläubiger der Gesellschaft erforderlich ist, wird die Verpflichtung der Geschäftsführer dadurch nicht aufgehoben, daß dieselben in Befolgung eines Beschlusses der Gesellschafter gehandelt haben.

(4) Die Ansprüche auf Grund der vorstehenden Bestimmungen verjähren in fünf Jahren.

§ 49 GmbHG Einberufung der Versammlung

(1) Die Versammlung der Gesellschafter wird durch die Geschäftsführer berufen.

(2) Sie ist außer den ausdrücklich bestimmten Fällen zu berufen, wenn es im Interesse der Gesellschaft erforderlich erscheint.

(3) Insbesondere muß die Versammlung unverzüglich berufen werden, wenn aus der Jahresbilanz oder aus einer im Laufe des Geschäftsjahres aufgestellten Bilanz sich ergibt, daß die Hälfte des Stammkapitals verloren ist.

§ 60 GmbHG Auflösungsgründe

(1) Die Gesellschaft mit beschränkter Haftung wird aufgelöst:

1. durch Ablauf der im Gesellschaftsvertrag bestimmten Zeit;
2. durch Beschluß der Gesellschafter; derselbe bedarf, sofern im Gesellschaftsvertrag nicht ein anderes bestimmt ist, einer Mehrheit von drei Vierteilen der abgegebenen Stimmen;
3. durch gerichtliches Urteil oder durch Entscheidung des Verwaltungsgerichts oder der Verwaltungsbehörde in den Fällen der §§ 61 und 62;
4. durch die Eröffnung des Insolvenzverfahrens; wird das Verfahren auf Antrag des Schuldners eingestellt oder nach der Bestätigung eines Insolvenzplans, der den Fortbestand der Gesellschaft vorsieht, aufgehoben, so können die Gesellschafter die Fortsetzung der Gesellschaft beschließen;
5. mit der Rechtskraft des Beschlusses, durch den die Eröffnung des Insolvenzverfahrens mangels Masse abgelehnt worden ist;
6. mit der Rechtskraft einer Verfügung des Registergerichts, durch welche nach § 399 des Gesetzes über das Verfahren in Familiensachen und in den Angelegenheiten der freiwilligen Gerichtsbarkeit ein Mangel des Gesellschaftsvertrags festgestellt worden ist;
7. durch die Löschung der Gesellschaft wegen Vermögenslosigkeit nach § 394 des Gesetzes über das Verfahren in Familiensachen und in den Angelegenheiten der freiwilligen Gerichtsbarkeit.

(2) Im Gesellschaftsvertrag können weitere Auflösungsgründe festgesetzt werden.

§ 66 GmbHG Liquidatoren

(1) In den Fällen der Auflösung außer dem Fall des Insolvenzverfahrens erfolgt die Liquidation durch die Geschäftsführer, wenn nicht dieselbe durch den Gesellschaftsvertrag oder durch Beschluß der Gesellschafter anderen Personen übertragen wird.
(2) Auf Antrag von Gesellschaftern, deren Geschäftsanteile zusammen mindestens dem zehnten Teil des Stammkapitals entsprechen, kann aus wichtigen Gründen die Bestellung von Liquidatoren durch das Gericht erfolgen.

(3) [1]Die Abberufung von Liquidatoren kann durch das Gericht unter derselben Voraussetzung wie die Bestellung stattfinden. [2]Liquidatoren, welche nicht vom Gericht ernannt sind, können auch durch Beschluß der Gesellschafter vor Ablauf des Zeitraums, für welchen sie bestellt sind, abberufen werden.
(4) Für die Auswahl der Liquidatoren findet § 6 Abs. 2 Satz 2 bis 4 entsprechende Anwendung.
(5) [1]Ist die Gesellschaft durch Löschung wegen Vermögenslosigkeit aufgelöst, so findet eine Liquidation nur statt, wenn sich nach der Löschung herausstellt, daß Vermögen vorhanden ist, das der Verteilung unterliegt. [2]Die Liquidatoren sind auf Antrag eines Beteiligten durch das Gericht zu ernennen.

§ 82 GmbHG Falsche Angaben
(1) Mit Freiheitsstrafe bis zu drei Jahren oder mit Geldstrafe wird bestraft, wer
1. als Gesellschafter oder als Geschäftsführer zum Zweck der Eintragung der Gesellschaft über die Übernahme der Geschäftsanteile, die Leistung der Einlagen, die Verwendung eingezahlter Beträge, über Sondervorteile, Gründungsaufwand und Sacheinlagen,
2. als Gesellschafter im Sachgründungsbericht,
3. als Geschäftsführer zum Zweck der Eintragung einer Erhöhung des Stammkapitals über die Zeichnung oder Einbringung des neuen Kapitals oder über Sacheinlagen,
4. als Geschäftsführer in der in § 57i Abs. 1 Satz 2 vorgeschriebenen Erklärung oder
5. als Geschäftsführer einer Gesellschaft mit beschränkter Haftung oder als Geschäftsleiter einer ausländischen juristischen Person in der nach § 8 Abs. 3 Satz 1 oder § 39 Abs. 3 Satz 1 abzugebenden Versicherung oder als Liquidator in der nach § 67 Abs. 3 Satz 1 abzugebenden Versicherung

falsche Angaben macht.
(2) Ebenso wird bestraft, wer
1. als Geschäftsführer zum Zweck der Herabsetzung des Stammkapitals über die Befriedigung oder Sicherstellung der Gläubiger eine unwahre Versicherung abgibt oder

2. als Geschäftsführer, Liquidator, Mitglied eines Aufsichtsrats oder ähnlichen Organs in einer öffentlichen Mitteilung die Vermögenslage der Gesellschaft unwahr darstellt oder verschleiert, wenn die Tat nicht in § 331 Nr. 1 oder Nr. 1a des Handelsgesetzbuchs mit Strafe bedroht ist.

§ 84 GmbHG Verletzung der Verlustanzeigepflicht
(1) Mit Freiheitsstrafe bis zu drei Jahren oder mit Geldstrafe wird bestraft, wer es als Geschäftsführer unterläßt, den Gesellschaftern einen Verlust in Höhe der Hälfte des Stammkapitals anzuzeigen.
(2) Handelt der Täter fahrlässig, so ist die Strafe Freiheitsstrafe bis zu einem Jahr oder Geldstrafe.

AktG

§ 91 AktG Organisation; Buchführung
(1) Der Vorstand hat dafür zu sorgen, daß die erforderlichen Handelsbücher geführt werden.
(2) Der Vorstand hat geeignete Maßnahmen zu treffen, insbesondere ein Überwachungssystem einzurichten, damit den Fortbestand der Gesellschaft gefährdende Entwicklungen früh erkannt werden.
(3) Der Vorstand einer börsennotierten Gesellschaft hat darüber hinaus ein im Hinblick auf den Umfang der Geschäftstätigkeit und die Risikolage des Unternehmens angemessenes und wirksames internes Kontrollsystem und Risikomanagementsystem einzurichten.

§ 92 AktG Vorstandspflichten bei Verlust, Überschuldung oder Zahlungsunfähigkeit
Ergibt sich bei Aufstellung der Jahresbilanz oder einer Zwischenbilanz oder ist bei pflichtmäßigem Ermessen anzunehmen, daß ein Verlust in Höhe der Hälfte des Grundkapitals besteht, so hat der Vorstand unverzüglich die Hauptversammlung einzuberufen und ihr dies anzuzeigen.

§ 93 AktG Sorgfaltspflicht und Verantwortlichkeit der Vorstandsmitglieder

(1) [1]Die Vorstandsmitglieder haben bei ihrer Geschäftsführung die Sorgfalt eines ordentlichen und gewissenhaften Geschäftsleiters anzuwenden. [2]Eine Pflichtverletzung liegt nicht vor, wenn das Vorstandsmitglied bei einer unternehmerischen Entscheidung vernünftigerweise annehmen durfte, auf der Grundlage angemessener Information zum Wohle der Gesellschaft zu handeln. [3]Über vertrauliche Angaben und Geheimnisse der Gesellschaft, namentlich Betriebs- oder Geschäftsgeheimnisse, die den Vorstandsmitgliedern durch ihre Tätigkeit im Vorstand bekanntgeworden sind, haben sie Stillschweigen zu bewahren.

(2) [1]Vorstandsmitglieder, die ihre Pflichten verletzen, sind der Gesellschaft zum Ersatz des daraus entstehenden Schadens als Gesamtschuldner verpflichtet. [2]Ist streitig, ob sie die Sorgfalt eines ordentlichen und gewissenhaften Geschäftsleiters angewandt haben, so trifft sie die Beweislast. [3]Schließt die Gesellschaft eine Versicherung zur Absicherung eines Vorstandsmitglieds gegen Risiken aus dessen beruflicher Tätigkeit für die Gesellschaft ab, ist ein Selbstbehalt von mindestens 10 Prozent des Schadens bis mindestens zur Höhe des Eineinhalbfachen der festen jährlichen Vergütung des Vorstandsmitglieds vorzusehen.

(3) Die Vorstandsmitglieder sind namentlich zum Ersatz verpflichtet, wenn entgegen diesem Gesetz

1. Einlagen an die Aktionäre zurückgewährt werden,
2. den Aktionären Zinsen oder Gewinnanteile gezahlt werden,
3. eigene Aktien der Gesellschaft oder einer anderen Gesellschaft gezeichnet, erworben, als Pfand genommen oder eingezogen werden,
4. Aktien vor der vollen Leistung des Ausgabebetrags ausgegeben werden,
5. Gesellschaftsvermögen verteilt wird,
6. [aufgehoben]
7. Vergütungen an Aufsichtsratsmitglieder gewährt werden,
8. Kredit gewährt wird,

9. bei der bedingten Kapitalerhöhung außerhalb des festgesetzten Zwecks oder vor der vollen Leistung des Gegenwerts Bezugsaktien ausgegeben werden.

(4) [1]Der Gesellschaft gegenüber tritt die Ersatzpflicht nicht ein, wenn die Handlung auf einem gesetzmäßigen Beschluß der Hauptversammlung beruht. [2]Dadurch, daß der Aufsichtsrat die Handlung gebilligt hat, wird die Ersatzpflicht nicht ausgeschlossen. [3]Die Gesellschaft kann erst drei Jahre nach der Entstehung des Anspruchs und nur dann auf Ersatzansprüche verzichten oder sich über sie vergleichen, wenn die Hauptversammlung zustimmt und nicht eine Minderheit, deren Anteile zusammen den zehnten Teil des Grundkapitals erreichen, zur Niederschrift Widerspruch erhebt. [4]Die zeitliche Beschränkung gilt nicht, wenn der Ersatzpflichtige zahlungsunfähig ist und sich zur Abwendung des Insolvenzverfahrens mit seinen Gläubigern vergleicht oder wenn die Ersatzpflicht in einem Insolvenzplan geregelt wird.

(5) [1]Der Ersatzanspruch der Gesellschaft kann auch von den Gläubigern der Gesellschaft geltend gemacht werden, soweit sie von dieser keine Befriedigung erlangen können. [2]Dies gilt jedoch in anderen Fällen als denen des Absatzes 3 nur dann, wenn die Vorstandsmitglieder die Sorgfalt eines ordentlichen und gewissenhaften Geschäftsleiters gröblich verletzt haben; Absatz 2 Satz 2 gilt sinngemäß. [3]Den Gläubigern gegenüber wird die Ersatzpflicht weder durch einen Verzicht oder Vergleich der Gesellschaft noch dadurch aufgehoben, daß die Handlung auf einem Beschluß der Hauptversammlung beruht. [4]Ist über das Vermögen der Gesellschaft das Insolvenzverfahren eröffnet, so übt während dessen Dauer der Insolvenzverwalter oder der Sachwalter das Recht der Gläubiger gegen die Vorstandsmitglieder aus.

(6) Die Ansprüche aus diesen Vorschriften verjähren bei Gesellschaften, die zum Zeitpunkt der Pflichtverletzung börsennotiert sind, in zehn Jahren, bei anderen Gesellschaften in fünf Jahren.

§ 400 AktG Unrichtige Darstellung

(1) Mit Freiheitsstrafe bis zu drei Jahren oder mit Geldstrafe wird bestraft, wer als Mitglied des Vorstands oder des Aufsichtsrats oder als Abwickler

1. die Verhältnisse der Gesellschaft einschließlich ihrer Beziehungen zu verbundenen Unternehmen im Vergütungsbericht nach § 162 Absatz 1 oder 2, in Darstellungen oder Übersichten über den Vermögensstand oder in Vorträgen oder Auskünften in der Hauptversammlung unrichtig wiedergibt oder verschleiert, wenn die Tat nicht in § 331 Nr. 1 oder 1a des Handelsgesetzbuchs mit Strafe bedroht ist, oder
2. in Aufklärungen oder Nachweisen, die nach den Vorschriften dieses Gesetzes einem Prüfer der Gesellschaft oder eines verbundenen Unternehmens zu geben sind, falsche Angaben macht oder die Verhältnisse der Gesellschaft unrichtig wiedergibt oder verschleiert, wenn die Tat nicht in § 331 Nr. 4 des Handelsgesetzbuchs mit Strafe bedroht ist.

(2) Ebenso wird bestraft, wer als Gründer oder Aktionär in Aufklärungen oder Nachweisen, die nach den Vorschriften dieses Gesetzes einem Gründungsprüfer oder sonstigen Prüfer zu geben sind, falsche Angaben macht oder erhebliche Umstände verschweigt.

§ 401 AktG Pflichtverletzung bei Verlust, Überschuldung oder Zahlungsunfähigkeit

(1) Mit Freiheitsstrafe bis zu drei Jahren oder mit Geldstrafe wird bestraft, wer es als Mitglied des Vorstands entgegen § 92 Abs. 1 unterläßt, bei einem Verlust in Höhe der Hälfte des Grundkapitals die Hauptversammlung einzuberufen und ihr dies anzuzeigen.
(2) Handelt der Täter fahrlässig, so ist die Strafe Freiheitsstrafe bis zu einem Jahr oder Geldstrafe.

InsO

§ 1 Ziele des Insolvenzverfahrens

[1]Das Insolvenzverfahren dient dazu, die Gläubiger eines Schuldners gemeinschaftlich zu befriedigen, indem das Vermögen des Schuldners verwertet und der Erlös verteilt oder in einem Insolvenzplan eine abweichende Regelung insbesondere zum Erhalt des Unternehmens getroffen wird. [2]Dem redlichen Schuldner wird

Gelegenheit gegeben, sich von seinen restlichen Verbindlichkeiten zu befreien.

§ 13 InsO Eröffnungsantrag

(1) [1]Das Insolvenzverfahren wird nur auf schriftlichen Antrag eröffnet. [2]Antragsberechtigt sind die Gläubiger und der Schuldner. [3]Dem Antrag des Schuldners ist ein Verzeichnis der Gläubiger und ihrer Forderungen beizufügen. [4]Wenn der Schuldner einen Geschäftsbetrieb hat, der nicht eingestellt ist, sollen in dem Verzeichnis besonders kenntlich gemacht werden

1. die höchsten Forderungen,
2. die höchsten gesicherten Forderungen,
3. die Forderungen der Finanzverwaltung,
4. die Forderungen der Sozialversicherungsträger sowie
5. die Forderungen aus betrieblicher Altersversorgung.

[5]Der Schuldner hat in diesem Fall auch Angaben zur Bilanzsumme, zu den Umsatzerlösen und zur durchschnittlichen Zahl der Arbeitnehmer des vorangegangenen Geschäftsjahres zu machen. [6]Die Angaben nach Satz 4 sind verpflichtend, wenn

1. der Schuldner Eigenverwaltung beantragt,
2. der Schuldner die Merkmale des § 22a Absatz 1 erfüllt oder
3. die Einsetzung eines vorläufigen Gläubigerausschusses beantragt wurde.

[7]Dem Verzeichnis nach Satz 3 und den Angaben nach den Sätzen 4 und 5 ist die Erklärung beizufügen, dass die enthaltenen Angaben richtig und vollständig sind.

(2) Der Antrag kann zurückgenommen werden, bis das Insolvenzverfahren eröffnet oder der Antrag rechtskräftig abgewiesen ist.

(3) Ist der Eröffnungsantrag unzulässig, so fordert das Insolvenzgericht den Antragsteller unverzüglich auf, den Mangel zu beheben und räumt ihm hierzu eine angemessene Frist ein.

(4) [1]Das Bundesministerium der Justiz und für Verbraucherschutz wird ermächtigt, durch Rechtsverordnung mit Zustimmung des Bundesrates für die Antragstellung durch den Schuldner ein Formular einzuführen. [2]Soweit nach Satz 1 ein Formular eingeführt ist, muss der Schuldner dieses benutzen. [3]Für Verfahren, die von den Gerichten maschinell bearbeitet, und für solche, die nicht

maschinell bearbeitet werden, können unterschiedliche Formulare eingeführt werden.

§ 14 InsO Antrag eines Gläubigers

(1) [1]Der Antrag eines Gläubigers ist zulässig, wenn der Gläubiger ein rechtliches Interesse an der Eröffnung des Insolvenzverfahrens hat und seine Forderung und den Eröffnungsgrund glaubhaft macht. [2]Der Antrag wird nicht allein dadurch unzulässig, dass die Forderung erfüllt wird.
(2) Ist der Antrag zulässig, so hat das Insolvenzgericht den Schuldner zu hören.
(3) [1]Wird die Forderung des Gläubigers nach Antragstellung erfüllt, so hat der Schuldner die Kosten des Verfahrens zu tragen, wenn der Antrag als unbegründet abgewiesen wird. [2]Der Schuldner hat die Kosten auch dann zu tragen, wenn der Antrag eines Gläubigers wegen einer zum Zeitpunkt der Antragstellung wirksamen nichtöffentlichen Stabilisierungsanordnung nach dem Unternehmensstabilisierungs- und -restrukturierungsgesetz abgewiesen wird und der Gläubiger von der Stabilisierungsanordnung keine Kenntnis haben konnte.

§ 15 InsO Antragsrecht bei juristischen Personen und Gesellschaften ohne Rechtspersönlichkeit

(1) [1]Zum Antrag auf Eröffnung eines Insolvenzverfahrens über das Vermögen einer juristischen Person oder einer Gesellschaft ohne Rechtspersönlichkeit ist außer den Gläubigern jedes Mitglied des Vertretungsorgans, bei einer Gesellschaft ohne Rechtspersönlichkeit oder bei einer Kommanditgesellschaft auf Aktien jeder persönlich haftende Gesellschafter, sowie jeder Abwickler berechtigt. [2]Bei einer juristischen Person ist im Fall der Führungslosigkeit auch jeder Gesellschafter, bei einer Aktiengesellschaft oder einer Genossenschaft zudem auch jedes Mitglied des Aufsichtsrats zur Antragstellung berechtigt.
(2) [1]Wird der Antrag nicht von allen Mitgliedern des Vertretungsorgans, allen persönlich haftenden Gesellschaftern, allen Gesellschaftern der juristischen Person, allen Mitgliedern des Aufsichtsrats oder allen Abwicklern gestellt, so ist er zulässig, wenn der Eröffnungsgrund glaubhaft gemacht wird. [2]Zusätzlich ist bei

Antragstellung durch Gesellschafter einer juristischen Person oder Mitglieder des Aufsichtsrats auch die Führungslosigkeit glaubhaft zu machen. [3]Das Insolvenzgericht hat die übrigen Mitglieder des Vertretungsorgans, persönlich haftenden Gesellschafter, Gesellschafter der juristischen Person, Mitglieder des Aufsichtsrats oder Abwickler zu hören.
(3) [1]Ist bei einer Gesellschaft ohne Rechtspersönlichkeit kein persönlich haftender Gesellschafter eine natürliche Person, so gelten die Absätze 1 und 2 entsprechend für die organschaftlichen Vertreter und die Abwickler der zur Vertretung der Gesellschaft ermächtigten Gesellschafter. [2]Entsprechendes gilt, wenn sich die Verbindung von Gesellschaften in dieser Art fortsetzt.

§ 15a InsO Antragspflicht bei juristischen Personen und Gesellschaften ohne Rechtspersönlichkeit

(1) [1]Wird eine juristische Person zahlungsunfähig oder überschuldet, haben die Mitglieder des Vertretungsorgans oder die Abwickler ohne schuldhaftes Zögern einen Eröffnungsantrag zu stellen. [2]Der Antrag ist spätestens drei Wochen nach Eintritt der Zahlungsunfähigkeit und sechs Wochen nach Eintritt der Überschuldung zu stellen. [3]Das Gleiche gilt für die organschaftlichen Vertreter der zur Vertretung der Gesellschaft ermächtigten Gesellschafter oder die Abwickler bei einer Gesellschaft ohne Rechtspersönlichkeit, bei der kein persönlich haftender Gesellschafter eine natürliche Person ist; dies gilt nicht, wenn zu den persönlich haftenden Gesellschaftern eine andere Gesellschaft gehört, bei der ein persönlich haftender Gesellschafter eine natürliche Person ist.
(2) Bei einer Gesellschaft im Sinne des Absatzes 1 Satz 3 gilt Absatz 1 sinngemäß, wenn die organschaftlichen Vertreter der zur Vertretung der Gesellschaft ermächtigten Gesellschafter ihrerseits Gesellschaften sind, bei denen kein persönlich haftender Gesellschafter eine natürliche Person ist, oder sich die Verbindung von Gesellschaften in dieser Art fortsetzt.
(3) Im Fall der Führungslosigkeit einer Gesellschaft mit beschränkter Haftung ist auch jeder Gesellschafter, im Fall der Führungslosigkeit einer Aktiengesellschaft oder einer Genossenschaft ist auch jedes Mitglied des Aufsichtsrats zur Stellung des Antrags verpflich-

tet, es sei denn, diese Person hat von der Zahlungsunfähigkeit und der Überschuldung oder der Führungslosigkeit keine Kenntnis.
(4) Mit Freiheitsstrafe bis zu drei Jahren oder mit Geldstrafe wird bestraft, wer entgegen Absatz 1 Satz 1 und 2, auch in Verbindung mit Satz 3 oder Absatz 2 oder Absatz 3, einen Eröffnungsantrag

1. nicht oder nicht rechtzeitig stellt oder
2. nicht richtig stellt.

(5) Handelt der Täter in den Fällen des Absatzes 4 fahrlässig, ist die Strafe Freiheitsstrafe bis zu einem Jahr oder Geldstrafe.
(6) Im Falle des Absatzes 4 Nummer 2, auch in Verbindung mit Absatz 5, ist die Tat nur strafbar, wenn der Eröffnungsantrag rechtskräftig als unzulässig zurückgewiesen wurde.
(7) Auf Vereine und Stiftungen, für die § 42 Absatz 2 des Bürgerlichen Gesetzbuchs gilt, sind die Absätze 1 bis 6 nicht anzuwenden.

§ 15b InsO Zahlungen bei Zahlungsunfähigkeit und Überschuldung; Verjährung

(1) [1]Die nach § 15a Absatz 1 Satz 1 antragspflichtigen Mitglieder des Vertretungsorgans und Abwickler einer juristischen Person dürfen nach dem Eintritt der Zahlungsunfähigkeit oder der Überschuldung der juristischen Person keine Zahlungen mehr für diese vornehmen. [2]Dies gilt nicht für Zahlungen, die mit der Sorgfalt eines ordentlichen und gewissenhaften Geschäftsleiters vereinbar sind.
(2) [1]Zahlungen, die im ordnungsgemäßen Geschäftsgang erfolgen, insbesondere solche Zahlungen, die der Aufrechterhaltung des Geschäftsbetriebs dienen, gelten vorbehaltlich des Absatzes 3 als mit der Sorgfalt eines ordentlichen und gewissenhaften Geschäftsleiters vereinbar. [2]Im Rahmen des für eine rechtzeitige Antragstellung maßgeblichen Zeitraums nach § 15a Absatz 1 Satz 1 und 2 gilt dies nur, solange die Antragspflichtigen Maßnahmen zur nachhaltigen Beseitigung der Insolvenzreife oder zur Vorbereitung eines Insolvenzantrags mit der Sorgfalt eines ordentlichen und gewissenhaften Geschäftsleiters betreiben. [3]Zahlungen, die im Zeitraum zwischen der Stellung des Antrags und der Eröffnung des Verfahrens geleistet werden, gelten auch dann als mit der Sorgfalt eines ordentlichen und gewissenhaften Geschäftsleiters vereinbar,

wenn diese mit Zustimmung eines vorläufigen Insolvenzverwalters vorgenommen wurden.
(3) Ist der nach § 15a Absatz 1 Satz 1 und 2 für eine rechtzeitige Antragstellung maßgebliche Zeitpunkt verstrichen und hat der Antragspflichtige keinen Antrag gestellt, sind Zahlungen nicht mit der Sorgfalt eines ordentlichen und gewissenhaften Geschäftsleiters vereinbar.
(4) [1]Werden entgegen Absatz 1 Zahlungen geleistet, sind die Antragspflichtigen der juristischen Person zur Erstattung verpflichtet. [2]Ist der Gläubigerschaft der juristischen Person ein geringerer Schaden entstanden, beschränkt sich die Ersatzpflicht auf den Ausgleich dieses Schadens. [3]Soweit die Erstattung oder der Ersatz zur Befriedigung der Gläubiger der juristischen Person erforderlich ist, wird die Pflicht nicht dadurch ausgeschlossen, dass dieselben in Befolgung eines Beschlusses eines Organs der juristischen Person gehandelt haben. [4]Ein Verzicht der juristischen Person auf Erstattungs- oder Ersatzansprüche oder ein Vergleich der juristischen Person über diese Ansprüche ist unwirksam. [5]Dies gilt nicht, wenn der Erstattungs- oder Ersatzpflichtige zahlungsunfähig ist und sich zur Abwendung des Insolvenzverfahrens mit seinen Gläubigern vergleicht, wenn die Erstattungs- oder Ersatzpflicht in einem Insolvenzplan geregelt wird oder wenn ein Insolvenzverwalter für die juristische Person handelt.
(5) [1]Absatz 1 Satz 1 und Absatz 4 gelten auch für Zahlungen an Personen, die an der juristischen Person beteiligt sind, soweit diese zur Zahlungsunfähigkeit der juristischen Person führen mussten, es sei denn, dies war auch bei Beachtung der in Absatz 1 Satz 2 bezeichneten Sorgfalt nicht erkennbar. [2]Satz 1 ist auf Genossenschaften nicht anwendbar.
(6) Die Absätze 1 bis 5 gelten auch für die nach § 15a Absatz 1 S. 3 und Absatz 2 zur Stellung des Antrags verpflichteten organschaftlichen Vertreter der zur Vertretung der Gesellschaft ermächtigten Gesellschafter.
(7) [1]Die Ansprüche aufgrund der vorstehenden Bestimmungen verjähren in fünf Jahren. [2]Besteht zum Zeitpunkt der Pflichtverletzung eine Börsennotierung, verjähren die Ansprüche in zehn Jahren.

(8) [1]Eine Verletzung steuerrechtlicher Zahlungspflichten liegt nicht vor, wenn zwischen dem Eintritt der Zahlungsunfähigkeit nach § 17 oder der Überschuldung nach § 19 und der Entscheidung des Insolvenzgerichts über den Insolvenzantrag Ansprüche aus dem Steuerschuldverhältnis nicht oder nicht rechtzeitig erfüllt werden, sofern die Antragspflichtigen ihren Verpflichtungen nach § 15a nachkommen. [2]Wird entgegen der Verpflichtung nach § 15a ein Insolvenzantrag verspätet gestellt, gilt dies nur für die nach Bestellung eines vorläufigen Insolvenzverwalters oder Anordnung der vorläufigen Eigenverwaltung fällig werdenden Ansprüche aus dem Steuerschuldverhältnis. [3]Wird das Insolvenzverfahren nicht eröffnet und ist dies auf eine Pflichtverletzung der Antragspflichtigen zurückzuführen, gelten die Sätze 1 und 2 nicht.

§ 16 InsO Eröffnungsgrund

Die Eröffnung des Insolvenzverfahrens setzt voraus, daß ein Eröffnungsgrund gegeben ist.

§ 17 InsO Zahlungsunfähigkeit

(1) Allgemeiner Eröffnungsgrund ist die Zahlungsunfähigkeit.

(2) [1]Der Schuldner ist zahlungsunfähig, wenn er nicht in der Lage ist, die fälligen Zahlungspflichten zu erfüllen. [2]Zahlungsunfähigkeit ist in der Regel anzunehmen, wenn der Schuldner seine Zahlungen eingestellt hat.

§ 18 InsO Drohende Zahlungsunfähigkeit

(1) Beantragt der Schuldner die Eröffnung des Insolvenzverfahrens, so ist auch die drohende Zahlungsunfähigkeit Eröffnungsgrund.

(2) [1]Der Schuldner droht zahlungsunfähig zu werden, wenn er voraussichtlich nicht in der Lage sein wird, die bestehenden Zahlungspflichten im Zeitpunkt der Fälligkeit zu erfüllen. [2]In aller Regel ist ein Prognosezeitraum von 24 Monaten zugrunde zu legen.

(3) Wird bei einer juristischen Person oder einer Gesellschaft ohne Rechtspersönlichkeit der Antrag nicht von allen Mitgliedern des Vertretungsorgans, allen persönlich haftenden Gesellschaftern oder allen Abwicklern gestellt, so ist Absatz 1 nur anzuwenden,

wenn der oder die Antragsteller zur Vertretung der juristischen Person oder der Gesellschaft berechtigt sind.

§ 19 InsO Überschuldung

(1) Bei einer juristischen Person ist auch die Überschuldung Eröffnungsgrund.

(2) [1]Überschuldung liegt vor, wenn das Vermögen des Schuldners die bestehenden Verbindlichkeiten nicht mehr deckt, es sei denn, die Fortführung des Unternehmens in den nächsten zwölf Monaten ist nach den Umständen überwiegend wahrscheinlich. [2]Forderungen auf Rückgewähr von Gesellschafterdarlehen oder aus Rechtshandlungen, die einem solchen Darlehen wirtschaftlich entsprechen, für die gemäß § 39 Abs. 2 zwischen Gläubiger und Schuldner der Nachrang im Insolvenzverfahren hinter den in § 39 Abs. 1 Nr. 1 bis 5 bezeichneten Forderungen vereinbart worden ist, sind nicht bei den Verbindlichkeiten nach Satz 1 zu berücksichtigen.

(3) [1]Ist bei einer Gesellschaft ohne Rechtspersönlichkeit kein persönlich haftender Gesellschafter eine natürliche Person, so gelten die Absätze 1 und 2 entsprechend. [2]Dies gilt nicht, wenn zu den persönlich haftenden Gesellschaftern eine andere Gesellschaft gehört, bei der ein persönlich haftender Gesellschafter eine natürliche Person ist.

§ 21 InsO Anordnung vorläufiger Maßnahmen

(1) [1]Das Insolvenzgericht hat alle Maßnahmen zu treffen, die erforderlich erscheinen, um bis zur Entscheidung über den Antrag eine den Gläubigern nachteilige Veränderung in der Vermögenslage des Schuldners zu verhüten. [2]Gegen die Anordnung der Maßnahme steht dem Schuldner die sofortige Beschwerde zu.

(2) [1]Das Gericht kann insbesondere

1. einen vorläufigen Insolvenzverwalter bestellen, für den § 8 Absatz 3 und die §§ 56 bis 56b, 58 bis 66 und 269a entsprechend gelten;

1a. einen vorläufigen Gläubigerausschuss einsetzen, für den § 67 Abs. 2, 3 und die §§ 69 bis 73 entsprechend gelten; zu Mitgliedern des Gläubigerausschusses können auch Personen bestellt werden, die erst mit Eröffnung des Verfahrens Gläubiger werden;

2. dem Schuldner ein allgemeines Verfügungsverbot auferlegen oder anordnen, daß Verfügungen des Schuldners nur mit Zustimmung des vorläufigen Insolvenzverwalters wirksam sind;
3. Maßnahmen der Zwangsvollstreckung gegen den Schuldner untersagen oder einstweilen einstellen, soweit nicht unbewegliche Gegenstände betroffen sind;
4. eine vorläufige Postsperre anordnen, für die die §§ 99, 101 Abs. 1 Satz 1 entsprechend gelten;
5. anordnen, dass Gegenstände, die im Falle der Eröffnung des Verfahrens von § 166 erfasst würden oder deren Aussonderung verlangt werden könnte, vom Gläubiger nicht verwertet oder eingezogen werden dürfen und dass solche Gegenstände zur Fortführung des Unternehmens des Schuldners eingesetzt werden können, soweit sie hierfür von erheblicher Bedeutung sind; § 169 Satz 2 und 3 gilt entsprechend; ein durch die Nutzung eingetretener Wertverlust ist durch laufende Zahlungen an den Gläubiger auszugleichen. [2]Die Verpflichtung zu Ausgleichszahlungen besteht nur, soweit der durch die Nutzung entstehende Wertverlust die Sicherung des absonderungsberechtigten Gläubigers beeinträchtigt. [3]Zieht der vorläufige Insolvenzverwalter eine zur Sicherung eines Anspruchs abgetretene Forderung anstelle des Gläubigers ein, so gelten die §§ 170, 171 entsprechend.

[2]Die Anordnung von Sicherungsmaßnahmen berührt nicht die Wirksamkeit von Verfügungen über Finanzsicherheiten nach § 1 Abs. 17 des Kreditwesengesetzes und die Wirksamkeit der Verrechnung von Ansprüchen und Leistungen aus Zahlungsaufträgen, Aufträgen zwischen Zahlungsdienstleistern oder zwischengeschalteten Stellen oder Aufträgen zur Übertragung von Wertpapieren, die in Systeme nach § 1 Abs. 16 des Kreditwesengesetzes eingebracht wurden. [3]Dies gilt auch dann, wenn ein solches Rechtsgeschäft des Schuldners am Tag der Anordnung getätigt und verrechnet oder eine Finanzsicherheit bestellt wird und der andere Teil nachweist, dass er die Anordnung weder kannte noch

hätte kennen müssen; ist der andere Teil ein Systembetreiber oder Teilnehmer in dem System, bestimmt sich der Tag der Anordnung nach dem Geschäftstag im Sinne des § 1 Absatz 16b des Kreditwesengesetzes.

(3) [1]Reichen andere Maßnahmen nicht aus, so kann das Gericht den Schuldner zwangsweise vorführen und nach Anhörung in Haft nehmen lassen. [2]Ist der Schuldner keine natürliche Person, so gilt entsprechendes für seine organschaftlichen Vertreter. Für die Anordnung von Haft gilt § 98 Abs. 3 entsprechend.

§ 22 InsO Rechtsstellung des vorläufigen Insolvenzverwalters

(1) [1]Wird ein vorläufiger Insolvenzverwalter bestellt und dem Schuldner ein allgemeines Verfügungsverbot auferlegt, so geht die Verwaltungs- und Verfügungsbefugnis über das Vermögen des Schuldners auf den vorläufigen Insolvenzverwalter über. [2]In diesem Fall hat der vorläufige Insolvenzverwalter:

1. das Vermögen des Schuldners zu sichern und zu erhalten;
2. ein Unternehmen, das der Schuldner betreibt, bis zur Entscheidung über die Eröffnung des Insolvenzverfahrens fortzuführen, soweit nicht das Insolvenzgericht einer Stilllegung zustimmt, um eine erhebliche Verminderung des Vermögens zu vermeiden;
3. zu prüfen, ob das Vermögen des Schuldners die Kosten des Verfahrens decken wird; das Gericht kann ihn zusätzlich beauftragen, als Sachverständiger zu prüfen, ob ein Eröffnungsgrund vorliegt und welche Aussichten für eine Fortführung des Unternehmens des Schuldners bestehen.

(2) [1]Wird ein vorläufiger Insolvenzverwalter bestellt, ohne daß dem Schuldner ein allgemeines Verfügungsverbot auferlegt wird, so bestimmt das Gericht die Pflichten des vorläufigen Insolvenzverwalters. [2]Sie dürfen nicht über die Pflichten nach Absatz 1 Satz 2 hinausgehen.

(3) [1]Der vorläufige Insolvenzverwalter ist berechtigt, die Geschäftsräume des Schuldners zu betreten und dort Nachforschungen anzustellen. [2]Der Schuldner hat dem vorläufigen Insolvenzverwalter Einsicht in seine Bücher und Geschäftspapiere

zu gestatten. [3]Er hat ihm alle erforderlichen Auskünfte zu erteilen und ihn bei der Erfüllung seiner Aufgaben zu unterstützen; die §§ 97, 98, 101 Abs. 1 Satz 1, 2, Abs. 2 gelten entsprechend.

§ 26 InsO Abweisung mangels Masse

(1) [1]Das Insolvenzgericht weist den Antrag auf Eröffnung des Insolvenzverfahrens ab, wenn das Vermögen des Schuldners voraussichtlich nicht ausreichen wird, um die Kosten des Verfahrens zu decken. [2]Die Abweisung unterbleibt, wenn ein ausreichender Geldbetrag vorgeschossen wird oder die Kosten nach § 4a gestundet werden. [3]Der Beschluss ist unverzüglich öffentlich bekannt zu machen.

(2) [1]Das Gericht ordnet die Eintragung des Schuldners, bei dem der Eröffnungsantrag mangels Masse abgewiesen worden ist, in das Schuldnerverzeichnis nach § 882b der Zivilprozessordnung an und übermittelt die Anordnung unverzüglich elektronisch dem zentralen Vollstreckungsgericht nach § 882h Abs. 1 der Zivilprozessordnung. [2]§ 882c Abs. 3 der Zivilprozessordnung gilt entsprechend.

(3) [1]Wer nach Absatz 1 Satz 2 einen Vorschuß geleistet hat, kann die Erstattung des vorgeschossenen Betrages von jeder Person verlangen, die entgegen den Vorschriften des Insolvenz- oder Gesellschaftsrechts den Antrag auf Eröffnung des Insolvenzverfahrens pflichtwidrig und schuldhaft nicht gestellt hat. [2]Ist streitig, ob die Person pflichtwidrig und schuldhaft gehandelt hat, so trifft sie die Beweislast.

(4) [1]Zur Leistung eines Vorschusses nach Absatz 1 Satz 2 ist jede Person verpflichtet, die entgegen den Vorschriften des Insolvenz- oder Gesellschaftsrechts pflichtwidrig und schuldhaft keinen Antrag auf Eröffnung des Insolvenzverfahrens gestellt hat. [2]Ist streitig, ob die Person pflichtwidrig und schuldhaft gehandelt hat, so trifft sie die Beweislast. [3]Die Zahlung des Vorschusses kann der vorläufige Insolvenzverwalter sowie jede Person verlangen, die einen begründeten Vermögensanspruch gegen den Schuldner hat.

§ 27 InsO Eröffnungsbeschluß

(1) [1]Wird das Insolvenzverfahren eröffnet, so ernennt das Insolvenzgericht einen Insolvenzverwalter. [2]§ 270 bleibt unberührt.

(2) Der Eröffnungsbeschluß enthält:
1. Firma oder Namen und Vornamen, Geburtsdatum, Registergericht und Registernummer, unter der der Schuldner in das Handelsregister eingetragen ist, Geschäftszweig oder Beschäftigung, gewerbliche Niederlassung oder Wohnung des Schuldners;
2. Namen und Anschrift des Insolvenzverwalters;
3. die Stunde der Eröffnung;
4. die Gründe, aus denen das Gericht von einem einstimmigen Vorschlag des vorläufigen Gläubigerausschusses zur Person des Verwalters abgewichen ist; dabei ist der Name der vorgeschlagenen Person nicht zu nennen;
5. eine abstrakte Darstellung der für personenbezogene Daten geltenden Löschungsfristen nach § 3 der Verordnung zu öffentlichen Bekanntmachungen in Insolvenzverfahren im Internet vom 12. Februar 2002 (BGBl. I S. 677), die zuletzt durch Artikel 2 des Gesetzes vom 13. April 2007 (BGBl. I S. 509) geändert worden ist.

(3) Ist die Stunde der Eröffnung nicht angegeben, so gilt als Zeitpunkt der Eröffnung die Mittagsstunde des Tages, an dem der Beschluß erlassen worden ist.

§ 43 InsO Haftung mehrerer Personen

Ein Gläubiger, dem mehrere Personen für dieselbe Leistung auf das Ganze haften, kann im Insolvenzverfahren gegen jeden Schuldner bis zu seiner vollen Befriedigung den ganzen Betrag geltend machen, den er zur Zeit der Eröffnung des Verfahrens zu fordern hatte.

§ 56 InsO Bestellung des Insolvenzverwalters

(1) [1]Zum Insolvenzverwalter ist eine für den jeweiligen Einzelfall geeignete, insbesondere geschäftskundige und von den Gläubigern und dem Schuldner unabhängige natürliche Person zu bestellen, die aus dem Kreis aller zur Übernahme von Insolvenzverwaltungen bereiten Personen auszuwählen ist. [2]Wer als Restrukturierungsbeauftragter oder Sanierungsmoderator in einer Restrukturierungssache des Schuldners tätig war, kann, wenn der Schuldner mindestens zwei der drei in § 22a Absatz 1 genannten

Voraussetzungen erfüllt, nur dann zum Insolvenzverwalter bestellt werden, wenn der vorläufige Gläubigerausschuss zustimmt. [3]Die Bereitschaft zur Übernahme von Insolvenzverwaltungen kann auf bestimmte Verfahren beschränkt werden. [4]Die erforderliche Unabhängigkeit wird nicht schon dadurch ausgeschlossen, dass die Person

1. vom Schuldner oder von einem Gläubiger vorgeschlagen worden ist oder
2. den Schuldner vor dem Eröffnungsantrag in allgemeiner Form über den Ablauf eines Insolvenzverfahrens und dessen Folgen beraten hat.

(2) [1]Der Verwalter erhält eine Urkunde über seine Bestellung. [2]Bei Beendigung seines Amtes hat er die Urkunde dem Insolvenzgericht zurückzugeben.

§ 60 InsO Haftung des Insolvenzverwalters

(1) [1]Der Insolvenzverwalter ist allen Beteiligten zum Schadenersatz verpflichtet, wenn er schuldhaft die Pflichten verletzt, die ihm nach diesem Gesetz obliegen. [2]Er hat für die Sorgfalt eines ordentlichen und gewissenhaften Insolvenzverwalters einzustehen.

(2) Soweit er zur Erfüllung der ihm als Verwalter obliegenden Pflichten Angestellte des Schuldners im Rahmen ihrer bisherigen Tätigkeit einsetzen muß und diese Angestellten nicht offensichtlich ungeeignet sind, hat der Verwalter ein Verschulden dieser Personen nicht gemäß § 278 des Bürgerlichen Gesetzbuchs zu vertreten, sondern ist nur für deren Überwachung und für Entscheidungen von besonderer Bedeutung verantwortlich.

§ 61 InsO Nichterfüllung von Masseverbindlichkeiten

[1]Kann eine Masseverbindlichkeit, die durch eine Rechtshandlung des Insolvenzverwalters begründet worden ist, aus der Insolvenzmasse nicht voll erfüllt werden, so ist der Verwalter dem Massegläubiger zum Schadenersatz verpflichtet. [2]Dies gilt nicht, wenn der Verwalter bei der Begründung der Verbindlichkeit nicht erkennen konnte, daß die Masse voraussichtlich zur Erfüllung nicht ausreichen würde.

§ 80 InsO Übergang des Verwaltungs- und Verfügungsrechts

(1) Durch die Eröffnung des Insolvenzverfahrens geht das Recht des Schuldners, das zur Insolvenzmasse gehörende Vermögen zu verwalten und über es zu verfügen, auf den Insolvenzverwalter über.

(2) [1]Ein gegen den Schuldner bestehendes Veräußerungsverbot, das nur den Schutz bestimmter Personen bezweckt (§§ 135, 136 des Bürgerlichen Gesetzbuchs), hat im Verfahren keine Wirkung. [2]Die Vorschriften über die Wirkungen einer Pfändung oder einer Beschlagnahme im Wege der Zwangsvollstreckung bleiben unberührt.

§ 89 InsO Vollstreckungsverbot

(1) Zwangsvollstreckungen für einzelne Insolvenzgläubiger sind während der Dauer des Insolvenzverfahrens weder in die Insolvenzmasse noch in das sonstige Vermögen des Schuldners zulässig.

(2) [1]Zwangsvollstreckungen in künftige Forderungen auf Bezüge aus einem Dienstverhältnis des Schuldners oder an deren Stelle tretende laufende Bezüge sind während der Dauer des Verfahrens auch für Gläubiger unzulässig, die keine Insolvenzgläubiger sind. [2]Dies gilt nicht für die Zwangsvollstreckung wegen eines Unterhaltsanspruchs oder einer Forderung aus einer vorsätzlichen unerlaubten Handlung in den Teil der Bezüge, der für andere Gläubiger nicht pfändbar ist.

(3) [1]Über Einwendungen, die auf Grund des Absatzes 1 oder 2 gegen die Zulässigkeit einer Zwangsvollstreckung erhoben werden, entscheidet das Insolvenzgericht. [2]Das Gericht kann vor der Entscheidung eine einstweilige Anordnung erlassen; es kann insbesondere anordnen, daß die Zwangsvollstreckung gegen oder ohne Sicherheitsleistung einstweilen einzustellen oder nur gegen Sicherheitsleistung fortzusetzen sei.

§ 129 InsO Grundsatz

(1) Rechtshandlungen, die vor der Eröffnung des Insolvenzverfahrens vorgenommen worden sind und die Insolvenzgläubiger benachteiligen, kann der Insolvenzverwalter nach Maßgabe der §§ 130 bis 146 anfechten.

(2) Eine Unterlassung steht einer Rechtshandlung gleich.

§ 130 InsO Kongruente Deckung

(1) [1]Anfechtbar ist eine Rechtshandlung, die einem Insolvenzgläubiger eine Sicherung oder Befriedigung gewährt oder ermöglicht hat,

1. wenn sie in den letzten drei Monaten vor dem Antrag auf Eröffnung des Insolvenzverfahrens vorgenommen worden ist, wenn zur Zeit der Handlung der Schuldner zahlungsunfähig war und wenn der Gläubiger zu dieser Zeit die Zahlungsunfähigkeit kannte oder
2. wenn sie nach dem Eröffnungsantrag vorgenommen worden ist und wenn der Gläubiger zur Zeit der Handlung die Zahlungsunfähigkeit oder den Eröffnungsantrag kannte.

[2]Dies gilt nicht, soweit die Rechtshandlung auf einer Sicherungsvereinbarung beruht, die die Verpflichtung enthält, eine Finanzsicherheit, eine andere oder eine zusätzliche Finanzsicherheit im Sinne des § 1 Abs. 17 des Kreditwesengesetzes zu bestellen, um das in der Sicherungsvereinbarung festgelegte Verhältnis zwischen dem Wert der gesicherten Verbindlichkeiten und dem Wert der geleisteten Sicherheiten wiederherzustellen (Margensicherheit).

(2) Der Kenntnis der Zahlungsunfähigkeit oder des Eröffnungsantrags steht die Kenntnis von Umständen gleich, die zwingend auf die Zahlungsunfähigkeit oder den Eröffnungsantrag schließen lassen.

(3) Gegenüber einer Person, die dem Schuldner zur Zeit der Handlung nahestand (§ 138), wird vermutet, daß sie die Zahlungsunfähigkeit oder den Eröffnungsantrag kannte.

§ 131 InsO Inkongruente Deckung

(1) Anfechtbar ist eine Rechtshandlung, die einem Insolvenzgläubiger eine Sicherung oder Befriedigung gewährt oder ermöglicht hat, die er nicht oder nicht in der Art oder nicht zu der Zeit zu beanspruchen hatte,

1. wenn die Handlung im letzten Monat vor dem Antrag auf Eröffnung des Insolvenzverfahrens oder nach diesem Antrag vorgenommen worden ist,

2. wenn die Handlung innerhalb des zweiten oder dritten Monats vor dem Eröffnungsantrag vorgenommen worden ist und der Schuldner zur Zeit der Handlung zahlungsunfähig war oder
3. wenn die Handlung innerhalb des zweiten oder dritten Monats vor dem Eröffnungsantrag vorgenommen worden ist und dem Gläubiger zur Zeit der Handlung bekannt war, daß sie die Insolvenzgläubiger benachteiligte.

(2) [1]Für die Anwendung des Absatzes 1 Nr. 3 steht der Kenntnis der Benachteiligung der Insolvenzgläubiger die Kenntnis von Umständen gleich, die zwingend auf die Benachteiligung schließen lassen. [2]Gegenüber einer Person, die dem Schuldner zur Zeit der Handlung nahestand (§ 138), wird vermutet, daß sie die Benachteiligung der Insolvenzgläubiger kannte.

§ 142 InsO Bargeschäft

(1) Eine Leistung des Schuldners, für die unmittelbar eine gleichwertige Gegenleistung in sein Vermögen gelangt, ist nur anfechtbar, wenn die Voraussetzungen des § 133 Absatz 1 bis 3 gegeben sind und der andere Teil erkannt hat, dass der Schuldner unlauter handelte.

(2) [1]Der Austausch von Leistung und Gegenleistung ist unmittelbar, wenn er nach Art der ausgetauschten Leistungen und unter Berücksichtigung der Gepflogenheiten des Geschäftsverkehrs in einem engen zeitlichen Zusammenhang erfolgt. [2]Gewährt der Schuldner seinem Arbeitnehmer Arbeitsentgelt, ist ein enger zeitlicher Zusammenhang gegeben, wenn der Zeitraum zwischen Arbeitsleistung und Gewährung des Arbeitsentgelts drei Monate nicht übersteigt. [3]Der Gewährung des Arbeitsentgelts durch den Schuldner steht die Gewährung dieses Arbeitsentgelts durch einen Dritten nach § 267 des Bürgerlichen Gesetzbuchs gleich, wenn für den Arbeitnehmer nicht erkennbar war, dass ein Dritter die Leistung bewirkt hat.

§ 217 InsO Grundsatz

(1) [1]Die Befriedigung der absonderungsberechtigten Gläubiger und der Insolvenzgläubiger, die Verwertung der Insolvenzmasse und deren Verteilung an die Beteiligten sowie die Verfahrensab-

wicklung und die Haftung des Schuldners nach der Beendigung des Insolvenzverfahrens können in einem Insolvenzplan abweichend von den Vorschriften dieses Gesetzes geregelt werden. [2]Ist der Schuldner keine natürliche Person, so können auch die Anteils- oder Mitgliedschaftsrechte der am Schuldner beteiligten Personen in den Plan einbezogen werden.
(2) Der Insolvenzplan kann ferner die Rechte der Inhaber von Insolvenzforderungen gestalten, die diesen aus einer von einem verbundenen Unternehmen im Sinne des § 15 des Aktiengesetzes als Bürge, Mitschuldner oder aufgrund einer anderweitig übernommenen Haftung oder an Gegenständen des Vermögens dieses Unternehmens (gruppeninterne Drittsicherheit) zustehen.

§ 270 InsO Grundsatz
(1) [1]Der Schuldner ist berechtigt, unter der Aufsicht eines Sachwalters die Insolvenzmasse zu verwalten und über sie zu verfügen, wenn das Insolvenzgericht in dem Beschluss über die Eröffnung des Insolvenzverfahrens die Eigenverwaltung anordnet. [2]Für das Verfahren gelten die allgemeinen Vorschriften, soweit in diesem Teil nichts anderes bestimmt ist.
(2) Die Vorschriften dieses Teils sind auf Verbraucherinsolvenzverfahren nach § 304 nicht anzuwenden.

§ 286 InsO Grundsatz
Ist der Schuldner eine natürliche Person, so wird er nach Maßgabe der §§ 287 bis 303a von den im Insolvenzverfahren nicht erfüllten Verbindlichkeiten gegenüber den Insolvenzgläubigern befreit.

§ 287 InsO Antrag des Schuldners
(1) [1]Die Restschuldbefreiung setzt einen Antrag des Schuldners voraus, der mit seinem Antrag auf Eröffnung des Insolvenzverfahrens verbunden werden soll. [2]Wird er nicht mit diesem verbunden, so ist er innerhalb von zwei Wochen nach dem Hinweis gemäß § 20 Abs. 2 zu stellen. [3]Der Schuldner hat dem Antrag eine Erklärung beizufügen, ob ein Fall des § 287a Absatz 2 Satz 1 Nummer 1 oder 2 vorliegt. [4]Die Richtigkeit und Vollständigkeit der Erklärung nach Satz 3 hat der Schuldner zu versichern.

(2) [1]Dem Antrag ist die Erklärung des Schuldners beizufügen, dass dieser seine pfändbaren Forderungen auf Bezüge aus einem Dienstverhältnis oder auf an deren Stelle tretende laufende Bezüge für den Zeitraum von drei Jahren nach der Eröffnung des Insolvenzverfahrens (Abtretungsfrist) an einen vom Gericht zu bestimmenden Treuhänder abtritt. [2]Ist dem Schuldner auf Grundlage eines nach dem 30. September 2020 gestellten Antrags bereits einmal Restschuldbefreiung erteilt worden, so beträgt die Abtretungsfrist in einem erneuten Verfahren fünf Jahre; der Schuldner hat dem Antrag eine entsprechende Abtretungserklärung beizufügen.
(3) Vereinbarungen des Schuldners sind insoweit unwirksam, als sie die Abtretungserklärung nach Absatz 2 vereiteln oder beeinträchtigen würden.
(4) Die Insolvenzgläubiger, die Forderungen angemeldet haben, sind bis zum Schlusstermin zu dem Antrag des Schuldners zu hören.

§ 303 InsO Widerruf der Restschuldbefreiung
(1) Auf Antrag eines Insolvenzgläubigers widerruft das Insolvenzgericht die Erteilung der Restschuldbefreiung, wenn
1. sich nachträglich herausstellt, dass der Schuldner eine seiner Obliegenheiten vorsätzlich verletzt und dadurch die Befriedigung der Insolvenzgläubiger erheblich beeinträchtigt hat,
2. sich nachträglich herausstellt, dass der Schuldner während der Abtretungsfrist nach Maßgabe von § 297 Absatz 1 verurteilt worden ist, oder wenn der Schuldner erst nach Erteilung der Restschuldbefreiung wegen einer bis zum Ende der Abtretungsfrist begangenen Straftat nach Maßgabe von § 297 Absatz 1 verurteilt wird oder
3. der Schuldner nach Erteilung der Restschuldbefreiung Auskunfts- oder Mitwirkungspflichten vorsätzlich oder grob fahrlässig verletzt hat, die ihm nach diesem Gesetz während des Insolvenzverfahrens obliegen.

(2) [1]Der Antrag des Gläubigers ist nur zulässig, wenn er innerhalb eines Jahres nach der Rechtskraft der Entscheidung über die Restschuldbefreiung gestellt wird; ein Widerruf nach Absatz 1 Num-

mer 3 kann bis zu sechs Monate nach rechtskräftiger Aufhebung des Insolvenzverfahrens beantragt werden. [2]Der Gläubiger hat die Voraussetzungen des Widerrufsgrundes glaubhaft zu machen. [3]In den Fällen des Absatzes 1 Nummer 1 hat der Gläubiger zudem glaubhaft zu machen, dass er bis zur Rechtskraft der Entscheidung keine Kenntnis vom Widerrufsgrund hatte.
(3) [1]Vor der Entscheidung sind der Schuldner und in den Fällen des Absatzes 1 Nummer 1 und 3 auch der Treuhänder oder Insolvenzverwalter zu hören. [2]Gegen die Entscheidung steht dem Antragsteller und dem Schuldner die sofortige Beschwerde zu. [3]Die Entscheidung, durch welche die Restschuldbefreiung widerrufen wird, ist öffentlich bekanntzumachen.

§ 303a InsO Eintragung in das Schuldnerverzeichnis
[1]Das Insolvenzgericht ordnet die Eintragung in das Schuldnerverzeichnis nach § 882b der Zivilprozessordnung an. [2]Eingetragen werden Schuldner,

1. denen die Restschuldbefreiung nach den §§ 290, 296, 297 oder 297a oder auf Antrag eines Insolvenzgläubigers nach § 300 Absatz 3 versagt worden ist,
2. deren Restschuldbefreiung widerrufen worden ist.

[3]Es übermittelt die Anordnung unverzüglich elektronisch dem zentralen Vollstreckungsgericht nach § 882h Absatz 1 der Zivilprozessordnung. [4]§ 882c Absatz 2 und 3 der Zivilprozessordnung gilt entsprechend.

§ 304 InsO Grundsatz
(1) [1]Ist der Schuldner eine natürliche Person, die keine selbständige wirtschaftliche Tätigkeit ausübt oder ausgeübt hat, so gelten für das Verfahren die allgemeinen Vorschriften, soweit in diesem Teil nichts anderes bestimmt ist. [2]Hat der Schuldner eine selbständige wirtschaftliche Tätigkeit ausgeübt, so findet Satz 1 Anwendung, wenn seine Vermögensverhältnisse überschaubar sind und gegen ihn keine Forderungen aus Arbeitsverhältnissen bestehen.
(2) Überschaubar sind die Vermögensverhältnisse im Sinne von Absatz 1 Satz 2 nur, wenn der Schuldner zu dem Zeitpunkt, zu dem der Antrag auf Eröffnung des Insolvenzverfahrens gestellt wird, weniger als 20 Gläubiger hat.

StaRUG

§ 1 StaRUG Krisenfrüherkennung und Krisenmanagement bei haftungsbeschränkten Unternehmensträgern

(1) [1]Die Mitglieder des zur Geschäftsführung berufenen Organs einer juristischen Person (Geschäftsleiter) wachen fortlaufend über Entwicklungen, welche den Fortbestand der juristischen Person gefährden können. [2]Erkennen sie solche Entwicklungen, ergreifen sie geeignete Gegenmaßnahmen und erstatten den zur Überwachung der Geschäftsleitung berufenen Organen (Überwachungsorganen) unverzüglich Bericht. [3]Berühren die zu ergreifenden Maßnahmen die Zuständigkeiten anderer Organe, wirken die Geschäftsleiter unverzüglich auf deren Befassung hin.
(2) Bei rechtsfähigen Personengesellschaften im Sinne von § 15a Absatz 1 Satz 3 und Absatz 2 der Insolvenzordnung gilt Absatz 1 entsprechend für die Geschäftsleiter der zur Geschäftsführung berufenen Gesellschafter.
[*ab 1.1.2024:* (2) Bei Gesellschaften ohne Rechtspersönlichkeit § 15a Absatz 1 Satz 3 und Absatz 2 der Insolvenzordnung gilt Absatz 1 entsprechend für die Geschäftsleiter der zur Geschäftsführung berufenen Gesellschafter.
(3) Weitergehende Pflichten, die sich aus anderen Gesetzen ergeben, bleiben unberührt.]

§ 32 StaRUG Pflichten des Schuldners

(1) [1]Der Schuldner betreibt die Restrukturierungssache mit der Sorgfalt eines ordentlichen und gewissenhaften Sanierungsgeschäftsführers und wahrt dabei die Interessen der Gesamtheit der Gläubiger.[2]Insbesondere unterlässt er Maßnahmen, welche sich mit dem Restrukturierungsziel nicht vereinbaren lassen oder welche die Erfolgsaussichten der in Aussicht genommenen Restrukturierung gefährden.
[3]Mit dem Restrukturierungsziel ist es idR nicht vereinbar, Forderungen zu begleichen oder zu besichern, die durch den Restrukturierungsplan gestaltet werden sollen.
(2) [1]Der Schuldner teilt dem Gericht jede wesentliche Änderung mit, welche den Gegenstand des angezeigten Restruktu-

rierungsvorhabens und die Darstellung des Verhandlungsstands betrifft. [2]Hat der Schuldner eine Stabilisierungsanordnung nach § 49 erwirkt, teilt er auch unverzüglich wesentliche Änderungen mit, welche die Restrukturierungsplanung betreffen. [3]Ist ein Restrukturierungsbeauftragter bestellt, bestehen die Pflichten nach den Sätzen 1 und 2 auch gegenüber dem Restrukturierungsbeauftragten.
(3) [1]Während der Rechtshängigkeit der Restrukturierungssache ist der Schuldner verpflichtet, dem Restrukturierungsgericht den Eintritt einer Zahlungsunfähigkeit im Sinne des § 17 Abs. 2 der Insolvenzordnung unverzüglich anzuzeigen. [2]Handelt es sich bei dem Schuldner um eine juristische Person oder um eine *Gesellschaft ohne Rechtspersönlichkeit* [*ab 1.1.2024:* rechtsfähige Personengesellschaft], für deren Verbindlichkeiten keine natürliche Person als unmittelbarer oder mittelbarer Gesellschafter haftet, steht der Zahlungsunfähigkeit eine Überschuldung im Sinne des § 19 Absatz 2 der Insolvenzordnung gleich.
(4) Der Schuldner ist verpflichtet, dem Gericht unverzüglich anzuzeigen, wenn das Restrukturierungsvorhaben keine Aussicht auf Umsetzung hat, insbesondere, wenn infolge der erkennbar gewordenen ernsthaften und endgültigen Ablehnung des vorgelegten Restrukturierungsplans durch Planbetroffene nicht davon ausgegangen werden kann, dass die für eine Planannahme erforderlichen Mehrheiten erreicht werden können.

§ 42 StaRUG Anzeige von Zahlungsunfähigkeit und Überschuldung; Strafvorschrift

(1) [1]Während der Rechtshängigkeit der Restrukturierungssache ruht die Antragspflicht nach § 15a Abs. 1 bis 3 der Insolvenzordnung und § 42 Abs. 2 des Bürgerlichen Gesetzbuchs.
[2]Die Antragspflichtigen sind jedoch verpflichtet, dem Restrukturierungsgericht den Eintritt einer Zahlungsunfähigkeit im Sinne des § 17 Abs. 2 der Insolvenzordnung oder einer Überschuldung im Sinne des § 19 Abs. 2 der Insolvenzordnung ohne schuldhaftes Zögern anzuzeigen.

(2) Die Stellung eines den Anforderungen des § 15a der Insolvenzordnung genügenden Insolvenzantrags gilt als rechtzeitige Erfüllung der Anzeigepflicht nach Absatz 1 Satz 2.
(3) [1]Mit Freiheitsstrafe bis zu drei Jahren oder mit Geldstrafe wird bestraft, wer entgegen Absatz 1 Satz 2 den Eintritt der Zahlungsunfähigkeit oder der Überschuldung nicht oder nicht rechtzeitig anzeigt. [2]Handelt der Täter fahrlässig, ist die Strafe Freiheitsstrafe bis zu einem Jahr oder Geldstrafe. [3]Die Sätze 1 und 2 sind nicht anzuwenden auf Vereine und Stiftungen, für die die Pflicht nach Absatz 1 Satz 1 gilt.
(4) Wenn die Anzeige der Restrukturierungssache nach § 31 Abs. 4 ihre Wirkung verliert, leben die nach Absatz 1 Satz 1 ruhenden Antragspflichten wieder auf.

§ 43 StaRUG Pflichten und Haftung der Organe
(1) [1]Handelt es sich bei dem Schuldner um eine juristische Person oder um *eine Gesellschaft ohne Rechtspersönlichkeit* [*ab 1.1.2024:* rechtsfähige Personengesellschaft] im Sinne des § 15a Abs. 1 S. 3, Absatz 2 der Insolvenzordnung, wirken dessen Geschäftsleiter darauf hin, dass der Schuldner die Restrukturierungssache mit der Sorgfalt eines ordentlichen und gewissenhaften Geschäftsleiters betreibt und die Interessen der Gesamtheit der Gläubiger wahrt. [2]Für die Verletzung dieser Pflicht haften sie dem Schuldner in Höhe des den Gläubigern entstandenen Schadens, es sei denn, sie haben die Pflichtverletzung nicht zu vertreten.
(2) [1]Ein Verzicht des Schuldners auf Ansprüche nach Absatz 1 Satz 2 oder ein Vergleich über diese Ansprüche ist unwirksam, soweit der Ersatz zur Befriedigung der Gläubiger erforderlich ist.[2]Dies gilt nicht, wenn sich der Ersatzpflichtige zur Abwendung eines Insolvenzverfahrens über sein Vermögen mit seinen Gläubigern vergleicht, wenn die Ersatzpflicht in einem Insolvenzplan geregelt wird oder wenn für den Ersatzberechtigten ein Insolvenzverwalter handelt.
(3) [1]Ansprüche nach Absatz 1 Satz 2 verjähren in fünf Jahren. [2]Ist der Schuldner zum Zeitpunkt der Pflichtverletzung eine börsennotierte Gesellschaft, verjähren die Ansprüche in zehn Jahren.

§ 101 StaRUG Informationen zu Frühwarnsystemen
Informationen über die Verfügbarkeit der von öffentlichen Stellen bereitgestellten Instrumentarien zur frühzeitigen Identifizierung von Krisen werden vom Bundesministerium der Justiz und für Verbraucherschutz unter seiner Internetadresse www.bmjv.bund.de bereitgestellt.

§ 102 StaRUG Hinweis- und Warnpflichten
Bei der Erstellung eines Jahresabschlusses für einen Mandanten haben Steuerberater, Steuerbevollmächtigte, Wirtschaftsprüfer, vereidigte Buchprüfer und Rechtsanwälte den Mandanten auf das Vorliegen eines möglichen Insolvenzgrundes nach den §§ 17 bis 19 der Insolvenzordnung und die sich daran anknüpfenden Pflichten der Geschäftsleiter und Mitglieder der Überwachungsorgane hinzuweisen, wenn entsprechende Anhaltspunkte offenkundig sind und sie annehmen müssen, dass dem Mandanten die mögliche Insolvenzreife nicht bewusst ist.

OWiG

§ 9 OWiG Handeln für einen anderen
(1) Handelt jemand
1. als vertretungsberechtigtes Organ einer juristischen Person oder als Mitglied eines solchen Organs,
2. als vertretungsberechtigter Gesellschafter einer rechtsfähigen Personengesellschaft oder
3. als gesetzlicher Vertreter eines anderen,

so ist ein Gesetz, nach dem besondere persönliche Eigenschaften, Verhältnisse oder Umstände (besondere persönliche Merkmale) die Möglichkeit der Ahndung begründen, auch auf den Vertreter anzuwenden, wenn diese Merkmale zwar nicht bei ihm, aber bei dem Vertretenen vorliegen.
(2) [1]Ist jemand von dem Inhaber eines Betriebes oder einem sonst dazu Befugten
1. beauftragt, den Betrieb ganz oder zum Teil zu leiten, oder

2. ausdrücklich beauftragt, in eigener Verantwortung Aufgaben wahrzunehmen, die dem Inhaber des Betriebes obliegen, und handelt er auf Grund dieses Auftrages, so ist ein Gesetz, nach dem besondere persönliche Merkmale die Möglichkeit der Ahndung begründen, auch auf den Beauftragten anzuwenden, wenn diese Merkmale zwar nicht bei ihm, aber bei dem Inhaber des Betriebes vorliegen. [2]Dem Betrieb im Sinne des Satzes 1 steht das Unternehmen gleich. [3]Handelt jemand auf Grund eines entsprechenden Auftrages für eine Stelle, die Aufgaben der öffentlichen Verwaltung wahrnimmt, so ist Satz 1 sinngemäß anzuwenden.

(3) Die Absätze 1 und 2 sind auch dann anzuwenden, wenn die Rechtshandlung, welche die Vertretungsbefugnis oder das Auftragsverhältnis begründen sollte, unwirksam ist.

§ 30 OWiG Geldbuße gegen juristische Personen und Personenvereinigungen

(1) Hat jemand

1. als vertretungsberechtigtes Organ einer juristischen Person oder als Mitglied eines solchen Organs,
2. als Vorstand eines nicht rechtsfähigen Vereins oder als Mitglied eines solchen Vorstandes,
3. als vertretungsberechtigter Gesellschafter einer rechtsfähigen Personengesellschaft,
4. als Generalbevollmächtigter oder in leitender Stellung als Prokurist oder Handlungsbevollmächtigter einer juristischen Person oder einer in Nummer 2 oder 3 genannten Personenvereinigung oder
5. als sonstige Person, die für die Leitung des Betriebs oder Unternehmens einer juristischen Person oder einer in Nummer 2 oder 3 genannten Personenvereinigung verantwortlich handelt, wozu auch die Überwachung der Geschäftsführung oder die sonstige Ausübung von Kontrollbefugnissen in leitender Stellung gehört,

eine Straftat oder Ordnungswidrigkeit begangen, durch die Pflichten, welche die juristische Person oder die Personenver-

einigung treffen, verletzt worden sind oder die juristische Person oder die Personenvereinigung bereichert worden ist oder werden sollte, so kann gegen diese eine Geldbuße festgesetzt werden.
(2)[1]Die Geldbuße beträgt

1. im Falle einer vorsätzlichen Straftat bis zu zehn Millionen Euro,
2. im Falle einer fahrlässigen Straftat bis zu fünf Millionen Euro.

[2]Im Falle einer Ordnungswidrigkeit bestimmt sich das Höchstmaß der Geldbuße nach dem für die Ordnungswidrigkeit angedrohten Höchstmaß der Geldbuße. [3]Verweist das Gesetz auf diese Vorschrift, so verzehnfacht sich das Höchstmaß der Geldbuße nach Satz 2 für die im Gesetz bezeichneten Tatbestände. [4]Satz 2 gilt auch im Falle einer Tat, die gleichzeitig Straftat und Ordnungswidrigkeit ist, wenn das für die Ordnungswidrigkeit angedrohte Höchstmaß der Geldbuße das Höchstmaß nach Satz 1 übersteigt.
(2a) [1]Im Falle einer Gesamtrechtsnachfolge oder einer partiellen Gesamtrechtsnachfolge durch Aufspaltung (§ 123 Abs. 1 des Umwandlungsgesetzes) kann die Geldbuße nach Absatz 1 und 2 gegen den oder die Rechtsnachfolger festgesetzt werden. [2]Die Geldbuße darf in diesen Fällen den Wert des übernommenen Vermögens sowie die Höhe der gegenüber dem Rechtsvorgänger angemessenen Geldbuße nicht übersteigen. [3]Im Bußgeldverfahren tritt der Rechtsnachfolger oder treten die Rechtsnachfolger in die Verfahrensstellung ein, in der sich der Rechtsvorgänger zum Zeitpunkt des Wirksamwerdens der Rechtsnachfolge befunden hat.
(3) § 17 Abs. 4 und § 18 gelten entsprechend.
(4) [1]Wird wegen der Straftat oder Ordnungswidrigkeit ein Straf- oder Bußgeldverfahren nicht eingeleitet oder wird es eingestellt oder wird von Strafe abgesehen, so kann die Geldbuße selbständig festgesetzt werden. [2]Durch Gesetz kann bestimmt werden, daß die Geldbuße auch in weiteren Fällen selbständig festgesetzt werden kann. [3]Die selbständige Festsetzung einer Geldbuße gegen die juristische Person oder Personenvereinigung ist jedoch ausgeschlossen, wenn die Straftat oder Ordnungswidrigkeit aus rechtlichen Gründen nicht verfolgt werden kann; § 33 Abs. 1 S. 2 bleibt unberührt.

(5) Die Festsetzung einer Geldbuße gegen die juristische Person oder Personenvereinigung schließt es aus, gegen sie wegen derselben Tat die Einziehung nach den §§ 73 oder 73c des Strafgesetzbuches oder nach § 29a anzuordnen.
(6) Bei Erlass eines Bußgeldbescheids ist zur Sicherung der Geldbuße § 111e Abs. 2 der Strafprozessordnung mit der Maßgabe anzuwenden, dass an die Stelle des Urteils der Bußgeldbescheid tritt.

§ 130 OWiG [Verletzung der Aufsichtspflicht in Betrieben und Unternehmen]

(1) [1]Wer als Inhaber eines Betriebes oder Unternehmens vorsätzlich oder fahrlässig die Aufsichtsmaßnahmen unterläßt, die erforderlich sind, um in dem Betrieb oder Unternehmen Zuwiderhandlungen gegen Pflichten zu verhindern, die den Inhaber treffen und deren Verletzung mit Strafe oder Geldbuße bedroht ist, handelt ordnungswidrig, wenn eine solche Zuwiderhandlung begangen wird, die durch gehörige Aufsicht verhindert oder wesentlich erschwert worden wäre. [2]Zu den erforderlichen Aufsichtsmaßnahmen gehören auch die Bestellung, sorgfältige Auswahl und Überwachung von Aufsichtspersonen.
(2) Betrieb oder Unternehmen im Sinne des Absatzes 1 ist auch das öffentliche Unternehmen.
(3) [1]Die Ordnungswidrigkeit kann, wenn die Pflichtverletzung mit Strafe bedroht ist, mit einer Geldbuße bis zu einer Million Euro geahndet werden. [2]§ 30 Abs. 2 S. 3 ist anzuwenden. [3]Ist die Pflichtverletzung mit Geldbuße bedroht, so bestimmt sich das Höchstmaß der Geldbuße wegen der Aufsichtspflichtverletzung nach dem für die Pflichtverletzung angedrohten Höchstmaß der Geldbuße. [4]Satz 3 gilt auch im Falle einer Pflichtverletzung, die gleichzeitig mit Strafe und Geldbuße bedroht ist, wenn das für die Pflichtverletzung angedrohte Höchstmaß der Geldbuße das Höchstmaß nach Satz 1 übersteigt.

StGB

§15 StGB Vorsätzliches und fahrlässiges Handeln
Strafbar ist nur vorsätzliches Handeln, wenn nicht das Gesetz fahrlässiges Handeln ausdrücklich mit Strafe bedroht.

§25 StGB Täterschaft
(1) Als Täter wird bestraft, wer die Straftat selbst oder durch einen anderen begeht.
(2) Begehen mehrere die Straftat gemeinschaftlich, so wird jeder als Täter bestraft (Mittäter).

§26 StGB Anstiftung
Als Anstifter wird gleich einem Täter bestraft, wer vorsätzlich einen anderen zu dessen vorsätzlich begangener rechtswidriger Tat bestimmt hat.

§27 StGB Beihilfe
(1) Als Gehilfe wird bestraft, wer vorsätzlich einem anderen zu dessen vorsätzlich begangener rechtswidriger Tat Hilfe geleistet hat.
(2) [1]Die Strafe für den Gehilfen richtet sich nach der Strafdrohung für den Täter. [2]Sie ist nach §49 Abs. 1 zu mildern.

§263 StGB Betrug
(1) Wer in der Absicht, sich oder einem Dritten einen rechtswidrigen Vermögensvorteil zu verschaffen, das Vermögen eines anderen dadurch beschädigt, daß er durch Vorspiegelung falscher oder durch Entstellung oder Unterdrückung wahrer Tatsachen einen Irrtum erregt oder unterhält, wird mit Freiheitsstrafe bis zu fünf Jahren oder mit Geldstrafe bestraft.
(2) Der Versuch ist strafbar.
(3) [1]In besonders schweren Fällen ist die Strafe Freiheitsstrafe von sechs Monaten bis zu zehn Jahren. [2]Ein besonders schwerer Fall liegt idR vor, wenn der Täter

1. gewerbsmäßig oder als Mitglied einer Bande handelt, die sich zur fortgesetzten Begehung von Urkundenfälschung oder Betrug verbunden hat,

2. einen Vermögensverlust großen Ausmaßes herbeiführt oder in der Absicht handelt, durch die fortgesetzte Begehung von Betrug eine große Zahl von Menschen in die Gefahr des Verlustes von Vermögenswerten zu bringen,
3. eine andere Person in wirtschaftliche Not bringt,
4. seine Befugnisse oder seine Stellung als Amtsträger oder Europäischer Amtsträger mißbraucht oder
5. einen Versicherungsfall vortäuscht, nachdem er oder ein anderer zu diesem Zweck eine Sache von bedeutendem Wert in Brand gesetzt oder durch eine Brandlegung ganz oder teilweise zerstört oder ein Schiff zum Sinken oder Stranden gebracht hat.

(4) § 243 Abs. 2 sowie die §§ 247 und 248a gelten entsprechend.
(5) Mit Freiheitsstrafe von einem Jahr bis zu zehn Jahren, in minder schweren Fällen mit Freiheitsstrafe von sechs Monaten bis zu fünf Jahren wird bestraft, wer den Betrug als Mitglied einer Bande, die sich zur fortgesetzten Begehung von Straftaten nach den §§ 263 bis 264 oder 267 bis 269 verbunden hat, gewerbsmäßig begeht.
(6) Das Gericht kann Führungsaufsicht anordnen (§ 68 Abs. 1).

§ 264 StGB Subventionsbetrug
(1) Mit Freiheitsstrafe bis zu fünf Jahren oder mit Geldstrafe wird bestraft, wer

1. einer für die Bewilligung einer Subvention zuständigen Behörde oder einer anderen in das Subventionsverfahren eingeschalteten Stelle oder Person (Subventionsgeber) über subventionserhebliche Tatsachen für sich oder einen anderen unrichtige oder unvollständige Angaben macht, die für ihn oder den anderen vorteilhaft sind,
2. einen Gegenstand oder eine Geldleistung, deren Verwendung durch Rechtsvorschriften oder durch den Subventionsgeber im Hinblick auf eine Subvention beschränkt ist, entgegen der Verwendungsbeschränkung verwendet,
3. den Subventionsgeber entgegen den Rechtsvorschriften über die Subventionsvergabe über subventionserhebliche Tatsachen in Unkenntnis läßt oder

4. in einem Subventionsverfahren eine durch unrichtige oder unvollständige Angaben erlangte Bescheinigung über eine Subventionsberechtigung oder über subventionserhebliche Tatsachen gebraucht.

(2) [1]In besonders schweren Fällen ist die Strafe Freiheitsstrafe von sechs Monaten bis zu zehn Jahren. [2]Ein besonders schwerer Fall liegt idR vor, wenn der Täter

1. aus grobem Eigennutz oder unter Verwendung nachgemachter oder verfälschter Belege für sich oder einen anderen eine nicht gerechtfertigte Subvention großen Ausmaßes erlangt,
2. seine Befugnisse oder seine Stellung als Amtsträger oder Europäischer Amtsträger mißbraucht oder
3. die Mithilfe eines Amtsträgers oder Europäischen Amtsträgers ausnutzt, der seine Befugnisse oder seine Stellung mißbraucht.

(3) § 263 Abs. 5 gilt entsprechend.

(4) In den Fällen des Absatzes 1 Nummer 2 ist der Versuch strafbar.

(5) Wer in den Fällen des Absatzes 1 Nr. 1 bis 3 leichtfertig handelt, wird mit Freiheitsstrafe bis zu drei Jahren oder mit Geldstrafe bestraft.

(6) [1]Nach den Absätzen 1 und 5 wird nicht bestraft, wer freiwillig verhindert, daß auf Grund der Tat die Subvention gewährt wird. [2]Wird die Subvention ohne Zutun des Täters nicht gewährt, so wird er straflos, wenn er sich freiwillig und ernsthaft bemüht, das Gewähren der Subvention zu verhindern.

(7) [1]Neben einer Freiheitsstrafe von mindestens einem Jahr wegen einer Straftat nach den Absätzen 1 bis 3 kann das Gericht die Fähigkeit, öffentliche Ämter zu bekleiden, und die Fähigkeit, Rechte aus öffentlichen Wahlen zu erlangen, aberkennen (§ 45 Abs. 2). [2]Gegenstände, auf die sich die Tat bezieht, können eingezogen werden; § 74a ist anzuwenden.

(8) [1]Subvention im Sinne dieser Vorschrift ist

1. eine Leistung aus öffentlichen Mitteln nach Bundes- oder Landesrecht an Betriebe oder Unternehmen, die wenigstens zum Teil
   a) ohne marktmäßige Gegenleistung gewährt wird und

b) der Förderung der Wirtschaft dienen soll;
2. eine Leistung aus öffentlichen Mitteln nach dem Recht der Europäischen Union, die wenigstens zum Teil ohne marktmäßige Gegenleistung gewährt wird.

[2]Betrieb oder Unternehmen im Sinne des Satzes 1 Nr. 1 ist auch das öffentliche Unternehmen.

(9) Subventionserheblich im Sinne des Absatzes 1 sind Tatsachen,
1. die durch Gesetz oder auf Grund eines Gesetzes von dem Subventionsgeber als subventionserheblich bezeichnet sind oder
2. von denen die Bewilligung, Gewährung, Rückforderung, Weitergewährung oder das Belassen einer Subvention oder eines Subventionsvorteils gesetzlich oder nach dem Subventionsvertrag abhängig ist.

§265b StGB Kreditbetrug

(1) Wer einem Betrieb oder Unternehmen im Zusammenhang mit einem Antrag auf Gewährung, Belassung oder Veränderung der Bedingungen eines Kredits für einen Betrieb oder ein Unternehmen oder einen vorgetäuschten Betrieb oder ein vorgetäuschtes Unternehmen
1. über wirtschaftliche Verhältnisse
   a) unrichtige oder unvollständige Unterlagen, namentlich Bilanzen, Gewinn- und Verlustrechnungen, Vermögensübersichten oder Gutachten vorlegt oder
   b) schriftlich unrichtige oder unvollständige Angaben macht, die für den Kreditnehmer vorteilhaft und für die Entscheidung über einen solchen Antrag erheblich sind, oder
2. solche Verschlechterungen der in den Unterlagen oder Angaben dargestellten wirtschaftlichen Verhältnisse bei der Vorlage nicht mitteilt, die für die Entscheidung über einen solchen Antrag erheblich sind,

wird mit Freiheitsstrafe bis zu drei Jahren oder mit Geldstrafe bestraft.

(2) [1]Nach Absatz 1 wird nicht bestraft, wer freiwillig verhindert, daß der Kreditgeber auf Grund der Tat die beantragte Leistung er-

bringt. [2]Wird die Leistung ohne Zutun des Täters nicht erbracht, so wird er straflos, wenn er sich freiwillig und ernsthaft bemüht, das Erbringen der Leistung zu verhindern.
(3) Im Sinne des Absatzes 1 sind
1. Betriebe und Unternehmen unabhängig von ihrem Gegenstand solche, die nach Art und Umfang einen in kaufmännischer Weise eingerichteten Geschäftsbetrieb erfordern;
2. Kredite Gelddarlehen aller Art, Akzeptkredite, der entgeltliche Erwerb und die Stundung von Geldforderungen, die Diskontierung von Wechseln und Schecks und die Übernahme von Bürgschaften, Garantien und sonstigen Gewährleistungen.

§266 StGB Untreue
(1) Wer die ihm durch Gesetz, behördlichen Auftrag oder Rechtsgeschäft eingeräumte Befugnis, über fremdes Vermögen zu verfügen oder einen anderen zu verpflichten, mißbraucht oder die ihm kraft Gesetzes, behördlichen Auftrags, Rechtsgeschäfts oder eines Treueverhältnisses obliegende Pflicht, fremde Vermögensinteressen wahrzunehmen, verletzt und dadurch dem, dessen Vermögensinteressen er zu betreuen hat, Nachteil zufügt, wird mit Freiheitsstrafe bis zu fünf Jahren oder mit Geldstrafe bestraft.
(2) §243 Abs. 2 und die §§247, 248a und 263 Abs. 3 gelten entsprechend.

§266a StGB Vorenthalten und Veruntreuen von Arbeitsentgelt
(1) Wer als Arbeitgeber der Einzugsstelle Beiträge des Arbeitnehmers zur Sozialversicherung einschließlich der Arbeitsförderung, unabhängig davon, ob Arbeitsentgelt gezahlt wird, vorenthält, wird mit Freiheitsstrafe bis zu fünf Jahren oder mit Geldstrafe bestraft.
(2) Ebenso wird bestraft, wer als Arbeitgeber
1. der für den Einzug der Beiträge zuständigen Stelle über sozialversicherungsrechtlich erhebliche Tatsachen unrichtige oder unvollständige Angaben macht oder

2. die für den Einzug der Beiträge zuständige Stelle pflichtwidrig über sozialversicherungsrechtlich erhebliche Tatsachen in Unkenntnis lässt

und dadurch dieser Stelle vom Arbeitgeber zu tragende Beiträge zur Sozialversicherung einschließlich der Arbeitsförderung, unabhängig davon, ob Arbeitsentgelt gezahlt wird, vorenthält.

(3) [1]Wer als Arbeitgeber sonst Teile des Arbeitsentgelts, die er für den Arbeitnehmer an einen anderen zu zahlen hat, dem Arbeitnehmer einbehält, sie jedoch an den anderen nicht zahlt und es unterlässt, den Arbeitnehmer spätestens im Zeitpunkt der Fälligkeit oder unverzüglich danach über das Unterlassen der Zahlung an den anderen zu unterrichten, wird mit Freiheitsstrafe bis zu fünf Jahren oder mit Geldstrafe bestraft. [2]Satz 1 gilt nicht für Teile des Arbeitsentgelts, die als Lohnsteuer einbehalten werden.

(4) [1]In besonders schweren Fällen der Absätze 1 und 2 ist die Strafe Freiheitsstrafe von sechs Monaten bis zu zehn Jahren. [2]Ein besonders schwerer Fall liegt idR vor, wenn der Täter

1. aus grobem Eigennutz in großem Ausmaß Beiträge vorenthält,
2. unter Verwendung nachgemachter oder verfälschter Belege fortgesetzt Beiträge vorenthält,
3. fortgesetzt Beiträge vorenthält und sich zur Verschleierung der tatsächlichen Beschäftigungsverhältnisse unrichtige, nachgemachte oder verfälschte Belege von einem Dritten verschafft, der diese gewerbsmäßig anbietet,
4. als Mitglied einer Bande handelt, die sich zum fortgesetzten Vorenthalten von Beiträgen zusammengeschlossen hat und die zur Verschleierung der tatsächlichen Beschäftigungsverhältnisse unrichtige, nachgemachte oder verfälschte Belege vorhält, oder
5. die Mithilfe eines Amtsträgers ausnutzt, der seine Befugnisse oder seine Stellung missbraucht.

(5) Dem Arbeitgeber stehen der Auftraggeber eines Heimarbeiters, Hausgewerbetreibenden oder einer Person, die im Sinne des Heimarbeitsgesetzes diesen gleichgestellt ist, sowie der Zwischenmeister gleich.

(6) [1]In den Fällen der Absätze 1 und 2 kann das Gericht von einer Bestrafung nach dieser Vorschrift absehen, wenn der Arbeitgeber spätestens im Zeitpunkt der Fälligkeit oder unverzüglich danach der Einzugsstelle schriftlich

1. die Höhe der vorenthaltenen Beiträge mitteilt und
2. darlegt, warum die fristgemäße Zahlung nicht möglich ist, obwohl er sich darum ernsthaft bemüht hat.[2]Liegen die Voraussetzungen des Satzes 1 vor und werden die Beiträge dann nachträglich innerhalb der von der Einzugsstelle bestimmten angemessenen Frist entrichtet, wird der Täter insoweit nicht bestraft. [3]In den Fällen des Absatzes 3 gelten die Sätze 1 und 2 entsprechend.

§ 283 StGB Bankrott

(1) Mit Freiheitsstrafe bis zu fünf Jahren oder mit Geldstrafe wird bestraft, wer bei Überschuldung oder bei drohender oder eingetretener Zahlungsunfähigkeit

1. Bestandteile seines Vermögens, die im Falle der Eröffnung des Insolvenzverfahrens zur Insolvenzmasse gehören, beiseite schafft oder verheimlicht oder in einer den Anforderungen einer ordnungsgemäßen Wirtschaft widersprechenden Weise zerstört, beschädigt oder unbrauchbar macht,
2. in einer den Anforderungen einer ordnungsgemäßen Wirtschaft widersprechenden Weise Verlust- oder Spekulationsgeschäfte oder Differenzgeschäfte mit Waren oder Wertpapieren eingeht oder durch unwirtschaftliche Ausgaben, Spiel oder Wette übermäßige Beträge verbraucht oder schuldig wird,
3. Waren oder Wertpapiere auf Kredit beschafft und sie oder die aus diesen Waren hergestellten Sachen erheblich unter ihrem Wert in einer den Anforderungen einer ordnungsgemäßen Wirtschaft widersprechenden Weise veräußert oder sonst abgibt,
4. Rechte anderer vortäuscht oder erdichtete Rechte anerkennt,
5. Handelsbücher, zu deren Führung er gesetzlich verpflichtet ist, zu führen unterläßt oder so führt oder verändert, daß die Übersicht über seinen Vermögensstand erschwert wird,

6. Handelsbücher oder sonstige Unterlagen, zu deren Aufbewahrung ein Kaufmann nach Handelsrecht verpflichtet ist, vor Ablauf der für Buchführungspflichtige bestehenden Aufbewahrungsfristen beiseite schafft, verheimlicht, zerstört oder beschädigt und dadurch die Übersicht über seinen Vermögensstand erschwert,
7. entgegen dem Handelsrecht
   a) Bilanzen so aufstellt, daß die Übersicht über seinen Vermögensstand erschwert wird, oder
   b) es unterläßt, die Bilanz seines Vermögens oder das Inventar in der vorgeschriebenen Zeit aufzustellen, oder
8. in einer anderen, den Anforderungen einer ordnungsgemäßen Wirtschaft grob widersprechenden Weise seinen Vermögensstand verringert oder seine wirklichen geschäftlichen Verhältnisse verheimlicht oder verschleiert.

(2) Ebenso wird bestraft, wer durch eine der in Absatz 1 bezeichneten Handlungen seine Überschuldung oder Zahlungsunfähigkeit herbeiführt.

(3) Der Versuch ist strafbar.

(4) Wer in den Fällen
1. des Absatzes 1 die Überschuldung oder die drohende oder eingetretene Zahlungsunfähigkeit fahrlässig nicht kennt oder
2. des Absatzes 2 die Überschuldung oder Zahlungsunfähigkeit leichtfertig verursacht,

wird mit Freiheitsstrafe bis zu zwei Jahren oder mit Geldstrafe bestraft.

(5) Wer in den Fällen
1. des Absatzes 1 Nr. 2, 5 oder 7 fahrlässig handelt und die Überschuldung oder die drohende oder eingetretene Zahlungsunfähigkeit wenigstens fahrlässig nicht kennt oder
2. des Absatzes 2 in Verbindung mit Absatz 1 Nr. 2, 5 oder 7 fahrlässig handelt und die Überschuldung oder Zahlungsunfähigkeit wenigstens leichtfertig verursacht,

wird mit Freiheitsstrafe bis zu zwei Jahren oder mit Geldstrafe bestraft.

(6) Die Tat ist nur dann strafbar, wenn der Täter seine Zahlungen eingestellt hat oder über sein Vermögen das Insolvenzverfahren

eröffnet oder der Eröffnungsantrag mangels Masse abgewiesen worden ist.

§283a StGB Besonders schwerer Fall des Bankrotts

[1]In besonders schweren Fällen des §283 Abs. 1 bis 3 wird der Bankrott mit Freiheitsstrafe von sechs Monaten bis zu zehn Jahren bestraft. [2]Ein besonders schwerer Fall liegt idR vor, wenn der Täter

1. aus Gewinnsucht handelt oder
2. wissentlich viele Personen in die Gefahr des Verlustes ihrer ihm anvertrauten Vermögenswerte oder in wirtschaftliche Not bringt.

§283b StGB Verletzung der Buchführungspflicht

(1) Mit Freiheitsstrafe bis zu zwei Jahren oder mit Geldstrafe wird bestraft, wer

1. Handelsbücher, zu deren Führung er gesetzlich verpflichtet ist, zu führen unterläßt oder so führt oder verändert, daß die Übersicht über seinen Vermögensstand erschwert wird,
2. Handelsbücher oder sonstige Unterlagen, zu deren Aufbewahrung er nach Handelsrecht verpflichtet ist, vor Ablauf der gesetzlichen Aufbewahrungsfristen beiseite schafft, verheimlicht, zerstört oder beschädigt und dadurch die Übersicht über seinen Vermögensstand erschwert,
3. entgegen dem Handelsrecht
   a) Bilanzen so aufstellt, daß die Übersicht über seinen Vermögensstand erschwert wird, oder
   b) es unterläßt, die Bilanz seines Vermögens oder das Inventar in der vorgeschriebenen Zeit aufzustellen.

(2) Wer in den Fällen des Absatzes 1 Nr. 1 oder 3 fahrlässig handelt, wird mit Freiheitsstrafe bis zu einem Jahr oder mit Geldstrafe bestraft.

(3) §283 Abs. 6 gilt entsprechend.

§283c StGB Gläubigerbegünstigung

(1) Wer in Kenntnis seiner Zahlungsunfähigkeit einem Gläubiger eine Sicherheit oder Befriedigung gewährt, die dieser nicht oder nicht in der Art oder nicht zu der Zeit zu beanspruchen hat, und ihn dadurch absichtlich oder wissentlich vor den übrigen Gläubi-

gern begünstigt, wird mit Freiheitsstrafe bis zu zwei Jahren oder mit Geldstrafe bestraft.

(2) Der Versuch ist strafbar.

(3) § 283 Abs. 6 gilt entsprechend.

§ 283d StGB Schuldnerbegünstigung

(1) Mit Freiheitsstrafe bis zu fünf Jahren oder mit Geldstrafe wird bestraft, wer

1. in Kenntnis der einem anderen drohenden Zahlungsunfähigkeit oder
2. nach Zahlungseinstellung, in einem Insolvenzverfahren oder in einem Verfahren zur Herbeiführung der Entscheidung über die Eröffnung des Insolvenzverfahrens eines anderen

Bestandteile des Vermögens eines anderen, die im Falle der Eröffnung des Insolvenzverfahrens zur Insolvenzmasse gehören, mit dessen Einwilligung oder zu dessen Gunsten beiseite schafft oder verheimlicht oder in einer den Anforderungen einer ordnungsgemäßen Wirtschaft widersprechenden Weise zerstört, beschädigt oder unbrauchbar macht.

(2) Der Versuch ist strafbar.

(3) [1]In besonders schweren Fällen ist die Strafe Freiheitsstrafe von sechs Monaten bis zu zehn Jahren. [2]Ein besonders schwerer Fall liegt idR vor, wenn der Täter

1. aus Gewinnsucht handelt oder
2. wissentlich viele Personen in die Gefahr des Verlustes ihrer dem anderen anvertrauten Vermögenswerte oder in wirtschaftliche Not bringt.

(4) Die Tat ist nur dann strafbar, wenn der andere seine Zahlungen eingestellt hat oder über sein Vermögen das Insolvenzverfahren eröffnet oder der Eröffnungsantrag mangels Masse abgewiesen worden ist.

Neufassung der Anordnung über die Mitteilungen in Zivilsachen (MiZi)

3 Mitteilungen über die Eröffnung des Insolvenzverfahrens

(1) Mitzuteilen ist unter Bezeichnung des Insolvenzverwalters, Sachwalters oder Verfahrenskoordinators

1. die Eröffnung des Insolvenzverfahrens;
2. die Eröffnung eines Insolvenzverfahrens mit der Anordnung der Eigenverwaltung unter Aufsicht eines Sachwalters;
3. die Eröffnung eines Verbraucherinsolvenzverfahrens. Bei Nachlassinsolvenzverfahren entfällt die Mitteilung an die Staatsanwaltschaft (§§ 27, 269d, 270, 287a, 304 InsO, § 202 VAG, § 13 Abs. 1 Nr. 4 EGGVG).
4. die Entscheidung über die Zulässigkeit der Restschuldbefreiung;
5. die Einleitung eines Koordinationsverfahrens.

(2) Die Mitteilungen sind alsbald nach dem Erlass, im Übrigen alsbald nach Rechtskraft des Beschlusses zu bewirken.

(3) [1]Die Mitteilungen sind zu richten an

1. das Registergericht, wenn der Schuldner im Handels-, Genossenschafts-, Partnerschafts- oder Vereinsregister eingetragen ist (§ 31 InsO, § 32 HGB, § 102 GenG, § 2 Abs. 2 PartGG, § 75 BGB);
2. die Bundesanstalt für Finanzdienstleistungsaufsicht, wenn es sich bei dem Schuldner um ein Kreditinstitut oder um ein Versicherungsunternehmen handelt;
   ferner an folgende für den Sitz oder Wohnsitz des Schuldners zuständige Stellen:
3. die Staatsanwaltschaft, soweit es sich nicht um Verfahren gegen Privatpersonen ohne Bezug zu einer gewerblichen Tätigkeit des Schuldners handelt;
4. den Präsidenten oder den Direktor des Amtsgerichts sowie den Präsidenten des Landgerichts (§ 240 ZPO);
5. das Nachlassgericht, wenn die Mitteilungen ein Nachlassinsolvenzverfahren betreffen;
6. das Vollstreckungsgericht;

7. das Betreuungsgericht, wenn für den Schuldner ein Betreuer bestellt ist und dessen Aufgabenkreis die Vermögenssorge umfasst;
8. die Verteilerstelle für Gerichtsvollzieheraufträge;
9. das Arbeitsgericht (§ 240 ZPO);
10. das Finanzamt (§ 85 AO);
11. das Hauptzollamt;
12. die Steuerkasse der Gemeinde;
13. das Sozialgericht und das Landessozialgericht (§ 240 ZPO, § 202 SGG);

wenn dies im Hinblick auf den Beruf oder den Geschäftsbetrieb des Schuldner erforderlich erscheint, auch an

14. folgende Stellen:
    a) die Träger der gesetzlichen Krankenversicherung, mit denen der Schuldner Beiträge abgerechnet hat;
        aa) für den Bereich der Deutschen Rentenversicherung Knappschaft-Bahn-See ist die Mitteilung jedoch nur an die Hauptverwaltung der Deutschen Rentenversicherung Knappschaft-Bahn-See, 44781 Bochum, zu richten;
        bb) für den gesamten Bereich der landwirtschaftlichen Sozialversicherung (Kranken- und Unfallversicherung sowie Altersicherung) ist die Mitteilung jedoch nur an den Gesamtverband der landwirtschaftlichen Alterskassen, Weißensteinstraße 70 – 72, 34131 Kassel, zu richten;
    b) die für das Unternehmen des Schuldners zuständige Berufsgenossenschaft;
    c) den für den Sitz oder Wohnsitz des Schuldners zuständigen Regionalträger der Deutschen Rentenversicherung und an die Deutsche Rentenversicherung Bund, 10704 Berlin;
    d) die für den Sitz oder Wohnsitz des Schuldners zuständige Industrie- und Handelskammer oder die Handwerkskammer;
    e) die für den Apothekenbetrieb des Schuldners zuständige Behörde zur Erteilung der Apothekenerlaubnis;

15. die Agentur für Arbeit, in deren Bezirk die für Arbeitnehmer des Schuldners zuständige Lohnabrechnungsstelle des Schuldners liegt oder, falls der Schuldner im Geltungsbereich des SGB III keine Lohnabrechnungsstelle hat, an die Agentur für Arbeit, in deren Bezirk das Insolvenzgericht seinen Sitz hat. [2]Die Anordnung der Mitteilungen nach Nummern 14 und 15 bleibt der Richterin oder dem Richter vorbehalten.

(4) Soweit gesetzliche Vorschriften nicht entgegenstehen, können die Mitteilungen in einfacher Abschrift oder auch elektronisch übermittelt werden.

Anmerkungen:

1) Zu Absatz 3 Nummer 5 siehe auch I/1.
2) In Bayern sind die Mitteilungen nach Absatz 3 Nummer 3 an die Schwerpunktstaatsanwaltschaften für Wirtschaftsstrafsachen (§§ 55, 56 BayGZVJu, § 74c Abs. 1 Nr. 1 bis 3, 5, 5a und 6, Absatz 3 Satz 1, § 143 GVG) zu richten.
3) In Rheinland-Pfalz sind die Mitteilungen nach Absatz 3 Nummer 3 im OLG-Bezirk Koblenz an die Staatsanwaltschaft Koblenz, im OLG-Bezirk Zweibrücken an die Staatsanwaltschaft Kaiserslautern zu richten.
4) In Sachsen sind die Mitteilungen nach Absatz 3 Nummer 3 an die Schwerpunktstaatsanwaltschaften für Wirtschaftsstrafsachen (§ 23 SächsJOrgVO, § 74c Abs. 3 S. 1, § 143 GVG) zu richten.
5) Eine Mitteilung nach Nummern 14 und 15 ist in jedem Fall erforderlich, wenn der Schuldner Arbeitnehmer beschäftigt hat oder es um eine Mitteilung für den Bereich der landwirtschaftlichen Sozialversicherung geht.

Sachregister